उल्लास की नाव

भारतीय पॉप संगीत की महारानी
उषा उथुप की जीवन-गाथा

उल्लास की नाव

भारतीय पॉप संगीत की महारानी
उषा उथुप की जीवन-गाथा

विकास कुमार झा

राजकमल प्रकाशन

ISBN : 978-93-89577-30-3

मूल्य : ₹ 795

पहला संस्करण : 2019

प्रकाशक : राजकमल प्रकाशन प्रा. लि.
1-बी, नेताजी सुभाष मार्ग, दरियागंज
नई दिल्ली-110 002
शाखाएँ : अशोक राजपथ, साइंस कॉलेज़ के सामने, पटना-800 006
पहली मंज़िल, दरबारी बिल्डिंग, महात्मा गांधी मार्ग, इलाहाबाद-211 001
36 ए, शेक्सपियर सरणी, कोलकाता-700 017
वेबसाइट : www.rajkamalprakashan.com
ई-मेल : info@rajkamalprakashan.com

मुद्रक : यश प्रिंटोग्राफिक्स
नोएडा-201 301 (उत्तर प्रदेश)

ULLAS KI NAAV
Bhartiya Pop Sangeet ki Maharani Usha Uthup ki Jeevan-Gatha
Biography by Vikas Kumar Jha

क्रम

परिशिष्ट-परिक्रमा

आनन्द का आह्वान!

भारतीय पॉप संगीत की महारानी उषा उथुप की कथा कहने के लिए सबसे पहले स्व. अंजन दास को नमन करना मेरे लिए बहुत आवश्यक है। 'रामचरितमानस' में तुलसीदास लिख गए हैं—'बहुरि बन्दि खल गन सतिभाएँ, जे बिनु काज दाहिनेहु बाएँ'! कलकत्ता के भवानीपुर के निवासी अंजन दास दरअसल उषा उथुप के 'स्टुडियो वाइब्रेशंस' के 'मैन फ्राइडे' थे। स्टुडियो के काम में जहाँ कोई अनुपस्थित होता था, अंजन दास को वहाँ लगा दिया जाता था। और अंजन दास की सिफ़त यह थी कि वे 'जूता सिलाई से चंडीपाठ' तक यानी किसी भी काम में आसानी से खप जाते थे। किशोरावस्था से ही उषा उथुप के झूम-धूम से भरे अलमस्त गानों का मैं दीवाना था और जब मैं लेखन के क्षेत्र में आया, तो स्वाभाविक रूप से मेरी प्रबल इच्छा थी कि कभी भारतीय पॉप संगीत की मलिका उषा उथुप का एक बड़ा साक्षात्कार करूँ। पर मेरा दुर्भाग्य था कि बारम्बार उषा उथुप के 'स्टुडियो वाइब्रेशंस' के 'मैन फ़्राइडे' से ही फ़ोन पर मेरा संवाद होता, जो पता नहीं क्यों एकदम अंगद की तरह बांग्ला मिश्रित हिन्दी में यह कहते हुए हमेशा डटे रहे थे कि "शंभव नेई। दीदी बहुत बिजि हाय।" तक़रीबन दो-ढाई दशकों तक यही सिलसिला चला। हर बार अंजनदा का एक ही उत्तर होता था। इस तरह बार-बार उषा उथुप से मिलने का इरादा लेकर मैं कलकत्ता जाता था और उनका समय नहीं मिल पाने के कारण अपनी यात्रा को सार्थक बनाने के लिए कलकत्ता के किसी और रचनात्मक व्यक्तित्व के दर्शन-साक्षात्कार कर लौट आता था। इस क्रम में महान अभिनेता उत्पल दत्त की पत्नी शोभा सेन, जो अपने समय की बांग्ला फ़िल्मों की एक बड़ी अभिनेत्री रही थीं, से लेकर बांग्ला सिनेमा की अभिनेत्री देबाश्री राय, प्रसिद्ध बांग्ला लेखक श्यामल गंगोपाध्याय, सुनील गंगोपाध्याय और शीर्षेंदु मुखोपाध्याय आदि से बेशक मिलने का सुयोग हुआ। पर हर बार यह कसक लेकर लौटता रहा कि अपनी सर्वाधिक पसन्दीदा सिंगर उषा उथुप से मिलना न हो सका। मैं सोचता था अंजन दास नामक यह अंगद शायद उनसे मुझे कभी मिलने न देगा।

पर मैं भी एक ज़िद्दी था। कुछ साल पहले मैं फिर कलकत्ता गया और हर बार की तरह 'स्टुडियो वाइब्रेशंस' के लैंडलाइन का नम्बर मिलाकर मैंने पूछा, "अंजनदा बोल रहे हैं?"

"नहीं, वो ऊपर गया।" दूसरी तरफ़ से जवाब था।

"अच्छा...ऊपर की मंज़िल पर हैं?" मैंने सहज उत्सुकतावश पूछा।

"अरे ऊपर की मंज़िल नहीं दादा! वो फ़ाइनल मंज़िल पर चला गया।"

अच्छा, तो अंगद महाशय अन्ततः दुनिया से चले गए। तत्काल क्या प्रतिक्रिया दूँ, कुछ समझ में नहीं आया। एक निमिष के लिए चुप रहकर मैंने कहा कि बीते कई वर्षों से मैं उषाजी से मिलने की कोशिश करता रहा पर अंजनदा हमेशा यही बताते रहे कि दीदी बहुत व्यस्त चल रही हैं। मिलना सम्भव नहीं। फ़ोन पर मुझसे बात कर रहे व्यक्ति ने कहा कि वह 'स्टुडियो वाइब्रेशंस' के मैनेजर नबीन घोष को फ़ोन दे रहा है, आगे की बात मैं उन्हीं से कर लूँ। नबीन घोष ने सहृदयतापूर्वक बात करते हुए कहा, "मैं दीदी का मोबाइल नम्बर आपको देता हूँ। अब आप सीधे उन्हीं से बात कर लें।"

उषाजी का मोबाइल नम्बर मुझे मिल गया। पर इसके बावजूद उनसे मिलने में मुझे डेढ़-दो वर्ष लग गए। दरअसल, अपनी कुछ गम्भीर पारिवारिक परेशानी के कारण चाहते हुए भी उन्हें समय नहीं निकल पा रहा था। आख़िरकार, वर्ष 2018 में उनसे मेरी मुलाक़ात हुई। उषाजी पर पहले कोई क़िताब नहीं आई थी। सो मेरी तबीयत हुई कि उनकी जीवनी लिखी जाए। मेरा प्रस्ताव उन्हें पसन्द आया। सक्रिय पत्रकारिता को अलविदा करने के बाद मैं पूरी तरह उपन्यास लेखन में केन्द्रित था। मन में कभी ख़याल भी नहीं था कि किसी की जीवनी लिखूँगा। पर उषाजी से मिलने के बाद अन्तः स्फूर्त भाव से मैंने तय किया कि इनकी जीवनी मैं लिखूँ। आज मुझे लगता है कि मुझे वर्षों तक रोके रखकर स्व. अंजन दास ने अच्छा ही किया था। दो दशक पहले अगर मैं उषाजी से मिल पाने में सफल हुआ होता, तो बस उनका एक बड़ा साक्षात्कार लेकर तृप्त हो गया होता। पर ईश्वर की इच्छा मुझसे उषाजी की जीवनी लिखवाने की थी। इसलिए अंजन दास को दो दशकों तक मुझे रोके रखने के लिए ईश्वर ने तैनात कर रखा था। बहरहाल यह जीवनी! हालाँकि, एक बात मैं पहले ही स्पष्ट कर दूँ कि उषाजी की जीवनी को मैंने 'देवी सहस्त्रनाम' के तर्ज़ पर नहीं लिखा है। जीवनी लेखन में यह ख़तरा रहता है कि उस व्यक्तित्व से मोहित हो लेखक ज़्यादा समय 'जय-जय' और गुणगान में व्यतीत कर देता है। इसलिए उषाजी फूलों के अर्क से बनी और मकरन्द-पराग से भरी हैं—ऐसा जयकारा करने से मैं सावधानीपूर्वक दूर रहा। मैंने उषा उथुप के ज़रिये

एक ऐसी साधारण भारतीय स्त्री की कथा लिखने की चेष्टा की है, जिसने जीवन में कई असाधारण काम किये। दरअसल, उषा उथुप की कहानी अपने समय से बहुत आगे की एक भारतीय स्त्री की कहानी है। और यह सिर्फ़ उन्हीं की कहानी नहीं है। उनकी कहानी के बहाने एक ऐसे प्रगतिशील तमिल परिवार की कथा है, जिसका साँचा-ढाँचा 'वसुधैव कुटुम्बकम्' है। उषा उथुप के मातृ पक्ष और पिता के पक्ष-दोनों ने अपने परिवार में विश्व कुटुम्ब भाव को जिया है। उनके परिवार में देश के विभिन्न समुदायों और दुनिया के कई देशों के लोग हैं। इसलिए उषा उथुप की जीवनी लिखने के दौरान जब मुझसे कई लोगों ने प्रश्न किया कि, "इस जीवनी में इंट्रेस्टिंग क्या है?", तो मुझे उत्तर के लिए अटकना नहीं पड़ा। मैंने ऐसे कई उत्सुक-जिज्ञासु मित्रों को बताया कि उषाजी के संगीत को लेकर जो मैं बताऊँगा, उसका पता कमोबेश अधिकांश लोगों को पहले से है। दरअसल, उनकी जीवनी में रुचिकर है उनके पूरे परिवार, कुटुम्ब और दुर्लभ मित्रों की कथा, जिनके बीच से एक उषा की निर्मिति हुई है। इस लिहाज़ से यह एक जीवनीपरक उपन्यास है। एक प्रगतिशील तमिल परिवार की अन्तरंग गाथा। अपने परिवार में उषा को शुरू से कुछ विशेष ही दुलार मिलता रहा है। उनकी बड़ी बहन इन्दिरा उन्हें लाड़ से 'उश' कहती हैं। अपने पति जानी उथुप के सम्बोधन में वे 'सुटु' हैं। अपनी बहन के बच्चों के बीच उषा 'बुक्का मासी' हैं। और उनके नाती-नातिन उन्हें प्यार से 'उम्बुका' कहते हैं। अपने चहेतों की वे दीदी हैं। जगत-दीदी। इसलिए वे अक्सर मुस्कराकर कहती हैं, "दादागिरी करनेवाले दुनिया में बहुत-से लोग हैं। पर दीदीगिरी करनेवाली बस एक मैं ही हूँ।" दरअसल, घर-परिवार से लेकर देश-दुनिया का प्यार उन्हें इसलिए मिला है क्योंकि वे क़ुदरती ख़ुशरंग हैं।

उषा उथुप की कथा लिखने के लिए मुझे लगातार उकसानेवाला मेरे अन्दर का वह किशोर है, जो झूम-धूम से भरे उषा उथुप के अलमस्त गानों का हमेशा से दीवाना रहा। सत्तर का वह दशक था। मेरी किशोरावस्था के वे भावुक व उमंग भरे दिन थे। दोस्तों के संग सिनेमा देखना और थोड़ी-बहुत मटरगश्तियाँ करना हमारी दिनचर्या में शुमार था। सिनेमा में रुआँसी भूमिका करनेवाले हीरो हमें क़तई नहीं भाते थे। बालों का फुग्गा बना और गले में रंगीन गुलबन्द बाँधकर बांकी अदा में अभिनय करनेवाले देवानन्द से लेकर 'जंगली' जैसा उधम मचानेवाले शम्मी कपूर और दुश्मनों को उठा-उठाकर पटकनेवाले दारा सिंह हमारे दौर के किशोरों के प्रिय नायक थे। कुल मिलाकर ग़मगीन फ़िल्में हमारी सूची से ख़ारिज थीं। ग़मगीन-रोते गाने भी हमें बिलकुल नहीं सुहाते थे। हालाँकि, उन दिनों के गम्भीर दर्शक अनिवार्यतः दुखान्त फ़िल्में और आँसू भरे गाने पसन्द करते थे। मुझे याद

है कि मेरी नानी जब मेरी माँ के संग कोई अत्यधिक दुखान्त फ़िल्म देखकर आती थीं, तो कहती थीं, 'ओह! बहुत अच्छी फ़िल्म थी। बहुत रोये।' आँसू भरी फ़िल्मों का दौर आगे भी चला। और आँसू से भीगा यह परिदृश्य सिर्फ़ हिन्दी सिनेमा का ही नहीं था। अन्य भारतीय भाषाओं की फ़िल्मों का भी यही आलम था।

नब्बे के दशक में उड़िया फ़िल्मों की स्थिति पर एक रिपोर्ट लिखने के लिए मैं भुवनेश्वर गया था। वहाँ 'कलिंग स्टुडियो' में पहुँचने पर मैंने देखा कि एक फ़िल्म की शूटिंग चल रही है। पता चला कि यह उड़िया फ़िल्म 'चक्का आँखि सबु देखुची दुनिया' की शूटिंग हो रही है। इस फ़िल्म के नाम का अर्थ सुन्दर था—भगवान जगन्नाथ (चक्का) अपनी आँखों से सारी दुनिया को देख रहे है। इस फ़िल्म का निर्देशन उड़िया फ़िल्मों के चर्चित निर्देशक राजू मिश्रा कर रहे थे। जब शूटिंग के बीच में भोजनावकाश हुआ, तो मैंने राजू मिश्रा को अपना परिचय देते हुए उनसे बातचीत शुरू की :

"जिस तरह हिन्दी फ़िल्मों को बॉक्स ऑफ़िस पर सफल करने के लिए कई क़िस्म की मसालेबाज़ी उसमें डाली जाती है, उड़िया फ़िल्मों को सफल करने के लिए आप लोग क्या करते हैं?" राजू मिश्रा से मैंने अपनी उत्सुकता प्रकट की।

"आँसू डालो...आँसू डालो!" राजू मिश्रा ने बग़ैर एक पल का विलम्ब किये कहा।

"मैं समझ नहीं पाया। ये आँसू क्या डालना?" मैंने थोड़ी हैरानी से पूछा।

"इसको ज़रा ठीक से समझो। देखो, खाने-पीने में औरतें नमकीन व तीखा पसन्द करती हैं। यानी आँसू निकालने वाली चीज़ें। पुरुषों को मीठा अच्छा लगता है। हमारी टारगेट आँसू पसन्द महिला दर्शक होती हैं। अगर आप महिला दर्शकों को सिनेमा हॉल तक लाने में सफल हो गए, तो फ़िल्म सुपर हिट होगी ही। यही कारगर नुस्ख़ा है भाई! अगर घर की गृहणी कोई सिनेमा देखने की ज़िद पति से करेगी, तो पति अपनी पत्नी को वह फ़िल्म दिखाने मजबूर होकर जाएगा ही। पति-पत्नी सिनेमा जाएँगे, तो बच्चे क्या करेंगे? वे भी जाएँगे। एक गृहणी को आँसुओं की दावत देकर आप पूरे परिवार को सिनेमा दिखाने में सफल हो जाते हैं। बस फ़िल्म सुपर हिट।" राजू मिश्रा ने विस्तार से गम्भीरतापूर्वक व्याख्या की। पर मुझे अन्ततः हँसी छूट गई।

उस पुराने प्रसंग को याद करता हूँ, तो लगता है कि आँसू मनुष्य जीवन की हक़ीक़त है। आँसू जीवन में पग-पग पर हैं। हम रोते हुए जन्म लेते हैं और रोते हुए दुनिया से कूच करते हैं। पर क्या आँसुओं से हाहाकार करते जीवन के भवसागर में हम ख़ुशियों के चन्द टापू तलाश नहीं कर सकते? उषा उथुप का संगीत मुझे इसलिए अच्छा लगता रहा है, क्योंकि वे आँसुओं से छलकते जीवन-सागर में ज़िद बाँधकर ख़ुशियों के टापू ढूँढ़ती हैं।

उल्लास की नाव

समुद्र के खारे पानी से घिरा हुआ है उषा का जीवन। इसी के बीच वे हरे-भरे टापुओं की तलाश में लगी रहती हैं। उषा कहती हैं, "हमारी आँखें भी क्या हैं, आँसुओं के समुद्र के बीच हमारी ज़िन्दगी को रोशन करते द्वीप।" समुद्र से उषा का जीवन कुछ यों घिरा है कि उनका जन्म-स्थल बम्बई है। ननिहाल मद्रास में, ससुराल केरल और स्थायी निवास कलकत्ता में है। देश के ये सभी हिस्से समुद्र से जुड़े हैं। उषा उथुप की जीवनी लिखने के क्रम में उनसे मुलाक़ात के लिए कलकत्ता-यात्रा के दौरान एक शाम उनकी मित्र मंडली के संग उनके पसन्दीदा कैफ़ेटेरिया 'वाइज़ आउल' में हम जमे थे। और तभी समुद्र से उषा के संयोग का ज़िक्र छिड़ गया। बातचीत रफ़्तार में थी कि तभी उनकी एक अनन्य मित्र ने मेरी तरफ़ मुख़ातिब होकर निष्कर्ष वक़्तव्य दिया, "एक प्रसिद्ध कवि हुए हैं—जोस चाव्स। उनकी एक कविता सुन लीजिए! उषा दी का सार परिचय इसी में मिल जाएगा।" हम सब उत्सुकतापूर्ण तन्मयता के भाव में आ गए और वे शुरू हुईं :

फ़ॉर हर
द ओशन वाज़ मोर
दैन अ ड्रीम
इट वाज़ अ प्लेस
शी नीडेड टू विज़िट
टू फ़ाइंड हरसेल्फ़!
ऐंड व्हेन शी रिटर्न्ड
टू द सिटी
यू कुड सी द सन
इन हर आइज़
द विंड इन हर हेअर
ऐंड टेस्ट द इनफ़ाइनाइट सॉल्ट
ऑन हर लिप्स...

इस कविता को सुनकर सबका मन भर आया। कुछ पल की ख़ामोशी रही। इस कविता के साथ 'वाइज़ आउल' की वह शाम अविस्मरणीय हो गई।

मेरे सामने यही आरम्भिक परेशानी थी कि समुद्र से घिरे इस जीवन-संगीत की कहानी कैसे और कहाँ से शुरू करूँ! समुद्र जीवन के बारे में मेरी जानकारी नहीं के बराबर है। मैं बिहार का हूँ और पूरे उत्तर भारत में कहीं समुद्र नहीं। उषा उथुप को समझने के लिए उस समुद्र भाव को जीना अनिवार्य है, जो अन्ततः महासागर से मिलता है। उषा उथुप का संगीत समुद्र और महासागर के मिलन की तरह है।

विश्व फ़लक का। इसलिए दुनिया में 'क्वीन ऑव पॉप' के उपाधिनाम से ख्यात मैडोना को भी उषा के गाने बहुत प्रिय हैं। और सिर्फ़ मैडोना ही नहीं, पश्चिमी देशों के कई सरनाम गायक उनकी आवाज़ और गाने के अन्दाज़ के मुरीद हैं। भारत की इस दिलकश आवाज़ का जादू दुनिया में है।

और सिर्फ़ अपने दिलकश गानों से ही नहीं, उषाजी ने भारतीय जीवनशैली के प्रति अपने विशेष आग्रह को लेकर भी भारतीय स्त्रियों को गहरे तक प्रभावित किया है। यानी आप आधुनिक से आधुनिक विचार रखें पर अपनी मौलिकता व परम्परा को ना छोड़ें। कांजीवरम साड़ी, सिन्दूर, चूड़ी और बिन्दी में शोभित उषा उथुप ने पॉप संगीत की पाँच दशकों की अपनी अटूट यात्रा में लगातार यह सन्देश दिया कि भौतिक आधुनिकता से बहुत ज़्यादा महत्त्वपूर्ण है मानसिक आधुनिकता! शृंगार व परिधान में आधुनिक बनने की कोशिश में लोग भूल जाते हैं कि वे मानसिक रूप से आधुनिक बन ही नहीं पाये। उषा उथुप ने अपनी ख़ुशनुमा शख़्सीयत के ज़रिये भारतीय स्त्रियों को यह भी बताया कि मात्र रोना ही नहीं, हँसना भी उनका हक़ है। महिला सशक्तीकरण के लिए देश की पन्द्रह भाषाओं में गाया उनका आह्वान-गान 'आगे बढ़ो'—अद्भुत है। और आख़िर में एक दिलचस्प प्रसंग! दिल्ली के अपने एक मित्र को जब मैंने एक दिन बताया कि मैं उषा उथुप की जीवनी लिख रहा हूँ, तो इसे सुनकर मित्र की पत्नी की ख़ुशी का पारवार न रहा। वे बोलीं, "'हर पर्सनालिटी इज़ कंपेलिंग।' वे जारी रहीं, 'सो क्लीन लिरिक्स...नो डबल मीनिंग सॉन्ग। दिल्ली में जब कभी उनके शो का पता चलता है, तो मैं जाती ही हूँ।" इस बातचीत का उपसंहार करते हुए मेरे मित्र ने कहा, "गाने तो गाने। कहीं एक बार उषाजी के इंटरव्यू में इन्होंने पढ़ लिया कि उषाजी ख़ुद से अपनी साड़ियों की इस्तिरी करती हैं और अपने घर में उन्होंने इसके लिए एक आइरनिंग टेब्रल रखा हुआ है। यह पढ़ने के बाद मेरी बेग़म ने अपने घर में भी एक आइरनिंग टेबल के वास्ते नाक में दम कर दिया।" मित्र ने घर के टीकवुड प्लाइ वाले आइरनिंग टेबल की तरफ़ इशारा करते हुए मुस्कराकर कहा।

जूता पॉलिश से लेकर कपड़े की सिलाई व इस्तिरी करना उषाजी की आदतों में शुमार है। 'उषा चरित' में और भी बहुत कुछ है। हिम्मत और शान तो है ही। कुमदनियों के बड़े-बड़े पत्तों पर बारिश की पहली बौछार की मस्त तीव्रता भी है। मैं उनसे कहता भी हूँ कि, "आप 'ट्रिपल यू' हैं। मात्र उषा उथुप नहीं, बल्कि—उषा उल्लास उथुप! कॉल ऑव हैप्पीनेस।" भूमिका बहुत हो गई। अब कथा शुरू करता हूँ।

—विकास कुमार झा

पतंग उड़ाती लड़की

वह एक अद्‌भुत हैरानी का क्षण था। 'डॉ. पत्राओ नर्सिंग होम' की उस लेडी डॉक्टर के अचरज का ठिकाना न था। दक्षिण बम्बई के लैमिंगटन रोड स्थित इस नर्सिंग होम में प्रसव के आख़िरी दर्द को होंठ और आँखों में किसी तरह भींचते-सम्हालते अकेले पहुँचीं लम्बी और छरहरे क़द-बुत की मीनाम्बल सामी से कुछ भी पूछने का समय नहीं था। कार्तिक मास की वह एक प्यारी दोपहरी थी। नवम्बर शुरू के दिन। लेडी डॉक्टर ने उन्हें फ़ौरन प्रसव-कक्ष में ले चलने का निर्देश नर्सों को दिया। नर्सों में से एक ने मीनाम्बल को पहचानते हुए कहा, "अपने नर्सिंग होम के ठीक सामने सड़क पार 'मेहर विला' में ये रहती हैं। बम्बई पुलिस के एक बड़े अफसर बैद्यनाथ सोमेश्वर सामी की पत्नी हैं ये।"

प्रसव के बाद होश में आकर मीनाम्बल जब कुछ सहज हुईं, तो उन्होंने बग़ल में लेटे बच्चे को देखा। नर्स ने मुस्कराकर कहा, "बधाई! प्यारी-सी बेटी हुई है आपको।" "नटखट है। बाहर आने के लिये कितना पाँव मार रही थी। किसी को बुलाने का मौक़ा भी नहीं दिया।" मीनाम्बल बिहँस पड़ीं। कुछ घंटे बाद मीनाम्बल के अनुरोध पर नर्सिंग होम की गाड़ी ने ऐन सड़क पार स्थित उनके सरकारी बँगले 'मेहर विला' में उन्हें पहुँचा दिया। उन्हें विदा करते वक़्त लेडी डॉक्टर ने अनुराग से कहा, "अक्सर आपके पति की ही जाँबाजी की कहानी सुनती रही थी पर उनकी बीवी भी इतनी बहादुर हैं, यह आज देख लिया।"

वह 8 नवम्बर, 1947 की शाम थी। घर पहुँचने पर बैद्यनाथ सोमेश्वर सामी अवाक रह गए। पत्नी की दिलेरी का इस हद तक उन्हें यक़ीन नहीं था। मीनाम्बल जब पहली बार गर्भवती हुई थीं, तो प्रसव के लिए परम्परानुसार अपने माता-पिता के पास पूना चली गई थीं। उस समय मीनाम्बल के पिता हाल्लास्य के. नादन बतौर लोकनिर्माण विभाग के इंजीनियर पूना में पदस्थापित थे। मीनाम्बल की पहली सन्तान इन्दिरा यानी इन्दु का जन्म वहीं हुआ था। इन्दु से छोटी बहन उमा का जन्म बम्बई

में हुआ। इन्दिरा व उमा के बाद के दो भाई श्यामसुन्दर और त्यागराज यानी बाबू का जन्म भी बम्बई में ही हुआ था। अपने पाँचवें बच्चे के प्रसव के लिए मीनाम्बल इत्मीनान से बम्बई में थीं। मायके नहीं गई थीं। बिस्तर पर लेटे हुए मीनाम्बल ने अपनी नवजात बेटी को दुलार से निहारा। उनके बग़ल में लेटी नन्ही-सी जान कभी रोती, कभी खिलखिलाती। उस समय तो नहीं लेकिन धीरे-धीरे मीनाम्बल ने ग़ौर किया कि यह लड़की जब हँसती है, तो उसके गालों में गड्ढे पड़ते हैं। मीनाम्बल की माँ धर्माम्बल यानी मद्रास पाट्टी माँ ने जब बच्ची को पहली बार देखा, तो गोद में लेते हुए कहा, "यह उषा है! इसकी हँसी में सुबह है।"

सारा क़रिश्मा उषा के गालों में पड़नेवाले गड्ढे में था। और इस बात का इल्म घर के लोगों को भी बहुत बाद में हुआ कि वह एक 'डार्क हॉर्स' थीं। उनके स्कूल की शिक्षिकाएँ भी इस बात से हमेशा अनजान रहीं। दरअसल, घर से स्कूल तक उनकी पहचान लड़कों जैसा व्यवहार करनेवाली एक ऐसी अलमस्त खिलाड़ी लड़की की थी, जो पतंग का मंझा तैयार करने से लेकर पतंग उड़ाने, क्रिकेट, बैडमिंटन, हु तू तू, गीली-डांडु, सेवेन टाइल्स और चोर-पुलिस खेलने में हमेशा मसरूफ़ रहती थी। और इन खेलों से मन ऊबने पर अपने घर के परिसर में मौजूद पेरू यानी अमरूद के पेड़ की त्रिभुजाकार शाख़ पर तकिया टिकाये कॉमिक्स पढ़ती थी। अपनी दोस्त उमराना और शमीम के संग गुड़िया-गुड़िया का खेल भी उनकी सनकों में शामिल था। गुड़िया की शादी के लिए कपड़े सिलने का ज़िम्मा उन्हीं का होता था। घर के पुराने कपड़े काट-छाँट कर बड़े लाड़ से वह दुलहन का लँहगा तैयार करती थीं। एक बार उषा की अम्मा मीनाम्बल उनसे ख़ासी नाराज़ हो उठीं, जब ठीक एक दीवाली पहले सिलवाये गए अपने हरे रंग के घाघरे को काटकर उषा ने गुड़िया के लिए शादी का कपड़ा बना दिया।

उषा के पिता की बँधी-बँधाई तनख़्वाह थी और उषा समेत उनके छहों भाई-बहनों की पढ़ाई-लिखाई, कपड़े-लत्ते और घर का मासिक ख़र्च उसी में चलाना होता था। स्कूल-ड्रेस के अलावा बस पर्व-त्योहार पर बच्चों के लिए कपड़े बनते थे। पर सवाल गुड़िया की शादी के जोड़े का था, तो उषा ने अपने सुन्दर हरे घाघरे की परवाह न की। लड़कों सरीखी हुड़दंग वह बेशक थीं लेकिन उतने ही अनुपात में लड़कियों वाले गुण भी उनमें भरे पड़े थे। दस साल की उम्र में वह सिलाई मशीन चलाना सीख गई थीं। उषा के अप्पा बिहँसकर अपनी पत्नी मीनाम्बल से कहते थे, "मिन! ये दर्जी बनेगी।" उषा जूतों को पॉलिश करने में भी बहुत हुनरमन्द

थीं और दुलार में उनके अप्पा कहते थे, "उषा अगर दर्जी नहीं बन सकी, तो एक बेहतरीन मोची ज़रूर बनेगी।" रोज़मर्रा की छोटी-छोटी बातों के ज़रिये अप्पा बच्चों को जीवन समझाते थे। जैसे जीवन में श्रम की महत्ता। जब उषा को स्कूल पिकनिक या अपनी किसी सहपाठी को जन्मदिन पर छोटा-सा उपहार देने के लिए कुछ ज़्यादा पैसों की ज़रूरत होती थी, तो वे अप्पा से बिना कुछ कहे उनके जूते चमकाने में सुबह ही जुट जाती थीं। अप्पा समझ जाते थे। उषा को जूते चमकाने का पारिश्रमिक मिल जाता था।

जीवन में परिश्रम का महत्त्व अप्पा ने बच्चों को कुछ यों सिखाया। हालाँकि, किसी सुबह जब अप्पा चाय पी रहे होते या अख़बार पढ़ रहे होते और उषा दरवाज़े पर खड़ी होकर चहक के साथ कहतीं, "हाय अप्पा!" तो बग़ैर देर किए अप्पा मुस्करा कर पूछते, "हाउ मच उषा?" फिर वे अपने दराज़ की तरफ़ इशारा करते, जिसमें छुट्टे पैसे रखे होते थे। उषा की छोटी-सी मुट्ठी में जितना समाता उतने सिक्के वे भर लेतीं। बहुत बाद के वर्षों में कभी-कभी जब अप्पा उषा के कमरे के दरवाज़े पर आकर कहते, "हाय उषा!" और तब उषा मुसकते हुए पूछतीं, "हाउ मच अप्पा?" दरअसल, अप्पा पिता से अधिक अपने बच्चों के दोस्त थे। अप्पा के लिये लाड़ में उनकी पुलिसवाली वर्दी के सीने पर लगे मेडल्स को भी पॉलिश कर उषा सोने-सा जगमग कर देती थीं। जूते से लेकर मेडल तक पर पॉलिश करने की कला उषा ने अपने कृपाकर मामू से पाई थी, जो अप्पा-अम्मा के संग अर्से तक बम्बई में रहे थे। अप्पा के जूते से लेकर मेडल तक पर उषा हमेशा नज़र रखती थीं।

लम्बे क़द-बुतवाले रुआबदार अप्पा पुलिस वर्दी में उषा को बड़े सजीले-बाँकुड़े लगते थे। पर अप्पा का सर्विस रिवॉल्वर देख वह डर जाती थीं। वैसे, अपने सर्विस रिवॉल्वर को अप्पा हमेशा अपने घर के सदस्यों की नज़र से ओझल ही रखते थे। पर रिवॉल्वर उषा आज भी देखना बर्दाश्त नहीं कर सकतीं। अपने नाती रियाद को उषा ने कभी खिलौना बन्दूक-रिवॉल्वर ख़रीदना पसन्द नहीं किया। बचपन में उषा चाहे कितनी भी खिलन्दड़ी और बिन्दास थीं लेकिन रिवॉल्वर का डर उनके मन में हमेशा समाया रहा। दरअसल, स्कूल में उषा की सबसे अज़ीज़ दोस्त उमराना थी। उमराना के अब्बा हुज़ूर अहमद ख़ान बम्बई पुलिस में उषा के अप्पा के मातहत के एक अधिकारी थे। हुज़ूर अहमद ख़ान की चार बेटियाँ थीं—अफ़ज़ा, रुख़साना, रिज़वाना और उमराना। दो बेटे भी थे—इसरत और नुसरत। एक दिन हुज़ूर अहमद ख़ान दोपहर के भोजन के लिए घर आए। तब तक उनके बच्चे भी स्कूल से आ चुके

थे। लापरवाही में हुज़ूर अहमद ख़ान ने बग़ैर लॉक किए अपना भरा हुआ सर्विस रिवॉल्वर बेडरूम के टेबल पर रख दिया। जब वे भोजन कर ही रहे थे कि उन्होंने फ़ायरिंग की आवाज़ के संग अपने छोटे बेटे नुसरत की तेज़ चीख़ की आवाज़ सुनी। वे भागे हुए अपने बेडरूम में पहुँचे, तो देखा उनके 9 साल के बेटे इसरत के हाथ में रिवॉल्वर है और फ़र्श पर नुसरत ख़ून से नहाया हुआ ख़त्म हो चुका है। बालसुलभता में 9 साल के इसरत ने अपने छोटे भाई पर निशाना साध कर रिवॉल्वर का ट्रिगर दबा दिया था। इस हादसे के बाद हुज़ूर अहमद ख़ान नौकरी से निलम्बित कर दिये गए। कुछ समय बाद हुज़ूर अहमद ख़ान दूसरी शादी कर के इंग्लैंड चले गए। उनके जाने के बाद उषा की दोस्त उमराना और उसके सभी भाई-बहन बेतरह मुश्किल में फँस गए। उमराना की अम्मी ने बहुत संघर्ष करके बच्चों की परवरिश की। इसरत आगे जाकर पायलट बना लेकिन अपने अपराधबोध से वह कभी बरी नहीं हो पाया।

अपनी उदास दोस्त उमराना को लेकर उषा हमेशा कसक में रहीं लेकिन इस एक बात को छोड़ उनका बचपन छोटी-छोटी ठिलठिलाती ख़ुशियों का गुच्छा था। लैमिंगटन रोड का वह 'मेहर विला' तो उषा को याद नहीं, लेकिन बम्बई के बाइकुला में लवलेन का वह विशाल सरकारी बँगला उषा की स्मृति में आज भी चित्रलिखित है। उषा जब पाँच-छह साल की थीं, तो अप्पा 'मेहर-विला' से इस विशाल परिसरवाले यूरोपियन बँगले में आए थे। सन् 1924 में ब्रिटिश राज में बने इस सफ़ेद दोमंज़िला बँगले की छत लाल टाइल्स से कुछ यों सुसज्जित थी, जैसे कोई गोरा बुर्राक़ अंग्रेज़ साहब लाल टोप में अकड़ कर खड़ा हो। इस बड़े-से बँगले में ऊपर के माले पर चार बेडरूम और नीचे एक विशाल सिटिंग रूम, उतना ही बड़ा एक डाइनिंग रूम, एक लम्बा-चौड़ा बेडरूम और उसी अनुपात में रसोईघर था। दो भंडार भी, जिनमें से एक में उषा की अम्मा चावल-मसाले वग़ैरह रखती थीं। उसी में पूजा घर था—'पूजई उल'। दूसरे भंडार में उन सबके संग रहनेवाले कृपाकर मामू ने अपने इंजीनियरिंग के सामान, मोबिल, किरासन तेल, साइक्लिल पम्प और न जाने कैसी अजब-ग़ज़ब चीज़ों का आल-जाल फैला रखा था। इस परिसर में गैराज तो था ही, उसके अलावा नौकर-चाकरों के लिये भी किनारे से तीन छोटे-छोटे क्वार्टर थे। साथ में एक गार्ड रूम भी था। बँगले के प्रवेश द्वार के दोनों पायों पर लिखा था—यूरोपियन बँगलो (वेस्ट)। इस परिसर और घर का कोना-कोना उषा को हूबहू याद है। परिसर में एक शानदार टेनिस कोर्ट था, जो कि ज़ाहिर है, अंग्रेज़ साहबों ने बड़े शौक़ से बनवाया था।

उल्लास की नाव

बँगले के बाहर गेट के ठीक सटे मौजूद बादाम का वह पुराना झंखाड़ पेड़ अभी भी है। यही नहीं, बरगद, अशोक, आम, जामुन, अमरूद और कटहल आदि वृक्षों का हरा मंडप आज भी इस घर को नन्दन कानन बनाए हुए है। बँगले के अन्दर गेट के ठीक किनारे कोहनी टिकाये एक पुराना आम का पेड़ आज भी मौजूद है, जो झमट कर फलता है। आम के तो चार-पाँच पेड़ उषा की स्मृति में हैं। चीकू और फनस के पेड़ भी। पकने पर फटते कटहलों की पागल ख़ुशबू और केले की जमघट में लटके केले के नयनाभिराम हत्थे भी उनकी यादों में महफ़ूज़ हैं। बँगले की चहारदीवारी के किनारे-किनारे लगे आकाश की तरफ़ तीर-सा रुख़ करते अशोक के दर्जनों पेड़ प्रहरियों की पूरी पलटन की भाँति आज भी हैं। बँगले के पिछवाड़े में सौ साल से भी अधिक का बूढ़ा पीपल, जिसने उषा की मचलती-किलकती पतंगबाजी को देखा है, अब और अधिक उम्रदराज़ हो गया है। कितने खेलों और उषा की बालसुलभ हरक़तों की स्मृतियाँ इस यूरोपियन बँगले की परछाईं में आज भी गुपचुप मुसक रही हैं।

अपने सभी भाई-बहनों में उषा की बाबू से ख़ूब छनती थी। दोनों के बीच उम्र का ज़्यादा अन्तर नहीं था। इत्तफ़ाक़ से उषा और बाबू के जन्म का महीना एक ही था—नवम्बर। उषा का 8 नवम्बर, तो बाबू का 14 नवम्बर। उषा के जन्मदिन पर एकबार बाबू ने उषा का पसन्दीदा इंक का बोटल तीन रुपये मासिक के अपने जेब ख़र्च के बचाये पैसों से उपहारस्वरूप दिया, तो इसके ठीक छठे दिन बाबू को उसके जन्मदिन पर अपने तीन रुपये मासिक जेब ख़र्च से बचतकर उषा ने भी पतंग और मंझा उपहार में भेंट किया। पतंगबाजी में शामू, बाबू और उषा की पागलपन की दीवानगी थी। पतंग का मंझा उषा और उनके भाई त्यागराज यानी बाबू नीम दोपहरियों में तब तैयार करते थे, जब वे भाँप लेते थे कि घर के लोग दोपहर की झपकी ले रहे हैं। मंझा के लिये सोडावाटर की हरी बोतलें सबसे माफ़िक होती थीं, जिसका जुगाड़ हर सम्भव जुगत लगाकर बाबू व उषा करते थे। उषा को याद है, परिसर में मौजूद चीकू का वह पेड़ जिसके नीचे सोडा वाटर के बोतल को तोड़ने के पहले वे अख़बार बिछाते थे। और फिर वहाँ बोतल तोड़ने के बाद उसे अख़बार समेत उठाकर परिसर के कंक्रीट वाले हिस्से में ले जाते थे। वहाँ बोतल के टुकड़ों के ऊपर भी एक अख़बार बिछाकर उसे महीन करने के लिए लोढ़े से चूरते थे। जब शीशे का कण-कण एकदम पाउडर-सा महीन हो जाता, तो दबे पाँव रसोईघर से थोड़ा मैदा लेकर उसका गाढ़ा घोल तैयार करते। घोल अच्छी तरह बन जाने के बाद शीशे का पाउडर उसमें फेंटा जाता।

शीशे के कणों से हाथ भी कट सकता है, मंझा तैयार करने की अगम ख़ुशी में इसकी परवाह न कभी उषा को हुई और न ही कभी उनके भाई बाबू को। मैदा और शीशे के बुरादे का गाढ़ा घोल तैयार हो जाने के बाद पतंग के धागे का गोला खोला जाता और उसके एक सिरे को कटहल के पेड़ और दूसरे सिरे को गैराज के गेट से बाँध दिया जाता। अब शीशे-मैदे के इस गाढ़े घोल को कटहल के पेड़ से गैराज के गेट तक बाँधे पतंग के धागे पर लगातार पिलाया जाता। एकाध घंटे में जब घोल की मालिश पा चुका धागा पूरी तरह सूख जाता, तब उसे सावधानी से पतंग उड़ानेवाली फिरकी में लपेटा जाता। दोपहर में बाबू व उषा के इस रोमांचक अभियान में घर का एक मराठी सेवक दादू भी कूद-कूद कर सहयोग करता। जब फिरकी की डोर में पतंग को बाँध दिया जाता, तो उसे दौड़ते हुए ऊपर उड़ाने की ज़िम्मेवारी उषा की होती थी, जिसमें उन्हें कौशल प्राप्त था। पतंग का भंडार भरने का भार उषा के दोनों भाई बाबू और शामू पर था। दादू हमेशा काली पतंग लगाने की ज़िद करता। बहरहाल, जब पतंग आसमान में कुलाँचें मारती, तो बाबू और शामू ख़ुश होकर फिरकी उषा के हाथों में थमा देते। बग़ल की पुलिस लाइन के बच्चों के संग पतंग का मुक़ाबला ख़ासा सनसनी भरा होता। बाबू, शामू, दादू और उषा बारी-बारी से प्रतिद्वन्द्वी पतंग को काटने की हरसम्भव कलाबाजी करते। जिस किसी दिन पुलिस लाइन के प्रतिद्वन्द्वी बच्चे इनकी पतंग काट लेते, तो शामू यह कहते हुए उषा की कान ऐंठते कि उसने मज़बूत मंझा नहीं बनाया था। पर जिस दिन वे लोग दनादन पुलिस लाइन के बच्चों की पतंग काटते, तो उषा को पीठ ठोंक शाबाशी मिलती।

यूरोपियन बँगले का अगह-बिगह में फैला यह परिसर कभी क्रिकेट, तो कभी बैडमिंटन या फिर कभी कबड्डी यानी हू तू तू की उमंग में रमा होता। क्रिकेट टीम के लिए लोगों की कमी नहीं थी। एक टीम में पड़ोस के पठान अंकल के बच्चे यूसुफ़ भाई, असद, अब्बास, शमीम और ज़मीला। दूसरी टीम में उषा समेत उनके भाई शामू, बाबू, कृपाकर मामू, दादू, ड्राइवर परब और परिसर में तैनात रहनेवाला ख़ुशमिज़ाज हवलदार कदम। उषा एक अच्छी बैट्समैन थीं लेकिन बाबू उन्हें हमेशा 'रनर' बनाता था। पर जब कभी उषा को बैटिंग का मौक़ा मिलता, तो वह चौके-छक्कों की झड़ी लगा देतीं।

स्कूल की अपनी अलग मस्ती थी। बाइकुला के क्लेयर रोड स्थित 'कॉन्वेंट ऑव जीसस ऐंड मेरी' में उषा पढ़ती थीं। शुरू के दर्जे से एस.एल.सी. तक की

पढ़ाई उषा ने यहीं से पूरी की। घर से स्कूल की दूरी ज़्यादा नहीं थी। बस एक पुल पार करने के बाद स्कूल था। लिहाज़ा, स्कूल शुरू होने के घंटे भर पहले उषा पाँव पैदल रास्ते के पेड़ों, लोगों और इर्द-गिर्द के कोलाहल का रस लेते हुए स्कूल पहुँच जातीं ताकि वहाँ वह कुछ देर खेल सकें। उषा के कृपाकर मामू तब एयर इंडिया की नौकरी में थे और उन्हीं लोगों के साथ रहते थे। उनके पास एक बाइक थी। मौक़े-मौक़े से कृपाकर मामू उषा को बाइक से स्कूल पहुँचा दिया करते थे। पर उषा की सबसे छोटी बहन माया घर की बड़ी दुलारी थी और वह कार से ही स्कूल जाती थी। अलमस्त उषा को पाँव-पैदल दुनिया भर की हलचल को निहारते और अठरते-मठरते स्कूल जाना ही अच्छा लगता था। स्कूल की स्पोर्ट्स टीचर मिस एलेन की वह सेनापति थीं। आम तौर से स्पोर्ट्स टीचर कद्दावर डील-डौलवाले होते हैं लेकिन मिस एलेन बेहद कोमल व अनिन्द्य सुन्दरी थीं। उतनी ही मृदुभाषी। पता नहीं क्यों, उनको लेकर उषा को अक्सर लगता था कि उन्हें स्पोर्ट्स टीचर बनाकर उनके संग अन्याय किया गया है। स्कूल में प्यारा-सा बैडमिंटन कोर्ट था। लॉन्ग जम्प के लिए एक सैंड पिट था। उषा इन सबका भरपूर लुत्फ़ उठाती थीं। हु तू तू, खो-खो और नेट-बॉल यानी किसी खेल को खेलने से वह स्कूल में बाज नहीं आती थीं।

अलमस्त और खिलन्दड़ी, लड़कों सरीखे चाल-ढालवाली उषा को नहीं मालूम था कि जीवन संगीत और प्यार से भरा एक अजब-ग़ज़ब खेल है। समय के साथ धीरे-धीरे उन्हें पता चला कि सुरीली आवाज़ नहीं, तो अपनी आत्मा के भीतर गाओ। और गाते रहो, जब तक ज़िन्दगी ज़मींदोज़ न हो जाए। अपनी जड़ों से मुस्कराओ और इस सन्तप्त दुनिया को अपने क़रीब लाकर गुदगुदा दो। वर्षों बरस बाद उषा को अन्ततः पूरी तसल्ली से पता चला कि लड़कों जैसी उनकी भारी आवाज़ पारम्परिक संगीत के ऐश्वर्य और सौन्दर्य बोध को भले धक्के देकर हैरान करती हो, लेकिन सच है कि गाने का रिश्ता आवाज़ से अधिक आत्मा से है। वर्षों बाद, अपने विवाह के भी कई बरस बाद, उषा को यह भी पता चला कि प्यार किस तरह चुपचाप लय की लहरों पर अनमोल तिनके की तरह आता है और दुनिया बदल कर रख देता है। बचपन की खिलन्दड़ी-अलमस्त इस लड़की के हृदय में धीरे-धीरे समय ने यह अक्षत विश्वास भरा कि प्रार्थना, संगीत और प्रेम भले अलग-अलग शब्द दिखते हों; लेकिन बात तीनों की एक ही है। बचपन की पतंगबाज, शीशे के बुरादे को पतंग की डोर पर रगड़ कर मंझा बनाने में माहिर 'मंझा-मास्टर' उषा ने

अपने जीवन के धागे पर भी शीशे के बुरादों को भरपूर रगड़ा। यह फलसफ़ा उषा को बचपन से ही मालूम हो गया था कि आपकी पतंग आकाश में तभी उड़ान भरते हुए देर तक तभी टिकेगी, जब मंझा मज़बूत हो।

नेवर नो हाउ मच आइ लव यू

मार्च से मई मास तक की अवधि चेण्णै के लिए हमेशा से कुछ अधिक ही दारुण होती है। रास्तों की तप्त धूल और उष्ण आर्द्रता से भरी तीखी गर्मी पूरे शहर से अजगर की तरह लिपटी रहती है। भारत के दक्षिण पूर्व का यह समुद्र तटीय शहर इन तीन महीनों में होम की अग्नि जैसी तीक्ष्ण धूप से लगभग मूर्छा की स्थिति में रहता है। पर जून से बिजली के झंडे लहराती धाराशार तेज़ बारिश और बवंडर मचाती हवा की ऐसी युगलबन्दी चलती है, जो एक दिशा में मुड़ती प्रतीत होते हुए ठीक उसकी विपरीत दिशा में रह-रहकर घुमड़ती हुई लगती है। हवा और बारिश की इस मृदुल रागमय झूम में मदुरईमल्ली पुष्प से लेकर ग़ुलाब तक की ख़ुशबू चेण्णै के कण-कण में मन्द-मन्द घुलनी शुरू हो जाती है।

वर्ष 1967 के जून मध्य की बारिश भरी वह ऐसी ही एक शाम थी, जब उस समय के मद्रास के माउंट रोड स्थित तीन सिनेमा थियेटरों—एमरल्ड, ब्लू डायमंड और सफ़ायर के बहुत बड़े-से परिसर के तलघर में चलनेवाले एक नाइट क्लब 'नाइन ज़ेम्स' में जैज़ स्टैंडर्ड बैंड के संग नितम्ब स्पर्शी सघन बालों, गहरी भावप्रवण आँखों और दीप्त गेहुएँ रंग की सुहागमग्न 21-22 साल की लम्बी-छरहरी उषा अपने सम्पूर्ण स्त्रियोचित भारतीय परिधान यानी केले के दलों से परिपूर्ण हरित रंगवाली साड़ी-ब्लाउज़, माँग में माणिक सरीखे सिन्दूर और नव पल्लवों जैसी चूड़ियों में आदिम तलस्पर्शी झूम के संग सामान्य से अलग विस्मयपूर्ण भारी आवाज़ में एक अंग्रेज़ी गाना गा रही थीं—

नेवर नो हाउ मच आइ लव यू
नेवर नो...हाउ मच आइ केयर,
ह्वेन यू टच...यू गिव मी फ़ीवर...
दैट् सो हार्ड टू बेअर...

उल्लास की नाव

कभी नहीं जाना कि मैं तुम्हें कितना प्यार करती हूँ। कभी नहीं जाना कि मैं तुम्हारी कितनी परवाह करती हूँ। तुम जब मुझे छूते हो, मुझे ज्वर देते हो। यह झेलना मेरे लिए बहुत कठिन है। बेहद मुश्किल।

शाम रात में दाख़िल हो रही थी। नाइट क्लब में जैज़ स्टैंडर्ड के तेज़ मदिर लय पर तन्मय डूबकर असम्भव प्रभुत्व स्वर में उषा गा रही थीं। जीवन के लिए, वसन्त के लिए, अपनी आतप्त आवाज़ में मन का सारा उद्वेलन भरकर समुद्र से संवाद करते हुए आशा के तट पर आत्मा का पराग बिखेर रही थीं। कुछ इस तरह जैसे पूछ रही हों—'क्या सपने सच होते हैं? क्या दुख़ का भी सुगन्ध होता है?' सुर में गुम हो चुकी उषा की लम्बी वेणी में मदुरई मल्ली के नन्हे-नन्हे सफ़ेद फूलों की माला नाइट क्लब की मद्धिम नशीली नीली रोशनी में तारों की तरह कौंध रही थी। सुर की ऐसी ग़ज़ब गमक, जैसे सांद्र कज्जल गीली क्यारी में रजनीगन्धा खिल रही हो। भीतर से उन्मुक्त होती फूटकर खिल रही उषा के आलिंगन में बरबस पूरा समग्र था।

सुर के रंग और आवेगप्रवण भावों की बारीक़ियों के पंख लहराती जब वह अपने गाने के चरम पर थीं, तो नाइट क्लब के एक पुराने बुज़ुर्ग श्रोता से रहा नहीं गया। भावातिरेक में उन्होंने उठकर कहा, "फ़ॉलकन्...! सो डॉमिनेटिंग ऐंड असर्टिव वॉइस! वज्र के शब्दों का नाश करती हुई अद्‌भुत आग्रही-आत्मविश्वासी आवाज़! माइ गॉड! यह लड़की अपने सुर में बाज की तरह उड़ती है। बाज के ताक़तवर—तेज़ पंख इसकी आवाज़ में लहराते हैं।" लोकप्रिय पश्चिमी जैज़ संगीत के एक दूसरे दीवाने ने लगे हाथ कहा, "अभी जो 'फ़ीवर' सॉन्ग यह गा रही है, वह वर्षों पहले मैंने मशहूर अमेरिकन जैज़ पॉप सिंगर पेग ली का भी सुना है। यह लड़की आज इस गाने में पेग ली को मात दे गई है।"

बाहर बारिश थम गई थी। पर नाइट क्लब 'नाइन ज़ेम्स' के भीतर का कलरव-कोलाहल थमने का नाम नहीं ले रहा था। एक लड़की का ऐसा विस्मयकारी प्रभुत्व स्वर भी हो सकता है क्या! सुर के धागों को लय में बुनते हुए यह किस तीव्रता से हृदय की घाटियों में उल्लास उड़ाती है कि जंगली हवाएँ वन फूल की पंखुड़ियों की तरह उन्हें समेट दसों दिशाओं में पागलों की तरह बिखेरती-सी लगती हैं। गुलाब के फूलों से चारों तरफ़ मीठी महक-सी उड़ती हुई लगती है। जैज़ स्टैंडर्ड बैंड का बजना थमा। उषा अपने परिजनों के पास आकर बैठ गईं। 'नाइन ज़ेम्स' के मालिक यशवन्त विकमसी ख़ुशी से हैरान थे। कई होटलों व रिज़ॉर्ट्स के मालिक विकमसी का महाबलीपुरम में भी एक शानदार रिज़ॉर्ट था। पर ज़्यादातर वे 'नाइन ज़ेम्स' में

बैठते थे। उत्साह से छलकते यशवन्त विकमसी ने उषा से अनुरोध किया कि क्या कम से कम एक हफ़्ते भी सही, वह उनके नाइट क्लब के वास्ते गा सकती हैं। जवाब में उषा ने वहाँ गुपचुप मुसक रहीं अपनी मामी लीला नादन की तरफ़ चपल नेत्रों से देखा, जिन्हें वह दुलार में 'जिप्पी माँ' कहती थीं। दरअसल, मामा-मामी के साथ ही उस शाम वह 'नाइन ज़ेम्स' गई थीं। 'नाइन ज़ेम्स' में जब वे सब दाख़िल हुए थे, उस समय चार लोग एक बैंड पर धुन बिखेर रहे थे। अचानक थोड़ी देर बाद श्रीमती लीला नादन यानी जिप्पी माँ ने लाड़ भरे स्वर में कहा, "उषा! यू गो ऐंड सिंग! जाओ, गाओ।"

सब कुछ एक झटके में हुआ। मेघों के गाढ़े अन्धकार में बिजली की दमक की तरह जैज़ स्टैंडर्ड की धुन एक पल के लिए सहसा थम गई और फिर तेज़ हो गई। उषा गा रही थीं। यह एक अद्‌भुत गहन सांद्र स्वर था, जिसमें मृदुल तीव्रता थी। बारिश की उस शाम 'नाइन ज़ेम्स' की मद्धिम रूमानी रोशनी में भारत की पहली महिला पॉप सिंगर उषा उथुप जन्म ले रही थीं।

आज पाँच दशकों बाद भी मनोरम मेघों के प्यार से भीगती वह शाम, 'नाइन ज़ेम्स', गर्व और उल्लास के कोमल अंकुरों के संग वहाँ गुपचुप मुसकती जिप्पी माँ, एक सप्ताह के लिए गाने का मुदित अनुरोध करते 'नाइन ज़ेम्स' के मालिक यशवन्त विकमसी, एक हफ़्ते तक गाने के बाद बतौर प्रथम पारिश्रमिक मिली वह एक प्यारी-सी कांजीवरम साड़ी उषा उथुप भूल नहीं पाई हैं। जीवन की स्वाधीनता का, जीवनोल्लास का संगीत गाते हुए सचमुच कितने वर्ष बीत गए। अविश्वसनीय-सा यह सफ़र कितना उत्तप्त और मधुर! श्रोताओं के विशाल समूह को अभी भी गाने के पहले वे गर्व से कहती हैं, "मैं नाइट क्लब सिंगर रही हूँ। वहीं से मेरी शुरुआत हुई। चलिये...रेडी टू रॉक...?" गहराती शामों में उनको सुनने के उतावलेपन से रोशन दर्शकों को लगता है कि जैसे वह बता रही हैं कि "हाँ, सपने सच हो सकते हैं। कि समुद्र के बवंडरों और थपेड़ों से मछलियाँ कभी नहीं थकतीं।"

"क्या कहा? मेरी साड़ी अच्छी लगी आपको? मेरी बिन्दी और मेरी चूड़ियाँ भी?" माइक को अपने आँचल की कोर से लपेट वे शुरू हो जाती हैं और लोगों की पलकें नहीं झपकतीं। पोर-पोर में अपने देश की सम्पूर्ण पारम्परिकता से छलकती एक भारतीय स्त्री अफ़्रीकी-अमेरिकी उद्‌भव के पश्चिमी जैज़ संगीत को जिस लाड़-झोंक से झूमते हिंडोले पर पींगे दिलाती है कि पूरे माहौल में आतिशबाज़ी की रौनक-सी आ जाती है। सुननेवालों की रगों में बरबस जलती हुई मदिरा दौड़ने

लगती है। उषा उथुप का पूरा शिल्प आतिशबाज़ी के धूम भरे शिल्प से जगमग है। एक अनूप मौलिक मुखरित शैली। यह अपलक उल्लास और आत्मा की अहर्निश झूम लोगों को चकित-मोहित करती है। श्रोताओं की ओर से तालियों के असंख्य शंख गूँजते हैं। धरती से आकाश तक मानो आह्लाद का विशाल गुलाबी घेरा चक्कर काटता है। जीवन की असह्य तप्त व्यथा के बीच जैसे अनायास आकाश का बादलों से घिरना। फिर सुखदाई वर्षा के स्पर्श का विचित्र आवेश! सिंहल सिंधु से मलय सागर तक बिखरे-छितराये क्लान्त प्राण! आतप की मर्मांतक गन्ध! और ऐसे में उषा के आदि-आनन्द गीतों की बौछार। "क्या कहा? उल्लास नहीं है? स्वप्न मूर्छित हैं? पानी राख हो रहा है? पिऐनो का स्वर काँप रहा है? अरे नहीं, ज़रा देखिए, मन के आकाश में दूब की तरह उल्लास के बादल घने हो रहे हैं। धरती पर कदम्ब वृक्ष विलास में झूम रहे हैं। केतकी वनों में अनुराग सिहर रहा है। अर्जुन की मंजरियाँ मुसक रही हैं। पृथ्वी की इस आनन्द-गली से गुज़रिये! यहाँ है उत्सव का आह्वान।

कॉल ऑव हैप्पीनेस! उल्लास की नाव! उषा उल्लास उथुप! मिथक, यथार्थ और आनन्द का मधुरित आवेगपूर्ण तरंगित मिश्रण। 'गाने से भी बेहतरीन बात है और गाते रहना'—कहती थीं 50 वर्षों से भी अधिक समय तक अपनी निष्पाप आविष्कारक सुर-शैली में गाती रहीं अमेरिका की मशहूर जैज़ सिंगर एला फिज़गेराल्ड। उषा बैद्यनाथ सोमेश्वर सामी से उषा उथुप तक की यह अहर्निश सुर-यात्रा भी कुछ ऐसी ही है—सोचती हैं उषा।

1968 का वर्ष देश और पूरी दुनिया के लिए मानो बवंडर और विजय का वर्ष था। दरअसल, इसी साल मानवाधिकार के लिए अनवरत अहिंसक संघर्ष करनेवाले मार्टिन लूथर किंग जूनियर और रॉबर्ट एफ़ केनेडी की हत्या हुई। बिट्ल्स की सांगीतिक फ़िल्म 'येलो सबमैरिन' बनी। इसी साल अपोलो-8 चाँद पर पहली बार गया। ये और ऐसी अनेक घटनाएँ। इन्ही घटनाओं के बीच भारत की प्रथम पॉप सिंगर भी उदित होकर आकार ले रही थीं। स्कूल पास करते ही वर्ष 1965 में मात्र 18 साल की कच्ची उम्र में ब्याह दी गईं सरल-सीधी और खिलन्दड़ी उषा, जो दुनिया के छल-छद्मों से सर्वथा दूर मेहराबदार सपनों की दुनिया में खोयी बम्बई के 'जे.जे. स्कूल ऑव आर्ट्स' से डिग्री कोर्स कर रही थीं। संगीत उनकी रगों और धमनियों में था। इसलिए 'जे.जे. स्कूल ऑव आर्ट्स' में पढ़ाई करने के बावज़ूद उनकी छठी इन्द्रिय उन्हें रह-रहकर उकसाती थी कि उनका भविष्य रंगों

नहीं बल्कि सुरों की दुनिया में है। इसलिए संगीत को लेकर आशा की परछाईं उनके मन में सुबह की कच्ची धूप की तरह फिसलती रहती थी। उषा याद करती हैं शुरू 1968 के उस समय को जब दुनिया की सबसे मशहूर अमेरिकी गॉस्पेल सिंगर यानी ईसा मसीह का सन्देश गानेवाली महालिया ज़ैक्सन एक समारोह में बम्बई आई हुई थीं। वे 'क्वीन ऑव गॉस्पेल' के नाम से मशहूर थीं। उषा को उनके गॉस्पेल सॉन्ग बहुत अच्छे लगते थे। अमेरिकन सेंटर, वी.ओ.ए. और यू.एस.आइ.एस. ने बम्बई में महालिया के संगीत का यह विशेष आयोजन रखा हुआ था। इन आयोजकों से अनुरोध कर उषा उस दिन कार्यक्रम शुरू होने के पहले बैक स्टेज यानी मंच के पीछे गईं, जहाँ महालिया ज़ैक्सन बैठी हुई थीं और कुछ ही देर बाद अपनी प्रस्तुति देनेवाली थीं। उषा ने उनके मशहूर गाने 'इट डोंट कॉस्ट वेरी मच' की कुछ पंक्तियाँ गाकर उन्हें सुनाईं। सुनकर महालिया ज़ैक्सन इतनी ख़ुश हुईं कि उन्होंने उषा से कहा, "तुम यही सॉन्ग मेरे साथ स्टेज पर अभी गाओगी।" हालाँकि, संकोच से दोहरी होती हुई उषा ने उनसे कहा, "मैं आपके स्केल...स्वरक्रम में शायद ही गा पाऊँगी।" पर महालिया ज़ैक्सन को भी जाने क्या धुन चढ़ गई थी, वे अड़ी रहीं, "मुझे यक़ीन है, तुम गा लोगी। अब कोई सुनवाई नहीं। कम विद मी ऐंड सिंग।" मुस्कराते समय उषा के गाल पर पड़नेवाले गड्ढे को लाड़ से निहार महालिया ने कहा, "डिम्पलवाले लोगों को ईश्वर ब्रह्मांड में विशेष दैवी कार्यों के लिये ही बनाते हैं।"

और वह एक अद्‌भुत विरल क्षण था जब महालिया ज़ैक्सन ने मंच से कहा, "यह उषा है—बेटी है मेरी...माइ डॉटर...! आज यह मेरे साथ गायेगी।" उस दिन की प्रस्तुति का वह अलौकिक स्वाद-सुवास उषा के मन-प्राण में आज भी अक्षुण्ण है। 'टेक माइ हैंड, प्रेशस लॉर्ड' गाकर गहन-दारुण करुणा उत्पन्न करनेवाली महालिया ज़ैक्सन वह पहली प्रोत्साहक थीं, जिन्होंने बड़े लाड़ और अनायास भरोसे से विशाल दर्शक समूह से उषा का परिचय कराया था, "माइ डॉटर...यह बेटी है मेरी...! शी विल सिङ्ग विद मी टुडे...आज यह मेरे साथ गायेगी।" ईसा मसीह का उपदेश-आशीष अपने संग गवा कर महालिया ने एक तरह से उषा को विधिवत गुरुमुख किया था। उषा की नाभि में छिपे इन्द्रधनुष को जगा दिया था। यों उषा ने इसके पहले बच्चों के वास्ते कई जिंगल भी गाये थे। घर में उनके भाई-बहन और बाहर उनके दोस्त-अहबाब उनकी सामान्य से अलग हटकर भारी आवाज़ को लेकर अक्सर चुहल करते थे कि उषा की आवाज़ दारा सिंह जैसी है।

फ़िल्मों में यह दारा सिंह के लिये गाने गायेगी। पर महालिया ज़ैक्सन के कार्यक्रम ने सारे परिदृश्य को हैरान कर दिया। ज़ाहिर है कि महालिया के ममत्व ने उषा के आत्मविश्वास को परवान चढ़ा दिया। इसलिए वर्ष 1972 के जनवरी माह में जब महालिया गुज़रीं, तो उषा के आँसुओं का ओर-छोर न था। पर बीते चार वर्षों में भारत जैसे पारम्परिक देश की प्रथम स्त्री पॉप सिंगर अपने कैरियर के वसन्त में दाखिल हो चुकी थीं। वर्ष 1968 आज की उषा की निर्मिति में चुपचाप लेकिन ज़ोर से जुटा था। अटूट लगन से उन्होंने अपना नायाब 'वॉयस कल्चर' सिद्ध कर एक नई राह बनाई।

और पाँच दशकों की यात्रा में असंख्य मुख! "क्या हुआ है तुमको? उषा! तुम हमेशा मेरे मन में रहती हो..." ऐसे स्नेह भरे अपनेपन की जाने कितनी बातें चाँद पर आहिस्ता-आहिस्ता जम रही हरियाली की झीनी परत की भाँति मन को आज भी हमेशा आलोकित-पुलकित करती हैं। सितम्बर, 2016 में जब वेटिकन सिटी में पोप फ्रांसिस ने मृत्यु उपरान्त मदर टेरेसा को 'सन्त' की उपाधि से विभूषित किया, तो उस अविस्मरणीय मौक़े पर उषा ने मदर टेरेसा को याद करते हुए जो 'केननिजेषण सॉन्ग' यानी सन्तत्व घोषण गान गाया, तो उनकी आँखों से बरबस आँसू गिरने लगे...'यू फ़िल्ड देअर हार्ट्स/विद लव ऐंड पीस/ओह मदर...मदर टेरेसा...! यू लव्ड ऐंड गेव देम रीज़न टू लिव/ओह मदर...मदर टेरेसा!' मदर टेरेसा के संग चार दशकों के अपने स्नेह-सम्बन्ध को उषा याद करती हैं, तो उनका मन भाव विह्वल हो जाता है।

"तुम्हारा स्वर हमेशा मेरी प्रार्थना में शामिल रहता है उषा।" भावुक हो अक्सर लाड़ से कहती थीं मदर टेरेसा। और इसी तरह श्रीमती इन्दिरा गांधी! मदर टेरेसा की तरह उनसे नियमित सम्पर्क तो नहीं रहा लेकिन वे जब भी मिलीं और उषा को सुना, तो मुस्कराकर कहा, "उषा! यू आर फ़ैब्यलस। शानदार हो तुम।" मन के भुवन में स्मृतियों के अनेक वृत्त उभरते हैं और उषा उथुप को लगता है मानो समय के अनन्त विस्तृत सभागार में संगीत के उद्दाम लय के बीच नेल्सन मंडेला, मदर टेरेसा, रोम के पोप, श्रीमती गांधी, राजीव गांधी और केन्या के राष्ट्रपति जोमो केन्याटा सरीखे उन्हें स्नेह करनेवाले अनेक अनूप चेहरे अभी भी आसपास अहर्निश घूम रहे हैं। इन चेहरों में कलकत्ता की सड़क पर हरी बत्ती होने के ऐन पहले उनकी गाड़ी के शीशे के पास आकर भिक्षा माँगनेवाली उस विकलांग लड़की का भी हैरानी से भरा मुख शामिल है, "दीदी! आज 'क' वाला आपका टीप नहीं?"

उल्लास की नाव

तमिलभाषी होने के बावज़ूद भारत की सांस्कृतिक राजधानी कोलकाता की वे सांस्कृतिक राजदूत हैं। उनकी बड़ी-सी बिन्दी पर अंकित 'क' उनका गौरवशाली ध्वज है। कलकत्ता और उषा परस्पर-प्रतिपल एक-दूसरे को अपने ललाट पर सजाकर रखते हैं। इसलिए जब कभी किसी कारणवश उनके ललाट पर 'क' वाली बिन्दी नहीं होती है, तो कलकत्ता परेशान हो उठता है, "आज 'क' वाला टीप नहीं?" किसी शहर और वहाँ की जीवन-संस्कृति को किसी ने अपना शृंगार बना लिया हो, उषा के अलावा इसका कोई दूसरा उदाहरण नहीं। कलकत्ता उनका टीप और सिन्दूर है।

वैसे, 'वसुधैव कुटुम्बकम' भाव से गानेवाली उषा दुनिया की 22 भाषाओं में गाती हैं और दशकों से दुनिया के अधिकांश देशों में गाती रही हैं। पर 'क' उषा का कल्लोल है। सुर की काया है। उनकी बिन्दी में दमकता 'क' पश्चिमी संगीत के भारतीय सुहाग में मग्न और सदैव दीप्त रहता है। महानगर कलकत्ता की यह पुरानी फ़ितरत है कि या तो यह प्रादेशिक रहता है, या सीधे अन्तरराष्ट्रीय। कविगुरु रवीन्द्रनाथ ठाकुर से लेकर मदर टेरेसा और अमर्त्य सेन सरीखे दिग्गज इसके उदाहरण हैं। महानगर कलकत्ता की स्थायी निवासी उषा उथुप भी 'अन्तरराष्ट्रीय दीदी' हैं। यह अन्तरराष्ट्रीय दीदी हमेशा कहती हैं, "मैं अपने गाने के ज़रिये लोगों से संवाद करती हूँ।" वाक़ई संगीत से संवाद कैसे क़ायम होता है, यह कोई दीदीगिरी में माहिर उषा से सीखे। अपने इस हुनर से वे हमेशा लोगों के दिल में उतरती हैं और संवाद के संग-संग अपनी भारतीय परम्परा के प्रति समर्पित आग्रह प्रकट करती हैं। लोगों के अन्तर्मन के क्षितिज को अपनी हज़ार वाट की हँसी से खोलते हुए वे अनन्त आनन्द का विस्तार देती हैं, और इस तरह वे एक 'कल्ट कलाकार' हो जाती हैं।

"क्या कहा? मेरी चूड़ियाँ आपको अच्छी लगीं? मैं काँच की चार दर्जन...48 चूड़ियाँ पहनती हूँ। चाँदी या सोने का कड़ा हो, तो उसके साथ काँच की 36 चूड़ियाँ...।" दर्शकों से वे कुछ इस अन्दाज़ में संवाद बनाती हैं, मानो कमलवनों की नलिनियों को आहिस्ता-से सहलाते-दुलारते सबको वसन्त से शरद तक की मौसिक़ी बता रही हों। साड़ी, सिन्दूर, चूड़ी, बिन्दी और मंगल सूत्रम् के संग जब वे पश्चिमी संगीत का चरखा चलाते हुए प्यार के धागों के गोले दिल की वादियों में भरपूर तीव्रता से फेंकना शुरू करती हैं, तो प्रचंड हवाओं को भी ठिठक जाना पड़ता है। कभी तालियों की बौछार! कभी अवाक-मुग्ध श्रोता!

अचानक वे हँसते हुए कहती हैं, "अरे ताली बजाइये! गाना ख़त्म हो गया।" पर श्रोताओं को पता है कि उषा का संगीत सृष्टि का अक्षय उल्लास है, जो कभी समाप्त नहीं होनेवाला।

सुनो इस बारिश को

समय के साथ अतीत के कई महत्त्वपूर्ण सीमा-चिह्नों को समाप्त करते हुए दिमाग़ चकरा देनेवाले अन्दाज़ में जब अपनी यादों का शहर नई शक्ल-सूरत अख़्तियार करता है, तो उन यादों के संग शहर को प्यार करनेवालों के लिए स्थिति बहुत असहज-सी हो जाती है। पुराने मद्रास और आज के चेण्णै शहर के निवासी एच.एम. बेलगमवाला और उनकी पत्नी डी. दिलनवाज़ ऐसे ही लोगों में से हैं, जो गिलहरियों की भाँति स्मृतियों के भंडार को भरने में लगे रहते हैं। अपनी बेशुमार यादों को क़रीने से सहेजते हुए ये दोनों सुख और कसक की पींगें भरते हैं।

बेलगमवाला अपने बेटे को मद्रास के माउंट रोड स्थित उस बड़ी-सी सुर्ख़ लाल इमारत के 'स्पेंशर्स कैफ़े' को अब नहीं दिखा सकते, जहाँ तक़रीबन हरेक शाम यार-दोस्तों की जमघट रोशन हुआ करती थी। इसी माउंट रोड में एक संग तीन-तीन सिनेमा थियेटरों—एमरल्ड, ब्लू डायमंड और सफ़ायर के विशाल परिसर के तलघर में चलनेवाले नाइट क्लब 'नाइन ज़ेम्स' को भी बेलगमवाला अपने बेटे को न दिखाने की गहरी कसक महसूस करते हैं, जहाँ की शामें अन्दर की मदहोश करती मद्धिम रोशनी में उल्लास की तरंगों पर थिरकती थीं। बहरहाल, 'नाइन ज़ेम्स' या उसके मालिक यशवन्त विकमसी भले अब दुनिया में नहीं हैं, लेकिन एच.एम. बेलगमवाला ने अपनी यादों में इन्हें अभी तक महफ़ूज़ रखा हुआ है। वे अपने पत्नी दिलनवाज़ से मुसककर कहते हैं, "वे हमारी रूमानियत के दिन थे। देश की मशहूर पॉप सिंगर उषा उथुप ने अपना पहला पॉप सॉन्ग यहीं गाया था। 'नाइन ज़ेम्स' में।"

मद्रास की और भी कितनी सुनहरी यादें। मल्लिगे के नन्हे श्वेत फूलों की भीनी ख़ुशबू-सी यादें। मसलन जेमिनी स्टुडियो और मद्रास रेस क्लब की वो सरगोशियाँ, शोलावरम रेस ट्रैक की प्यारी सरगर्मी, बर्मा बाज़ार, वुडलैंड का मस्त डोसा-फ़िल्टर

कॉफ़ी और क्या-क्या नहीं...। पर 'नाइन ज़ेम्स' सबके ऊपर। इन्द्र का संगीत कानन। उषा उथुप भी 'नाइन ज़ेम्स' के उस एक अनूप हफ़्ते को बड़े अनुराग से याद करती हैं। तलघर में चलनेवाले उस नाइटक्लब का पूरा वातावरण ही कुछ ऐसा था, जो भावनाओं के तल को बड़े लाड़ से छूता था। प्रेम के उत्तप्त नमकीन संगीत से उसका जैज़ स्टैंडर्ड बैंड अविश्वसनीय तरीक़े से उकसाता-दुलारता था। पचास साल पहले का वह मोहक समय बरबस सामने आ खड़ा होता है। हर साल की तरह वर्ष 1968 में भी मई यानी जेठ का महीना आया और इस महीने के आख़िर में हर साल की भाँति गर्मी की छुट्टियों के दिन आए।

अपनी मामी श्रीमती लीला नादन के लगातार आमंत्रण पर इस बार बजाय अप्पा-अम्मा और भाई-बहनों के उषा अपने पति रामास्वामी अय्यर यानी रामू के संग मद्रास गई थीं। बम्बई के 'जे.जे. स्कूल ऑव आर्ट्स' में तीन साल का डिग्री कोर्स कर रहीं उषा का इम्तहान ख़त्म हुआ था और छुट्टियाँ शुरू हो गई थीं। उनकी बहनें अपनी पारिवारिक दुनिया में मसरूफ़ थीं। बम्बई की तेज़ पुलिस हलचल में अप्पा को भी छुट्टी नहीं थी। अप्पा के बग़ैर अम्मा के कहीं जाने का सवाल नहीं था। अप्पा का खाना-पीना तब कौन सम्हालेगा, अम्मा की यह स्थायी चिन्ता उन्हें रोक लेती थी। लिहाज़ा, वर्ष 1968 में उषा ने ख़ुद ही इम्तहान समाप्त होने के बाद मद्रास का कार्यक्रम बना लिया था। लीला मामी की बेटी मीना उर्फ़ चिक्कू से उषा की बहुत छनती थी। दोनों बालसखा थीं। उषा की इस बार की मद्रास-यात्रा उनके जीवन का सुख-भाग बन गई। बचपन से वैसे भी उनके लिए छुट्टी का मतलब मद्रास था। साल दो साल पर कभी बम्बई से बाहर कहीं घूमने जाने का कार्यक्रम सामी परिवार का बनता ही था। और बाहर जाने का एकमात्र गंतव्य था—मद्रास। उषा के पिता बैद्यनाथ सोमेश्वर सामी बम्बई पुलिस के बड़े जाँबाज़-मातवर अधिकारी थे। वे लगातार दो दशकों तक बम्बई सी.आई.डी. के प्रमुख रहे थे। बम्बई के अपराध जगत के तमाम सरगनाओं की रूह उनके नाम से ही काँपती थी। उन सबको अच्छी तरह मालूम था कि यह सख़्त ईमानदार पुलिस अधिकारी किसी भी क़ीमत पर ख़रीदा नहीं जा सकता। अपने पिता की बहादुरी को याद करते हुए आज भी उषा गर्व से कहती हैं कि "अप्पा होते, तो दाउद न होता।" अपने दौर के कितने छोटे-बड़े डॉन को सनसनीखेज़ मुठभेड़ों में बैद्यनाथ सोमेश्वर सामी ने ज़मींदोज़ कर दिया था। स्वाभाविक रूप से ऐसे ईमानदार पुलिस अधिकारी का एकमात्र आर्थिक स्रोत उनका मासिक वेतन था। इसी में पति-पत्नी और छह

बच्चों का परिवार चलता था। सामाजिक दायित्वों का भी भरसक निर्वहन होता था। लिहाज़ा, गर्मी की लम्बी छुट्टियाँ आने पर जब बच्चे बाहर जाने की ज़िद करते, तो साल-दो साल पर मद्रास का कार्यक्रम बना लिया जाता। ट्रेन के थर्ड क्लास में मुदित-मगन सामी परिवार बम्बई से मद्रास तक का सफ़र तय करता। बैद्यनाथ सोमेश्वर सामी बेहद सहज-सौम्य व्यक्ति थे। उनके पिता मैसूर के अय्यर ब्राह्मण थे और सन् 1883 से सन् 1901 तक मैसूर के प्रतापी दीवान रहे सर कुमारपुरम शेषाद्रि अय्यर के ख़ानदान के थे। शेषाद्रि अय्यर मद्रास प्रेसीडेंसी के मालाबार ज़िला के अन्तर्गत के पालघाट के थे। क्योंकि ये मैसूर के दूसरे दीवान थे, तो इनका परिवार मैसूर में ही बस गया। बैद्यनाथ सोमेश्वर सामी की माँ केरल के पालाक्काड की थीं। उस ज़माने में यह पूरा इलाक़ा एक समेत त्रावणकोर कहलाता था। बैद्यनाथ सोमेश्वर सामी चार भाइयों में सबसे बड़े थे। उनके बादवाले भाई शेषु, चन्द्रशेखर और देवू थे। एक बहन थीं सुशीला, जो त्रावणकोर के कोल्लेवल में ब्याही हुई थीं। उषा की दादी, जिन्हें उषा व उनके सभी भाई-बहन 'बम्बई पाट्टी माँ' कहते थे, अन्तिम साँस तक उन लोगों के संग रही थीं। समय की गति में सामी परिवार का सूत्र मैसूर और पालाक्काड से छूट गया था। अपने पूर्वजों की धरती मैसूर के छूटने की कसक बैद्यनाथ सोमेश्वर सामी को हमेशा रही। इस कसक की भरपाई उनकी ससुराल मद्रास ने की।

मद्रास में उषा की ननिहाल थी। ननिहाल का जीवन उषा का पहला म्यूज़िक स्कूल था। उषा के नाना हाल्लास्य के. नादन कर्नाटक संगीत से लेकर पाश्चात्य संगीत के दीवाने थे। पर पेशे से हाल्लास्य के. नादन पूना में अर्से तक लोक निर्माण विभाग में एक प्रख्यात विद्युत इंजीनियर थे। हाल्लास्य के. नादन ने बम्बई के 'विक्टोरिया जुबली टेक्निकल इंस्टीच्यूट' से इंजीनियरिंग की पढ़ाई की थी। इंजीनियरिंग की पढ़ाई में उन्होंने स्वर्णपदक प्राप्त किया था। हाल्लास्य के. नादन के पिता रामास्वामी अय्यर और माँ सीतालक्ष्मी बड़े ही धर्मपरायण और विद्यानुरागी व्यक्तित्व थे। हाल्लास्या के. नादन की पत्नी यानी उषा की नानी धर्माम्बल नादन एक धर्मपरायण पारम्परिक गृहणी थीं। नादन परिवार का घर मद्रास के मायलापुर में है। मरीना बीच के पास। इन दिनों मायलापुर मद्रास के जिस इलाक़े में है, उसे 'राधाकृष्ण सलइ' के नाम से जाना जाता है। पहले इसका नाम एडवर्ड एलियट रोड था। देश के राष्ट्रपति सर्वपल्ली राधाकृष्णन का घर क्योंकि इस इलाक़े में पड़ता है, इसलिए आज़ादी के कुछ साल बाद एडवर्ड एलियट रोड का नाम राधाकृष्ण सलइ कर दिया गया। यह

मद्रास का प्रमुख इलाक़ा है। राधाकृष्णन का घर उषा के ननिहालवाले घर 'शान्ति' के एकदम मुहाने पर है। हाल्लास्य के. नादन के घर 'शान्ति' का आन्तरिक संसार संगीत व साहित्य से प्रतिपल उछाह में रहता था। हाल्लास्य नादन का संगीत के संग-संग साहित्य से भी बहुत अनुराग था। 'शान्ति' के सदस्य फ़ैंसी ड्रेस कम्पीटिशन से लेकर क्विज, शतरंज, कैरम व टेबल टेनिस के अलावा क्रिकेट-फ़ुटबॉल में भी सक्रिय रहते थे। समय-समय पर ये सभी सदस्य 'शान्ति' के परिसर में संगीत नाटिका का भी आयोजन करते थे। 'शान्ति' के सदस्य सचमुच विरल थे क्योंकि तीस के दशक से ये सब मिलकर 'नानात्मा' नामक एक निजी पारिवारिक पत्रिका भी निकालते थे। 'नानात्मा' के सभी लेखक 'शान्ति' परिवार के सदस्य व उनके कुटुम्ब थे। सत्तर के दशक में कतिपय कारणों से 'नानात्मा' का प्रकाशन रुक गया था। इस बात की कसक 'शान्ति' के सभी सदस्यों को थी। आख़िरकार, वर्ष 1995-96 में 'शान्ति' के सदस्यों ने फिर से 'नानात्मा' का प्रकाशन शुरू किया। इसके सुचारू प्रकाशन के लिये लगे हाथ पारिवारिक सदस्यों का एक निदेशक मंडल गठित किया गया। 'नानात्मा निदेशक मंडल' के अध्यक्ष बनाए गए वी.एस. शंकर, कोषाध्यक्ष—वी. चन्दर, सचिव—वी.एस. चन्द्रशेखर और वी.एस. सुन्दर। पत्रिका की सम्पादक के वास्ते वंसती राम का नाम तय कर लिया गया। 'नानात्मा' के पृष्ठों को पलटकर 'शान्ति' के सदस्यों की रचनात्मक प्रतिभा व प्रतिबद्धता का भरपूर परिचय मिलता है। 'नानात्मा' में बैद्यनाथ सोमेश्वर सामी से लेकर उषा ने भी लिखा। ज़ाहिर है कि 'शान्ति' एक ख़ुशरंग आशियाना था और इसलिए मद्रास जाने के नाम पर उषा और उनके सभी भाई-बहन : इन्दिरा, उमा, माया, त्यागराज यानी बाबू और श्याम सुन्दर यानी शामू की ख़ुशी का पारावार न रहता। 'शान्ति' के विशाल परिसर में धमाचौकड़ी करने से लेकर 'मरीना बीच' के किनारे समुद्र की लहरों के संग 'वेरकडलई' यानी मूँगफली खाते हुए उछलने-कूदने का अनूप आनन्द था। मद्रास का वह घर उनके वास्ते अनन्त ख़ुशियों का डेरा था, जिसमें एक तलघर और उसके ऊपर दो तल्ला था।

तीनों तल अलग-अलग संगीतों में बड़े मौज-सुकून में मसरूफ़ रहते थे। मसलन, किसी तल पर पश्चिमी संगीत का बसेरा, जिसमें बाख़, बीथोवेन और मोज़ार्ट का सुर बरस रहा होता और किसी तल पर हिन्दुस्तानी शास्त्रीय संगीत के सितारे बड़े गुलाम अली खाँ से लेकर पंडित मल्लिकार्जुन मंसूर और पंडित भीमसेन जोशी का आलाप मेघ की तरह घिरता रहता और इसी तरह किसी तल पर दक्षिण

भारतीय संगीत के संग एम.एस. सुब्बुलक्ष्मी मानो गालों से दिल के आँसुओं को चूमती रहतीं। उषा की नानी एम.एस. सुब्बुलक्ष्मी की भक्त थीं। सुब्बुलक्ष्मी का 'सुप्रभातम' सुनकर ही उनकी सुबह होती थी। उषा की नानी धर्माम्बल वायलिन बहुत अच्छा बजाती थीं। मद्रास में ननिहाल के इस पुश्तैनी घर में माँ समेत उषा के सभी मामा-मासियों का जब संगम होता था, तो इस घर का उद्गार आकाश छूने लगता। पर अपने कमरे में एक से एक पश्चिमी संगीत को ज़ोर-ज़ोर से बजाकर उस पर झूमते अपने सबसे बड़े मामा अलमस्त बलराम नादन उषा को कुछ ज़्यादा ही भाते थे। नानी-घर की याद के साथ ही पश्चिमी संगीत पर रमतों की तरह झूमते बलराम नादन की छवि उषा को आज भी पुलकित कर देती है। सुरों की झूम के बीच से आकाश कैसे झाँकता है, इसकी अपरिभाषित अनुभूति उषा को बलराम नादन की झूम को निहार कर हुई।

उषा की माँ मीनाम्बल सात भाई-बहनों में सबसे बड़ी थीं। मीनाम्बल का नामकरण मछलियों सरीखे नेत्रवाली देवी मीनाक्षी के नाम पर उनके पिता ने रखा था। मीनाम्बल की आँखें बहुत सुन्दर थीं। मदुरै की देवी मीनाक्षी सरीखी। मीनाम्बल के बाद थे उनके भाई बलराम नादन, फिर शिवमणि नादन, कृपाकर नादन, बहन निर्मला, भाई अम्बी नादन और सबसे छोटे भाई बालकृष्ण नादन। सबकी अपनी नौकरी और गृहस्थी थी लेकिन संगीत के सब ख़ानदानी दीवाने थे। बलराम नादन अपने पिता की तरह ही एक कुशाग्र इंजीनियर थे। विंड मशीन को लेकर कई तरह के आविष्कार उन्होंने किए थे, जिसका सर्वसुरक्षित अधिकार प्राप्त करने वे कुछेक बार अमेरिका की यात्रा पर भी गए थे। विंड मशीन का उपयोग थियेटरों में विशेषकर हवा की आवाज़ उत्पन्न करने में होता था। यह बलराम नादन ही थे, जिन्होंने मद्रास के कई सिनेमा स्टुडियो को विंड मशीन और उन्नत माइक्रोफ़ोन यानी ध्वनिविस्तारक उपलब्ध कराया था। सनक की हद तक अपने काम में जुटे रहनेवाले उषा के चिर कुमार बलराम मामा पुराने हेलिकॉप्टरों और युद्ध में काम आनेवाली बुलेट गाड़ियों के कबाड़ ख़रीदते थे। हेलिकॉप्टर की पंखियों को काटकर विंड मशीन बनाने में उनका जोड़ नहीं था। पर बलराम नादन की प्रतिभा विंड मशीन और माइक्रोफ़ोन तक ही सीमित नहीं थी। उन्होंने अपनी आविष्कारक बुद्धि का मंथन कर अस्पतालों में काम आनेवाला 'ब्लड सक्शन यूनिट' भी बनाया था। हेलिकॉप्टर, बुलेट और गाड़ियों के कबाड़ को काट-पीटकर वे नित नये आविष्कार में जुटे रहते थे। अपनी इन्हीं सनकों को सींचने के लिए उन्होंने विवाह नहीं किया

था। उषा याद करती हैं कि बलराम मामा का कारखाना, जहाँ हेलिकॉप्टर का अंग-अंग, वार बुलेटों का पुर्जा-पुर्जा और रक़म-रक़म की चीज़ें बिखरी होतीं और जिसमें वे रोज़ कुछ नये आविष्कार की कल्पना में व्यग्र रहते, उन सब के लिए बड़े कौतूहल का केन्द्र था।

घर के बड़े-से परिसर में स्थित गैराज़ के ऐन बग़ल में उनका एक अच्छा-ख़ासा कारख़ाना था। इसमें लेथ मशीन के संग-संग नाना क़िस्म के औजार थे। इन सबके संग वे दिन-रात-आधी रात घड़ी की तरह टिक-टिक करते रहते थे। उषा समेत उनके सभी भाई-बहनों को लगता था कि बलराम मामा कभी किसी गर्मी की छुट्टी में एक नायाब क़िस्म का घरेलू हेलीकॉप्टर ज़रूर बनाएँगे, जिसमें वे सब उड़ान भरेंगे। बलराम मामा को लेकर उषा के भाई-बहनों को लगता था कि वे कुछ भी असम्भव कर गुज़र सकते हैं। उनका मन कर गया तो अपने भाँजे-भाँजियों को हेलिकॉप्टर से चाँद पर भी ले जा सकते हैं। बलराम नादन वाक़ई एक मधुर विस्मय थे। नादन ख़ानदान के वे 'जादू बाबू' थे। उषा और उनके सभी भाई-बहन अपने सभी मामाओं की क़ाबिलियत के मुरीद थे, जो घर में ख़राब हो चुके बल्ब के होल्डरों को ठीक करने से लेकर बिजली के एक-एक तार की नसों का इलाज जानते थे। और यही नहीं, प्लम्बरिंग से लेकर घरेलू और रोज़मर्रा के जीवन से जुड़ी हर मशीन और व्यवस्थाओं को दुरुस्त बनाए रखने में मामाओं का सानी नहीं था। सबके सब क़ुदरती इंजीनियर थे। पर इन सबमें बलराम मामा अव्वल थे। इब्न बतूता, कोलम्बस और वास्को द गामा के घोल थे वे। अत्यन्त कुशाग्र बुद्धि के बलराम नादन में अपने क़िस्म का झक्कीपन तो था ही, वे निहायत आत्मकेन्द्रित और कंजूसी के मामले में ख़ासे धनी थे। सिर्फ़ अपने में डूबे रहनेवाले बलराम मामा की हद ये थी कि बाँहवाली अपनी गंजियों की दोनों बाँहों और गले के गोल घेरे के गिर्द वे नीली डोरियाँ सिलवाते थे ताकि किसी दूसरे भाई की गंजी से वह अदल-बदल न जाए। उनका एक तिल भी किसी को छूने की अनुमति नहीं थी। बेवजह की विनम्रता में उनका क़तई विश्वास नहीं था। वे लगभग हमेशा अपने मोटरबाइक की पिछली सीट निकालकर ही चलते थे ताकि कोई उनकी पिछली सीट पर चलने का प्रस्ताव न पेश कर सके। बाद में जब उन्होंने कार ख़रीदी, तो सबसे पहले उसकी पिछली सीट को निकालने का काम किया। लिफ़्ट का लेन-देन उनके लिए असहनीय था। अगर किसी पर वे वाक़ई ख़ुश और मेहरबान हो जाते, तो उसे अपने साथ ले चलने के लिए अपने मोटरबाइक की पिलियन सीट यानी

पिछली सीट या कार की पिछली सीट गैराज़ से निकाल कर लगा देते थे। पर ऐसा सौभाग्य विरले ही किसी को मिलता था। उषा के अप्पा बलराम की कार के बारे में मुसककर कहते थे, "द स्टेशनरी वैगन!" बलराम मामा की ऐसी अनगिनत सनकें थीं, जिन्हें अपने जीवन में सुचारु रूप से वे निभाते रहे। उनकी मनोहर आदतों में से एक उनका आइस बॉक्स में अंगूर रखना भी था। उनके कमरे में अगर कोई जाता था और उनका दिल ख़ुश रहा, तो वे आइस बॉक्स से अंगूर निकाल प्रसाद की तरह देते थे।

अपने अटूट परिश्रम के आविष्कारों से बलराम मामा कोई बहुत पैसा तो नहीं जमा कर सके पर अपनी वसीयत में जिस तरह उन्होंने अपनी कमाई चीज़ों और रुपयों का वितरण किया, वह उनके आइस बॉक्सवाले अंगूर के वितरण जैसा ही था। यानी आइसबॉक्स का बर्फ़ अपने भाइयों के लिए और अंगूर अपने नायाब कारख़ाने में काम करनेवाले समर्पित सहयोगियों के लिए। कहना न होगा कि हेलिकॉप्टर और बुलेट का कबाड़ उनके भाइयों को मिला और खाते की जमा राशि कारख़ाने के सहयोगियों के हिस्से में गई। साथ ही एक अच्छी-ख़ासी राशि वे एक सहायता संस्था 'एलाक्रिटि' के हवाले कर गए। पर उनके इस कार्य से घर के किसी सदस्य को तनिक भी हैरानी नहीं हुई। सबने हँसकर कहा, "दिस इज़ टिपिकलि बलराम नादन।" बलराम मामू से अनायास ही उषा ने जो तालीम ली, वह यह कि जीवन के सभी ज़रूरी काम ख़ुद से करो। उसे दूसरे के भरोसे मत छोड़ो। साथ ही, जो करो, उसमें अपना सौ प्रतिशत दो। इस तरह सुनने-सीखने को ननिहालवाले घर 'शान्ति' में बहुत कुछ था। सुख-दुख की लहरों में गोते लगाते उस घर के फेफड़ों और हृदय में सुर ही सुर था, जिसकी साँसें संगीत का वाष्प बनकर उड़ती रहती थीं।

हवा की आवाज़ सुनिये। नीरव-निडर रातों में ओस के गिरने की ध्वनि को सुनने की कोशिश तो करिए। जीवन सिर्फ़ दुख और वितृष्णा का गाद मात्र नहीं। फ़क़त उदासी नहीं। जीवन के अन्तस को सुनिये। ग़ौर से सुनेंगे नहीं, तो समझेंगे कैसे? यू ओनली लिव ट्वाइस...हम दो जीवन जीते हैं। एक स्वयं के लिए और दूसरा अपने सपनों के लिए। सपनों को सच करने के लिये अपनी धड़कनों को सुनना होगा। सुनने को तो मद्रास के ननिहाल वाले घर 'शान्ति' के तलघर में आसन जमाये रहनेवाले कृपाकर यानी बुचू मामू भी बाख़, बीथोवेन और मोज़ार्ट से लेकर भारतीय शास्त्रीय संगीत को रस लेकर सुनते थे लेकिन चिरकुमार आविष्कारक बलराम मामा जिस तरह जर्मन और ऑपेरा म्यूज़िक ज़ोर-ज़ोर से झूम-झूमकर

सुनते थे, उषा समेत उनके सभी भाई-बहनों के लिए उसे सुनने का आकर्षण ही कुछ और था...'हवा नगीला...हवा नगीला...हवा नगीला...मौज करो...मज़े करो... निस मेचा...ख़ुश हो जाओ...हवा नगीला...! उरू...उरू आचिम...उरू...उरू... आचिम...हँसी-ख़ुशी से जागो...हवा नगीला...।' इज़राइल के इस हिब्रू गाने की मस्ती पागल करनेवाली होती थी। बलराम मामा के ये और ऐसे कई प्रिय गाने थे। चिर आविष्कारक बलराम मामा म्यूज़िक रिकॉर्डिंग भी तन्मय होकर करते थे। वे जो भी करते थे, उसमें डूबकर। बस धूप और बारिश के छाते की तरह वे खुलते थे। बलराम नादन से छोटे भाई शिवमणि यानी 'शान्ति' के दुलारू इनी भी निराले ही थे। शिवमणि नादन यानी उषा के इनी मामू भी इंजीनियर थे और अपने बड़े भाई के काम में समर्पित सहयोगी थे। अत्यन्त संवेदनशील शिवमणि मामा बड़े ही ख़ुशमिज़ाज थे। वे घर पहुँचने के एक किलोमीटर पहले से मोटरबाइक का हॉर्न बजाना शुरू कर देते थे। घर में सबको पता चल जाता था कि शिवमणि किसी भी पल बस पहुँचने ही वाले हैं।

शिवमणि मामा हर मामले में हमेशा दिलचस्प थे। विशेषकर सबका ध्यान अपनी तरफ़ खींचे रखने की उनकी कोशिश देखने लायक़ होती थी। 'शान्ति' के बरामदे पर एक झूलनेवाला 'रॉकिंग चेयर' था, जिस पर उषा की नानी धर्माम्बल यानी मद्रास पाट्टी माँ फ़ुरसत के क्षणों में बैठती थीं। कहीं से भी घर पहुँचने पर शिवमणि मामा सबसे पहले उस रॉकिंग चेयर पर बैठ गुहार लगाते थे, "ओह... आइ ऐम सो टायर्ड...।" फिर पाट्टी माँ फ़ौरन आकर अपने थके बेटे की ख़ातिर-तवज्जो करती थीं। शिवमणि नादन विवाहित थे। उनकी पत्नी लीला नादन सरकारी सेवा में थीं। मद्रास में पर्यटन निदेशक के पद पर होने के कारण लीला का बड़ा सम्मान था। छोटे क़द-बुत की बेहद गोरी-चिट्टी लीला मराठी कनड़िगा ब्राह्मण थीं। वे बहुत सुन्दर और कम बोलनेवाली थीं। अपने पति शिवमणि की आए दिन की थकान गाथा को वे कोई तवज्जो नहीं देती थीं। थकान की अपनी यह कथा कहने की आदत शिवमणि नादन में जीवनपर्यन्त बनी रही। उषा याद करती हैं कि 'होटल सवेरा' में गाने के लिए बीच-बीच में जब वह बम्बई से मद्रास आती थीं, तो शिवमणि मामा और लीला मामी की बेटी मीना उर्फ़ चिक्कू के साथ समय बहुत ख़ुश-ख़ुश गुज़रता था। शामो को 'होटल सवेरा' के शो में अक्सर शिवमणि मामा भी साथ हो लेते थे। चिक्कू ने एक दिन उषा से कहा कि "पापा के साथ होने से हमेशा दबाव-सा महसूस होता है। हम न खुलकर हँस पाते हैं न बातें कर पाते

हैं।" बस उषा ने एक मज़ेदार उपाय निकाला। अगली शाम जब शिवमणि नादन 'आइ ऐम टायर्ड' का गाना गाते हुए घर पहुँचे, तो उषा ने उनसे कहा, "मामू! आप बहुत थके हैं न?"

"बहुत।"

"ऑफ़िस के बाद आप बहुत थक जाते हैं, मैं देखती हूँ।"

"हाँ उषा...! बहुत थक जाता हूँ।"

"तो फिर आप ऑफ़िस से लौटकर पूरा आराम करिए। आप बेहतर महसूस करेंगे। मेरे शो में भी मत आइए।" उषा ने अपनी हँसी दबाते हुए गहरी संवेदना जताते हुए कहा, "दिन भर काम करने के बाद फिर देर शाम तक शो में बैठने से आप और थक जाएँगे।"

अपनी ही थकान-गाथा से ख़ुद मार खाये शिवमणि नादन के पास तब घर पर आराम करने के सिवा कोई उपाय न था। चिक्कू ने चहकते हुए उषा से कहा, "हाय उषा! तुमने ग़ज़ब की तरकीब लगाकर पापा से पीछा छुड़ाया।"

शिवमणि मामा-लीला मामी की दो बेटियों में मीना उर्फ़ चिक्कू बड़ी हैं और यमुना उर्फ़ मुना छोटी। चिक्कू ख़ुद एडवर्टाइज़िंग में थीं ही, उनके पति जयदेव भी विज्ञापन की दुनिया में थे। बड़े ख़ुशमिज़ाज और ज़हीन इनसान। वर्ष 2017 में जयदेव का निधन कैंसर से हो गया। चिक्कू बेंगलुरु में रहती हैं। उनकी छोटी बहन यमुना उर्फ़ मुना भी बेंगलुरु में ही हैं। मुना और उनके पति सन्दीप मुखर्जी भी एडवर्टाइज़िंग के क्षेत्र में हैं।

लीला मामी के विरक्त व्यक्तित्व की जब कभी उषा को याद आती है, तो उषा को आज भी रोमांच होता है। उनमें किसी प्रकार की नाटकीयता नहीं थी। बेवजह के नाटक से उन्हें चिढ़ होती थी। वह किसी के भी मामले में हस्तक्षेप करनेवाली स्त्री नहीं थीं। अपने पति और बच्चों के मसले में भी नहीं। उषा को उनके ऐसे विरल-दुर्लभ व्यक्तित्व से यह सीखने को मिला कि जीवन में दिखावे के लिए कुछ भी नहीं करना चाहिए। लीला नादन एक ठंडे सन्तुलित दिमाग़ की ऐसी स्त्री थीं, जिनका फ़लक़ बहुत बड़ा था। एक अच्छी बहू, पत्नी, माँ और मामी की समस्त भूमिकाओं में वे बहुत प्यारी थीं। एक सफल-प्रतिष्ठित सरकारी अधिकारी भी। दुनिया के अनेक देशों की यात्रा कर चुकीं लीला नादन ने विश्व साहित्य का भी गहन अध्ययन किया हुआ था। शिवमणि पश्चिमी सुगम संगीत के रसिक थे। फ़्रैंक सिनाट्रा, पीटर पॉलिन मेरी और किंग्सटन ट्रायो सरीखों को सुनना उनका शग़ल

था। लीला नादन उर्फ़ जिप्पी माँ भी अपने पति के पश्चिमी संगीत प्रेम में नौकरी से बचे समय के बाद ख़ामोशी से डुबकियाँ लेती थीं। लीला की बेटी मीना उर्फ़ चिक्कू जब कभी उषा के संग मिल-बैठती हैं, तो चेण्णै में बीते बचपन के मीठे दिनों को याद कर निहाल होती रहती हैं। यों न अब बलराम नादन हैं और न ही शिवमणि। श्रीमती लीला नादन उर्फ़ जिप्पी माँ भी नवम्बर, 2017 में चल बसीं। उषा की वे बेहद प्यारी मामी थीं।

मीना जयदेव यानी चिक्कू तक़रीबन दस साल उषा से छोटी हैं। पर वे उषा की ममेरी बहन होने के संग-संग बचपन से उषा की हमदम और मित्र हैं। छुटपन से चिक्कू को पशु-पक्षियों से बेहद लगाव रहा है। लावारिस-बीमार कुत्ते और बिल्लियों को वे कहीं से भी उठाकर 'शान्ति' में ले आती थीं और उनकी पूरी तीमारदारी करती थीं। पशु-पक्षी भी अपना हित-अहित बख़ूबी जानते हैं। इसलिए कभी किसी के हाथ न आनेवाली गिलहरियाँ चिक्कू के एक इशारे से उनकी हथेली पर आकर बैठ जाती थीं। अक्सर अपना शो करने उषा मद्रास आती थीं और सनक की हद तक चिक्कू के पशु-पक्षी प्रेम को देख मुदित हो जाती थीं। चिक्कू ने एक बिल्ली पाल रखी थी और उसका नाम रखा था—रत्नावल्ली। एक बार उषा जब मद्रास पहुँचीं, तो उसके एक दिन पहले रत्नावल्ली दुनिया से जा चुकी थी। चिक्कू के दुख का पारावार न था। लिहाज़ा, रत्नावल्ली के निधन के शोक से चिक्कू को उबारने के लिये उषा ने एक शोक-गीत लिखा :

वी टॉक ऑव
आल काइंड्स ऑव
नन डिस्क्रिप्ट थिंग्स!
वी टॉक अबाउट
दिस ऐंड दैट!
वी टॉक ऑव शैलो
मीनिंगलेस थिंग्स!
हू थॉट ऑव द डेथ
ऑव अ प्रिटि कैट—रत्नावल्ली?

उषा ने यह शोक-गीत गाकर चिक्कू को सुनाया, तब जाकर वे कुछ सहज हुईं। यह उनकी रत्नावल्ली को एक समुचित श्रद्धांजलि थी, जो उषा ने बाक़ायदे

दी थी। बाद के दिनों में उषा ने पशु-पक्षियों से सम्बन्धित कई चैरिटि-शो किए। उषा ने चिक्कू से कहा भी कि दरअसल पशु-पक्षियों के लिए वे जब कहीं चैरिटि-शो करती हैं, तो बस अपनी दुलारी चिक्कू के प्यार के मारे। चिक्कू कहती हैं, "हमारे परिवार में बात कहीं से भी शुरू हो पर उसका निष्कर्ष संगीत पर आकर टिकता है।"

रॉयल एनफ़ील्ड की नौकरी कर रहे शिवमणि नादन से छोटे कृपाकर नादन सुगम-शास्त्रीय और पश्चिमी संगीत के रसिया थे। उनकी पत्नी प्रेमा बहुत स्नेही थीं। प्रेमा मामी की कथा भी अद्‌भुत है। 'शान्ति' के सभी निवासी कितने बड़े दिलवाले और उस ज़माने में समय से कितने आगे थे, इसका अनूप उदाहरण थीं कृपाकर नादन की पत्नी प्रेमा। प्रेमा की माँ उषा के एक ननिहाली रिश्तेदार के यहाँ रसोई बनाती थीं। अवकाश मिलने पर वह 'शान्ति' में भी सबसे मिलने आया करती थीं। उनकी दो बेटियाँ थीं, जिनके विवाह के लिए वह बहुत चिन्तित और दुखी रहती थीं। उन्हें यह बात खाती रहनी थी कि अर्थाभाव में क्या वे अपनी दोनों बेटियों की शादी कर पाएँगी? एक शाम जब वे 'शान्ति' में आईं, तो गेट पर ही कृपाकर मिल गए। कृपाकर से उन्होंने अनुनय किया कि उनकी दृष्टि में प्रेमा के लिये कोई उपयुक्त लड़का हो, तो कृपया सुझाने का कष्ट करेंगे। यह सुनना था कि कृपाकर नादन को बरबस क्या भूत चढ़ गया कि उन्होंने छूटते हुए कहा, "तुम प्रेमा से पूछ लो। अगर वह तैयार है, तो प्रेमा से मैं विवाह करूँगा।" सुनकर प्रेमा की माँ को अपने कानों पर विश्वास नहीं हुआ। संग-संग उन्हें यह भी भय हुआ कि कृपाकर के माता-पिता यानी उषा के नाना-नानी इस बात को जाने किसे रूप में लेंगे। फिर भी अन्दर जाकर उन्होंने उषा की नानी के पास हँसते हुए कृपाकर की बात दोहरा दी।

सुनकर नानी ने भी एक पल की देरी नहीं की और कहा, "अगर कृपाकर ने ऐसा कहा है, तो इसमें मुश्किल क्या हैं? इस रिश्ते को कर लिया जाए।" नानी यानी उषा की मद्रास पाट्टी माँ के उत्तर से प्रेमा की माँ अवाक रह गईं। फिर उसी महीने बड़े आनन्द और उल्लास से कृपाकर और प्रेमा की शादी हुई। कृपाकर नादन के बेटे अशोक बहुत कुछ अपने पिता जैसे हैं। पिता की तरह ही उदार व स्नेहिल। कृपाकर नादन की मृत्यु कैंसर से हो गई। अच्छे कपड़ों के शौक़ीन और नफ़ासत पसन्द कृपाकर काष्ठकला में निपुण थे। उनका यह गुण उषा के दोनों भाइयों शामू और बाबू ने लिया। कृपाकर नादन एरो-मॉडलिंग में माहिर थे। वे लकड़ियों से

हवाई जहाजों के नमूने बनाते थे। और यही नहीं, वे लकड़ियों से टेबल-कुर्सी और तरह-तरह के काष्ठ-उपस्कर भी बनाते थे। ज़्यादातर वे वालसा से हवाई जहाजों के मॉडल, पाइन-वुड और सेडर-वुड से दवाओं के डिब्बे, पिन रखने के डिब्बे और छोटे-छोटे सुन्दर दराज़ बनाते थे। उषा के भाई शामू अपने कृपाकर मामा के पट्ट शिष्य थे। लकड़ी के उपस्करों की परिसज्जा में कृपाकर का जोड़ा नहीं था। जूते पर बेहतरीन पॉलिश कैसे की जाती है, इस सिफ़त को उषा और उनके भाई शामू ने कृपाकर मामा से ही सीखा। बड़े स्नेही थे कृपाकर मामू। उषा अपने स्कूलवाले जूते पर पॉलिश लगा, उस पर थोड़ा पानी छिड़ककर जब ब्रश चलाने में तल्लीन होती, तो मुस्कराते हुए कृपाकर मामू कहते, "गिव अ गर्ल द राइट शूज, ऐंड शी कैन कंकर द वर्ल्ड...।" उषा आज भी अपने जूतों के लिए बहुत सचेत रहती हैं। अपने शाही कौंधवाले जूतों का डिज़ाइन वे ख़ुद करती हैं और कहती हैं, "जूते आपकी शख़्सीयत का रुख़ तय करते हैं।" जूतों के ज़िक्र के साथ वे कृपाकर मामू को याद करना नहीं भूलती हैं।

कृपाकर मामा से छोटी थीं निर्मला मासी यानी उषा की स्नेही पापू माँ, जो भारतीय शास्त्रीय संगीत और उत्तर भारत के पूरबिया संगीत पर जान छिड़कती थीं। कर्नाटक संगीत में उनकी गहरी पकड़ थी। पापू माँ ने वीणा वादन का प्रशिक्षण लिया था। वीणा के तार पर उँगलियाँ रखते ही पापू माँ मानो सरस्वती हो जाती थीं। पापू माँ के पति वी. चन्दर 'पेरिज़' के प्रबन्ध निदेशक थे। वे एक बड़े उच्च कुल-शील के थे। भौतिकी में विशेष योगदान के लिए नोबेल पुरस्कार पा चुके सर सी.वी. रमण के परिवार से वे आते थे। चन्दर की बहन शंकरी का नाम कैंसर-शोध के क्षेत्र में विशेष रूप से लिया जाता है। पापू माँ और वी. चन्दर की एकमात्र बेटी हैं अनुराधा, जिनका विवाह एक उच्च कुल-शील के विद्वान परिवार में हुआ। अनुराधा के पति का नाम नागेन्द्र है। नागेन्द्र मद्रास में 'शान्ति' के ही एक फ़्लैट में रहते हैं। पापू माँ के ठीक बाद वाले भाई अम्बी मामा, अक्सर जर्मनी और रूस की यात्रा पर रहते थे। दरअसल, रशियन और जर्मन भाषाओं में उन्हें ग़ज़ब की सिद्धि थी। वे एक क़ाबिल अनुवादक थे और यही वजह थी कि रशियन-जर्मन दूतावास उन्हें हमेशा अपने सम्पर्क में रखता था। अम्बी मामा की व्यस्तताओं के कारण उनसे मिलने का संयोग कम बनता था, लेकिन उनकी अहर्निश विदेश यात्राएँ उषा और उनके भाई-बहनों के लिए विस्मय-कथा थीं। 'शान्ति' में दो अम्बी थे—पेरी अम्बी यानी बड़े अम्बी और चिन्न अम्बी यानी छोटे अम्बी। हरदम विदेश

यात्राओं पर रहनेवाले पेरी अम्बी मामा बड़े गम्भीर और गहन थे। उनका पूरा नाम वी.एच. राम था। उनका विवाह एक बड़े नामचीन परिवार में हुआ। उनकी पत्नी बसन्ती नामानुरूप अत्यन्त मृदुल हैं। पेरी अम्बी मामा के बाद चिन्न अंबी यानी बालकृष्ण, जो उषा के सबसे छोटे मामा थे और कृपाकर मामा के संग रॉयल एनफ़ील्ड की नौकरी में थे, को जैज़ और पॉप म्यूज़िक का नशा था। चिन्न अम्बी यानी बालकृष्ण नादन के विवाह की कहानी कृपाकर नादन की विवाह-गाथा से कुछ अधिक ही अचरजपूर्ण है।

चिन्न अम्बी के विवाह का कथा-सूत्र शिवमणि नादन की पत्नी लीला नादन उर्फ़ उषा की जिप्पी माँ से जुड़ा है। सरकारी नौकरी कर रही लीला मामी का तबादला एक बार न्यूयार्क हो गया। लीला मामी की बेटी मीना उर्फ़ चिक्कू तब दो साल की थी। उससे छोटी मुना बस गोद में थी। लिहाज़ा, शिवमणि, चिक्कू और मुना समेत लीला न्यूयार्क जाने की तैयारी में जुट गईं। पर एक बात जो लीला नादन यानी जिप्पी माँ को परेशान कर रही थी वह यह कि न्यूयार्क में नौकरी करते हुए वे इन दोनों छोटी-छोटी बेटियों को कैसे सँभाल पाएँगी। वैसे पति शिवमणि भी मद्रास की अपनी नौकरी छोड़ उनके साथ जा रहे थे। पर लीला का सोचना था कि जब वे दफ़्तर में होंगी, तो अकेले शिवमणि से दोनों नन्ही-मुन्नी बेटियाँ क्या सँभल पाएँगी? सबको मालूम था कि न्यूयार्क या किसी भी यूरोपीय देश में नौकर-आया रखना सम्भव नहीं है। इस तरह गहन चिन्तन-मंथन के बाद एक लड़की मिली—सुमति। जिप्पी माँ मराठी-कनड़िगा थीं और यह निहायत ग़रीब लड़की सुमति भी इत्तफ़ाक़ से एक अच्छे कनड़िगा परिवार की थी। पर ग़रीबी ने सुमति के परिवार को बुरे दिनों का हर अध्याय पढ़ा दिया था। इस तरह जिप्पी माँ के पास उनकी बच्चियों को सँभालने की एक अदद नौकरी पाकर सुमति न्यूयार्क जाने के वास्ते तैयार हो गई। न्यूयार्क में लीला नादन का पदस्थापन तीन साल के लिए हुआ था। पर न्यूयार्क से वापस मद्रास लौटने के कुछ ही म्हीनों बाद फिर उनका तबादला कनाडा हो गया। इतने दिनों में चिक्कू और मुना भी बड़ी हो गई थीं। कनाडा से जब लीला नादन वापस मद्रास आईं, तो उनके संग घुल-मिल चुकी सुमति 'शान्ति' के व्यापक गृहकार्यों में संलग्न हो गईं। छोटे क़द-बुत की प्यारी सुमति 'शान्ति' में सबके लिए साँस-सी थी। सबकी ज़बान पर एक सुबह से रात तक सुमति का नाम होता था। और सुमति मुस्कराते हुए सबका काम करती रहती। चिन्न अम्बी यानी बालकृष्ण का वह ख़ास ख़याल रखती।

चिन्न अम्बी को जब वह दीर्घ लय में सम्बोधित करती, 'आम बी...इ...इ...,' तो लगता सुमति कोई गीत गा रही है। मद्रास पाट्टी माँ की पारखी आँखों ने पता नहीं क्या भाँपा कि एक सुबह उन्होंने 'शान्ति' में उद्घोषणा की कि क्यों नहीं सुमति का विवाह चिन्न अम्बी से करा दिया जाए। दरअसल, चिन्न अम्बी यानी बालकृष्ण नादन जिस तरह विवाह से लगातार इनकार करते रहे थे, उससे 'शान्ति' के सभी सदस्य यह मानकर बैठे थे कि चिन्न अम्बी भी अपने सबसे बड़े भाई बलराम नादन की तरह आजीवन चिरकुमारे रह जाएँगे। मद्रास पाट्टी माँ किसी से कुछ कहती तो नहीं थीं लेकिन उन्हें बेशक यह फ़िक्र अन्दर ही अन्दर खाती रहती थी कि उनके बाद चिन्न अम्बी का क्या होगा। सबसे छोटे बेटे होने के कारण चिन्न अम्बी के लिए पाट्टी माँ को गत्र स्नेह था।

बहरहाल, मद्रास पाट्टी माँ की उद्घोषणा ने 'शान्ति' के सभी सदस्यों को हैरत में डाल दिया था। और तो और चिन्न अम्बी और सुमति भी हैरत में थे। ख़ैर, पाट्टी माँ ने दोनों की राय ली। दोनों ने विवाह के लिये हामी भर दी। पूरी सादगी और भरपूर आनन्द से चिन्न अम्बी और सुमति का विवाह हुआ। 'शान्ति' के दिनों को याद कर उषा को लगता है कि पश्चिमी और भारतीय शास्त्रीय संगीत के संग उस घर का एक अपना मधुर मौलिक जीवन-संगीत था, जिसे उन्होंने अपने बचपन में हासिल किया। 'शान्ति' के हर सदस्य की अपनी मौलिक राग-रागिनी थी, आनन्द-उल्लास की तंत्री थी। और कुल मिलाकर मद्रास का नानीघर एक बहुरंगी संगीत निकेतन था, जहाँ बड़े गुलाम अली खाँ, पंडित ओंकारनाथ ठाकुर, बालकृष्ण मुरली और एम.एस. सुब्बुलक्ष्मी से लेकर बाख़, बीथोवेन, मोज़ार्ट और फ्रैंक सिनाट्रा तक आलाप लेते थे। 'शान्ति' में अब मात्र पापू माँ, पेरी अम्बी और चिन्न अम्बी पत्नी समेत रहते हैं। चिन्न अम्बी लगभग अन्धे हो चुके हैं। 'शान्ति' के संगीतमय और आनन्द भरे अतीत को यादकर उषा विह्वल होने लगती हैं। नानी-घर में ही उषा ने सबसे पहले फ्रैंक सिनाट्रा का संगीत सुना था। फ्रैंक सिनाट्रा के गाने बारह-तेरह वर्ष की उषा को इतने प्यारे लगते थे कि एक दिन उन्होंने फ्रैंक सिनाट्रा के नाम यह चिट्ठी लिखी—

'मेरे प्यारे सिनाट्रा!'

'मेरा नाम उषा सामी है। मैं एक ऐसे परिवार की हूँ, जिसे संगीत से बहुत प्यार है। मैं आपके सभी गानों को गाती हूँ। मेरा सपना है कि मैं किसी दिन आपसे मिल पाती।'

उषा को बस इतना मालूम था कि सिनाट्रा अमेरिका के न्यूयार्क में रहते हैं। सो अपनी जेब ख़र्च से बचाये पैसों से उन्होंने कुछ डाक टिकट ख़रीदे और उसे लिफ़ाफ़े पर चिपकाकर लिखा—

'फ्रैंक सिनाट्रा, न्यूयार्क, अमेरिका'। उस गुप्त पत्र को लेटर बॉक्स में डाल उषा कई दिनों तक राह देखती रहीं कि शायद फ्रैंक सिनाट्रा का कोई जवाब आए।

संगीत से उषा की तीनों बहनों—इन्दिरा, उमा और सबसे छोटी माया को भी गहरा लगाव था। इन्दिरा और उमा ने तो पचास के दशक में 'सामी सिस्टर्स' के नाम से पश्चिमी गानों में बम्बई में अपनी ख़ास पहचान बनाई थी। बम्बई में जहाँ हिन्दी सिनेमा के गानों में लता मंगेशकर और आशा भोंसले ने धूम मचा रखी थी, वहीं पश्चिमी संगीत में 'सामी सिस्टर्स' यानी इन्दिरा और उमा का जलवा था। पुराने यादगार जैज़, कैलिप्सो यानी अफ्रीकन लय में त्रिनिदादी पश्चिमी भारतीय संगीत, उदास वाल्ट्ज़ संगीत और जाने कितने लैटिन अमेरिकन संगीत 'सामी सिस्टर्स' के रंगपटल के सुर में था। उमा अब इस दुनिया में नहीं हैं लेकिन उनकी आवाज़ में नटखटपने की जो इतराहट थी, उसका कोई तोड़ नहीं था। अपनी बड़ी बहनों इन्दिरा और उमा को सुन-सुनकर उषा की भी भरपूर गाने की हसरत होती। पर उनकी आवाज़ कुछ ज़्यादा भारी थी, जो लगभग मर्दानी थी। लिहाज़ा, उषा के बचपन या किशोरावस्था के दिनों में उनके घर-परिवार के लोग सपने में भी यह ख़याल नहीं कर सकते थे कि यही उषा एक दिन संगीत का अपना आश्चर्यलोक निर्मित करेंगी। 'कॉन्वेंट ऑव जीसस ऐंड मेरी स्कूल' में भी उनकी शिक्षिकाओं ने मान लिया था कि हमेशा पतंग और कबड्डी सरीखे लड़कोंवाले खेल में मसरूफ़ उषा के लिए गाना असम्भव है। वह स्कूल में होनेवाले कार्यक्रमों की गानमंडली में कहीं से भी नहीं खपती थीं। उषा का भारी आधार स्वर न तो उच्च स्वर में गानेवाले उनके सहपाठियों के संग खपता था, न ही मध्यम और न सामान्य पुरुषोचित स्वर के साथ उनका कोई मेल था। इस तरह स्कूल में यह तय हो गया था कि उषा सामी को स्कूल की गान मंडली में लिया ही नहीं जा सकता। पर आशा की एक किरण उषा के स्कूल की संगीत शिक्षिका मिसेज़ डेविडसन थीं, जिनके मन में एक बात टिकी थी कि दबंग उषा सामी चाहे तो कुछ भी कर सकती है। मिसेज़ डेविडसन ने इसी छिपी हुई उम्मीद के संग स्कूल की गायन मंडली में डफली यानी खँजरी बजाने का ज़िम्मा उषा को सौंपा था। स्कूल में पश्चिमी संगीत के रिहर्सल के दौरान 'ट्राइऐंगल' यानी तिकोनी आकृति का एक वाद्य बजाया जाता था। उषा को मिसेज़

डेविडसन इसमें भी खपाती थीं। धीरे-धीरे संगीत मंडली में भी मिसेज़ डेविडसन ने उषा को शामिल करना शुरू किया। हालाँकि, मिसेज़ डेविडसन की सहकर्मियों का तब भी कहना था कि उषा सामी को ज़बर्दस्ती सिंगर नहीं बनाया जा सकता। स्कूल के दिनों से उषा 'रेडियो सीलोन' को प्रार्थना की तरह सुनती थीं। 'रेडियो सीलोन' पर उन दिनों दो भाइयों—अमीन सयानी और हमीद सयानी के प्रोग्रैम का जलवा था। इनमें एक प्रोग्रैम था—ओवल्टिन एमेच्योर आवर! हमीद सयानी यह प्रोग्रैम करते थे। उषा तब बमुश्किल दस साल की थीं जब घर में ज़िद कर वे इस प्रोग्रैम में शामिल होने के लिये रेडियो सीलोन के स्टुडियो में अपनी बहन के साथ गईं। इस प्रोग्रैम में बच्चों को गाने का मौक़ा दिया जाता था। एक गाना उषा ने शुरू किया...'मॉकिंग बर्ड हिल...।' इस गाने का पूरा अभ्यास कर वे घर से गई थीं लेकिन गाने के बीच में एक शब्द वे भूल गईं और रोने लगीं। हमीद सयानी हँसने लगे और कहा, "अगले हफ़्ते फिर आओ।" अगले हफ़्ते उषा एक दूसरे गाने के संग गईं...'इट्सि...बिट्सि...टिनी...विनी! येलो पोल्का डॉट बिकनी...।' एक-दो शब्द घबराहट में इस बार भी वे गाने के दौरान भूलीं लेकिन वे ख़ुद को समझा कर गई थीं कि चाहे जो भी हो, बीच गाने में वे पिछली बार की तरह नहीं रोएँगी।

एक बार अमीन सयानी ने उन्हें हिन्दी में जब कुछ सुनाने को कहा, तो उषा थोड़ी मुश्किल में पड़ गईं क्योंकि ज़्यादातर उन्हें मराठी व अंग्रेज़ी गाने आते थे। पर बचपन से हार मानने की फ़ितरत उषा में नहीं थी, सो झट से उन्होंने अमीन सयानी के प्रोग्रैम में स्कूल के पाठ्यक्रम की कविता 'तितली रानी बड़ी सयानी' को लय में सुना दिया। उषा आज भी मानती हैं कि भारत सरीखे गाँवों के देश में वीडियो कभी भी रेडियो को मात नहीं दे सकेगा। वे याद करती हैं 'विविध भारती' पर आनेवाले अपने प्रिय कार्यक्रम 'फ़ौजी भाइयों की पसन्द' और 'मधुर गीतम'—जिसमें दक्षिण भारतीय एक से एक गाने सुनाए जाते थे। नेलसन मंडेला ने जब दक्षिण अफ्रीका की सत्ता सँभाली और उसके बाद जब उषा वहाँ गईं, तो वहाँ के रेडियो को उन्होंने सुना। दक्षिण अफ्रीका में डर्बन स्थित रेडियो स्टेशन की एक ख़ास पेशकश है 'लोटस एफ़.एम.'। इस पर दक्षिण अफ्रीका में बसे भारतीय मूल के लोगों के लिए हिन्दी से लेकर तमिल, तेलुगु, कन्नड़ और भोजपुरी आदि विभिन्न भाषाओं के गाने व अन्यान्य कार्यक्रम आते हैं। दक्षिण अफ्रीका में भारत की विविध भाषाओं को समेटता हुआ यह कार्यक्रम उषा को इतना अच्छा लगा कि उन्हें अफ़सोस हुआ कि अपने देश में सर्वभाषा को समन्वित कर कोई 'एफ़.एम. लोटस' सरीखा कार्यक्रम क्यों नहीं होता।

'इंडिया टुडे' का 'रेड एफ़.एम.' जब शुरू हुआ था, तो उस पर एक कार्यक्रम उषा भी करती थीं—'द लेज़ी संडे आफ़्टरनून'। बतौर रेडियो ज़ॉकी इस कार्यक्रम को वे पेश करती थीं और इसका एक बड़ा श्रोता-समूह था। यों इन दिनों भी 'रेडियो मिर्ची' और 'रेडियो मैंगो' सरीखे एफ़.एम. रेडियो काफ़ी सुने जाते हैं लेकिन उषा सोचती हैं कि अमीन सयानी व हमीद सयानी जैसा स्टारडम फिर किसी रेडियो ज़ॉकी को नहीं मिल सका है। सयानी बंधु सरीखा रुतबा किसी का नहीं बन पाया। ये दोनों भाई रेडियो-ट्रांजिस्टर श्रोताओं के सितारे थे। बचपन में उषा इन दोनों भाइयों के कार्यक्रम में शामिल हुई थीं, गाने गाये थे। उस समय उषा के गाने की बालसुलभ ज़िद को किसी ने गम्भीरता से नहीं लिया था। पर उषा एक 'डार्क हॉर्स' थीं। भारतीय पश्चिमी संगीत के भविष्य की एक सर्वथा अज्ञात अभ्यर्थी। महालिया ज़ैक्सन से लेकर लीला नादन ने बरबस उषा नामक अद्भुत झूम से भरी एक ख़ुशनुमा घटना का श्रेय पाया।

बहरहाल, नाइट क्लब 'नाइन ज़ेम्स' में यशवन्त विकमसी के अनुरोध पर गाने के बाद मद्रास की उसी यात्रा में उषा को वहाँ के 'होटल सवेरा' में भी दो हफ़्ते के लिए गाने का प्रस्ताव मिला। 'सवेरा' वालों ने उषा को बम्बई से मद्रास आने-जाने के वास्ते हवाई जहाज का टिकट दिया। उन दिनों एक तरफ़ के टिकट की क़ीमत 126 रुपये थी। यह उषा की पहली हवाई यात्रा थी। होटल 'सवेरा' के मालिक मि. श्यामसुन्दर रेड्डी का नाइट क्लब था—'गोल्डेन बाउल'। वहाँ भी उषा ने अंग्रेज़ी व तमिल गाने गाये। बम्बई लौटकर उषा फिर दो हफ़्ते के लिए मद्रास वापस हुईं। पर मद्रास वापस आने के ऐन पहले मशहूर एच.एम.वी. कम्पनी से उन्हें 'जम्बलाया' गाने की रिकॉर्डिंग का अप्रत्याशित प्रस्ताव मिला। अमेरिकी गायक हीरम 'हैंक' विलियम्स का गाया यह एक बहुत पुराना गाना था—

गुड बाइ जो मी गॉट टू गो
गो मी ओह माइ ओह...
सन ऑव अ गन
वी विल हैव बिग फ़न
ऑन द बायो...
जम्बलाया ऐंड अ
क्रॉ फ़िश पाइ...

यह गाना भीगी धरती पर जीवन के आनन्दोत्सव, भोज और रास का है। मुख्य रूप से क्रिओल लोग अपने उत्सवों में इसे गाते हैं। यूरोपियनों और अफ्रीकनों की मिश्रण प्रजाति क्रिओल एक मस्त क़ौम है। उनकी क्रिओल भाषा में फ्रेंच, स्पैनिश, अफ्रीकन और देसी अमेरिकी ज़बान घुली हुई है। हैंक विलियम्स ने पचास के दशक में अपने स्वर में इस क्रिओल गाने को अमर कर दिया। मद्रास से कुछ हफ़्ते के लिये बम्बई लौटीं उषा को इत्तफ़ाक़ से एक अमेरिकी आयोजन में यही 'जम्बलाया' गाते 'हिज़ मास्टर्स वॉयस' के विजय किशोर दुबे ने सुना और इतने मुग्ध हुए कि फ़ौरन उन्हें इस गाने की रिकॉर्डिंग के लिए तय कर लिया। पर एच.एम.वी. में 'जम्बलाया' की रिकॉर्डिंग के पहले का एक छोटा-सा प्रसंग है। विजय किशोर दुबे के पहले 'फ़ेमस सिने लेबोरेटरी' के नामचीन रिकॉर्डिंग इंजीनियर मीनू कात्रक ने एक दिन उषा के कुछ गाने सुने। पारसी समुदाय के मीनू कात्रक बहुत समय से उषा के पिता से मित्रवत थे। उषा को सुनकर चमत्कृत हो मीनू ने उषा के अप्पा से कहा, "सामी साहब! यह लड़की तो गाने का गाछ है। ट्री ऑव म्यूज़िक।" उन दिनों बम्बई का सिने जगत कुछ मन्दी से गुज़र रहा था। किसी कारणवश सिनेमा उद्योगकर्मी हड़ताल पर चल रहे थे। लिहाज़ा, अधिकांश स्टुडियो में सन्नाटा छाया था। मीनू कात्रक ने उषा के पिता बैद्यनाथ सोमेश्वर सामी से कहा कि इन दिनों स्टुडियो में कुछ हो नहीं रहा है। उषा अगर चाहे, तो उसके कुछ गानों को मैं रिकॉर्ड कर सकता हूँ। मीनू कात्रक का प्रस्ताव पाकर 'कंकरर्स' नामक एक म्यूज़िक ग्रुप के संग उषा 'फ़ेमस सिने लेबोरेटरी' गईं। मीनू ने उस दिन उषा के लगातार दस गाने रिकॉर्ड किए। इन दसो गानों का 'स्पूल' यानी रील उषा ने एच.एम.वी. में विजय किशोर दुबे के पास भेजा। इनमें से 'जम्बलाया' और 'ग्रीन बैक डॉलर' समेत चार गाने विजय किशोर दुबे को बहुत अच्छे लगे। इसके कुछ ही दिन बाद एक अमेरिकी आयोजन में इत्तफ़ाक़ से उन्हें यह गाना उषा से सीधे सुनने को मिला और बात बन गई। वर्ष 1968 उषा के लिए अपने झोले में ढेर सारे स्वर्णिम प्रस्ताव लेकर आया था। बम्बई में उन दिनों 'हेकी किंगडम' नामक एक बैंड था। इसमें हेकी किंगडम ख़ुद सेक्सोफ़ोन बजाते थे। ज़ेवियर फ़र्नांडीस पिऐनो और अर्वी डबल बेस थामते थे। फ़्लोरियन ड्रम बजाया करते थे। बम्बई में अमेरिकनों के वास्ते एक भव्य आयोजन था और हेकी किंगडम ने इसमें गाने के लिए उषा से विशेष अनुरोध किया था। पर उषा के लिए यह अकल्पनीय था कि वह शाम उनके लिए एच.एम.वी. का गौरवशाली प्रस्ताव लानेवाली है। बहरहाल,

आज भी उषा याद करती हैं कि 'जम्बलाया' की रिकॉर्डिंग उन्होंने बस एक टेक में पूरी कर दी थी। इस रिकॉर्डिंग के उल्लास से छलकती उषा मद्रास गईं, जहाँ उन्हें 'होटल सवेरा' में दो हफ़्ते के लिए गाना था।

'नाइन ज़ेम्स' तो अब वजूद में नहीं है लेकिन 'होटल सवेरा' अभी तक क़ायम है। 'सवेरा' के मालिक श्यामसुन्दर रेड्डी उषा को बेटी की तरह मानते थे। 'होटल सवेरा' की यादें उषा के मन में आज भी झिलमिल हैं। मद्रास के इन नाइट क्लबों में शाम के उनके कार्यक्रम को लेकर विज्ञापन की पंक्तियाँ इस प्रकार होती थीं—'टुनाइट...ऐंड एवरि नाइट उषा...! नो क़वर चार्ज!' विशेष अवसरों के लिए अच्छे रेस्टोरेंट में 'क़वर चार्ज' की प्रथा रही है। यह एक तरह से 'अग्रिम बुकिंग' की भाँति है। पहले रेस्टोरेंट में 'क़वर चार्ज' 100-150 रुपये लगते थे। इन दिनों ठीक-ठाक रेस्टोरेंट का 'क़वर चार्ज' 1000 रुपये तक है। इतने में प्रति व्यक्ति भोजन व मनोरंजन भी शामिल होता है। पर उन दिनों उषा के कार्यक्रम के वास्ते मद्रास के नाइट क्लब घोषणा करते थे कि उषा के शो के लिए उन्होंने कोई 'क़वर चार्ज' नहीं रखा हुआ है। आज भी मद्रास जाकर उषा भावुक हो उठती हैं। वह कहती हैं, "मैज़िक ऑव मद्रास अभी भी ज्यों का त्यों है। मद्रास को प्यार करने के लिए क्या कुछ नहीं है?" मद्रास से अपने नेह-छोह और स्मृतियों का आनन्द लेते हुए चेहरे पर चकित भाव लाकर वे श्रोता-समूह से पूछती हैं, "सुंडल का आपने स्वाद लिया है कभी?"

"सुंडल? यह क्या?" ग़ैर तमिलभाषी-श्रोताओं के मुख पर बरबस विस्मय का भाव छा जाता है। तब उषा पहेली सुलझाने की अदा में मुसककर कहती हैं, "इस मद्रासन से पूछिए। सुंडल मद्रास का ख़ास आइटम है। भुने हुए सफ़ेद चने या मसूर के भुने दाने व मसालों के कमाल से तैयार होता है सुंडल। आप मूंग या मूंगफली को भी भूनने के बाद मसाला छिड़ककर सुंडल तैयार कर सकते हैं। मद्रास में और कई किस्म के सुंडल तैयार किए जाते हैं—कोंडा कडलइ सुंडल, स्वीट कॉर्न सुंडल और कडलइ परूप्पु सुंडल। बहुत आसान है इसे बनाना। पर आपको इसे तैयार करने का नुस्खा सीखने मद्रास आना होगा।"

श्रोताओं में हँसी की लहरें!

"और किल्ली मुकु मांगा कभी चखा है आपने?" उषा आश्चर्यलोक के ऐलिस की भाँति मुसकती हैं, "अरे पैरट बीक मैंगो...तोते जैसी चोंचवाला मद्रासी आम! मद्रास में समुद्र तट पर नमक-मिर्च के संग बिक रहे किल्ली मुकु मांगा के टुकड़े

जाकर देखिए, पर्यटक कितने चाव से खाते हैं। आप सब कभी मेरे यहाँ आइए, मैं आप लोगों को इसका मुँह से कभी न छूटनेवाला अचार खिलाऊँगी। इंस्टैंट पिकल ऑव किल्ली मुकु मांगा। ये है हमारा बारहमासा स्वादवाला मद्रास। परम्पराओं के रंगों और दुर्लभ आनन्द से भरा शहर।" उषा ठीक कहती हैं। वाक़ई, हर तरह से मद्रास एक बेहद परम्परावादी शहर है। नौ हाथ की साड़ी और नाक में दोनों तरफ़ 'मुकुत्ती' के बग़ैर किसी स्त्री की कल्पना यहाँ नहीं की जा सकती। उषा इसी परिधान व सज्जा के संग 'सवेरा' में गाती थीं। 'होटल सवेरा' में गाने के लिए बतौर पारिश्रमिक उन्हें 750 रुपये मिले। यह एक अच्छा भुगतान था। बहरहाल, 1968 की उस शाम जब उषा 'होटल सवेरा' में गाकर निकल रही थीं कि बम्बई स्थित 'रिट्ज़ होटल' के एक नाइट क्लब 'लिट्ल हट' से उन्हें तीन हफ़्ते के लिए गाने का प्रस्ताव मिला। 'लिट्ल हट' में गाने के तीसरे हफ़्ते ही एक नीला अन्तर्देशीय पत्र कलकत्ता से आया। यह कलकत्ता के प्रसिद्ध नाइट क्लब 'ट्रिंकास' की ओर से था। 'ट्रिंकास' के मालिक ने 'लिट्ल हट' के मालिक से अनुरोध किया था कि उषा को अगर समय हो, तो वे चाहेंगे कि कलकत्ता के 'ट्रिंकास' में भी वे आकर गाएँ। दरअसल, कलकत्ता के 'ट्रिंकास' नाइट क्लब में अक्सर जानेवाले एक भद्रलोक ने अपनी मद्रास यात्रा के दौरान एक शाम 'लिट्ल हट' में उषा को सुना था और कलकत्ता लौटकर 'ट्रिंकास' के मालिक से कहा था कि अगर यह लड़की उनके नाइट क्लब में गाने लगे, तो उनके कारोबार में चार चाँद लग जाएँगे। इस तरह 'ट्रिंकास' के प्रस्ताव पर उषा वर्ष 1969 के मध्य में कलकत्ता आ गईं और हमेशा के लिए कलकत्ता की होकर रह गईं। उषा की मदभरी आवाज़ से 'ट्रिंकास' का रुतबा तो आकाश छूने ही लगा, उषा ने भी फिर कभी पीछे मुड़कर नहीं देखा। कलकत्ता को उन्होंने अपनी धुरी बनाया और धीरे-धीरे सारी दुनिया में छाती चली गईं। वर्ष 1969 में ही श्याम बेनेगल निर्मित 'वाज़ इट फ़ॉर दिस, द क्ले ग्रयू टॉल' का टाइटिल सॉन्ग उषा ने गाया। गांधी और उनके बताए रास्ते की हम आज़ाद भारत में किस तरह अनदेखी कर रहे हैं, बेनेगल की फ़िल्म इसी पर थी। गांधी को हमने भगवान तो बना दिया लेकिन उनकी कैसी आराधना की? विल्फ्रेड ऑवन की कविता का इस फ़िल्म में बड़ा ख़ूबसूरत उपयोग किया गया था। उषा की आवाज़ में टाइटिल सॉन्ग ने इसको और गहन कर दिया...'थिंक हाउ इट वेक द सीड्स... वोक वंस द क्लेज़ ऑव अ गोल्ड स्टार...आर लिंब्स, सो डियर-अचीव्ड, आर साइड्स...फुल नर्व्ड...स्टिल वॉर्म...टू हार्ड टू स्टिर...वाज़ इट फ़ॉर दिस...द क्ले

ग्र्यू टॉल...? सोचो वो बीज को कैसे जीवन्त करता है...। उस सर्द तारे की चिकनी मिट्टी से। वो हाथ, अपने हाथ , क्या वो हमारे किनारे हैं? जागृत, जीवन्त, तपे और सख़्त। क्या इसलिए चिकनी मिट्टी ने इतना बड़ा आकार लिया...। हम बढ़ें पर अपने गर्व को न भूलें।' उषा उथुप की आवाज़ में खिलते कपास कैसी ख़ुशियाँ बुनते हैं, इसका परिचय महात्मा गांधी पर श्याम बेनेगल द्वारा बनाई गई बाद की एक और फ़िल्म 'द मेकिंग ऑव महात्मा' में मिलता है। इस फ़िल्म में उनके गाये 'वन्दे मातरम' में पूरी 'पुलकित यामिनि' है।

पुलक, थिरक और झूम क्या है? चाँदनी में तेज़ बहते जलप्रपात का रंग-भाव और उर्वर युगान्तर का स्वर क्या है, इसके दृश्य उषा के गानों में भरे पड़े हैं। 'स्कॉच ऐंड सोडा', 'फ़ीवर', 'हरि ओम हरि', 'पाउरिंग रेन', 'दोस्तों से प्यार किया... दुश्मनों से बदला लिया', 'वन टू चा...चा...चा...', 'रम्भा हो', 'तू मुझे जान से भी प्यारा है,' 'गुलाबी चेहरा...लबों पे लाली', 'उरी...उरी बाबा', 'डार्लिंग', 'है ये माया', 'बोलो तारा रा रा', 'ये रात मोनालिसा', 'आमि सोत्ती बोलची', 'कोई यहाँ नाचे...नाचे' से लेकर 'है यही प्रार्थना', 'वन्दे मातरम', 'क्रिसमस कैरॉल', 'नर्सरी राइम्स' और बच्चों के वास्ते 'करडी राइम्स' सरीखे बेशुमार गाने उषा के उल्लास और उनकी एक अलग नायाब अदा की छलक से भरपूर हैं। वे चिरनवीन हैं। उनकी आवाज़ में शाश्वत वसन्त है। भारत की वह अकेली सांगीतिक स्त्री हैं, जिन्होंने लता मंगेशकर व आशा भोंसले की तरह बॉलीवुड के वास्ते असंख्य गाने भले नहीं गाये पर देश और दुनिया में उनके असंख्य गानों के असंख्य दीवाने हैं। फ़िल्मी गीतों के नाव की सुरक्षित सवारी उन्हें नहीं मिली लेकिन बावजूद इसके विगत पचास वर्षों से उनकी आवाज़ लोगों के मन के लिए इसलिए अनिवार्य है क्योंकि मनुष्य के भीतर छाये धूसर रंग के भय को वे पूरी तरह साफ़ कर ख़ुशी की चमकीली रोशनी से उत्सवित कर देती हैं। इसकी वजह है कि उषा चिरकालिक आशावादी हैं। उदासी के वास्ते उनकी आवाज़ एक आफ़त है। इसलिए हर शो में जब वे अपने श्रोताओं से गहन हँसी के संग पूछती हैं, "ओके...रेडी टू रॉक?" तो उदासी की रूह काँप जाती है। फिर दुनिया भर के आकाश, दुनिया भर की नदियों, वनस्पतियों और चिड़ियों का चहकता दल मानो एक साथ जुट जाता है और ख़ुशियों को बटोरते हुए पूरे माहौल को तरुण उत्साह से भर देता है। लोकप्रिय संगीत के मानचित्र का भारत में जहाँ तक क्षेत्रफल है, उस पर दशकों से उषा का राज है। रहन-सहन, वस्त्र-आभूषण और बोली-बानी में अत्यन्त शालीन और परिष्कृत उषा

अक्सर मुस्कराकर कहती हैं, "फ़िल्मों में ज़्यादातर मैंने बुरी लड़कियों के लिए ही गाया है। पर ईश्वर की कृपा है कि इसके बावजूद लोगों ने मेरे गानों को हमेशा पसन्द किया है।" फिर एक पल थमकर वे उसी मोहक हँसी के संग कहती हैं, "ऐलिस इन वंडर लैंड में पेड़ की शाख़ पर बैठी बिल्ली पता है ऐलिस से क्या कहती है...वह कहती है...वेल बिहेव्ड वुमन रेअरली मेक हिस्ट्री। आइ लव टू सिंग वाइल्ड सांग्स...।"

अपने आरम्भिक दिनों को वे याद करती हैं। उन शुरुआती दिनों में वे सोचती थीं कि उनकी पहचान आख़िर किस तरह के सिंगर के रूप में होगी? न तो पूरे तौर उन्हें प्लेबैक सिंगर कहा जा सकता था, न पूरे तौर पर नाइट क्लब सिंगर। पर धीरे-धीरे उन्हें 'पॉप सिंगर' कहा जाने लगा। पश्चिमी दुनिया के पॉपुलर का संक्षिप्त था—पॉप! लोगों में आम धारणा यह थी कि पॉप सॉन्ग यानी फ़ास्ट गाना। तेज़ गाना। धूम-धड़ाके का गाना। धीरे-धीरे उन्होंने 'पॉप सॉन्ग' से जुड़ी पुरानी अवधारणाओं और भ्रान्तियों को सफलतापूर्वक तोड़ा और यह साबित किया कि 'पॉप सॉन्ग' का माने सिर्फ़ अंग्रेज़ी गाना नहीं होता। और यह भी कि पॉप सॉन्ग सिर्फ़ हल्ला-गुल्ला या शोर नहीं होता, बल्कि पूरी तरह अर्थपूर्ण होता है। उनके गाये कई बेहद लोकप्रिय गाने मसलन 'फ़ीवर', 'कैलिफ़ॉर्निया ड्रीमिंग', 'गॉड फ़ादर', 'लव स्टोरी' और हाल-साल में, 'स्काइफ़ॉल' के गाने 'पॉप सॉन्ग' होते हुए भी कहीं से तीव्र नहीं थे। भारत की सत्रह भाषाओं में लोकप्रिय गानों को गाकर उन्होंने इस घिसी मान्यता को भी बख़ूबी रद्द किया कि पॉप सॉन्ग मात्र अंग्रेज़ी में ही होता है। यही नहीं, इस आम धारणा को भी उन्होंने समाप्त किया कि 'पॉप सॉन्ग' मात्र 'हा-हू' और मनोरंजक शोर भर होता है। उन्होंने अपने कार्यक्रमों में लोगों से पूछना शुरू किया, "रम्भा हो की ये पंक्तियाँ...'जितनी तुम प्यार से जी लोगे उतनी ही ज़िन्दगी...' क्या अर्थहीन है? 'दोस्तों से प्यार किया...' क्या महज़ एक मनोरंजक शोर है? फ़िल्म 'क़ुदरत' का गाया मेरा गाना...'हमें तुम से प्यार कितना...' क्या अर्थहीन है? इसी 'क़ुदरत' फ़िल्म में गाया मेरा एक और गाना...'दुख-सुख की हर एक माला क़ुदरत ही पिरोती है, हाथों की लकीरों में यह जागती-सोती है...' क्या निरर्थक है?" श्रोताओं से सीधे संवाद कर उन्होंने 'पॉप सॉन्ग' से जुड़ी आपत्तिजनक मान्यताओं को खुरच-झाड़कर पॉप के प्रति लोगों के मन में मान जगाया। यह मान जगाकर उन्होंने ख़ुद भी मान पाया। हालाँकि, बीते वर्षों में जब साक्षात्कारों के दौरान उनसे पूछा जाता कि "क्या आप एथनिक...प्रजातीय सिंगर हैं? जैज़ सिंगर

हैं? आप क्या पॉप सिंगर हैं?" तो अपनी प्रभावशाली भौंह, भावप्रवण गहरी आँखों से हँसते हुए उन्होंने लगातार यही एक उत्तर दिया, "आइ ऐम् अ पीपुल्स सिंगर! आइ ऐम् टोटली अ जिप्सी! सुर की बंजारन हूँ मैं!" लोक के जादू के मंत्र को उन्होंने सचमुच सिद्ध किया हुआ है।

8 नवम्बर, 1947 का एक अद्भुत सुखद संयोग है कि दुनिया की दो जादू-आवाज़ें धरती पर पैदा हुईं। एक तो भारत के महानगर बम्बई में उषा उथुप और दूसरी अमेरिका के शिकागो में मिनि रिपर्टन। मात्र 32 साल की उम्र में 12 जुलाई, 1979 को चल बसी मिनि रिपर्टन के कई अमर गीत हैं, जिनमें 'लविंग यू' की सबसे अधिक ख्याति हुई। इस गाने की पंक्तियाँ बड़ी मार्मिक हैं—

लविंग यू इज़ इज़ि
बिकॉज़ यू आर ब्यूटिफ़ुल
मेकिंग लव विद यू
इज़ ऑल आइ वान्ना डू
स्टे विद मी, ह्वाइल वी ग्रो ओल्ड
ऐंड वी विल लिव इच डे
इन स्प्रिंग टाइम
नो वन एल्स कैन मेक मी फ़ील
द कलर्स दैट यू ब्रिंग
स्टे विद मी, ह्वाइल वी ग्रो ओल्ड...

'तुम्हें प्यार करना आसान है—क्योंकि तुम बहुत सुन्दर हो...! तुम्हें, बस तुम्हें मैं प्यार करना चाहती हूँ...! मेरे साथ रहना...जब मेरी उम्र ढले...और हम वसन्त के एक-एक पल को जियेंगे...! तुम मेरे लिए जो रंग लाते हो, कोई नहीं ला सकता तुम्हारे सिवा। रहना मेरे संग, मेरी उम्र की ढलान में...।' प्यार और करुणा का यह मिश्रण मिनि रिपर्टन की आवाज़ में अनूप है। उषा को भी यह गाना बहुत प्रिय है। मिनि रिपर्टन का 'लविंग यू' जहाँ वर्ष 1975 में आया, वहीं इसके पाँच साल पहले वर्ष 1970 में फ़िल्म 'बॉम्बे टू गोवा' में उषा अय्यर का गाया यह गाना आया था—

लिस्न् टू द पॉरिंग रेन
लिस्न् टू इट पॉर!
ऐंड विद एवरि ड्रॉप ऑव रेन

यू नो आइ लव यू मोर!
लेट इट रेन ऑल नाइट लॉन्ग
लेट माइ लव फ़ॉर यू गो स्ट्रॉन्ग!
ऐज़ लॉन्ग ऐज़ वी आर टुगेदर
हू केयर्स अबाउट द वेदर?
लिस्न् टू द रेन,
लिस्न् टू इट पॉर...'

ग़ौर से इस बारिश को सुनो...! सुनो इसका बरसना...! बारिश की हर बूँद के साथ...मैं तुम्हें और ज़्यादा प्यार कर रही हूँ...! सारी रात बरसे यह बारिश...! हमारा प्यार और प्रबल हो...! जब तक साथ हैं हम...! हमें मौसम की कैसी परवाह...? सुनो बारिश को...सुनो बरसना इसका...!

मिनि रिपर्टन और उषा उथुप! प्यार के स्वप्न की तुमुल आनन्द हैं दोनों। एक ही तारीख़ की मिनि और उषा विश्व संगीत की जुड़वाँ बहनें-सी हैं। मिनि तो चार दशक पहले असीम काल में समा गईं; लेकिन उषा का झलमल आलोक आनन्द की अनमिटी गहन शुभ्रता से आज भी दमक रहा है। झमझम बरस रहा है।

अनन्त पाँच स्त्रियाँ

छोटे क़द-बुत की गोरी-चिट्टी स्वर्णम यानी स्वर्णाम्बल यानी चीन्नी उम्दा सिगरेटों की शौक़ीन थीं। अमेरिकी मार्का मार्लबोरो सिगरेट वह किसी यूरोपियन महारानी की अदा में सुलगातीं, नाक से धुआँ निकालतीं और पतले होंठों को गोल कर आहिस्ता-आहिस्ता छल्लों को ऊपर फेंकते हुए कुछ यों देखतीं मानो उनकी कहानियों का पिटारा किसी भी पल उन्हें दिख जानेवाला हो, "लन्दन में फ़िलिप मॉरिस नामक एक सिगरेट मेकर था। मार्लबोरो ब्रांड सिगरेट उसी ने बनाया था। दरअसल, लन्दन की मार्लबोरो नामक एक गली में उसका एक छोटा-सा सिगरेट कारखाना था। मार्लबोरो का ब्रांड उसने इसी गली के नाम पर पेश किया था।" कहकर चीन्नी एक पल रुकतीं और फिर मुसकते हुए कहतीं, "यह सिगरेट फ़िलिप मॉरिस ने पहले स्त्रियों के लिए बनाया था। स्त्रियों के होंठों के लिपस्टिक का निशान सिगरेट पर न

दिखे, इसके लिए 'फ़िलिप मॉरिस ऐंड कम्पनी' ने सिगरेट के होंठ से लगने वाले छोर पर बड़ी सिफ़त से महीन-सा ख़ूबसूरत लाल बैंड लगवाया था। इस रेड बैंड के बारे में कम्पनी की तरफ़ से कहा गया था—ब्यूटि टिप्स टू कीप द पेपर फ्रॉम यॉर लिप्स।" क़श के छल्लों को निहारते हुए जैसे वह आँवले और अनार के फूलों से लदी हुई लगतीं और बड़े नाज़ुक अन्दाज़ में कहतीं, "माइ गॉड! ज़माने से मार्लबोरो की एक से एक दिल को छूनेवाली टैग लाइनें...माइल्ड ऐज़ मे...कम टू ह्वेयर द फ़्लेवर इज़...। कम टू मार्लबोरो कंट्री...।" चीन्नी वाक़ई अद्भुत क़िस्सागो थीं।

उनके पास एक क़तार से इतनी कहानियाँ थीं, जितनी चिंटियाँ इस तरह क़तार से मद्रास के समस्त धर्मशालाओं में भी न रही होंगी। किसी सधे धार्मिक प्रवचनकर्त्ता की भाँति वह मार्लबोरो के एक छोटे-से टैगलाइन पर हफ़्तों तक छोटे-छोटे रोचक प्रसंगों को गुम्फित कर कुछ इस तरह प्रस्तुत कर सकती थीं कि सुनने वाले की प्यास फिर भी अधूरी रहती। चीन्नी की कहानियाँ नीरव धुँध में प्यार से झरती आत्मा सदृश थीं। स्नेह में तल्लीन और तसल्ली देती हुईं। सिगरेट के छल्लों की तरह उनके पास एक से एक लतीफ़ों का भी छल्ला था। इसलिए छुट्टियों के उन मुसकते-बिहँसते दिनों में उषा और उनके सभी भाई-बहनों को 'शान्ति' में चीन्नी के आने का बेसब्री से इन्तज़ार रहता था। मद्रास के एडवर्ड एलेयट रोड, जिसका नाम बाद में बदलकर राधाकृष्ण सलई हो गया था के अन्तर्गत के मायलापुर में जहाँ 'शान्ति' स्थित था, वहाँ से चन्द फ़र्लांग दूर ठीक बाएँ मुड़ने पर राधाकृष्ण सलई के अन्त में चीन्नी की बड़ी बहन सिस्टर आर.एस. सुब्बालक्ष्मी का बड़े परिसर वाला घर था। चीन्नी अपनी इन्हीं नामचीन बड़ी बहन के साथ रहती थीं।

सिस्टर सुब्बालक्ष्मी के विशाल अहाते में पाँच घर थे। इनमें से एक में वे स्वयं रहती थीं। एक में स्वर्णम यानी चीन्नी और शेष तीन में अन्य स्वजन। बॉगनविला की रंगीन झाड़ से सुसज्जित सिस्टर सुब्बालक्ष्मी का घर सदैव एक अलौकिक अनुराग से दीप्त रहता। उनका बरामदा अत्यन्त शान्त और शीतल था। चिरन्तन शान्ति चुपचाप उस पर पींगें लेती। मद्रास के घरों में बरामदे पर एक झूला का चलन रहा है। सिस्टर सुब्बालक्ष्मी के बरामदे पर भी एक झूला था। दोहरे बदन और छोटे-से प्यारे क़द-बुत की सिस्टर सुब्बालक्ष्मी अपनी समस्त भव्यता के संग देवी माता की तरह झूले पर विराजी रहतीं।

तमिलनाडु में बाल विधवाओं के मसले पर युगान्तरकारी अभियान चलाकर सिस्टर आर.एस. सुब्बालक्ष्मी अपने जीवनकाल में ही किंवदंती हो गई थीं। बाल

विवाह को रोकने के लिए वर्ष 1930 में जो 'शारदा ऐक्ट' बना था, उसके पीछे सिस्टर सुब्बालक्ष्मी का कठोर संघर्ष था। अत्यन्त कम उम्र में ही लड़कियों का विवाह होना और गर्भवती होकर प्रसव के दौरान ही उनका गुज़र जाना, सिस्टर सुब्बालक्ष्मी को बचपन से सालता था।

'शान्ति' में जिस चीन्नी से एक से एक कहानियाँ सुनने के लिए बच्चे दीवानगी की हद तक प्रतीक्षा में रहते थे, उनके परिचय में कुछ परते थीं, जिसकी पहली परत उनकी बड़ी बहन सिस्टर सुब्बालक्ष्मी थीं। उषा की कथा जानने के लिए और उषा की ननिहाल 'शान्ति' के सदस्यों को जानने के लिए जिस तरह चीन्नी की कथा अनिवार्य है, उसी तरह चीन्नी को जानने के लिए सिस्टर सुब्बालक्ष्मी की कथा आवश्यक है। सिस्टर सुब्बालक्ष्मी के पिता आर.बी. सुब्रह्मण्य अय्यर सिविल इंजीनियर थे और मद्रास प्रेसीडेंसी सरकार के अन्तर्गत लोक निर्माण विभाग की नौकरी में थे। सुब्बालक्ष्मी की माँ विशालाक्षी अत्यन्त परम्पराशील सात्त्विक महिला थीं। घर पर रहकर ही संस्कृत व तमिल साहित्य का उन्होंने अच्छा ज्ञान प्राप्त किया था। सुब्बालक्ष्मी की चाची यानी चित्ती वालाम्बल, जो असमय विधवा हो गई थीं और सुब्बालक्ष्मी के माता-पिता के संग ही रहती थीं, भी संस्कृत व तमिल की एक अच्छी ज्ञाता थीं। माँ और चित्ती की गोद में खेलते हुए सुब्बालक्ष्मी समेत उनकी अन्य चार बहनों—बालाम्मल, सावित्री, स्वर्णम और नित्यानन्दा को तमिल व संस्कृत भाषा का मर्म हासिल हो गया था। सुब्बालक्ष्मी की माँ विशालाक्षी में गरिमा का संस्कार कुछ इस हद तक कूट-कूट कर भरा हुआ था कि जब सुब्बालक्ष्मी का जन्म होना था और वे असहनीय प्रसव पीड़ा में थीं, तो उनके माता-पिता ने एक डॉक्टर को बुलवा भेजा। विशालाक्षी को यह गवारा नहीं हुआ कि कोई पर पुरुष उन्हें हाथ लगाए। उस समय विशालाक्षी मात्र 16 साल की थीं। इत्तफ़ाक़ से मद्रास में मिस स्कारलेब नामक एक यूरोपियन लेडी डॉक्टर थीं, जिन्होंने घर आकर विशालाक्षी का प्रसव सम्पन्न कराया। पुत्र की आशा में विशालाक्षी को पाँच बेटियाँ हुईं। इनमें सुब्बालक्ष्मी सबसे बड़ी थीं। अस्वस्थता और निरन्तर तबादले के कारण सुब्बालक्ष्मी के पिता सुब्रह्मण्य अय्यर ने लोक निर्माण विभाग की नौकरी से त्यागपत्र दे दिया था और मद्रास से दस किलोमीटर पर स्थित सइदापेट के गवर्मेंट एग्रिकल्चर कॉलेज की नौकरी कर ली थी। सुब्रह्मण्य अय्यर और विशालाक्षी को बेटा तो नहीं हुआ लेकिन दोनों इस बात के लिये कटिबद्ध थे कि अपनी पाँचों बेटियों को वे हर सम्भव उच्च शिक्षा देंगे। हालाँकि, वह ज़माना था जब लड़कियों के वास्ते शिक्षा अकल्पनीय

थी। तमिल ब्राह्मणों की परम्परा को निभाने में सुब्बालक्ष्मी का बाल-विवाह हुआ था और वे मात्र 12 साल की उम्र में बाल विधवा हो चुकी थीं। माता-पिता को यह बात हमेशा सालती रहती थी। इसलिए वे चाहते थे कि अंग्रेज़ी माध्यम से ख़ूब पढ़-लिखकर सुब्बालक्ष्मी अपने पाँवों पर खड़ी हों।

सुब्बालक्ष्मी और उनकी बहनें जिस तरह उच्च शिक्षा की तरफ़ अग्रसर थीं, इससे सुब्बालक्ष्मी की दादी समेत परिवार के समस्त स्वजन और शुभेच्छु बुरी तरह क्षुब्ध थे। पर सुब्बालक्ष्मी के माता-पिता ने इस सबकी कभी क़तई परवाह नहीं की। सइदापेट एग्रिकल्चर कॉलेज में नौकरी के दौरान सुब्रह्मण्य अय्यर ने मद्रास में किराये का घर लेकर सुब्बालक्ष्मी को अगे की पढ़ाई के लिए भेजा था। सुब्बालक्ष्मी की देख-रेख के लिये वालाम्बल यानी सुब्बालक्ष्मी की चित्ती उनके साथ गई थीं। चित्ती यानी सुब्बालक्ष्मी की चाची उतनी सुन्दर तो नहीं थीं लेकिन बेहद ख़ुशमिज़ाज और प्यारी थीं। सुब्बालक्ष्मी बचपन से देखती आई थीं कि उनकी अम्मा जहाँ सिल्क की रंगीन साड़ियाँ पहनतीं, वेणी को गूँथ उसे फूल-माला से सजतीं, वहीं चित्ती के बाल जड़ से कटे हुए थे। वह सफ़ेद साड़ी पहनती थीं। सुब्बालक्ष्मी ने अपनी विधवा दादी को भी इसी वेशभूष में देखा था। उन्हें यह देखकर बहुत दुख होता था कि इतनी कम उम्र की उनकी चित्ती वृद्धा स्त्रियों-सा जीवन व्यतीत करती हैं। स्वयं बचपन में अपना वैधव्य, चित्ती का उदास जीवन और इसके अतिरिक्त ऐसी अनेक छोटी लड़कियों से उनका अनायास मिलना होता रहा, जो बचपन में विधवा हो गई थीं। इनमें अम्मुकुट्टी से लेकर पार्वती सरीखी असंख्य विधवाएँ थीं। उन दिनों इनफ़्लुएंजा से बहुत लड़कों की मृत्यु हो जाती थी और इस तरह बाल विधवाएँ बढ़ती जा रही थीं। सुब्बालक्ष्मी को याद था कि बचपन में विवाह के कुछ साल बाद जब वे विधवा हो गईं, तो उनके विवाह की यादगार साड़ी को काटकर उनकी बहनों के फ्रॉक सिल दिये गए थे ताकि उन्हें अपना स्याह अतीत एकदम याद न आए।

मद्रास के प्रेसीडेंसी कॉलेज में सुब्बालक्ष्मी ने यूरोपियन इतिहास, भौतिकी, रसायन, गणित, भूगोल और अंग्रेज़ी का अध्ययन तो किया ही, अद्वैत दर्शन भी उसी चाव से पढ़ा। बाद में सुब्बालक्ष्मी मद्रास में जब मिस लिंच के सम्पर्क में आकर अध्यापन से जुड़ीं, तो उनकी दृष्टि निरन्तर प्रशस्त होती चली गई। मद्रास के पी.टी. स्कूल, जहाँ वे पढ़ाती थीं, उसमें उनकी छोटी बहनें भी पढ़ती थीं। स्कूल में उनकी बहनें भी उन्हें 'सिस्टर' सम्बोधित करती थीं। एक दिन स्कूल की प्रमुख मिस लिंच

से सुब्बालक्ष्मी ने भावुक होकर कहा, "मै सभी बाल विधवाओं की सिस्टर बनना चाहती हूँ।" और उस दिन से वे 'सिस्टर सुब्बालक्ष्मी' के नाम से मशहूर होती चली गईं। धीरे-धीरे उनकी छवि एक 'सोशल रिफ़ॉर्मर' की बन गई। उनका नाम सामाजिक परिवर्तन का पर्याय बन गया। अवस्था में उनसे बहुत छोटी बहन स्वर्णम उनके प्रति निजी तौर पर समर्पित थीं। इसलिए मद्रास सरकार के शिक्षा विभाग में इंसपेक्टर की तबादले वाली नौकरी करने के बावजूद स्वर्णम अपनी बड़ी बहन का हमेशा ध्यान रखती थीं। यही वजह हुई कि जब स्वर्णम से एक बार उनकी माँ विशालाक्षी ने विवाह के लिए कहा, तो स्वर्णम ने मना कर दिया कि तब दीदी का ख़याल कौन रखेगा। पर इन्हीं स्वर्णम के जीवन में आगे जाकर एक ऐसी उथलपुथल हुई, जिसकी कल्पना कभी स्वर्णम को भी नहीं थी। कितना अदृष्ट और अकल्पनीय है जीवन, सोचती थीं स्वर्णम! शिक्षा विभाग की नौकरी से अवकाश ग्रहण करने के बाद तो पूरे तौर पर स्वर्णम अपनी बहन के साथ उनकी आख़िरी साँस तक रहीं। सिस्टर सुब्बालक्ष्मी का निधन 83 वर्ष की उम्र में सन् 1969 में हुआ। अपने अन्तिम वर्षों में वह आँखों की रोशनी खो चुकी थीं। उन्हें सुनाई भी नहीं देता था। स्वर्णम अपनी बड़ी बहन की आँख और कान थीं।

'शान्ति' में स्वर्णम यानी चीन्नी हफ़्ते में एक बार आती थीं। वे सुबह आतीं और देर शाम को चली जातीं। उषा और उनके भाई-बहनों को वर्षों तक यही अन्दाज़ा था कि चीन्नी उनके ननिहाली परिवार की कोई निकटतम सम्बन्धी हैं और इसलिए 'शान्ति' में दूध-बताशे की तरह घुली-मिली हैं। चीन्नी जब 'शान्ति' में आतीं, तो सबकी ख़ुशी-ख़ैरियत लेकर नादन परिवार के वरिष्ठतम नादन यानी उषा के नाना के कमरे में जाती थीं। ग्रीक देवता के से छह फ़ुटे क़द-बुतवाले गोरे-चिट्टे 'ताता' यानी उषा के नाना हाल्लास्य के. नादन भी मानो उनकी प्रतीक्षा में ही होते थे। उषा को ताता का स्वरूप बिसराया नहीं है। बड़े दुलार से अपने कमरे में मौजूद इलेक्ट्रिक बर्नर पर पापड़ सेंककर ताता उषा और उनके भाई-बहनों को देते थे। उनके कमरे में रैक पर एक शीशी भी होती थी, जिसमें लाल रंग की छोटी-छोटी मिठाइयाँ होती थीं। उषा समेत उनके सभी भाई-बहन बिल्ली की भाँति चौकन्नी ताक में ताता से मिठाई पाने को आतुर रहते। किसी ज़माने में बहुत सजीले रहे ताता ने उम्र के साथ पूरी सादगी को साध लिया था। उनके सामने के सिर के बाल कुछ उड़े हुए थे। श्वेत बाल और दाढ़ी में ताता ज़्यादातर धोती और 'जुब्बा' यानी कुर्ता में रहते थे। ताता के कमरे में एक सुन्दर-सा झूला भी था। वही उनका पसन्दीदा आसन था।

उल्लास की नाव

पुराने पारिवारिक अलबम में इंगलिश सूट व ख़ूबसूरत टाई में सजे-बजे ताता और 'शान्ति' में स्थायी वास कर रहे ताता की वेशभूषा में ख़ासा अन्तर था।

सूट में खिल रहे ताता की तसवीरें पूना के दिनों की थीं, जहाँ एक अर्से तक वे लोक निर्माण विभाग के मुख्य अभियन्ता पद पर रहे थे। उषा की नानी यानी मद्रास पाट्टी माँ बताती थीं कि उनकी पहली सन्तान मीनाम्बल यानी मिनि का जन्म 5 नवम्बर, 1919 को पूना में ही हुआ था। मीनाम्बल की पढ़ाई-लिखाई पूना के ही 'सेंट हेलेनाज़ स्कूल' में हुई। क्लास में वे हमेशा अव्वल आती थीं। विवाह के बाद उन्होंने मैट्रिक की परीक्षा दी और उसमें भी प्रथम आईं। उनके स्कूल की दो प्रचार्याओं—मिस इवलिन सी. गेज़ और मिस सी. विल्सन का मीनाम्बल के बारे में कहना था कि वह बहुत सावधानी से पाठ को समझती है और उसे अच्छी तरह याद रखती है।

नौकरी से अवकाश ग्रहण करने के बाद ताता स्थायी रूप से 'शान्ति' में रहने आ गए थे।

'शान्ति' में ताता के बेडरूम यानी शयन कक्ष से लेकर उनका ध्यान कक्ष भी था, जिसमें वे ज़्यादातर अपने झूले पर बैठे सिगार पीते हुए कुछ पढ़ते या चिन्तन कर रहे होते थे। उनका कमरा सिगार के ख़ुशबूदार धुएँ से गमकता रहता, जिसमें मार्लबोरो सिगरेट सुलगाए चीन्नी असम्भव मित्र-भाव से कुछ इस तरह दाख़िल होतीं, जैसे जीवन के गहरे तल से निकल कर आ रही हों। ताता और चीन्नी के सिगार और सिगरेट की युगलबन्दी कुछ ऐसी अद्‌भुत ऐंद्रजालिक और मनभावन होती कि आज की उषा होतीं, तो सोचतीं कि होंठ से आग का क्या रिश्ता होता है?

चीन्नी का कहानियों से भी गहरा रिश्ता था। वह अपने आप में एक जीती-जागती कहानी थीं। कैसी कहानी? इसका पता उषा और उनके भाई-बहनों को बहुत बाद में जाकर चला। ताता यानी नाना के कमरे से जब बातचीत के बाद चीन्नी निकलती थीं, तो 'शान्ति' के सभी बच्चे कोई कहानी सुनाने की ज़िद के संग उनसे लाड़ से चिपक जाते थे।

चीन्नी तब 'शान्ति' के नीचे वाले बरामदे के झूले पर बैठ जातीं और बड़े सुकून से कहानियों का इन्द्रधनुष बिखेरने लगतीं। चीन्नी के पास कहानियों का असम्भव भंडार था। देवी-देवताओं, राजा-रानियों की कहानियों से लेकर ऐसे पशु-पक्षियों की मनोहर कहानियाँ, जो मनुष्य की तरह बर्ताव करते थे। और ऐसे मनुष्यों की कहानियाँ, जो पशुओं-सा आचरण करते थे। चीन्नी की कहानियों में चूहा, कौआ,

शेर, भालू, राम और रावण सब होते थे। बला की कहानीबाज़ थीं चीन्नी। कभी जब वह किसी कही हुई कहानी को ही फिर से सुनाती थीं, तब भी बच्चों को क़तई उकताहट नहीं होती थी। आज जब उषा चीन्नी, ताता, मद्रास पाट्टी माँ और 'शान्ति' के उन सुनहरे दिनों को याद करती हैं, तो उन्हें लगता है कि वाक़ई सब कुछ मूक होकर कैसे अन्ततः शून्य में चला जाता है। पर सच है कि वह व्यतीत समय कहानियों, सपनों और स्मृतियों में हमेशा जीवित रहता है। उषा याद करती हैं कि जब वे और उनके सभी भाई-बहन बड़े होकर कॉलेज में दाख़िल हो गए, तो जाने किस प्रसंग में उषा की प्रिय मामी जिप्पी माँ यानी श्रीमती लीला नादन ने बताया था कि स्वर्णाम्बल यानी चीन्नी ताता की दूसरी पत्नी थीं और पेरी अम्बी दरअसल मद्रास पाट्टी माँ नहीं, बल्कि चीन्नी के बेटे थे। यह जानकारी जिप्पी माँ ने बड़े हो चुके बच्चों को बड़े सहज रूप में दी थी लेकिन उषा और उनके भाई-बहनों के लिये वह प्रलय का दिन था। 'शान्ति' में उषा के दो अम्बी मामा थे। एक 'पेरी अम्बी' यानी बड़े अम्बी वी.एच. राम, जो चीन्नी के बेटे थे और दूसरे 'चिन्नम्बी' यानी छोटा अम्बी बालकृष्ण, जो मद्रास पाट्टी माँ के बेटे थे। दोनों अम्बी 'शान्ति' में रहते थे और मद्रास पाट्टी माँ का एक समान दुलार पाते थे। इसलिए इस विभेद को समझना किसी के लिए भी असम्भव था। चीन्नी भी जब 'शान्ति' आती थीं, तो पेरी अम्बी और चिन्न अम्बी दोनों से समान स्नेह से बात करती थीं। जिप्पी माँ से जानकारी मिलने पर उषा ने अनुमान लगाया कि शायद पेरी अम्बी को जन्म देकर लालन-पालन के लिए चीन्नी ने उसे मद्रास पाट्टी माँ को सिपुर्द कर दिया था।

यही वजह थी कि परिवार के वरिष्ठ सदस्यों को छोड़ बाहर के लोगों को यही पता था कि हाल्लास्य के. नादन के सभी बच्चे धर्माम्बल यानी मद्रास पाट्टी माँ से हैं।

'शान्ति' की जीवन शैली ऐसी थी और वहाँ का अनुशासन ऐसा था कि वहाँ स्नेह और सम्मान के अलावा और कुछ नहीं था। मद्रास पाट्टी माँ का सब आदर करते थे और चीन्नी का भी वहाँ यथेष्ट सम्मान था। इसलिए मन में जो हो पर ऊपरी तौर पर 'शान्ति' में कभी अशान्ति नहीं हुई। कई दशकों बाद जाकर उषा को एक दिन यह भी पता चला कि 'शान्ति' का पूरा परिसर और दोमंज़िला मकान दरअसल चीन्नी का था।

उषा को आज भी याद है 'शान्ति' की दीवार पर फ्रेम में मढ़ा वह फ़ोटो, जिसमें मद्रास पाट्टी माँ, चीन्नी, ताता और सभी बच्चे हैं। स्मृति में बसी उस श्वेत-श्याम तसवीर की याद उषा को आज भी सिहराती है। वे सोचती हैं कि चीन्नी से

ताता ने दूसरी शादी की थी और पेरी अम्बी हुए थे। फिर मद्रास पाट्टी माँ ने उसके बाद चिन्नम्बी मामा को किस मन: स्थिति में जन्म दिया होगा? जिप्पी माँ से ताता और चीन्नी के रिश्ते की जानकारी के बाद शुरू में उषा को ताता पर बहुत ग़ुस्सा आया था। भला ताता ने अपनी ऐसी समर्पित पत्नी यानी मद्रास पाट्टी माँ के साथ ऐसा अन्याय क्यों किया? उषा ने अपनी अम्मा मीनाम्बल को भी जब इसके बारे में कुरेदा, तो उन्होंने एक बेहद संक्षिप्त-सा उत्तर दिया, "चीन्नी से अप्पा ने पूना में शादी की थी।"

उषा जब बड़ी हुईं, तब उनके लिए रिश्तों की यह महीन गुत्थी सुलझी। उनके ताता यानी हाल्लास्य के. नादन के सगे बड़े भाई वी.एस. सुन्दरेश अय्यर ने सिस्टर सुब्बालक्ष्मी की बहन बालाम्मल उर्फ़ बालम से विवाह किया था। अपनी बड़ी बहन बालाम्मल से मिलने स्वर्णम यानी चीन्नी अक्सर आया करती थीं। इसी क्रम में चीन्नी की मुलाक़ातें अपने बहनोई के छोटे भाई हाल्लास्य के. नादन से हुई। हालाँकि, चीन्नी को इस परिवार से इतने निकट के सम्बन्ध के कारण भलीभाँति पता था कि हाल्लास्य के. नादन पहले से विवाहित और बाल-बच्चेदार हैं। पर लम्बे क़द-बुत के भव्य हाल्लास्य के. नादन पहली नज़र में स्वर्णम के हृदय में बस चुके थे। छोटी क़द-काठी की स्वर्णम नाम के अनुरूप अनिन्द्य सुन्दरी थीं। सो हाल्लास्य के. नादन भी उन पर अनुरक्त थे। इस आकर्षण की परिणति अन्तत: विवाह में हुई। चीन्नी व नादन की निकटता की एक और वजह हुई। दरअसल, हाल्लास्य के. नादन बतौर इंजीनियर पूना में पदस्थापित थे और चीन्नी के पिता सुब्रह्मण्य अय्यर भी पूना में उसी लोकनिर्माण विभाग में पदस्थापित थे। चीन्नी से नादन ने पूना में ही विवाह किया।

मनुष्य जीवन की अजस्त्र कामनाएँ और आशाएँ कुठाँव में पड़कर अपने जीवन के खारेपन को कैसे स्वीकार कर लेती हैं। इसका उदाहरण थीं उषा की मद्रास पाट्टी माँ। वह एक कुशल गृहणी, ममतामयी माँ और समर्पित पत्नी अवश्य थीं लेकिन ताता जिस बौद्धिक उँचाई के थे, मद्रास पाट्टी माँ उसके क़रीब नहीं थीं। स्वर्णम सुन्दर थीं और विदुषी भी। 'शान्ति' के दोमंज़िले मकान का स्वामित्व सम्भवत: चुपचाप उनमें अगहन के धान सरीखा सुनहरापन भी जोड़ता था। पर मद्रास पाट्टी माँ थीं, जो वर्षों पहले ताता के जीवन में आश्विन के हरे धान की तरह आई थीं और विश्वास की मौन सुबक के संग अष्टभुजी माई की तरह अपनी गृहस्थी को ले चल रही थीं। यह एक अग्रहार यानी ब्राह्मण का घर था और मद्रास पाट्टी माँ ने

उसे ग़ज़ब की गरिमा से निबाहा! जीवन में गुज़रे इन प्रिय से प्रिय लोगों को लेकर उषा के मन में कई प्रश्न उठते रहे हैं। ज्ञान और सौम्यता की अद्‌भुत समन्वय रहीं स्वर्णम यानी दिलचस्प क़िस्सों की पिटारी चीन्नी क्या ताता की दुर्वासना थीं? या वे समस्त दैहिक आकर्षण से परे उनका मानसिक-बौद्धिक परितोष थीं? और जीवन तट पर पछाड़ खा-खाकर रोज़ हौसले से उठती उनकी मद्रास पाट्‌टी माँ क्या 'शान्ति' का शोक गीत थीं? और ग्रीक देवता-से तराशे क़द-बुतवाले ताता क्या थे, जिनकी आँखें स्फटिक-सी उज्ज्वल थीं? पर उषा को इतना पता है कि 'शान्ति' के रहवासियों के मन में चाहे जो भी अंधड़ हो, लेकिन 'शान्ति' के सामूहिक जीवन को सबने पूरे मान से प्यार किया। और इस 'शान्ति' की धुरी थीं मद्रास पाट्‌टी माँ यानी उषा की नानी धर्माम्बल। धैर्य व सहनशीलता की प्रतिमूर्ति!

धर्माम्बल नादन यानी मद्रास पाट्‌टी माँ, स्वर्णम यानी चीन्नी, अम्मा यानी मीनाम्बल सामी, तुलसीमाँ और बम्बईवाले घर के ठीक सटे पड़ोस में रहने वाली पठान आंटी यानी मिसेज़ ज़किया पठान! जीवन के नश्वर आलोक में उषा को अक्सर कौधती हैं ये अनन्त पाँच स्त्रियाँ! समुद्र के अँधेरे तल में मोती भरी सीपियों सरीखी ये स्त्रियाँ मानो मन के पार्श्व से उनसे पूछती हैं, "उषा तुम्हें मालूम आग की क्या उम्र है? पानी की? अँधेरे की? हवा और रोशनी की? क्या सृष्टि की अवस्था जितनी?" आग की उम्र! जीवन में आए अनेकानेक पात्रों की कथा, जो विस्मित विचलित करती है और उष्मा भी देती है। उषा सोचती हैं, इन पाँचों विलक्षण स्त्रियों के बोल-आलाप उनकी नसों और धमनियों में हैं। इन पाँचों को याद करने पर मन में एक संग रोटी, मिठास, कहानियों और लाड़-दुलार की बुरकियाँ झरती हैं। सुबह से रात तक 'शान्ति' के सभी सदस्यों की ज़रूरतों को पूरा करने के लिए फिरकिनी की तरह घूमती थोड़े गहरे रंग की लम्बी-छरहरी मद्रास पाट्‌टी माँ, जो परम्परानिष्ठ और रूढ़िवादी होते हुए भी अपने बच्चों और पति के लिए सीमा पार कर कुछ भी कर गुज़रने वाली स्त्री थीं, उषा को बहुत याद आती हैं। वे शुद्ध शाकाहारी थीं और बग़ैर नहाये रसोई में नहीं जाती थीं। पर अपने बड़े बेटे बलराम नादन की फ़रमाइश पर अंडा फ़्लिप बनाने में कोई गुरेज़ नहीं करती थीं। ठेठ इतालवी अन्दाज़ में अंडा फ़्लिप एक शास्त्रीय इतालवी मिठाई है, जो बलराम नादन को सुबह चाहिए ही चाहिए थी। उषा को याद है वह नीला गिलास, जिसमें मद्रास पाट्‌टी माँ मनोयोगपूर्वक अंडा फेंटती थीं। बलराम मद्रास पाट्‌टी माँ की आँखों के तारे थे। वे बलराम के लिए कुछ भी करने को तत्पर रहती थीं। पर बलराम उनकी तमाम कोशिशों के बावज़ूद

कभी ख़ुश नहीं होते थे। अपने परिवार के लिए अन्धे प्यार में मद्रास पाट्टी माँ ने गम्भीर अवसाद को निगलकर जीवन को निबाहा। बच्चों के लिए उनका असीम अनुराग ही था कि कभी किसी नाइट क्लब में क़दम न रखनेवाली मद्रास पाट्टी माँ 'होटल सवेरा' में उषा का गाना सुनने गई थीं। ताता उनके लिए एक देव पुरुष सदृश्य थे। उनके कपड़े-लत्ते, भोजन-पानी और औषधि पर वे सदैव चौकन्नी निगाह रखती थीं। उषा याद करती हैं कि नीचे रसोई से ताता का भोजन पूरे विन्यास से परोसकर मद्रास पाट्टी माँ उनके ऊपर के कमरे में स्वयं लेकर जाती थीं। चीन्नी जब 'शान्ति' में आकर ताता के कमरे में उनसे साहित्य-दर्शन और दुनिया भर की बातें कर रहीं होतीं, मद्रास पाट्टी माँ तब चाय-कॉफ़ी की लड़ी लगाए रहतीं। और भोजन के समय ताता की थाली पहुँचाकर लगे हाथ उसी विन्यास के संग चीन्नी के लिए भी थाली परोसकर ताता के कमरे में पहुँचा आतीं। चीन्नी के लिए थाली लेकर किस मनोदशा में जाती होंगी मद्रास पाट्टी माँ? क्या एक खुरदरी मुस्कराहट के साथ? क्या बिलकुल चुप होकर? दशकों पहले एक स्त्री जो उनकी नानी थीं, की अनुभूतियों का अब अनुमान करना कितना विचित्र है उषा के लिए! बहुत साल पहले के किसी भूस्खलन के धूल-बालू और दरार की कल्पना करने जैसा।

समय का निस्कंप घंटनाद! पहले ताता गुज़रे, फिर चीन्नी। उषा को याद है, अपने अन्तिम दिनों में चीन्नी पूरी तरह आँखों की रोशनी खोकर कितनी दयनीय-सी हो गई थीं। चीन्नी के गुज़रने पर मद्रास पाट्टी माँ किस तरह कुछ दिनों तक स्तब्ध रही थीं। और चीन्नी की मृत्यु के कुछेक साल बाद मद्रास पाट्टी माँ ने भी दुनिया छोड़ दी। उषा सोचती हैं कि अपने-अपने सिराये दर्द के संग संसार से विदा ले चुकी ये दोनों स्त्रियाँ अलग-अलग अन्दाज़ में कुएँ में भरी चाँदनी सरीखी थीं। और इन दो स्त्रियों के बीच से बरबस उभरती पवन पर मौलश्री की झूलती महक! यानी मीनाम्बल यानी उषा की प्यारी अम्मा मीनाम्बल सामी। यानी सामी परिवार की नौका-घाट। मीनाम्बल को उनके मायके में सब मिनि पुकारते थे। विवाह के बाद बने उनके पासपोर्ट में उनका नाम दर्ज था—मिनि सामी। पर उषा के अप्पा दुलार में हमेशा उनको 'मिन' कहते थे। अप्पा ने अम्मा से प्रेम विवाह किया था।

अम्मा यानी मिनि नादन से अप्पा का परिचय चीन्नी ने पूना में कराया था। उन दिनों उषा के नाना यानी मिनि के पिता हाल्लास्य के. नादन पूना के अन्तर्गत येरवदा में इलेक्ट्रिकल ग्रिड सुपरिनटेंडेंट थे। तब लम्बे-तगड़े क़द-बुतवाले बैद्यनाथ सोमेश्वर सामी 'नासिक पुलिस ट्रेनिंग स्कूल' से 16 जून, 1931 को प्रशिक्षित होने

के बाद बम्बई सिटी पुलिस में सब इंस्पेक्टर की नौकरी में आ चुके थे। पुलिस सेवा में होने के दौरान समाजसेवी सिस्टर सुब्बालक्ष्मी से उनका परिचय हुआ और उसी क्रम में चीन्नी से भी वे परिचित हुए। तब तक चीन्नी हाल्लास्य के. नादन की जीवनसंगिनी बन चुकी थीं। बैद्यनाथ सोमेश्वर सामी जब एक बार पूना गए, तो चीन्नी ने इत्तफ़ाक़ से उन्हें मिनि से मिलवाया। और यह पहली नज़र का प्यार था। बैद्यनाथ सोमेश्वर सामी उस समय 26 साल के थे और मिनि नादन मात्र 15 साल की। यह प्यार बहुत जल्दी परवान चढ़ा और 6 मई, 1934, जो रविवार का दिन था, चिदम्बरम मन्दिर में मिनि नादन और बैद्यनाथ सोमेश्वर सामी ने विवाह किया।

अपने विवाह का मनोरम ज़िक्र छिड़ने पर अप्पा अपने बच्चों को मुस्काते हुए रस लेकर बताते थे कि मिनि नाम की इस सुन्दर प्यारी लड़की को उन्होंने तब देखा जब पूना में घूमते हुए सड़क पर वे पाँव-पैदल निकले थे और अकस्मात एक बेहद हसीन-से बगीचे में पहली नज़र में टिक जानेवाली मिनि को उन्होंने देखा और बस देखते रह गए। फिर मिनि ने भी उनकी तरफ़ शरमा कर देखा। अप्पा कहते थे, "बस मैं गाने लगा...शुड आइ रिविल...ह्वाट आइ फ़ील? शुड आइ कनफ़ेस... आइ लव यू...। और बस बात बन गई। मिनि ने मुझे फ़ौरन हाँ कर दी।" अप्पा की इस रस भरी कथा पर अम्मा शरमाकर उनसे कहतीं, "बस...बस...बन्द करो अपना ड्रामा।" बहरहाल, अप्पा-अम्मा के प्रेम विवाह का लुब्बोलुबाब यह था कि इस विवाह से दोनों परिवार पूरा हर्षित था। इस तरह महज़ 15 साल की कच्ची उम्र में मिनि नादन एक गृहिणी बन गईं।

गेहुएँ रंग की और लम्बे-दोहरे क़द-बुत की अम्मा हर हाल में ख़ुश रहनेवाली ऐसी गृहिणी थीं, जिन्हें उल्लास के हिंडोले से उतरते हुए उषा ने कभी नहीं देखा। अपने छहों भाई-बहनों में उषा ने ही विरासत में अपनी अम्मा से उनके उल्लास का मनभावन हिंडोला पाया। उषा को याद नहीं कि अम्मा की कभी उन्होंने ऊँची आवाज़ सुनी। अम्मा को अपने पुलिस अफ़सर पति पर बहुत नाज़ था। हालाँकि, अप्पा का वेतन सीमित था। पर छह बच्चों समेत पूरा कुनबा अम्मा बग़ैर कभी किसी शिक़ायत के ख़ुशी-ख़ुशी चलाती थीं।

अपने दादा यानी पिता के पिता सोमेश्वर अय्यर को उषा ने नहीं देखा था। उषा की बड़ी बहनें इन्दिरा व उमा ही उन्हें देख पाईं। सोमेश्वर अय्यर क्योंकि बड़ी पोती इन्दिरा को लाड़ से 'किडी-किडी' बुलाते थे, इसलिए घर के बच्चे उन्हें 'किडी-किडी ताता' कहते थे। किडी-किडी ताता बहुत कम उम्र में चल बसे थे।

हाँ, अपनी दादी पार्वती अय्यर की पूरी याद उषा को है। बच्चे उन्हे 'बॉम्बे पाट्टी माँ' कहते थे। वे साथ रहती थीं। उनके बनाए पकवान बड़े स्वादिष्ट होते थे। अम्मा किस ऊँचाई तक दादी का लिहाज़ करती थीं, इसकी भी याद किसी प्राचीन मन्दिर में जलते दीये की रोशनी के बिम्ब की तरह उषा के मन में है। उषा के अप्पा पर न सिर्फ़ अपने बीवी-बच्चों की ज़िम्मेवारी थी, बल्कि उसी सीमित वेतन में उन्होंने अपने सभी भाई-बहनों—शेषु, चन्द्रशेखर उर्फ़ चन्द्रू, देबू और इकलौती बहन सुशीला को पढ़ाया-लिखाया और पिता की तरह खड़े होकर सबका शादी-ब्याह कराया। आमतौर पर घर-परिवारों में पति जब अपने माता-पिता और भाई-बहनों के लिए बढ़-चढ़कर करने लगता है, तो यह बात पत्नी को बेहद नागवार गुज़रती है। पर मिनि सामी इसकी अपवाद थीं। उषा के अप्पा की अपने भाई-बहनों के भविष्य के प्रति तत्पर लगाव की, न सिर्फ़ उन्होंने सराहना की, बल्कि इस कार्य के लिए अपने घर के ख़र्चों में भरसक कटौती की। इसलिए उषा मानती हैं कि उनकी अम्मा ने उन लोगों के समक्ष इतना विरल और ऊँचा आदर्श व्यवहार रच दिया कि उसको छूना ही अपने आप में एक बड़ी चुनौती है। अप्पा शील व संस्कार के बरगद थे, तो अम्मा उनकी हरित वसुंधरा थीं। अम्मा की आवाज़ बहुत मधुर थी और फ़ुरसत के समय में जब वे गाती थीं, तो तन्मय अम्मा को सुनना उषा को बहुत अच्छा लगता था। अम्मा को विशेषकर यूथिका राय के गाये 'घूंघट के पट खोल रे, तुझे पिया मिलेंगे' और 'मैं तो प्रेम दीवानी' सरीखे भक्तिमय गानों से लेकर 'मैं हँसती...टिं... टिं...टिं...मैं रोती टिं...टिं...टिं...! गाती हूँ मैं टिं...टिं...टिं...' गाना बहुत पसन्द था। उषा को याद है, अम्मा रवीन्द्रनाथ ठाकुर का एक बांग्ला गान 'ओइ मालोती लता डोले...मोर भावना कथा हारा मेघेर मोतोन जा चले...ओइ मालोती लता डोले...' कितना डूबकर गाती थीं। और अम्मा का एक और प्रिय बांग्ला गाना था...'एलो वर्षा जे सहसा...मोने ताइ...रिम-झिम...झिम-रिम...झिम-झिम गान गेये...एलो वर्षा...।'

अम्मा को खाना पकाना भी अपने प्रिय गानों को गाने की तरह ही भाता था। एक से एक व्यंजन बनाने और नई-नई चीज़ें सीखने का उन्हें ग़ज़ब का शौक़ था। उनके पकाये सरल भोजन में अद्‌भुत स्वाद था। पति और बच्चों के लिए दुलार-अनुराग उनमें पल-पल छलकता लेकिन किसी के द्वारा अनुशासन भंग करना उन्हें नागवार था। कपड़े धोने और सुखाने की ही उनमें क्या सिफ़त थी। कपड़ों को धोने के बाद वे उन्हें अलगनी पर इस सुघड़ सफ़ाई से टाँगती थीं कि किसी कपड़े में कोई शिकन-सलवट न होती। सूखने पर वह एकदम से इस्तिरी किया हुआ कपड़ा

लगता था। उस ज़माने में बिजली का आयरन नहीं था, इसलिए छहों बच्चों, अपने, अप्पा और बम्बई पाट्टी माँ यानी नौ लोगों के कपड़े धोकर वे लोहे के पुराने तर्ज़ वाले आयरन से सब पर आयरन करतीं। वे अपने बच्चों से कहती थीं कि जीवन को भी बिना सलवट के सुखाओ। अगर उस पर इस्तिरी न भी हो, तब भी वह इस्तिरी किया-सा लगे। हर मामले में अम्मा की प्यारी और शालीन तहदर्जी पर अप्पा फ़िदा रहते थे। वे मानते थे कि मिन उनकी जन्म-जन्मांतर की जीवनसंगिनी हैं। समर्पित सहचर। वे कहते थे, "मिन ग़ुलामी की हद तक अपने परिवार के लिए जुटी रहती हैं।" अप्पा जितना प्रेम अम्मा से करते थे, उससे कहीं ज़्यादा अम्मा के लिए उनके मन में सम्मान था। महिलाओं से अप्पा यों भी कुछ अधिक सम्मान से पेश आते थे। जब वे बतौर डिप्टी पुलिस कमिश्नर बम्बई के किसी कार्यक्रम में जाते थे और किसी कांस्टेबल की पत्नी सामने दिख जातीं, तो अप्पा उनके लिए अपनी कुर्सी छोड़ देते थे। बक़ौल उषा के बड़े भाई श्याम सुन्दर सामी उर्फ़ शामू, कई बार 'नई गॉम पुलिस ग्राउंड' में ऐसा करते हुए उन्होंने अप्पा को देखा। फिर अम्मा तो उनकी प्यारी 'मिन' थीं, जिनकी जगह अप्पा के सिर आँखों पर थी। श्याम सुन्दर उर्फ़ शामू एक वाक़या हमेशा याद करते हैं जब महाराष्ट्र और गुजरात में भीषण साम्प्रदायिक दंगा चल रहा था, अविभाजित बम्बई प्रान्त के एक राजनीतिक दिग्गज अपने लिए विशेष अतिरिक्त सुरक्षा की माँग बम्बई पुलिस से कर रहे थे। बम्बई पुलिस ने सारी ताक़त दंगे को रोकने में झोंक रखी थी और ऐसे में उक्त राजनीतिक दिग्गज बाइकुला स्थित बैद्यनाथ सोमेश्वर सामी के घर ग़ुस्से से भभकते हुए पहुँचे। इत्तफ़ाक़ से सामी महाशय उस समय घर पर नहीं थे। घर पर बच्चों के संग सिर्फ़ श्रीमती मिनि सामी थीं। ड्राइंग रूम में बैठे राजनीतिक दिग्गज मिनि सामी पर ही लगातार ऊँची आवाज़ में चिल्ला रहे थे कि बम्बई पुलिस ने उन्हें मारे जाने के लिए अपने हाल पर छोड़ दिया है। उनका चीखना जारी था, "तुम्हें मालूम मैं कौन हूँ? मैं मंत्री हूँ। तुम्हारे पति को मैं सजा दिलवाऊँगा अगर उसने मुझे भरपूर सुरक्षा फ़ौरन नहीं दी। मैं तुम्हारे घर से अब तभी जाऊँगा जब मुझे तुम्हारा पति स्पेशल सिक्यूरिटी दिलाएगा।" मंत्री महोदय ग़ुस्से के सातवें आसमान पर थे और मिनि सामी की आँखों से आँसू गिर रहे थे। तभी अचानक सामी महाशय घर में दाख़िल हुए। अपने घर में मंत्री का तमाशा देखकर उन्हें बहुत ग़ुस्सा आया लेकिन अपने को संयत कर उन्होंने कहा, "हाँ, मि. शाह! मैं आपके लिए क्या कर सकता हूँ?" सामी महाशय का यह पूछना था कि मंत्री और ताव में आ गया और अतिरिक्त

सुरक्षा उपलब्ध कराने की अपनी बात पूरे तैश में करने लगा। सामी महाशय ने ठंडे सख़्त स्वर में कहा, "मि. शाह! आपने मेरे घर में आकर मेरी पत्नी का अपमान किया और अभी भी आपको होश नहीं है। आप फ़ौरन उठें और निकलें। अभी पूरी बम्बई पुलिस दंगे को रोकने में जुटी है। आप कल मेरे चैम्बर में आएँ, मैं देखूँगा कि मैं क्या कर सकता हूँ।"

"मैं कल तक इन्तज़ार नहीं कर सकता।" शाह फिर गुर्राया। सामी महाशय ने बग़ैर एक पल का विलम्ब किए अपने परिसर में तैनात पुलिसकर्मी परब को बुलाकर कहा, "परब! इस आदमी को कैम्पस से बाहर निकाल कर इसकी कार में बैठा दो ताकि ये घर जा सके।" उषा अब उन एक-एक प्रसंगों को स्मरण कर सोचती हैं कि किस तरह अम्मा उनके अप्पा के वास्ते आत्मीय सनातन अनुभूति थीं। बैद्यनाथ सोमेश्वर सामी के आँगन की हरी-भरी फूलों से लदी ख़ुशगवार मौलश्री। उषा को याद है अम्मा का बाग़बानी प्रेम। लव लेन वाले बँगले में आज भी ऐसे कई दरख़्त हैं, जो अम्मा के लगाए हुए हैं। अप्पा लाड़ में अम्मा से कहते थे, "मिन! तुम्हारी उँगलियों में हरियाली बसी है।" अम्मा वाक़ई एक मुक़म्मल माली भी थीं। कैम्पस के एक-एक पेड़-पौधे पर उनकी नज़र रहती थी। उनके हाथ का लगाया मुरझाया पौधा भी देखते-देखते हरा होता चला जाता। उनमें पत्तियाँ निकलने लगतीं। अम्मा में बहुत कुछ था और उषा को लगता है कि उनमें अम्मा के जो भी एक चौथाई गुण आए हैं, उसे ही वे निभा ले जाएँ तो बहुत होगा। अम्मा को याद करते ही उषा को लगता है जैसे उनकी नसों में नरम कोंपलें आहिस्ता-आहिस्ता और ख़ुश-ख़ुश फूट रही हैं। उषा के जीवन की ये स्त्रियाँ मानो ऋतुओं का दिठौना थीं। सुकून का गरम पंख थीं। उषा को याद आती रहती हैं श्रीमती ज़किया पठान यानी पठान आंटी, जो अम्मा की तरह ही वर्षा से धुली सुबह जैसी थीं। बम्बई के 'लव लेन' वाले जिस बँगले में उषा का बचपन बीता, उससे ठीक सटे बँगले में बम्बई ट्रैफ़िक पुलिस के डिप्टी कमिश्नर एस.एम.ए. पठान रहते थे। उषा के अप्पा उस समय बम्बई पुलिस क्राइम ब्रांच में सी.आई.डी. के डिप्टी कमिश्नर थे। पठान अंकल और अप्पा दोनों सहकर्मी, पड़ोसी और अच्छे दोस्त भी थे। आजू-बाजू के बँगले में रहने के कारण दोनों परिवारों में भी ख़ासी दोस्ती थी। पटान आंटी से अम्मा बहुत अन्तरंग थीं। पठान दम्पती के सात बच्चे थे—युसूफ़, अब्बास, असद, सुरैया, ताहिरा, ज़मीला और शमीम। युसूफ़ भाई साहब और सुरैया आपा भाई-बहनों में बड़े थे। पठान दम्पती के ये सातों बच्चे और सामी परिवार के छहो बच्चे यों तो आपस में दूध-मिसरी की

तरह घुले थे। पर उषा के सभी भाई-बहनों में उषा पठान परिवार में कुछ ज़्यादा रमी थीं। पठान परिवार की सोहबत में उषा ने बचपन में बहुत कुछ सीखा। मुस्लिम परिवार के प्यार-नमाज़ और खान-पान से लेकर सलवार-क़मीज़ तक की सिलाई का हुनर। स्कूल से लौटने पर उषा के लिये आनन्द पाने के दो मुक़ाम थे। एक तो उनके अपने कैम्पस का पेरु वृक्ष यानी अमरूद का पेड़, जिसकी त्रिभुजाकार शाख़ पर सुकून से बैठने के लिए वे अपने कमरे से तकिया लाकर टिकाती थीं और देर तक पसन्दीदा कॉमिक्स पढ़ती थीं। आनन्द का उनका दूसरा मुक़ाम था पठान अंकल का घर, जहाँ पठान आंटी, जिन्हें उषा अम्मीजान कहती थीं, का बेइंतिहा दुलार उनके लिए हमेशा हाज़िर रहता। बाइकुला के 'कॉनवेंट ऑव जीसस एंड मेरी स्कूल' में उषा के संग पठान आंटी की सबसे छोटी बेटी शमीम भी पढ़ती थी। सहपाठी होने के कारण शुरू में शमीम से उषा की बड़ी दोस्ती थी। पर धीरे-धीरे उषा पठान परिवार में आने-जाने के क्रम में शमीम की बड़ी बहन ज़मीला के ज़्यादा क़रीब आ गईं। ज़ाहिर है कि ज़मीला उषा से उम्र में बड़ी थीं लेकिन क्योंकि घर पर वे शास्त्रीय संगीत सीखती थीं, तो उषा को उनका साथ ज़्यादा रास आने लगा।

ज़मीला ने अपने घर के कोनेवाले एक कमरे को म्यूज़िक रूम बना रखा था। वहाँ हारमोनियम-तबला से लेकर संगीत के बहुत-से साज़ थे। आज के दौर के मशहूर गायक हिमेश रेशमिया के पिता विपिन रेशमिया रोज़ रात के नौ बजे ज़मीला को संगीत सिखाने आते थे। विपिन हालाँकि ज़मीला के कॉलेज में उनके सहपाठी थे। पर क्योंकि हारमोनियम पर उनकी सिद्धि थी, इसलिए ज़मीला उनसे नियमित प्रशिक्षण लेती थीं। छोटी-सी उषा पाबन्दी से उस समय आकर ज़मीला के म्यूज़िक रूम में बैठ जाती थीं और तन्मय होकर चुपचाप उनका रियाज़ सुनती थीं। वे ख़ुश होकर ज़मीला आपा से कहती थीं, "एक दिन देखिएगा कि आप बहुत बड़ी सिंगर बनेंगी। और तब मैं सबसे कहूँगी कि ये मेरी बड़ी बहन हैं, इनको शुरू से रियाज़ करते मैंने देखा है।"

ज़मीला पठान देखने में बला की ख़ूबसूरत थीं। उनकी आवाज़ भी उतनी ही मधुर थी। शक़ील बदायूँनी, ख़य्याम, नौशाद, शंकर-जयकिशन सरीखी फ़िल्मी हस्तियों का उनके अब्बा से निकटता के कारण अक्सर घर आना-जाना था। ख़य्याम व शंकर-जयकिशन ने कई बार ज़मीला को फ़िल्मों के लिए गाने का प्रस्ताव भी दिया था। पर ज़मीला आपा के अब्बा इसके लिए कभी राजी नहीं हुए। ज़मीला बम्बई सेंट ज़ेवियर्स कॉलेज में पढ़ती थीं। उनके दीवाने वहाँ तक उनके पीछे पड़े रहते थे।

इन्हीं में से एक थे सुरेश मल्होत्रा, जो ज़मीला पर सबसे ज़्यादा जान छिड़कते थे। सुरेश के प्यार में आख़िरकार ज़मीला भी पिघल गईं। सुरेश फ़िल्मों में अभिनय के अपने करिअर को लेकर उत्सुक थे। पर एक दिन ज़मीला ने उनसे कहा, "फ़िल्मों में ऐक्टिंग करनेवालों पर मैं भरोसा नहीं करती। ये लोग शादी करके भी एक साथ कई अफ़ेयर चलाते हैं।" ज़मीला की इस एक बात पर सुरेश ने कहा कि वे ज़मीला को पाने के लिए फ़िल्मों में अपने करिअर के ख़याल से भी तौबा कर लेंगे। और सुरेश ने ऐसा किया भी। आगे जाकर सुरेश ने बड़े पैमाने पर फ़िल्म डिस्ट्रिब्यूशन का काम शुरू किया। इसमें उनके पार्टनर फ़िल्म अभिनेता राजेश खन्ना थे।

पठान अंकल को ज़मीला और सुरेश के प्यार की भनक मिल चुकी थी। वे दोनों की शादी के सख़्त ख़िलाफ़ थे। एक दिन पठान अंकल ने ज़मीला से कहा, "तुम्हारी आवाज़ अच्छी है। फ़िल्मों में गाने की इजाज़त मैं तुम्हें दे सकता हूँ। बशर्ते तुम सुरेश से शादी का ख़याल छोड़ दो।" पर ज़मीला पठान भी एक ही थीं। उन्होंने पठान आंटी को दो टूक बता दिया कि वे सुरेश से ही शादी करेंगी। इस तरह ज़मीला पठान से वे ज़मीला मल्होत्रा हुईं। ज़मीला आपा अब बेंगलुरु में रहती हैं। सुरेश मल्होत्रा कुछ साल हुए चल बसे। पर ज़मीला मल्होत्रा आज भी याद करती हैं कि उनकी शादी को लेकर उषा किस क़दर ख़ुशी से हलचल थीं।

हमेशा से ज़मीला आपा उषा की आदर्श रही थीं। उषा बचपन से ही ज़मीला आपा के शास्त्रीय गायन की नकल करतीं और अम्मा से ज़िद ठानकर उन्होंने ज़मीला आपा की तरह ही अपने लिए सलवार-क़मीज़ और दुपट्टा भी सिलवाया। पठान आंटी और ज़मीला आपा को नमाज़ पढ़ते देखना भी उषा को बहुत अच्छा लगता। लिहाज़ा, उषा ने देखादेखी ज़मीला आपा के संग बैठकर नमाज़ भी पढ़ना शुरू किया। ज़मीला आपा इसलिए दुलार में उषा को कभी-कभी 'मैडी' कहती थीं। ज़मीला आपा के संगीत प्रेम पर फ़िदा उषा स्कूल से छुट्टी पाते ही बेशक ज़मीला के इर्द-गिर्द मँडराती रहती थीं लेकिन खेल-कूद, मटरगश्ती और मज़ेदार बेवकूफ़ियों की हमदम उनके लिए ज़मीला आपा की छोटी-बहन शमीम ही थीं, जो उनकी हमउम्र और स्कूली सहपाठी थीं। उषा और शमीम के खेल भी बड़े निराले थे। एक बार तो इस चक्कर में दोनों की बुरी गत हुई। दरअसल, अब्बाजान और अम्मीजान दोनों पान के बड़े शौक़ीन थे। पानदान लेकर जब अम्मीजान बड़ी तसल्ली से पान की गिलौरियाँ बना रही होती थीं, तब उषा इस दृश्य को मोहित हो निहारती रहतीं। पान का सारा सरंजाम मसलन—पान, कत्था, सुपारी का टुकड़ा, कतरी सुपारी, भुनी

सुपारी, गीली सुपारी, किमाम, ज़र्दा और पिंपरमिंट उषा को बड़ा सुहावना लगता। कभी-कभार लाड़ में अम्मीजान उषा से भी पूछतीं, "पान खाओगी?" और पान की मोहक प्रक्रिया में उलझी उषा भला कब मना करतीं। अम्मीजान बग़ैर चूने-कत्थे के सिर्फ़ पान के पत्ते में भुनी सुपारी और ठंडक लपेट उषा को दे देती थीं। उषा उसको बड़े शाही अन्दाज़ में मुँह के हवाले करतीं। कभी जब अम्मीजान घर के काम-काज में व्यस्त होतीं तो मौक़ा पाते ही उषा अपनी दोस्त शमीम के साथ 'पान-पान' का खेल शुरू कर देतीं। इसमें सिर पर अम्मीजान की तरह दुपट्टा डाल उषा पानदान लेकर बैठ जातीं और अम्मीजान की नकल मारते सरौते से सुपारी काटते हुए शमीम से अम्मीजान की तरह घर की समस्याओं पर बातें करतीं। यह 'पान-पान' का खेल उषा और शमीम का प्रिय खेल था। एक दिन 'पान-पान' के खेल में उषा ने शमीम के लिए पान लगाया। उषा ने क्योंकि पान लगाया, तो चूना व मसालों का उन्हें उतना अन्दाज़ नहीं था। लिहाज़ा, पान के पत्ते पर चूने की मोटी परत डालकर उषा ने उस पर भरपूर कत्था छिड़का, किमाम-सुपारी समेत ठंडक के लिये भरपूर पिपरमिंट डाला और अपनी दोस्त शमीम को पेश किया। पान खाते ही शमीम चक्कर खाने लगी। शमीम को बेहाल हो गोते खाते देख उषा का हाथ-पांव ठंडा पड़ गया। वह हताश हो शमीम पर चिल्लाईं, "अरे थूको। जल्दी थूको।" पर शमीम कराहते हुए बोलीं कि बाहर थूकेंगे, तो सब जान जाएँगे। लिहाज़ा, अफ़रातफ़री में शमीम का हाथ पकड़ उषा बाथरूम गईं। शमीम ने पानी से कई बार कुल्ला किया, मुँह धोया। कुछ गड़बड़ चल रहा है, इसकी भनक अम्मीजान को मिल गई। वे बाथरूम के दरवाज़े पर आ गईं। उषा और शमीम को अच्छी-ख़ासी डाँट पड़ी। पान पर लगे अत्यधिक चूने से शमीम का गलफ़ड़ सूज गया था लेकिन सिफ़त यह कि शमीम ने कभी नहीं कहा कि ऐसा जानलेवा पान उसको उषा ने खिलाया। आज भी किसी को पान खाते देख उषा को अम्मीजान की याद आती है। अम्मीजान जब गुज़रीं, तो ज़मीला आपा से उषा ने अम्मीजान का वह पुराना पानदान और नक्काशीदार सरौता माँग लिया। अनगिनत स्मृतियों से भरा वह पानदान उषा के पास अभी भी सुरक्षित है। वह ख़ूबसूरत सरौता भी।

पठान परिवार उषा के लिए हमेशा एक उल्लास का घेरा था, जिसमें चक्कर काटते हुए वे बेइंतिहा ख़ुश रहतीं। ज़मीला आपा और उनके भाई-बहनों से आज भी गाहे-ब-गाहे वे उन्हीं यादों की मिठास के संग सम्पर्क में रहती हैं। पठान परिवार से उन्होंने बहुत कुछ पाया। पठान परिवार की सोहबत में ही वे हिन्दी और उर्दू में

पारंगत हुईं। उषा के घर में तमिल और अंग्रेज़ी का चलन था। इसलिए हिन्दी गाने भी उषा ने पठान परिवार में ही सीखे। पठान परिवार अपने घर में एक छोटे-से प्रोजेक्टर पर अक्सर हिन्दी फ़िल्में देखता था। उन्हीं लोगों के संग उषा ने 'उड़नखटोला', 'आन', 'बैजू बावरा' और 'आग' आदि कई फ़िल्में देखीं। हिन्दी फ़िल्म और उसका गीत-संगीत किशोरावस्था की उषा को अपने दिल के बहुत क़रीब लगता था। उस समय उषा महज़ 12-13 साल की थीं। हिन्दी फ़िल्म जगत के दिग्गज सितारों—दिलीप कुमार, नरगिस और मीना कुमारी आदि का पठान परिवार से बहुत घरेलू रिश्ता था। अक्सर ये लोग पठान अंकल के घर आ जाते थे। इन फ़िल्मी हस्तियों को देख-सुनकर उषा कल्पना करतीं कि काश कभी वे भी उनकी तरह हो पाएँ। 'मिलाद शरीफ़' के मौक़े पर दिलीप कुमार, मीना कुमारी और नरगिस का पठान अंकल के यहाँ आना पक्का रहता था। उषा मुस्कराते हुए याद करती हैं कि जब शाही अन्दाज़ में ये सिने सितारे पठान परिवार के यहाँ आते थे, तो किस तरह हैरानी से भिखारियों की भाँति वे उन सबको निहारा करती थीं। बाद के दिनों में उषा व शमीम 'सिनेमा-सिनेमा' खेलती थीं, जिसमें कभी शमीम दिलीप कुमार और उषा मीना कुमारी बन जातीं। इसी तरह कभी उषा जब देवानन्द बनतीं, तो शमीम नरगिस बन जातीं। शमीम व उषा इन सिने हस्तियों के मशहूर डायलाग का आदान-प्रदान कर पुलकित होते। वर्षों बाद जब उषा का नाम-शोहरत हुआ, तो एक कार्यक्रम में उषा की मुलाक़ात हिन्दी सिनेमा के 'ट्रैज़िडि किंग' दिलीप कुमार से हुई। उषा ने उनको याद दिलाया कि पठान अंकल के यहाँ बचपन में वह उनसे मिल चुकी हैं। दिलीप कुमार ने छूटते हुए दुलार से उनके दोनों गालों को पकड़ते हुए कहा, "अरे आप ही हैं 'मैडी'...वह पागल लड़की, जो मि. पठान की बिटिया ज़मीला के संग ढोलक पर झूम-झूमकर गाती थीं? अम्मीजान से अब मिलना होता है?" उषा को अपनी बेटी की तरह मानने वाली अम्मीजान ने कई बार इन सितारों से उषा को मिलवाते हुए कहा था, "यह बेटी है हमारी।" उषा के लिए गत्र स्नेह था अम्मीजान को। उषा उनसे लाड़ और डाँट दोनों पाती थीं। उषा का तमिल ब्राह्मण परिवार क्योंकि पूर्णत: शाकाहारी था, इसलिए अम्मीजान उषा के वास्ते बिना गोश्तवाला खिचड़ा ख़ासतौर से बनाती थीं। पठान परिवार में पैबस्त उषा की आए दिन की मौज से उषा के भाई-बहन बहुत चिढ़ते थे। वे अम्मा से कहते थे, "अम्मा! पठान अंकल के यहाँ जाकर ये खिचड़ा खाती है और यहाँ घर में आकर आपसे रसम माँगती है।" उषा के ख़िलाफ़ हो रही शिकायत पर मिनि सामी बिहँस देतीं।

सामी दम्पती बेहद उदार विचारों के थे। मज़हब को लेकर भी उनमें बड़ा खुलापन था। हालाँकि, उस समय आम तमिल अय्यर ब्राह्मण परिवारों में धर्म-कर्म को लेकर बहुत सारे आग्रह थे। पर सामी परिवार इसका अपवाद था। बम्बई के महालक्ष्मी मन्दिर में उषा ने एक बार उत्सुकतावश अपनी अम्मा से पूछा, "अम्मा! इस मन्दिर में यह क्यों लिखा है कि—ओनली हिन्दूज़ आर अलाउड इनसाइड द गह्वर...?" उषा की मासूम उत्सुकता पर अम्मा ने कहा, "हिन्दू धर्म जीवनशैली है। आप जीवन को सच्चे अर्थों में जो महसूस करते हैं, वही हिन्दू धर्म है। इसका रिश्ता सिर्फ़ पूजा-पाठ से नहीं है।" अम्मा-अप्पा की इन बातों का उषा पर बहुत गहरा असर पड़ा और इस बात का मर्म उनके अवचेतन ने सहज ही दर्ज कर लिया कि उदार चरित्र ही मनुष्यता का मंत्र है। धर्म का मतलब महज़ पूजा-पाठ नहीं, जीवन शैली है। इसलिए उषा मानती हैं कि बचपन में माता-पिता और पठान परिवार से जो उन्हें परिवेश मिला, उसने उनकी आत्मा पर लेश मात्र भी खरोंच नहीं लगने दिया। न मन में, न आत्मा में। इसलिए ज़िन्दगी में वे वह सब कर पाईं, जो वह महसूस करती थीं।

एक उदार और आनन्दपूर्ण जीवनशैली क्या होती है, इसका जीवन्त उदाहरण था रबड़ी और मिसरी की तरह मिला सामी व पठान परिवार के आपस का अटूट प्यार। पठान परिवार का हरेक सदस्य सामी परिवार के हर त्योहार का अनिवार्य अंग होता था और इसी तरह पठान परिवार के हर निजी पारिवारिक जश्न-जलसे में सामी परिवार की शिरक़त अनिवार्य थी। सामी परिवार जहाँ मज़हबी पचड़ों से अलग था, पठान परिवार भी उसी आला मिज़ाज का था। पठान अंकल के लड़के असद भाई साहब ने जहाँ एक हिन्दू लड़की से शादी की थी, वहीं उषा की हमदम ज़मीला आपा ने भी एक हिन्दू सुरेश मल्होत्रा को अपना शौहर बनाया था। कुछ ऐसा ही उषा और उनके भाई-बहनों के संग भी हुआ। ईसाई स्कूल 'कॉन्वेंट ऑव जीसस ऐंड मेरी' में उषा और उनकी बहनें पढ़ती थीं। इस तरह स्कूल में जहाँ अंग्रेज़ी और फ्रेंच सीखने का मौक़ा मिला, वहीं घर व पड़ोस में तमिल, हिन्दी व उर्दू। उषा बड़ी हो रही थीं और अक्सर यह सवाल उनके मन में आता था कि वे कौन-सी बातें हैं, जो दुनिया के विभिन्न धर्मों को एक-दूसरे से अलग करती हैं? समय के साथ उषा की समझ में आया कि दरअसल विभिन्न धर्मों को माननेवाले लोगों में भोजन की आदतें भिन्न-भिन्न होती हैं। प्रार्थनाएँ अलग-अलग होती हैं। पहनावा-ओढ़ावा में फ़रक़ और पारम्परिक चलन का अन्तर होता है। उषा ने महसूस

किया कि अपने घर के संग-संग पठान परिवार के परिवेश और स्कूल में विभिन्न मज़हबों के सहपाठियों से अन्तरंगता ने उनके भीतर गहरा असर डाला। और ऐसा इसलिए हुआ कि उषा के अम्मा-अप्पा ने उन्हें व्यक्तिव के विस्तार की भरपूर छूट दी। अम्मा-अप्पा ने एक तरह से उषा और उनके भाई-बहनों को गहरे तक यह घुट्टी पिला दी कि सच्चा हिन्दू होने का मतलब उतना ही मुस्लिम, सिख, ईसाई या यहूदी या कुछ भी होना है। उषा निष्कर्ष में मानती हैं कि अम्मा व अप्पा ने उन सबको समझाया था कि सच्चा हिन्दू होना एक अच्छा मनुष्य होना है। वह मनुष्य, जो सबकी सुने और सबकी अच्छी बातें सहज भाव से ग्रहण करे।

पठान परिवार को आज भी जब उषा याद करती हैं, तो उन्हें लालन फ़क़ीर के गीत याद आते हैं। लालन फ़क़ीर के गाने पूरे बंगाल में प्रसिद्ध हैं। उन्होंने लालन फ़क़ीर के कई गाने गाये हैं :

शब लोक कये लालोन की जात संसारे
लालन बोले जातेर की रूप?
देखलाम ए नोजोरे
सुन्नत दिले होय मुसलमान
नारीर तबे की होय बिधान?
बामुन चीनें पोइते प्रोमाण
बामनी चीनी की प्रोकारे?
सब लोक कये लालोन की जात संसारे?

लालन पूछते हैं कि ब्राह्मण को जनेऊ से पहचाना जाता है लेकिन एक ब्राह्मणी को? लालन की कथा है कि उनका जन्म एक ब्राह्मण परिवार में हुआ था। बचपन में उनको चेचक हो गया। वे मरणासन्न हो गए। उनके माता-पिता ने उनको फेंक दिया। एक मुस्लिम फ़क़ीर ने उनको उठाया और पाला-पोसा। इस तरह ब्राह्मण लालन मुस्लिम बन गए। उषा याद करती हैं कि किस अनुराग से बचपन के उन दिनों में पठान परिवार इत्र की ख़ुशबू की तरह उनके मन-प्राण में हमेशा के लिये रच-बस गया था।

बम्बई में बाइकुला के लवलेन में व्यतीत बचपन के वे दिन सचमुच जादुई थे। घर में उषा के अप्पा जहाँ गणेश पूजन करते, वहीं अम्मा लक्ष्मी और सरस्वती की पूजा करतीं। उषा अम्मा की नकल मारते हुए पूजा करतीं, तो घर में सबको

हँसी छूट जाती। पर उषा थीं कि ज़मीला आपा की नकल में नमाज़, अम्मा की नकल में पूजा और अपने स्कूल की सिस्टर्स की नकल में चैपेल जाकर घुटने टेकतीं। लव लेन में आज भी वह माणकेश्वर शिव मन्दिर व ग्लोरिया चर्च है, जहाँ उषा इम्तहान में पास होने की मन्नत मानती थीं। उषा का गणित कुछ कमज़ोर था। लिहाज़ा, पास होने पर वे शिव मन्दिर में जाकर जेब ख़र्च के बचाए पैसों से दो-तीन नारियल चढ़ातीं। अपने स्कूल के चैपेल में रोज़री ग्रोतो के पास घुटने टेक कर दस मोमबत्तियाँ भी ज़रूर जलातीं।

बाईकुला यानी मराठी ज़बान में भायखला के अन्तर्गत के पुलिस ठाणे के पास उषा की स्मृतियों का दो मंज़िला यूरोपियन बँगला (वेस्ट) अभी भी मौजूद है, जहाँ उषा का बचपन बीता। इस बँगले में हाल-साल तक एंटी करप्शन के एडिशनल डाइरेक्टर ज़ेनरल विवेक फंसालकर थे। इसके ठीक सटे बँगले में, जिसमें पठान अंकल रहते थे, उसमें हाल तक आइ.पी.एस. कृष्णप्रकाश थे। अब इस परिसर में प्रवेश द्वार के पास गणेश और कृष्ण की मूर्ति है। यूरोपियन बँगलो (वेस्ट) यों तो मोटे तौर पर अपने पुराने ही क़द-बुत में है लेकिन वक़्त के साथ इसके इर्द-गिर्द की कई चीज़ें बदल चुकी हैं। उषा के बचपन में बँगले के ऐन बाहर ठीक सटकर एक पुलिस गोदाम था। लेकिन बीते डेढ़ दशकों से उसमें सुलोचना पवार नामक एक महिला 'पुलिस कैंटीन' चला रही है। कैंटीन में खाना-नाश्ता, चाय, कॉफ़ी सब कुछ उपलब्ध है। सुलोचना के मुताबिक पुलिस वेलफ़ेयर के अन्तर्गत कैंटीन चलाने के लिए उसे यह जगह मिली। सुलोचना द्वारा संचालित इस पुलिस कैंटीन से सटा एक प्याऊ है—स्व. श्री उम्मेदमलजी हज़ारीमलजी राठोरवाली राजस्थान की स्मृति में। पर इस प्याऊ के चारों नलके सूखे पड़े हैं। यूरोपियन बँगलो (वेस्ट) से सटा यह फुटपाथ बादाम के अनगिनत पुराने वृक्षों से आच्छादित है। यूरोपियन बँगलो (वेस्ट) के ठीक सड़क पार 'रेज़ीना पाचीस-रिलिजस ऑव मेरी इमैक्यलट' का बहुत पुराना विशाल परिसर है। इसमें लड़कियों का 'रेज़ीना पाचीस कॉन्वेंट हाईस्कूल' है और इस परिसर के ऐन पीछे ग्लोरिया चर्च। इस चर्च के सामने एक मस्ज़िद और उसके ठीक सटे हनुमानजी का मारुति मन्दिर। रेज़ीना इमैक्यलट् के सटे पारसी समुदाय के एक बहुत पुराने ट्रस्ट द्वारा संचालित 'मसीना हॉस्पिटल' भी है, जिसका बहुत प्राचीन-सा दिखनेवाला जर्जर ईंटों वाला द्वार है। ग्लोरिया चौक के बाद मियां अहमद दरवेश चौक है, जिसका एक और नाम सावता मार्ग भी है। ग्लोरिया चर्च में छोटे बच्चों और विकलांग

बच्चों का स्कूल ज़माने से चलता है। इस परिसर में मौजूद चर्च में उषा अपने स्कूली इम्तहान के दिनों में पास होने की प्रार्थना करने आती थीं। लव लेन के ऐन बग़ल के हंसराज लेन में डेढ़ सौ साल पुराना 'श्री माणकेश्वर शिव मन्दिर' अपने अन्तस में उस छुटकी-चुलबुली उषा को आज भी रखे हुए है क्योंकि इतने दशकों के बाद उषा के अन्तस में भी माणकेश्वर महादेव का आश्रय-स्पर्श क़ायम है, जहाँ स्कूली परीक्षा में अच्छे नम्बर से उत्तीर्ण होने पर वह नारियल चढ़ाती थीं। इस मन्दिर के बग़ल से ट्रेन लाइन गुज़रती है। माणकेश्वर मन्दिर के घंटे की गूँज के बीच से गुज़रती ट्रेनों की ध्वनि की युगलबन्दी आज भी उषा भूली नहीं हैं। श्री माणकेश्वर शिव मन्दिर के प्रबन्धक गुजराती समुदाय के लोग हैं। 'सेठ हंसराज करमशी राणमल चेरिटेबल ट्रस्ट', जिसका यह मन्दिर है, के मुख्य ट्रस्टी प्रवीण भाई और मन्दिर के मुख्य पुजारी श्री श्री महेश महाराज इस कथा से परिचित हैं कि उषा बचपन में इस मन्दिर में आया करती थीं। मन्दिर परिसर के भीतर फूल, धथूरा और लाल कमल बेचने वाला नेपाल के अच्छाम ज़िला का नन्द सिंह भी मनोहर मुस्कान बिखेर कर कहता है, "होम भी सुनता है कि उषा दीदी बोचपोन में यहाँ आता था।"

वाक़ई, समय कहाँ-कहाँ से गुज़र गया लेकिन उषा की नसों में बाइकुला लव लेन आज भी वसन्त की तरह बसा हुआ है। लव लेन में हर समुदाय का त्योहार बहुत उत्साह से होता था। हर समुदाय के लोग एक-दूसरे के पर्व में बड़े अपनेपन से शामिल होते थे। लव लेन अपने आप में आज भी एक नन्हा भारत है, जहाँ हिन्दू, मुस्लिम, सिख, ईसाई, पारसी, यहूदी और नेपाली सब हैं। पठान परिवार के ईद की रौनक़ को याद कर उषा बीते दिनों की ख़ुशी में ग़ुम हो जाती हैं। उषा को वह बेवकूफ़ी भरा दिलचस्प वाक़या आज भी नहीं भूलता जब एक बार ईद के मौक़े पर उन्होंने पठान अंकल को 'ईद मुबारक़' कार्ड देना तय किया। जेब ख़र्च से मुश्किल से बचाए थोड़े पैसों को लेकर वे ग्लोरिया चर्च के पास स्थित उस 'जाफ़र बुक स्टोर' में गईं, जहाँ से अक्सर वह अपने भाई बाबू के संग भाड़े पर कॉमिक्स की किताबें ले जाया करती थीं। बहरहाल, उस बुक स्टोर से उषा ने दो आने में उर्दू में लिखा ईद का एक कार्ड पठान अंकल के वास्ते ख़रीदा। पठान अंकल को उनके बच्चे अब्बाजान कहते थे और उन सबकी देखदेखी उषा भी उन्हें अब्बाजान ही कहती थीं। ख़ैर, उस कार्ड को बहुत सुन्दर सजा-बजाकर उषा ने अब्बाजान को दिया। उर्दू में कार्ड के मज़मून को पढ़ बेसाख़्ता हँसते हुए अब्बाजान बोले, "अरे

पागल लड़की! यह क्या कार्ड मुझे दे रही हो?" फिर अम्मीजान, सुरैया आपा, ताहिरा बाजी और ज़मीला आपा सबने कार्ड को देखा और उषा की मासूमियत पर हँसने लगीं। कार्ड के ऊपर उर्दू में लिखा था—'ईद मुबारक़ मेरे महबूब!' और कार्ड के अन्दर का मज़मून उर्दू में कुछ यों था : 'ईद का दिन है, गले आज तो मिल ले जालिम! रस्मे दुनिया भी है, मौक़ा भी है, दस्तूर भी है!' सबको बेतहाशा हँसता हुआ देख उषा हैरान हो सबका मुँह देख रही थीं कि भला ऐसा क्या उन्होंने कर दिया कि सब उन पर हँस रहे हैं। ज़मीला कहती हैं, "आज भी उषा में बचपन की उनकी मासूमियत उसी तरह महफूज़ है।"

अँजुरी-अँजुरी सोंधी मिट्टी-सी कितनी यादों की महक! इसी तरह उषा के मन के भीतर की लालटेन हैं उनकी प्यारी तुलसीमाँ। बीतते वर्षों के साथ बहुत बाद में उषा को पता चला कि उनके बचपन में हमेशा उनके वास्ते दुलार के संग तत्पर रहनेवाली तुलसीमाँ की रगों में किस तरह धूल भरी उनकी एक निजी मरुभूमि थी, जिसे उन्होंने सामी परिवार में काम करते हुए किसी भी क्षण ज़ाहिर न होने दिया। उषा के जीवन की पाँचवीं स्त्री हैं तुलसीमाँ, जिन्होंने उनके मनोजगत को ख़ासा प्रभावित किया। यह तुलसीमाँ थीं, जिनको देखकर उषा के अवचेतन में यह अनायास दर्ज होता चला गया कि जीवन में देते रहने की क्या महिमा है। उषा की दृष्टि में उनकी तुलसीमाँ दुनिया की सबसे बड़ी दानी थीं। उषा और उनके भाई-बहनों के कपड़े धोना, उन्हें नाश्ता-खाना देने के लिए मुस्तैद रहना और किसी चीज़ के वास्ते ठुनकने पर एक-दो आना चुपके से देकर उषा को चुप कराना तुलसीमाँ के असीम लाड़ में शामिल था।

उषा के भाई शामू का जब जन्म होनेवाला था, तब चीन्नी की बड़ी बहन सिस्टर सुब्बालक्ष्मी ने 20-25 साल की तुलसीमाँ को मद्रास से मिनि सामी के पास बम्बई भेजा था। तुलसीमाँ बाल विधवा थीं। उनके पिता तमिलनाडु के तंजावुर में शिक्षक रहे थे। तुलसीमाँ जब सामी परिवार में आईं, तो जीवन पर्यन्त रह गईं। तुलसीमाँ को जब कभी अपने अतीत का अनुराग जगता, तो वे तमिलनाडु के कुम्बकोणम में अपने मायके जाने की बात कहतीं। जब कभी वे कुम्बकोणम जातीं, तो यह कह कर जातीं कि जीवन के शेष दिन वे वहीं व्यतीत करेंगी लेकिन पता नहीं सामी परिवार से उनका कैसा स्नेह-सूत्र बँध गया था कि हर बार वह जल्दी ही कुम्बकोणम से सामी परिवार के पास बम्बई लौट आतीं। उनकी वापसी पर सामी परिवार के सभी बच्चे मोर की तरह नाच उठते। तब तुलसीमाँ आहिस्ते-से मिनि सामी से कहतीं,

"क्या कहूँ...इन बच्चों के बग़ैर मुझसे कुम्बकोणम में रहा ही नहीं जाता।" सामी परिवार के बच्चों को टिफ़िन में सांभर-भात, दही-भात, रसम-सब्जी तुलसीमाँ ही यत्न से देतीं। उषा उनसे ज़्यादा चिपकी रहतीं, तो उषा को चुपके से स्कूल जाते समय अपने आँचल की खूँट से एक-दो आना वे थमा देतीं। यह सब उल्लास-प्यार वे उषा के अप्पा द्वारा मिलने वाले मासिक वेतन के बूते निभातीं।

बाइकुला के लव लेन वाले यूरोपियन बँगले में अर्से तक रहने के बाद बैद्यनाथ सोमेश्वर सामी वर्ली स्थित पुलिस क्वार्टर्स में आ गए थे और वहाँ भी तुलसीमाँ साथ थीं। विवाह के बाद जब उषा स्थायी तौर पर कलकत्ता रहने लगीं और कभी बम्बई आतीं, तो तुलसीमाँ का उछाह सँभाले न सँभलता। अवस्था बढ़ने के साथ उन्हें चलने में दिक्कत होने लगी थी। उषा की आवाज़ सुन वे धीरे-धीरे आतीं। उषा के सीने से लग वे पहले भरपूर लाड़ करतीं। फिर उषा के सूटकेस को लेकर वे बिस्तर के नीचे सँभालकर रखतीं। अप्पा हँसकर तब उषा से कहते, "हाँ...हाँ... अपने घर को साफ़ रखो और हमारे घर में कबाड़ फैलाओ।" अप्पा के इस चुहल पर तुलसीमाँ मुस्कराती रहतीं और उषा की आव-भगत में जुट जातीं। अंग्रेज़ी की एक दो लाइनें वे अवश्य बोलती थीं। मसलन, "यू नीड कॉफ़ी उषा?" वे कॉफ़ी बनाकर लातीं और उषा के संग डाइनिंग टेबल पर बैठतीं। पर उषा के अप्पा इस बीच जब कभी उस दौरान उधर से गुज़रते, तो तुलसीमाँ उठकर खड़ी हो जातीं। उषा मानती हैं कि तुलसीमाँ के ऐसे व्यवहारों से उन्होंने समझा कि इनसान को हमेशा अपनी हैसियत समझनी चाहिए। उषा ने कभी अपने पुराने स्टुडियो में एक छोटा-सा नोटिस लगा रखा था—'इफ यू फ़ील यू आर अनवांटेड...यू आर।' उषा मानती हैं कि इनसान अपना पैमाना आप ही होता है। और वे मानती हैं कि यह सब उन्होंने तुलसीमाँ से सीखा। उषा का परिवार बड़ा था। सबके लिए अलग-अलग कमरा सम्भव नहीं था। तुलसीमाँ हमेशा उषा और उनकी बहनों को ताक़ीद करतीं कि लड़कियों को कभी चित्त नहीं सोना चाहिए। वे कहती थीं कि लड़कियों को हमेशा करवट लेकर सोना चाहिए। ट्रेन में यात्रा के दौरान तुलसीमाँ उषा और उनकी बहनों को कैसे भी बेड शीट से पूरा ढक देती थीं। यही वजह है कि नाइट क्लबों में गाने के बावजूद उषा ने हमेशा पूरे बाँह के ब्लाउज़ के संग साड़ी पहनी और यहाँ तक कि अपने आँचल के छोर में माइक को लपेट कर गाया। उषा ने तुलसीमाँ से ही डोसा, इडली और रसम आदि बनाना सीखा। तुलसीमाँ कहती थीं कि औरतों को पाक कला में अवश्य पारंगत होना चाहिए।

तुलसीमाँ हमेशा प्यार से छलकती एक स्त्री थीं लेकिन गाहे ब गाहे उषा महसूस करती थीं कि उनकी आँखों के एक कोने में स्थायी उदासी अटकी है। शायद यह इसलिए कि अपने रक्त सम्बन्ध का तुलसीमाँ का कोई नहीं था। उषा के अप्पा तुलसीमाँ को जो मासिक वेतन देते थे, उसे पोस्ट ऑफ़िस में पाबन्दी से जमा करवा देते थे। पर तुलसीमाँ की दूर की एक बहन ने, जो बम्बई में रहती थी, एक बार उनसे अपनी दुख भरी कहानी का रोना गाकर उनसे बहुत-से रुपये ठग लिए। पर तुलसीमाँ भी एक अजीब मिट्टी की बनी हुई थीं। उन रुपयों के लिए उन्होंने कोई अफ़सोस नहीं किया। बस इतना कहकर उन्होंने इस घटना को विराम दे दिया कि, "उन रुपयों की मुझसे ज़्यादा ज़रूरत उन्हें थी।"

तुलसीमाँ अप्पा-अम्मा के दुनिया से जाने के बाद गुज़रीं। अपने जीवन के अन्तिम वर्षों में अप्पा-अम्मा वर्ली के 'दीनाथ-कोर्ट' में रहते थे। तुलसीमाँ ने अम्मा-अप्पा को अन्तिम साँस तक निभाया। तुलसीमाँ जब गुज़रीं, तो उनकी अन्त्येष्टि में उषा भी बम्बई गईं। उषा के भाई शामू ने उन्हें मुखाग्नि दी। जब पुरोहित ने पूछा कि मृतक का गोत्र क्या है, तो शामू ने उन्हें अपना गोत्र बताया—'कौशिक'। अप्पा-अम्मा के गुज़रने के बाद भी अपने ताक़तवर अकेलेपन के डैने में स्नेह सहेजकर वे सामी परिवार की कृतज्ञता को सम्हाले रहीं। उषा को याद है, उनके कार्यक्रमों की जो कोई ख़बर उन्हें अख़बार में दिख जाती, वे उसे काटकर जतन से रखती थीं। कुछेक बार बम्बई के 'ओबराय होटल' के अपने शो में तुलसीमाँ को जब उषा ले गईं, तो मारे ख़ुशी के वे रो पड़ी थीं।

अतीत के कितने छोटे-छोटे अनन्त पल की मधुर यादें। नहीं आएंगे वे लोग अब लौटकर जीवन में। नहीं मिलेगा पेरू का वह प्यारा गाछ, जिसकी त्रिभुजाकर शाख़ पर तकिया टिका यूरोपियन बँगलो (वेस्ट) के परिसर में उषा कॉमिक्स पढ़ती थीं। अब कभी नहीं मिलेंगी वे पाँच स्त्रियाँ जिन्होंने बचपन में उनको लाड़ से बुना था। उषा की आँखें भीगती हैं। बरबस याद आती हैं सन् 1969 में बीगिज़ के जारी हुए एलबम 'ओडेसा' के इस दारुण पॉप संगीत की ये पंक्तियाँ, जो मन की नीरवता में आत्मा को भिगोती हैं—

ह्वेन आइ वाज़ स्मॉल, एंड क्रिसमस ट्रीज़ वेअर टॉल
वी यूज़्ड टू लव, ह्वाइल अदर्स यूज़्ड टू प्ले
डोंट आस्क मी ह्वाइ, बट टाइम हैज़ पास्ड अस बाइ
सम वन एल्स मूव्ड इन फ्रॉम फ़ार अवे

नाउ वी आर टॉल, एंड क्रिसमस ट्रीज़ आर स्मॉल
एंड यू डोंट आस्क द टाइम ऑव डे
बट यू एंड आइ, अवर लव विल नेवर डाइ
बट गेस, वी ऑल क्राइ कम फ़र्स्ट ऑव में...

...जब मैं छोटी थी और क्रिसमस ट्री बड़े होते थे...मै हँसती थी और दूसरे सब खेलते थे। मत पूछो मुझसे कि वह समय कैसे पीछे छूट गया? कोई बहुत दूर से मेरे जीवन में आ गया। अब हम बड़े हैं और क्रिसमस ट्री छोटे पड़ गए हैं। तुम पूछो मुझसे आज के दिन का समय। मैं और तुम...! हमारा प्यार कभी नहीं मरेगा। सोचो तो जरा क्रिसमस की रात कौन रोयेगा...? दुनिया के अनेकानेक उत्सवों में चरम उल्लसित संगीत बिखेरते हुए या अपनी प्रस्तुतियों पर असंख्य हर्षध्वनि के कलरवपूर्ण ज्वार में आकाश की नीली त्वचा को दुलारते हुए यह चिर-प्रश्नाकुल पॉपसंगीत मर्मभेदी लय के संग इतने दशकों बाद भी अनायास मन के सबसे ऊपर कैसे आ जाता है? प्यार करनेवाले सब एक-एक कर रीत-बीत गए। सबको याद कर आँखें गीली होती हैं। कौन रोयेगा क्रिसमस पर? मधुर स्मृतियों के अश्रुकणों से भीगते हुए? उषा बैद्यनाथ सोमेश्वर सामी? उषा अय्यर? उषा उथुप? महानगर बम्बई के बाइकुला का लव लेन? स्वर्णम? धर्माम्बल यानी मद्रास पाट्टी माँ? मीनाम्बल यानी अम्मा? अम्मीजान यानी ज़किया पठान? याकि तुलसीमाँ? उषा को लगता है, सब मिलकर रोयेंगे—प्यार की रुलाई।

बम्बई पुलिस के शरलक होम्स

बम्बई के ग्रांट रोड स्थित गामदेवी पुलिस स्टेशन पर सुबह-सुबह ज़बर्दस्त भीड़ उमड़ी हुई थी। दरअसल, पिछली रात दक्षिण बम्बई के इस इलाक़े के ओवन डन रोड की एक बहुमंज़िली इमारत के ग्राउंड फ़्लोर के फ़्लैट में 'कार मार्ट' के मालिक 60 वर्षीय मोहम्मद सिद्दीकी चूनावाला, उनकी 45 वर्षीया बेग़म फ़ातिमाबाई, आठ वर्षीय पोता साजिद व घर की आया एनी की हत्या कर दी गई थी। चूनावाला के लड़के जर्मनी और लड़की एडेन में रहती थी। अजीब बात यह थी कि चूनावाला के घर से हत्यारों ने एक चिट तक नहीं उठाया था। चूनावाला के

परिवार की हत्या बेहद सफ़ाई से की गई थी। हत्या के बाद घर के फ़र्श पर गिरे ख़ून को पूरी तरह पोंछ दिया गया था। अपराधियों ने दस्ताना पहन रखा था। पर हत्या के क्रम में चूनावाला परिवार के सदस्यों की दहशत और अफ़रातफ़री को क़ाबू करने के दौरान अपराधियों के कपड़ों पर भी शायद ख़ून के छींटे पड़े थे। इसलिए अपराधियों ने ख़ून से सने सभी कपड़ों को किचेन में ले जाकर जला दिया था। वह 1967 का साल था और बम्बई पुलिस के सी.आई.डी. डिप्टी कमिश्नर बैद्यनाथ सोमेश्वर सामी कुछ ही समय बाद सेवानिवृत होनेवाले थे।

मोहम्मद सिद्दीकी चूनावाला एक बड़े व्यवसायी थे और उनकी हत्या ने गामदेवी पुलिस स्टेशन को सनाके में डाल दिया था। मारे दहशत के पूरे थाना क्षेत्र में कर्फ़्यू की स्थिति थी। आख़िरकार, हत्या की गुत्थी न सुलझती देख गामदेवी पुलिस स्टेशन के इंस्पेक्टर ने फ़ोन से स्थिति की गम्भीरता का ब्योरा देते हुए सी.आई.डी. के डिप्टी कमिश्नर बैद्यनाथ सोमेश्वर सामी को इस मामले को देखने की विनती की। पूरी जानकारी पाने के बाद बम्बई पुलिस के 'शरलक होम्स' बैद्यनाथ सामी बग़ैर समय जाया किए गामदेवी पुलिस स्टेशन पहुँचे और इंस्पेक्टर को साथ लेकर मृतक चूनावाला के घर के कोने-कोने का मुआयना किया। हत्यारों ने परिवार के सदस्यों समेत चूनावाला को मौत के घाट उतारने के बाद क्योंकि घर पूरा साफ़-सुथरा कर दिया था, इसलिए पूरे मामले का सिरा और साक्ष्य कहीं से भी नहीं मिल पा रहा था। अचानक बैद्यनाथ सामी की पैनी दृष्टि रसोईघर के एक कोने में जले हुए कपड़ों के राख पर गई और बरबस उनके मन में पूरे अनुसंधान के वास्ते बिजली-सी कौंध गई। उन्होंने साथ गए पुलिसकर्मियों से कहा कि उन जले कपड़ों की राख को वे उनके सामने ठीक से तजवीज़ करें। उन कपड़ों का कोई एक धागा भी जो जलने से बच गया हो, उसे सावधानीपूर्वक निकालें। लिहाज़ा, दो पुलिसकर्मी इस बारीक़ मुआयने में जुट गए। अचानक एक पुलिसकर्मी ने राख से एक अधजला टुकड़ा निकालकर बैद्यनाथ सामी को दिखाया। यह शर्ट के कॉलर पर लगा टेलर का टैग था। बैद्यनाथ सामी ने आश्वस्ति की गहरी साँस लेकर गामदेवी के पुलिस इंस्पेक्टर से कहा, "अब यह केस सुलझ जाएगा।" गामदेवी पुलिस स्टेशन के इंस्पेक्टर के हताश चेहरे पर ख़ुशी छलक आई। उसने कहा, "सर! अक्सर वो पोएट्री जो आप कहते हैं, वह वाक़ई सही है,...'लाइव्स ऑव मास्टर क्रिमिनल्स ऑल रिमाइंड अस...दैट वी माइट डू अ बिट् ऑव टाइम...ऐंड डिपार्टिंग लीव बिहाइंड अस... थंब प्रिंट्स इन द चाट्र्स ऑव क्राइम...।' रिअलि सैल्यूट यू सर!" विश्वख्यात कवि

एच.डब्लू. लांगफ़ेलो की प्रसिद्ध कविता की तर्ज़ पर बैद्यनाथ सामी ने कठिन से कठिनतम अनुसंधान के लिए यह कविता रची हुई थी और बम्बई के पुलिसकर्मियों के बीच यह ख़ासी लोकप्रिय थी। गामदेवी के पुलिस इंस्पेक्टर ने कहा, "इस कविता को सर आपने मुझे आज प्रैक्टिकली करके दिखा दिया।"

"गुड! अब आगे क्या करना है, तुम समझ गए होगे।" बैद्यनाथ सोमेश्वर सामी ने मुस्कराते हुए अपनी तेज़ तीखी नज़र इंस्पेक्टर पर टिका दी।"

"येस! गॉट सर। इस टैगवाले टेलर को, चाहे वह बम्बई में किसी पाताल में भी क्यों न हो, उसे निकाल लेना है। इसी सूत्र से हम चूनावाला के हत्यारों तक पहुँच पाएँगे।" गामदेवी पुलिस स्टेशन के इंस्पेक्टर ने मुस्तैदी से कहा।

"दैट्स ग्रेट।" बैद्यनाथ सोमेश्वर सामी के स्वर में सराहना थी।

बम्बई के नामचीन डिप्टी कमिश्नर सी.आई.डी. बैद्यनाथ सोमेश्वर सामी इस बात में सौ फ़ीसदी यक़ीन रखते थे कि अनुसंधान में भले वक़्त लगे लेकिन लगे रहने पर परिणाम मिलता ही मिलता है। 'चूनावाला मर्डर मिस्ट्री' उनके लम्बे पुलिस करियर का एक ऐसा विचित्र और संगीन केस था, जो उनकी पुलिस सेवा के ऐन समापन समय में उनके ज़िम्मे आया था और शर्ट के अधजले 'टेलर-टैग' से कुछ महीनों के सतत परिश्रम के बाद अपराधी धर दबोचे गए थे। अपनी पुलिस सेवा के करियर में बैद्यनाथ सोमेश्वर सामी ने ऐसे अनगिनत लोमहर्षक आपराधिक मामलों की असम्भव गुत्थी सुलझाई थी। हालाँकि, सामी महाशय ने कभी कल्पना भी नहीं की थी कि एक दिन वे पुलिस महकमे में आएँगे और एक से एक ख़तरनाक अपराधियों के कारनामों की तहों में उन्हें गोताखोरी करनी पड़गी।

मैसूर के अत्यन्त सम्पन्न दीवान शेषाद्रि ख़ानदान से ताल्लुक़ रखनेवाले बैद्यनाथ सोमेश्वर सामी के पिता सोमेश्वर अय्यर की माली हालत एक दौर में बेहद ख़राब हो गई थी। लम्बी अवधि तक मैसूर के दीवान रहे सर कुमारपुरम शेषाद्रि अय्यर यानी शेषाद्रि अय्यर के वंशज सोमेश्वर अय्यर ने ऐसे दुर्दिन की कभी कल्पना भी नहीं की थी। अय्यर ब्राह्मणों में यह परिवार एक ज़माने में बड़ा सम्मान रखता था। पेशे से वकील और बाद में मैसूर के दीवान हुए यह शेषाद्रि अय्यर ही थे, जिन्होंने आधुनिक बेंगलुरु शहर की नींव डाली थी। दक्षिण भारत के शासन, वहाँ की शिक्षा व कला-संस्कृति में अय्यर ब्राह्मणों का सदैव से यों भी असीम योगदान रहा। उल्लेखनीय है कि तमिल मूल के अय्यर ब्राह्मण आदि शंकराचार्य द्वारा प्रतिष्ठापित अद्वैत दर्शन के अनुयाई हैं। ये पंच द्रविड़ श्रृंखला के ब्राह्मण हैं। मुख्य रूप से

इनकी आबादी आज भी तमिलनाडु में सर्वाधिक है। पर पुराने समय से बहुतेरे अय्यर ब्राह्मण कर्नाटक व केरल में भी अच्छी संख्या में बसे हुए हैं। आज़ादी के बाद इस समुदाय ने बम्बई व दिल्ली का भी रुख़ किया। एक समय था जब त्रावणकोर के प्रिंसली स्टेट में भी अय्यर ब्राह्मणों का रूतबा था। त्रावणकोर की प्राचीन राजधानी पद्मनाभपुरम थी, जो आज तमिलनाडु का कन्याकुमारी ज़िला है।

विशुद्ध शाकाहारी और कॉफ़ी व दही के प्रेमी अय्यर ब्राह्मण कट्टर परम्परावादी रहे हैं। भरत नाट्यशास्त्र और भारतनाट्यम के हमेशा से संरक्षक रहे दक्षिण भारत के अय्यर ब्राह्मण अपने समाज में नृत्य व संगीत के प्रबल पोषक रहे। तमिल व अंग्रेज़ी पर मज़बूत पकड़ के कारण ब्रिटिश राज की सत्ता में भी इनकी अनिवार्यता रही। अपने परिवार के स्वर्णिम अतीत को याद कर बम्बई में अपने अस्तित्व के लिये जूझ रहे सोमेश्वर अय्यर अपनी व्यथा भला किससे कह सकते थे।

सन् 1900 के दिनों में वे बम्बई की एक ट्राम कम्पनी में नौकरी करते थे। उन दिनों ट्राम को घोड़े खींचा करते थे। बम्बई में ही 21 नवम्बर, 1908 को बैद्यनाथ सामी का जन्म हुआ था। बैद्यनाथ शुरू से ही देखते थे कि किस मशक़्क़त से उनकी माँ पार्वती और पिता सोमेश्वर गृहस्थी का ट्राम खींच रहे थे। बहरहाल, बम्बई ट्राम कम्पनी में नौकरी के कुछ साल बाद बैद्यनाथ सोमेश्वर सामी के पिता सोमेश्वर अय्यर सपरिवार मैसूर चले आए। फिर बैद्यनाथ की स्कूली पढ़ाई-लिखाई ज़्यादातर बेंगलुरु में हुई। वे बेंगलुरु के 'गवर्नमेंट हाईस्कूल मल्लेश्वरम' के छात्र थे। फिर आगे कॉलेज की उनकी पढ़ाई बेंगलुरु के ही 'सेंट जोजफ़ कॉलेज' में हुई। उन्हीं दिनों फिर एक बार सोमेश्वर अय्यर पर आर्थिक तंगी ने अपने तीख़े दाँत गड़ाए और उनकी पत्नी पार्वती अय्यर के एक-एक कर सारे गहने बिक गए। घर के सबसे बड़े बच्चे होने के कारण बैद्यनाथ इस अन्दरूनी बदहाली के साक्षी थे। तब तक बैद्यनाथ की कॉलेजी पढ़ाई पूरी हो चुकी थी। परिवार के इस आर्थिक संकट में हाथ बँटाने के इरादे से वे बम्बई गए। शुरू में बैद्यनाथ को एक 'ऑपेरा हाउस' में स्क्रीन पुलर की नौकरी मिली। पर यहाँ वे बहुत दिनों तक रह नहीं पाए। उन्होंने कुछ समय तक इंश्योरेंस एजेंट का भी काम किया। इत्तफ़ाक़ से सन तीस के उन्हीं दिनों में 'नासिक पुलिस ट्रेनिंग स्कूल' ने बम्बई डॉमिसाइलवालों के लिए दाख़िले का एक विज्ञापन दिया था। बम्बई में जन्मे होने के कारण बैद्यनाथ सामी के पास बम्बई का 'बर्थ सर्टिफ़िकेट' था। लिहाज़ा, उन्होंने इसके लिए आवेदन दिया। वे कैडेट अफ़सर के तौर पर बहाल कर लिए गए। 'नासिक पुलिस ट्रेनिंग स्कूल' में

प्रशिक्षित होने के बाद बैद्यनाथ सोमेश्वर सामी सन् 1931 में बम्बई पुलिस में बतौर सब इंस्पेक्टर तैनात किए गए। बैद्यनाथ सामी उस समय तक अविवाहित थे और बाइकुला के सब इंस्पेक्टर क्वार्टर में रहते थे। इस तरह सन् 1931 से 1967 तक बैद्यनाथ सोमेश्वर सामी ने पुलिस सेवा में कई पड़ाव व्यतीत किए। सब इंस्पेक्टर पद पर तैनाती के बाद तीस के दशक में उन्होंने बम्बई के कई पुलिस स्टेशन पर योगदान दिया। बीच में कुछ समय के लिए उनका तबादला पूना भी किया गया। वहीं पूना में स्वर्णाम्बल यानी चीन्नी से उनकी किसी कार्यकम में मुलाक़ात हुई। चीन्नी ने उनका परिचय मीनाम्बल यानी मिनि से कराया। वह पहली नज़र का प्यार था कि मिनि और बैद्यनाथ ने कुछ ही समय बाद जीवन साथी बनने का निर्णय लिया। मिनि अपने पिता हाल्लास्य के. नादन के सात बच्चों में सबसे बड़ी सन्तान थीं। मिनि यानी मीनाम्बल का जन्म पूना में ही हुआ था। पढ़ाई-लिखाई भी उनकी पूना के 'सेंट हेलेनाज़ स्कूल' में हुई थी। उस स्कूल की शिक्षक व प्राचार्या मिस इवलिन सी. गेज़ और मिस सी. विलसन कुशाग्र मिनि की बहुत क़ायल थीं। हाल्लास्य के. नादन को जब मिनि ने अपने प्रेम विवाह के बारे में सूचना दी तो नादन हतप्रभ रह गए; क्योंकि वे चाहते थे कि मिनि ऊँची पढ़ाई करे। नादन परिवार के लिए पूना का जीवन कई क़िस्म के उथल-पुथल से भरा था। पूना में ही हाल्लास्य के. नादन ने स्वार्णाम्बल उर्फ़ चीन्नी को अपनी दूसरी पत्नी बनाया था, जिसे मिनि की माँ धर्माम्बल ने ख़ून की घूँट की तरह चुपचाप सहन किया था। सम्भवत: मिनि ने इतनी कम उम्र में बैद्यनाथ सामी से प्रेम विवाह कर अपने पिता के दूसरे विवाह का प्रतिशोध ही लिया था।

हालाँकि, ऐसे आवेगपूर्ण प्रेम विवाह ज़्यादातर विफल ही होते हैं। पर ग़नीमत थी कि मिनि ने एक बेहद समर्पित जीवनसाथी पाया था। बैद्यनाथ सामी एक आदर्श पति साबित हुए। विवाह के दो साल बाद सन् 1936 में बैद्यनाथ और मिनि की पहली सन्तान हुईं—इन्दिरा। फिर वर्ष 1938 में दूसरी बेटी उमा और वर्ष 1940 में बेटे श्याम सुन्दर यानी शामू का जन्म हुआ। तब तक बैद्यनाथ सामी फिर से बम्बई स्थानांतरित हो चुके थे। दरअसल, उनकी सचेत व समर्पित कार्यशैली पर उनके विभाग के कई वरिष्ठ पुलिस अधिकारियों की निगाह थी और यही वजह हुई कि सन् 1939 में उन्हें बम्बई सी.आई.डी. में ले आया गया। यह बैद्यनाथ सामी के करियर का एक महत्त्वपूर्ण मोड़ था। बम्बई सी.आई.डी. से वे 28 वर्षों तक जुड़े रहे और डिप्टी कमिश्नर सी.आई.डी. के पद से उन्होंने अवकाश ग्रहण किया। बम्बई

पुलिस में उनकी छवि एक असम्भव खुफ़िया अधिकारी की थी। हालाँकि, बीच में दो बार उन्हें सी.आई.डी. महकमे से तब दूर होना पड़ा जब सन् 1943 में उनकी प्रोन्नति डिप्टी इंस्पेक्टर के पद पर हुई और वे बम्बई के माहिम व लैमिंगटन रोड पुलिस स्टेशन में तैनात किए गए। फिर दो साल बाद ही सी.आई.डी. में सन् 1945 में उन्हें बुला लिया गया। सात साल बाद सन् 1952 में जब उनकी प्रोन्नति पुलिस अधीक्षक के पद पर हुई, तो फिर उन्हें कुछ साल एस.पी. (प्रोबेशन) के पद पर रहना पड़ा। पर सामी महाशय और बम्बई सी.आई.डी. का रिश्ता मछली और पानी सरीखा था। इस बात की तस्दीक़ बम्बई का समाचार जगत भी कर रहा था कि बम्बई के शरलक होम्स बैद्यनाथ सामी के होते जिस रफ़्तार में संगीन आपराधिक मामलों का उद्भेदन होता था, उसमें सामी की अनुपस्थिति के कारण भारी कमी आ गई थी। बम्बई के एक दैनिक ने 26 अगस्त, 1955 को अपने सम्पादकीय में ज़ोर देकर लिखा था कि 'खुफ़िया बारीक़ियों की निपुणतावाले एक पुलिस अधिकारी को आख़िर प्रोबेशन सेक्शन में क्यों डाल रखा गया है। शायद शासन में बैठे दिग्गज हत्या, डकैती और संगीन अपराधों के उद्भेदन से अधिक प्रोबेशन को महत्त्वपूर्ण समझते हैं।' हालाँकि, बैद्यनाथ सोमेश्वर सामी ने अपनी क़ाबिलियत और कठोर श्रम से प्रोबेशन डिपार्टमेंट के बहुत-से लम्बित कार्यों का सम्पादन तेज़ी से किया और यही वजह हुई कि अर्से से धूल खा रहा प्रोबेशन महकमा चमक उठा। बम्बई के कुख्यात शराब माफ़िया की तो बैद्यनाथ सामी ने किल्ली ही ठोंक दी थी।

प्रोबेशन डिपार्टमेंट में पुलिस अधीक्षक के रूप में तैनात होने के ऐन पहले सन् 1945 से सन् 1951 तक सामी महाशय जब बम्बई सी.आई.डी. में थे, तो 'टर्फ़ सोडा फ़ैक्ट्री मर्डर केस', 'बम्बई सेंट्रल बैंक डकैती', 'ब्रुस डकैती','लॉयड बैंक डकैती केस', 'कुलदीप मर्डर केस' और 'बम्बई हाउस डकैती कांड' सरीखे अनेक लोमहर्षक कांडों का पर्दाफ़ाश कर उसे अंजाम देनेवाले अपराधियों को धर दबोचा था। यही वजह थी कि प्रोन्नति के बाद जब-जब उन्हें सी.आई.डी. से हटाकर दूसरी जगह तैनात किया गया, तो सी.आई.डी. के अधिकारी फिर से अपने महकमें में उनकी वापसी की माँग करते थे। यह वह समय था जब बम्बई पुलिस का मनोबल बहुत ऊँचा था। एक से एक जाबिर पुलिस अधिकारियों मसलन—मि. बिलिमोरिया, मि. कदमपंडे, मि. प्रवीणसिनजी और मि. राज्याध्यक्ष आदि के कारण बम्बई पुलिस को देश के आदर्श पुलिस फ़ोर्स के रूप में जाना जाता था। इन आला पुलिस अधिकारियों ने अपने सहकर्मियों का हौसला सदैव

बढ़ाये रखा और उन्हें सदैव इस लक्ष्य में प्रवृत्त रखा कि बम्बई पुलिस अहर्निश अपनी सेवा के ऊँचे मानक क़ायम करे। इसी तरह बम्बई सी.आई.डी. के डिप्टी कमिश्नर मि. क्विल्टर से लेकर मि. परांजपे, मि. पेंडेकर, मि. फ्रेमरोज, मि. बोधनवाला, मि. राजदान, मि. लोबो, मि. पोतदार, मि. सामंत, मि. नायर, मि. कोर्डे और मि. ख़ान सरीखे धुरंधर अधिकारियों के कारण देश के बेहतरीन खुफ़िया विभाग के रूप में बम्बई सी.आई.डी. की ख्याति थी। बैद्यनाथ सोमेश्वर सामी समेत ये सभी अधिकारी बम्बई सी.आई.डी. के मेरुदंड थे। इन अधिकारियों का साहस और समर्पण आज के पुलिस अधिकारियों में दुर्लभ है। बम्बई सी.आई.डी. ने जिस सूक्ष्म सूझ और धैर्य से देश की आर्थिक राजधानी बम्बई के कई संगीन आपराधिक कांडों का खुलासा किया कि इसकी तुलना दुनिया के बेहतरीन स्कॉटलैंडयार्ड पुलिस से की जाने लगी।

सन् 1947 में बम्बई के सेंट्रल बैंक में हुई डकैती ने बम्बईवासियों को स्तब्ध कर दिया था। पर बैद्यनाथ सामी ने बतौर सी.आई.डी. अधिकारी जिस तीक्ष्ण बुद्धि और लगन से बैंक में डाका डालने वाले गिरोह को पकड़ा, वह अर्से तक अख़बारों की सुर्ख़ियों और लोगों के बीच चरचा का विषय बना रहा। दरअसल, शुरू में इसका कोई सूत्र पकड़ में नहीं आ रहा था। इत्तफ़ाक़ से जिस हफ़्ते यह बैंक डकैती हुई थी, उसी हफ़्ते अचानक बम्बई के मोहम्मद अली रोड में बैद्यनाथ सामी की नज़र एक लावारिस कार पर पड़ी। धूल से भरी यह मोटरकार वहाँ एक मुस्लिम सज्जन के क्वार्टर के समीप खड़ी थी। बैद्यनाथ सामी ने देखा कि उस लावारिस गाड़ी पर गली के अनगिनत बच्चे उछल-कूद कर रहे थे। बैद्यनाथ सामी हमेशा दो मंत्रों के आधार पर अनुसंधान करते थे—लॉन्ग चांस और इनवॉल्व्ड इंट्यूशन। अनुसंधान के क्रम में वे स्थानीय चाय की दुकानों, सैलूनों व कॉलनियों के नुक्कड़ों का चक्कर गाहे ब गाहे मारते रहते थे। वे मानते थे कि अनुसंधान लम्बे और गहरे धैर्य का आखेट है, जिसमें हमेशा छठी इन्द्रिय को सचेत रखना होता है। वे अनुसंधान के वास्ते बम्बई पुलिस के 'फ़िंगर प्रिंट ब्यूरो' और 'पुलिस डॉग स्क्वायड' का भी भरपूर उपयोग करते थे। उन्होंने बम्बई की अधिकांश कॉलनियों में 'इन्फॉरमर' बना रखा था। वे अपराधियों के बारे में पर्याप्त साक्ष्य जुटाकर दम लेते थे ताकि अपराधी साक्ष्य के अभाव में कोर्ट से रिहा न होने पाये। अपराधियों के संग हालाँकि 'थर्ड डिग्री' का सलूक उन्हें अमानवीय लगता था। वे पूरी तरह थर्ड डिग्री से असहमत थे लेकिन तथ्यों से वे कोई समझौता नहीं कर सकते थे। 'बम्बई सेंट्रल बैंक' की

लोमहर्षक डकैती को बैद्यनाथ सोमेश्वर सामी ने अपनी तीक्ष्ण चौकन्नी बुद्धि से सुलझाकर अपने विभागीय आला अधिकारियों को भी विस्मित कर दिया था। बम्बई सेंट्रल बैंक डकैती में अपराधियों ने अनुसंधान के लिए एक तिनके का भी सूत्र नहीं छोड़ा था। इस बड़ी घटना को लेकर बम्बई के पुलिस प्रमुख का दिमाग़ पागल हो रहा था। वह ग़ुस्से में जब कभी होता था, तो बेहद रद्दी अंग्रेज़ी बोलने लगता था। पर बैद्यनाथ सामी ने बड़े सुकून से अपने पुलिस प्रमुख को तसल्ली दी थी, "सर! आप बेफ़िक्र रहें। मैं पाताल से भी उन बैंक लुटेरों को खींच निकालूँगा।" ऐसा कहकर बैद्यनाथ सामी ने बम्बई के विभिन्न इलाक़ों के अपने पुलिस इनफ़ॉरमरों को ताक़ीद करना शुरू किया कि कहीं कुछ भी सन्देहास्पद दिखे, तो उन्हें फ़ौरन ख़बर करें। और जल्दी ही एक सुबह मुहम्मद अली रोड के पुलिस इनफ़ॉरमर ने उन्हें फ़ोन किया कि उस रोड में पिछले एक हफ़्ते से एक मुस्लिम सज्जन के घर के पास एक लावारिस कार पड़ी है।

"तुम वहीं रुको। बस मैं ऑफ़िस से निकल रहा हूँ," बैद्यनाथ सोमेश्वर सामी ने इनफ़ॉरमर को धीरे से कहा, "मेरी उम्मीद जग गई है।"

बैद्यनाथ सामी घंटे भर में मोहम्मद अली रोड में थे। उन्होंने देखा कि बताई जगह के पास उनका इनफ़ॉरमर चहलक़दमी करता हुआ सिगटेर के क़श ले रहा था। लावारिस कार पर सामी महाशय की नज़र पड़ी, जो धूल से भरी थी और गली के बच्चे कार पर उछल-कूद कर रहे थे। वह हलकी धूप की दोपहरी थी और बच्चे खेल में मगन थे। सामी महाशय ठिठके सोच रहे थे कि ऐसे में जबकि कार पर अनगिनत बच्चों की उँगलियों के निशान हैं, तो किसी और की उँगलियों के निशान की शिनाख़्त लगभग नामुमक़िन है। फिर भी कोशिश तो करनी ही चाहिए। इनफ़ॉरमर को साथ ले पास के एक टेलिफ़ोन बूथ से बैद्यनाथ सामी ने 'फ़िंगर प्रिंट ब्यूरो' में फ़ोन कर अनुरोध किया कि वे लोग फ़ौरन उँगलियों के निशान लेने पहुँचें। सामी महाशय के कॉल को 'फ़िंगर प्रिंट ब्यूरो' के लोग हमेशा आपात-काल की तरह गम्भीरता से लेते थे। सो बग़ैर एक पल भी विलम्ब किए वे लोग मोहम्मद अली रोड पहुँच गए। गाड़ी पर बच्चों की उँगलियों के बेशुमार निशान थे और ऐसे में यह काम टेढ़ा था। 'फ़िंगर प्रिंट ब्यूरो' वालों का भी पसीना छूट गया। उँगलियों के निशान लिये जाने का काम जब सम्पन्न हो गया, तो सामी महाशय ने गाड़ी का गेट खोला। गाड़ी की सीट के नीचे एक उर्दू अख़बार का फटा पेज़ मिला। सामी महाशय ने जब अख़बार पर उँगलियों के निशान की शिनाख़्त के लिए 'फ़िंगर प्रिंट

ब्यूरो' वालों से कहा तभी पता नहीं क्यों उन्हें इबु नामक उस अपराधी की याद आई, जिस पर कुछ ही माह पहले रिवॉल्वर चोरी का एक मामला दर्ज हुआ था। बैद्यनाथ सामी सीधे दफ़्तर पहुँचे। विभाग से फ़ौरन इबु का 'डॉसियर' मँगवाया। उनके शक़ को तब और बल मिला जब उन्होंने इबु की फ़ाइल में देखा कि इबु का जो पता-ठिकाना उसमें दर्ज था, वह मोहम्मद अली रोड से महज़ 200 मीटर की दूरी पर था। इसके बाद तो सामी महाशय के अन्दर का जासूस पूरी रफ़्तार में आ गया। उन्होंने इबु का बेल बॉण्ड 'फ़िंगर प्रिंट ब्यूरो' भिजवाया इस अनुरोध के साथ कि वे लोग बारीक़ी से तजवीज़ करें कि गाड़ी से लेकर अख़बार के पेज़ पर कहीं भी इबु की उँगलियों के निशान हैं या नहीं। फ़िंगर प्रिंट ब्यूरोवालों ने बच्चों की सैकड़ों उँगलियों के बीच दूसरी उँगलियों के निशान की तजवीज़ की, अख़बार के निशान से भी इबु की उँगलियों के छापे का मिलान किया और उत्साह से छलकते हुए सामी महाशय को फ़ोन किया, "सर! यह इबु ही है। हम आपको रिपोर्ट भेज रहे हैं।" फिर क्या था। आननफानन इबु को धर दबोचा गया और 'बम्बई सेंट्रल बैंक' डकैती कांड के तमाम अपराधी पकड़े गए। बैद्यनाथ सामी कहते थे, "कई बार सबूत से भी ज़्यादा मज़बूत हमारा इंट्यूशन होता है।"

सन् 1947 में 'द टर्फ़ सोडा फ़ैक्ट्री मर्डर केस' की गुत्थी को बैद्यनाथ सोमेश्वर सामी ने इसी तीक्ष्ण सूझ से सुलझाया था। बम्बई के एक सम्मानित पारसी ख़ान बहादुर परदीवाल 'द टर्फ़ सोडा फ़ैक्ट्री' के मालिक थे। अपनी सहृदयता के कारण न सिर्फ़ पारसी समुदाय बल्कि अन्य समुदायों के अपने परिचितों के बीच उनका बड़ा मान था। सन् 1947 की वह बारिश की तेज़ बौछार से भरी सुबह थी, जब ख़ान बहादुर की बीमार बीवी उनके कमरे में गईं और अन्दर का दृश्य देखकर ज़ोरों से चीख़ पड़ीं। कमरे में बिस्तर पर ख़ान बहादुर की ख़ून से सनी लाश पड़ी हुई थी। दरअसल, ख़ान बहादुर अमूमन मुँहअँधेरे उठ जाते थे। उस सुबह उनके कमरे से देर तक किसी हलचल की आहट न सुन उनकी बीमार बीवी उनके कमरे में गई थीं। पति की लाश देख ख़ान बहादुर की पत्नी चीख़ते हुए घर से बदहवास बाहर निकलीं। बेग़म ख़ानबहादुर की चीख़-पुकार से देखते-देखते भीड़ उमड़ आई। हत्या की ख़बर आग की तरह फैल गई। पुलिसवाले भी आननफानन पहुँच गए। पुलिस ने लाश को देखा, तो पाया कि ख़ानबहादुर के गले में गहरे तक चाकू घुसेड़ा गया है।

तहक़ीक़ात में पाया गया कि पिछले दिनों दो नये सिख लड़कों को ख़ानबहादुर ने फ़ैक्ट्री में बहाल किया था। वे दोनों लड़के लापता थे। पर हैरानी की बात थी

कि घर या फ़ैक्ट्री से एक तिनके तक की चोरी नहीं हुई थी। ख़ानबहादुर परदीवाल की हत्या को लेकर बम्बई का पारसी समुदाय बेहद क्षुब्ध था। इस हत्या की गुत्थी सुलझाने का ज़िम्मा अन्ततः बम्बई सी.आई.डी. को सौंपा गया। बहुत खोजबीन के बाद दोनों लड़के अहमदाबाद में गिरफ़्तार हुए। ट्रायल के वास्ते दोनों को बम्बई लाया गया। दोनों ने क़बूल किया कि ख़ानबहादुर के बेडरूम की तिजोरी में रखे बेशकीमती जेवरात पर उनकी नज़र थी। वारदात की रात बालकनी से जुगत भिड़ाकर दोनों खिड़की के रास्ते ख़ानबहादुर के बेडरूम में घुसे थे। खानबहादुर के संग दोनों की ज़बर्दस्त हाथापाई हुई। तिजोरी की चाबी ख़ानबहादुर से निकलवाने में जब दोनों विफल रहे, तो आवेश में उनके गले में चाकू घुसेड़ दिया। ख़ानबहादुर के गले से ख़ून का फ़व्वारा देख, दोनों युवकों ने क़बूल किया कि वे घबड़ा गए थे, इसलिए चुपचाप अँधेरे में खिड़की से कूदकर भाग निकले। बैद्यनाथ सामी की यह सिफ़त थी कि वे भूसे के पहाड़ में घुसी सूई ढूँढ़ निकालते थे। पंजाब के इन दोनों लड़कों को अहमदाबाद से उन्होंने इसी तरह गिरफ़्तार कराया था।

सन् 1947 में ही बैद्यनाथ सामी ने बड़े जाबिर अन्दाज़ में एक सिर कटी लाश की भी गुत्थी सुलझाकर बम्बई के लोगों को दंग कर दिया था। क़िस्सा कोताह ये कि 11 सितम्बर, 1947 को बम्बई के निकटवर्ती शामगढ़ स्टेशन से रेल पुलिस को एक ट्रेन के तीसरे दर्जे में बड़ा-सा एक लावारिस काला ट्रंक मिला। शुरू में पुलिस वालों को लगा कि इसमें ड्रग है। पर जब ट्रंक का ताला तोड़ा गया, तो उसमें एक तगड़े क़द-बुत के युवक की लाश थी। रेलवे पुलिस ने आगे की तफ़्तीश के लिए यह मामला बम्बई सी.आई.डी. के हवाले कर दिया। बम्बई सी.आई.डी. के दूसरे अधिकारियों से जब यह केस नहीं सुलझा, तो उन दिनों बम्बई सी.आई.डी. के इंस्पेक्टर बैद्यनाथ सोमेश्वर सामी को यह मामला सौंपा गया। पर मुश्किल यह थी कि बीते डेढ़ महीने में हर कोशिश के बावज़ूद यही पता नहीं चल पा रहा था कि वह लाश किसकी है। इंस्पेक्टर सामी ने पहले बम्बई सेंट्रल स्टेशन पर पूरे मामले की तहक़ीक़ात की। इसके तत्काल बाद उन्होंने मृतक की तसवीर बम्बई के निकटवर्ती रेलवे स्टेशन शामगढ़ भिजवाई, जहाँ ट्रेन के एक कंपार्टमेंट में वह काला ट्रंक मिला था, जिसमें लाश थी। बहुत गहरी तफ़्तीश के बाद इंस्पेक्टर सामी को पता चला कि यह कुलदीप नामक युवक की लाश है, जो कुछ साल पहले क़ारोबार के इरादे से बम्बई आया था। क़ारोबार की शुरुआत में ही बम्बई में उसका परिचय 'वीसी इंडिया लिमिटेड' के मालिक अमरीक सिंह मलिक से हुआ।

अमरीक ने कुलदीप को अपने दफ़्तर के एक हिस्से में काम-काज की अनुमति दे दी। कम समय में ही कठोर परिश्रम के बल पर कुलदीप का बिज़नेस चल निकला था। अनुसंधान के दौरान ही इंस्पेक्टर सामी को जब कुलदीप के परिवार का पता-ठिकाना मालूम हुआ, तो उन्होंने कुलदीप के बड़े भाई धनवन्त को लाहौर से बुलवा भेजा। कुलदीप के शव की तसवीर देख धनवन्त स्तब्ध रह गया। कुछ समय से उसके भाई ने उन लोगों को पत्र लिखना छोड़ रखा था और उसके माता-पिता व बंधु-बांधव समझ रहे थे कि अपने बिज़नेस में कुलदीप शायद ज़्यादा व्यस्त है। पर कुलदीप की रहस्यमय तरीक़े से हत्या हो चुकी है, इस बात की तो वे लोग कल्पना भी नहीं कर सकते थे। धनवन्त ने इंस्पेक्टर को बताया कि बीते समय में कुलदीप ने घर में जो कुछ पत्र लिखे थे, उनमें हमेशा अपने दोस्त अमरीक सिंह मलिक का ज़िक्र उसने किया ही किया था। इंस्पेक्टर सामी ने इन तमाम आरम्भिक खोजबीन के बाद अमरीक सिंह मलिक को पूछताछ के लिए अपने हेडक्वार्टर में बुलाया। अमरीक सिंह ने कुलदीप से जुड़ी बातों का जो कुछ भी ज़िक्र किया, उनमें ज़्यादातर विरोधाभासी बातें थीं। लिहाज़ा, इंस्पेक्टर सामी को इस निष्कर्ष पर पहुँचते देर नहीं लगी कि अमरीक सिंह मलिक के दफ़्तर व घर पर छापेमारी अभी कराई जाए। उन्होंने अमरीक को पल भर की भी मोहलत न दी। उन्होंने फ़ौरन फ़ोर्स लिया और अमरीक को साथ ले पी.एम. रोड स्थित उसके दफ़्तर गए। दफ़्तर में छापेमारी के बाद अमरीक के कोलाबा स्थित घर में भी उन्होंने छापा मारना तय कर रखा था।

अमरीक के दफ़्तर से छापे में बिना लाइसेंस का एक रिवॉल्वर मिला। फिर इंस्पेक्टर सामी सदलबल अमरीक के घर पहुँचे। अमरीक के घर के कोने-कोने को छान मारा गया। इंस्पेक्टर सामी ने ग़ौर किया कि उसके घर का ताज़ा-ताज़ा रंग-रोगन हुआ है। लिहाज़ा, उन्होंने मज़दूरों की टीम लगाकर घर की दीवारों का रंग खुरचवाया। वे देखकर चौंक उठे कि रंग की नई परत खुरचे जाने के बाद दीवार पर ख़ून के धुँधले धब्बे दिख रहे थे। अमरीक के घर में उर्दू में लिखा एक पत्र मिला, जो अमरीक के मुलाज़िम राम सिंह का था। पत्र में वैसे कुछ ख़ास बात तो नहीं थी लेकिन उसमें तीन बार एक ही बात लिखी गई थी—'घबराने की बात नहीं।' इंस्पेक्टर सामी को इस पंक्ति पर शक हुआ। पत्र की छानबीन से बाद में यह भी पता चला कि राम सिंह नामक अमरीक का मुलाज़िम सुविधानुसार अपने नाम बदलता रहा था।

इंस्पेक्टर सामी को अन्दाज़ा लग चुका था कि राम सिंह को गिरफ़्त में लिये बग़ैर कुलदीप की हत्या की गुत्थी नहीं सुलझेगी। लिहाज़ा, उन्होंने अपने एक विश्वस्त साथी इंस्पेक्टर साल्वी को राम सिंह का पता करने जम्मू भेजा। इंस्पेक्टर साल्वी आर्मी अफ़सर के वेश में थे। उन्होंने पहले से आर्मीवालों को इसकी सूचना दे दी थी। काफ़ी क़वायद के बाद राम सिंह पकड़ में आ गया। सख़्त दबिश के बाद राम सिंह ने क़बूल किया कि उसने अपने मालिक अमरीक सिंह के आदेश पर कुलदीप की हत्या की थी। राम सिंह को बम्बई लाया गया। अमरीक सिंह मलिक से कई दौर में पूछताछ की गई। शुरू में तो उसने पूरा नाटक किया लेकिन अन्ततः टूट गया। उसने बम्बई स्टेशन के उस कुली के बारे में पुलिस को बताया जिसने कोलाबा स्थित उसके फ़्लैट से वह बड़ा-सा काला ट्रंक लेकर स्टेशन पहुँचाया था। इंस्पेक्टर सामी ने उस दुकान को भी ढूँढ़ निकाला जहाँ से वह बड़ा-सा काला ट्रंक अमरीक ने ख़रीदा था। इस तरह इंस्पेक्टर सामी ने सारे साक्ष्यों को जुटाकर कोर्ट में पेश किया। अमरीक और उसके मुलाज़िम राम सिंह को फाँसी की सजा सुनाई गई।

सामी महाशय के अनुसंधान के तौर-तरीक़ों की थाह पाना उनके किसी भी सहकर्मी के लिए असम्भव था। बम्बई के बहुचर्चित 'लायड बैंक डकैती केस' को उन्होंने एक स्कूली बच्ची से मिले सुराग से सुलझाया था। शुरू के दिनों में उनके विभागीय प्रमुख थे मि. जी.जे. डब्ल्यू क्विल्टर। बैद्यनाथ सोमेश्वर सामी को सब सी.आई.डी. के डिप्टी कमिश्नर मि. क्विल्टर का 'ब्रेन ट्रस्ट' कहते थे। सन् 1949 में बम्बई के सनसनीख़ेज 'ब्रुस डकैती केस' को जब इंस्पेक्टर सामी ने सुलझाया, तो उस समय बम्बई के अख़बारों ने प्रथम पृष्ठ पर ख़बर छापी—'क्विल्टर्स ब्रेन ट्रस्ट सामी वर्क्ड विद क्विक ऐंड क्वाइट इफ़िशन्सि।' बम्बई के अपराधियों के लिए क्विल्टर महाशय ख़ौफ़ के पर्याय थे। उनका और उनके पट्ट सहयोगी बैद्यनाथ सोमेश्वर सामी का नाम सुनकर ही बड़े-बड़े डॉन की नसें ढीली हो जाती थीं। नौकरी से रिटायर होने के बाद मि. क्विल्टर सपरिवार सिडनी (ऑस्ट्रेलिया) चले गए। पर सामी परिवार से उनका ऐसा गत्र स्नेह था कि उनके ऑस्ट्रेलिया में बसने के 25 साल बाद जब उनके बेटे-बहू किसी कार्यवश बम्बई जा रहे थे, तो उन्होंने बेटे से कहा, "तुम बैद्यनाथ सामी से ज़रूर मिलना और मेरा ब्लेसिंग कहना।" लिहाज़ा, मि. क्विल्टर के बेटे-बहू अंकल सामी से मिलने वर्ली स्थित उनके आवास पर आए और बताया कि उनके पिता किस शिद्दत से उनका ज़िक्र किया करते हैं।

सामी महाशय बम्बई के पुलिस प्रमुख ए.जी. राज्याध्यक्ष को भी बहुत याद करते थे। जब नवम्बर, 1967 के दूसरे हफ़्ते में सामी महाशय ने बम्बई सी.आई.डी. के उपायुक्त पद से अवकाश ग्रहण किया था, तो उनके विदाई समारोह की अध्यक्षता करते हुए ए.जी. राज्याध्यक्ष ने कहा था, "बैद्यनाथ सोमेश्वर सामी भारतीय पुलिस के गौरव हैं। इनकी अनुशासनप्रियता, साहस और समर्पण हर पुलिस कर्मी के लिए अनुकरणीय है।" वाक़ई देश की आज़ादी के बहुत पहले से यानी सन् 1931 से शुरू होकर पूरे 36 साल तक यानी सन् 1967 तक बैद्यनाथ सामी ने प्राणपण से अपने काम को सौ प्रतिशत दिया। उनका अधिकतर समय बम्बई सी.आई.डी. में गुज़रा। बम्बई पुलिस में उनका इतना मान था कि सेवा निवृत्त होने के बाद उन्हें दो वर्षों का सेवा विस्तार भी मिला था। सेवा काल में उन्हें चार पुलिस मेडेल मिले थे। इस तरह उनके लम्बे करिअर में उपलब्धियों के अनेक मोर पंख लगे थे। इन्हीं में से एक मोर पंख सन् 1949 में 'बम्बई हाउस' में हुई भीषण डकैती के सफल अनुसंधान का था, जिसे बैद्यनाथ सामी ने बेहद सूक्ष्मता से सुलझाकर अपराधियों को गिरफ़्तार किया था। सन् 1949 के शुरू दिन थे। 'टाटा संस ऐंड कम्पनी लिमिटेड' के कुर्ला स्थित 'स्वदेशी मिल' के हज़ारों कर्मचारियों को हर बार की तरह 10 जनवरी को तनख़्वाह बँटनी थी। लिहाज़ा, टाटा कम्पनी के मुख्यालय 'बॉम्बे हाउस' में 3,49,265 रुपये बैंक से निकालकर बड़े-से ट्रंक में रख छोड़ा गया था। पर सभी गार्ड को क़ब्ज़े में लेकर अपराधी आधी रात को 'बॉम्बे हाउस' में घुसे और ट्रंक लेकर चलते बने। 'बॉम्बे हाउस' में भी डाका पड़ सकता है, यह अकल्पनीय था। बॉम्बे सी.आई.डी. के डिप्टी कमिश्नर मि. जी.जे. डब्ल्यू क्विल्टर को अनुसंधान का ज़िम्मा मिला। मि. क्विल्टर ने अपने सबसे भरोसेमन्द दाहिने हाथ इंस्पेक्टर सामी से कहा कि बस अब वे इस महत्त्वपूर्ण केस को खँगालने में जुट जाएँ। इंस्पेक्टर सामी हर केस को एक चुनौती मानकर चलते थे। और यह तो ख़ैर 'टाटा संस' का मामला था। इंस्पेक्टर सामी ने पूरे बम्बई की छोटी-छोटी कॉलोनियों में फैले अपने पुलिस इनफ़ॉरमर को 'एलर्ट' किया। और अगले ही दिन ग़ज़ब का इत्तफ़ाक़ हुआ। इंस्पेक्टर सामी रात के आठ बजे ट्राम-वे स्टॉप के पास पहुँचे। वहाँ तीन युवक तीखी बहस में मुब्तिला थे। दबी आवाज़ में वे एक-दूसरे पर गुर्रा रहे थे। उधर से आते-जाते लोगों की नज़र बेशक उन पर जा रही थी पर दूसरे की तनातनी में कौन उलझता। इंस्पेक्टर सामी दूर से तीनों युवकों पर नज़र बिछाये हुए थे। तीनों युवक फिर उसी ग़ुस्से में एक बस पर सवार हो गए। इंस्पेक्टर सामी

ने फ़ौरन टैक्सी की और टैक्सी ड्राइवर को बस का पीछा करने को कहा। वे तीनों युवक गोवलिया टैंक बस स्टॉप पर उतरे। इंस्पेक्टर सामी ने टैक्सी ड्राइवर से कहा कि वह थोड़े फ़ासले पर टैक्सी को रोक दे। फिर दूरी बनाकर उन्होंने तीनों का पीछा करना करना शुरू किया। तीनों एक बड़ी-सी इमारत में घुसे। इंस्पेक्टर सामी टैक्सी में बैठे। फ़ौरन उस इलाक़े के पुलिस स्टेशन पहुँचे। वहाँ से पुलिस फ़ोर्स लेकर वे उस इमारत में गए, जिसमे वे तीनों युवक दाख़िल हुए थे। एक युवक तो इसी बीच निकल चुका था पर दो पारसी लड़के फ़ली और बली को धर दबोचा गया। दोनों को गामदेवी पुलिस स्टेशन लाकर पूछताछ शुरू की गई। तब तक रात आधी हो चुकी थी। इंस्पेक्टर सामी कभी अपराधियों के संग पूछताछ में थर्ड-डिग्री पसन्द नहीं करते थे लेकिन उनके इंट्रोगेशन का तरीक़ा इतना अद्‌भुत था कि अपराधी थोड़ी देर में सारी बात उगलने लगता। पूछताछ के क्रम में फ़ली व बली ने बताया कि उनके साथ का वह तीसरा युवक लॉरी पिंटो था, जो एक चैम्पियन बॉक्सर है।

फ़ली व बली ने क़बूल किया कि 'बॉम्बे हाउस' से रुपये का ट्रंक उन्हीं तीनों ने सिक्यूरिटी गार्ड को क़ाबू में कर उड़ाया था। फ़ली ने पूछताछ में बताया कि पुल पर उन तीनों में रुपये के बँटवारे को लेकर तनातनी हो रही थी। तफ़्तीश में पुलिस को पता चला कि पिछले चार महीनों से लॉरी पिंटो लगातार फ़ली और बली के संग इस 'डील' में था कि 'स्वदेशी मिल' में तनख़्वाह बँटने के पहले 'बॉम्बे हाउस' से रुपये कैसे उड़ाये जाएँ। फ़ली और बली क्योंकि पारसी थे, इसलिए 'बॉम्बे हाउस' में उनका प्रवेश था। बहरहाल, फ़ली व बली ने ही बॉक्सर लॉरी पिंटो को लूट का पूरा ब्लू-प्रिंट बनाकर दिया। लॉरी ने फ़ली व बली को भरोसा दिया कि अपनी आक्रामक बॉक्सिंग के बूते वह 'बॉम्बे हाउस' के गार्ड को धराशाई कर देगा और इसी बीच फ़ली व बली ट्रंक लेकर निकल जाएँगे। उल्लेखनीय है कि इस लूट को अंजाम देने के लिए फ़ली व बली ने 'बॉम्बे हाउस' के इनवॉयस क्लर्क जमशेद पी. सुरती व दो और कर्मचारियों को शेयर देने के वायदे के साथ भरोसे में लिया था। सी.आई.डी. ने आकाश-पाताल एक कर लॉरी पिंटो को धर दबोचा। 'बॉम्बे हाउस' के इनवॉयस क्लर्क जमशेद पी. सुरती समेत दो अन्य मुलाज़िमों की भी गिरफ़्तारी की। पूरे अनुसंधान के अन्त में जो परिणाम आया वह यह कि बॉम्बे सेंट्रल जेल में साढ़े सात साल का सश्रम कारावास काट रहा दुर्नाम अपराधी शेर ख़ान दरअसल इनका रिंग-लीडर था और लूट के तत्काल बाद लूट के आधे रुपये बतौर शेयर शेर ख़ान के बताए ठिकाने पर पहुँचा दिये गए थे। पुलिस ने वहाँ भी छापेमारी की

लेकिन उस ठिकाने से पुलिस को कुछ भी हाथ नहीं लगा। बहुत मशक़्क़त के बाद बॉम्बे सी.आई.डी. ने 1,28,000 रुपये की रिकवरी कराई। अख़बारों ने इंस्पेक्टर सामी की तारीफ़ में लिखा कि 'इंस्पेक्टर सामी न होते, तो बॉम्बे हाउस के इन रुपयों की रिकवरी न होती।' बम्बई के प्रसिद्ध महालक्ष्मी मन्दिर से इसी तरह अपराधियों ने माँ की मूर्ति से सारे बेशकीमती आभूषण उड़ा लिये थे। इंस्पेक्टर सामी ने अपराधियों को अन्ततः गिरफ़्तार किया और माँ की प्रतिमा से उड़ाए आभूषणों को बरामद कर माँ की प्रतिमा को सुसज्जित कराया।

बैद्यनाथ सामी की सिफ़त थी कि वे पाताल में छिपे अपराधी को भी सूँघ लेते थे। सन् 1949 का अप्रैल महीना था वह। बम्बई के मलाबार हिल इलाक़े की एक इमारत के गमलों में एक माली पानी डाल रहा था। अचानक उसकी निगाह एक युवती की लाश पर गई, जो झाड़ियों में छिपाकर डाली हुई थी। माली का पूरा शरीर एक पल के लिए ज़र्द पड़ गया। उसने इमारत के निवासियों को इसकी सूचना दी। इमारत के सभी फ़्लैट के लोग जुट गए। तत्काल पुलिस को सूचना दी गई। युवती कौन है, यह कोई पहचान नहीं सका। ज़ाहिर है, युवती उस इमारत में नहीं रहती थी। उसकी हत्या कहीं अन्यत्र कर अपराधी ने रात के अन्धकार में उसके शव को यहाँ झाड़ी में लाकर छिपा दिया था। युवती के शरीर पर एक साये के अलावा और कुछ न था। उसके शरीर पर चोट का एक हलका निशान भी नहीं था और पुलिस का मानना था कि उसकी हत्या मुँह दबाकर की गई थी। युवती कौन है, इसका पता दो दिनों तक नहीं चल सका। मलाबार हिल इलाक़े के लगभग 300 घरों में युवती की तसवीर दिखा-दिखाकर पुलिस परेशान हो चुकी थी। आख़िरकार, मामला बम्बई सी.आई.डी. के ज़िम्मे लगाया गया। केस कठिन था इसलिए इंस्पेक्टर सामी को इस केस की ज़िम्मेवारी दी गई। अपने तमाम सूत्रों को खँगालते हुए इंस्पेक्टर सामी ने लैमिंगटन रोड में रह रही युवती की बहन को ढूँढ़ निकाला। आगे तहक़ीक़ात में इंस्पेक्टर सामी को पता चला कि युवती एक पुलिसकर्मी की प्रेमिका थी। पुलिसकर्मी ने उस युवती की मुँह दबाकर हत्या की और लैमिंगटन रोड के एक परिचित हज्जाम की मदद से उसे मलाबार हिल की इमारत के नीचे की झाड़ी में छिपा आया। इंस्पेक्टर सामी ने उक्त पुलिसकर्मी को गिरफ़्त में लिया। पर वह अपना अपराध स्वीकार करने को किसी भी तरह से तैयार नहीं था। इंस्पेक्टर सामी ने फिर उस हज्जाम की तलाश शुरू की। वह बम्बई से ग़ायब था। बहुत मशक़्क़त के बाद इंस्पेक्टर सामी ने रत्नागिरि के जंगल की गुफ़ा में कई दिनों से छिपे उस

हज्जाम को गिरफ़्तार कराया। पुलिसकर्मी व उस हजाम को अन्ततः फाँसी हुई।

बम्बई के 'शरलक होम्स' बैद्यनाथ सामी के खुफ़िया अनुसंधानों के ये और ऐसे क़िस्से बेशुमार हैं। बेहद मातवर शख़्सीयत थे बैद्यनाथ सोमेश्वर सामी, जिनकी द्रविड़ त्वचा में बढ़-चढ़ कर हिम्मत थी। उनकी बेटी उषा क़द-बुत से लेकर दिलो-दिमाग़ तक उन्हीं की प्रतिरूप हैं। उषा जब माइक थामकर अपना मशहूर गाना 'दोस्तों से प्यार किया, दुश्मनों से बदला लिया, जो भी किया, हमने किया शान से...शान से' गाती हैं, तो लगता है यह बैद्यनाथ सोमेश्वर सामी का ही शालीन रुआब है, जो भारत में पॉप सॉन्ग की महारानी के स्वर में गूँज रहा है। उषा जब अपने शो में 'नाकाबन्दी...अरे नाकाबन्दी' का धमाल शुरू करती हैं, तो लगता है, नेपथ्य से बैद्यनाथ सोमेश्वर सामी नाज़ से मुस्करा रहे हैं। बैद्यनाथ सामी जहाँ एक सधे पुलिस अधिकारी थे, उसी अनुपात में एक समर्पित स्नेही पारिवारिक व्यक्ति भी। उनके सब गुण उषा में हैं। अपने पिता की हर मामले में छायाप्रति हैं उषा। न्यायप्रिय, सूक्ष्म, हिम्मतवर, कर्मयोगी और अपनों के लिए जीने-मरनेवाली। इसलिए उनके सहकर्मी, मित्र, परिचित व स्वजन उनके गहरे स्नेह में पगे रहते हैं। अपने अप्पा की भाँति किसी के सुख-दुख में पूरी तरह जुटकर अपना सौ फ़ीसदी देना उषा की आदत में शुमार है।

उषा को याद है, उनकी अन्तरंग ममेरी बहन चिक्कू की शादी थी। शादी के हफ़्ते भर पहले सामी परिवार बम्बई से मद्रास पहुँचा। चिक्कू की माँ यानी उषा की प्रिय मामी श्रीमती लीला नादन ने एक अच्छे गेस्ट हाउस में सामी परिवार के रहने का इन्तज़ाम करवा रखा था। दरअसल, लीला नहीं चाहती थीं कि घर के दामाद बैद्यनाथ सामी को 'शान्ति' में शादी-ब्याह की जमघट में किसी भी प्रकार की असुविधा हो। पर 'शान्ति' में सबके प्रिय सामी पा' ने गेस्ट हाउस में रहना मंज़ूर नहीं किया। विनोदप्रिय बैद्यनाथ सामी 'शान्ति' में किसी के सामी पा', किसी के सामी ताता और किसी के लिए सदाबहार 'सैम' थे। सो सामी पा' ने लीला से मुस्कराकर कहा, "हम और मिन सब 'शान्ति' में ही रुकेंगे। अपने घर में भला क्या तक़लीफ़ होगी?"

शुरू से 'शान्ति' बैद्यनाथ सामी को बहुत प्रिय था। 'शान्ति' में हमेशा घर के बड़े दामाद को ऊपर की मंज़िल के सबसे बेहतरीन कमरे में ठहराया जाता था। सुबह जब मिनि सामी ऊपर की मंज़िल से नीचे उतरती थीं, उस समय रसोईघर में मद्रास पाट्टी माँ सबके लिए कॉफ़ी तैयार कर रही होती थीं। वे एक टम्बलर कॉफ़ी

मिनि के हाथों दामाद बाबू के लिए ऊपर भिजवा देती थीं। कॉफ़ी पीने के बाद बैद्यनाथ सामी मॉर्निंग वॉक पर निकल पड़ते। निकलते समय चिक्कू के दोनों प्यारे कुत्तों—साइमन और विकलिन को थपथपाते और लौटते समय दोनों के लिये पोरे बिस्कुट साथ लाते। यही वजह थी कि परिवार के सदस्य तो अपनी जगह, 'शान्ति' के जीव-जन्तु भी उनके आने से ख़ुश हो जाते थे। बहरहाल, उस यात्रा में 'शान्ति' पहुँचकर उन्होंने शादी की तैयारी की कमान अपने हाथों में थाम ली। छोटे से छोटे उत्सव और आयोजन में उनकी सूक्ष्मता अद्‌भुत थी। चिक्कू की शादी की तैयारी को लेकर उन्होंने 'शान्ति' की बालकनी में एक पारिवारिक बैठक की। परिवार के किस सदस्य को क्या करना है, यह ज़िम्मेवारी सौंपी। मसलन इन्दिरा के बेटे अजय और उमा के बेटे आदी को फूलों की सजावट और बारात का स्टेशन पर स्वागत कर सबको ठहरने की जगह तक लाने का दायित्व! सुमति और प्रेमू को विवाह के हॉल में 'जमकलम' बिछवाने और द्वार पर बारात के सभी सदस्यों की आगवानी कर सबको 'आइस्ड लाइम' पिलाने का भार। घर की लड़कियों मसलन मुन्ना, अनु, टीना और पॉपी पर जूही की माला बनाने, मंजल, कुंकुम व चन्दन का पेस्ट तैयार करने से लेकर ताम्बुलम के छोटे-छोटे बटुए तैयार करने का काम। संजू व विक्रम को नारियल की बोरियाँ और 'वेथलइ' जुटाने की ड्यूटी।

इस तरह सामीपा ने 'शान्ति' के हर सदस्य में जब ज़िम्मेदारी बाँट दी, तो घर का सबसे छोटा सदस्य यानी उषा के भाई बाबू का बेटा राहुल रोने लगा कि उसे कोई काम क्यों नहीं दिया गया। फिर सामी पा' ने अपने नन्हे पोते को गोद में उठाकर लाड़ से कहा, "तुम्हारे लिए तो सबसे ज़रूरी काम है। तुम ताम्बुलम के पत्ते साफ़ करना।"

श्रीमती लीला नादन ने अनुराग से मुसकते हुए कहा, 'सामी पा,' मैज़िक! एवरी वन फ़ीलिंग प्राउड ऐंड इम्पॉर्टेंट!' एक लीला ही 'शान्ति' के तमिलभाषी परिवार समूह में कन्नड़ भाषी थीं और बैद्यनाथ सामी ही परिवार के एक ऐसे सदस्य थे, जो मिलते ही बड़े सहज भाव मधुरता से लीला के संग कन्नड़ में शुरू हो जाते थे। एक संग कई भाषाओं पर यह एकाधिकार उषा को अपने अप्पा से विरासत में मिला, जिसका विश्वव्यापी व्यवहार उन्होंने अपने संगीत में किया।

"भाषा आपकी शख़्सीयत के दरख़्त की हरी शाख़ाएँ हैं।" कहती हैं उषा की सबसे बड़ी बहन इन्दिरा। इन्दिरा यानी इन्द्रु अपने अप्पा की बड़ी लाडली थीं। उषा कहती हैं, "वे हम छह भाई-बहनों में सबसे बड़ी होने की वजह से हमेशा ड्राइविंग

सीट पर रहीं।" इन्द्रु अपने अप्पा की उठती-गिरती पलकों के हर संकेत से परिचित थीं। अप्पा को आज भी जब इन्द्रु याद करती हैं, तो विभोर मुस्कान के संग कहती हैं, "अप्पा को जानने के लिए उन्हें प्यार करना होता था। अगर आप उन्हें प्यार नहीं कर पा रहे हैं, तो ज़रूर आपका ताल्लुक़ बम्बई के अंडर वर्ल्ड से है।" अप्पा के छहों बच्चे क्यों उन पर जान छिड़कते थे, इसकी मधुर दास्तान इन्द्रु कुछ यों सुनाती हैं, "पुलिस सेवा में होने के कारण अप्पा को समय की बहुत कमी रहती थी। पर हम भाई-बहनों का दिल रखने के लिए सिनेमा या किसी अच्छे संगीत समारोह में जाने का मौक़ा वे निकाल ही लेते थे। हाँ, सिनेमा जाने के पहले उनकी हिदायत होती थी कि फालतू फ़रमाइशें वहाँ नहीं होनी चाहिए। फिर भी मध्यान्तर में चॉकलेट और आइसक्रीमवाले हॉल में आते थे, तो अप्पा से किया वायदा हम सभी भाई-बहन भूल जाते थे। आइसक्रीम-चॉकलेट का आनन्द लेने के बाद वायदा तोड़ने के संकोच में ख़ासकर मैं सिनेमा ख़त्म होने के ऐन पहले नकली नींद में डूब जाती थी। तब अप्पा मुझे लाड़ से गोद में लेकर गाड़ी में आते थे और फिर गाड़ी से गोद में उठाकर ऊपर की मंज़िल के हमारे बेडरूम में सुला देते थे।

"हमें अन्य बच्चों की तरह नियमित जेब ख़र्च नहीं मिलता था। सीमित वेतन में अप्पा कैसे सब कुछ निभाते थे, इसका दूर-दूर तक हमें इल्म न था। हर शाम को हम सभी भाई-बहनों को अप्पा के दफ़्तर से आने का इन्तज़ार बेसब्री से रहता था ताकि उनकी जेब के छुट्टे पैसे हम हथिया सकें। अब हमें लगता है कि अप्पा जानबूझ कर छुट्टे पैसे अपनी जेब में लेकर शाम को घर आते थे ताकि हम भाई-बहन उन्हें देखते ही ख़ुशी से झूम उठें और मधुमक्खी की तरह उनसे लाड़ में चिपक जाएँ।"

इन्द्रु आगे कहती हैं, "अप्पा और अम्मा के मित्रों की एक बड़ी दुनिया थी। लिहाज़ा, पिकनिक और मिलन-जुलन का समय तमाम व्यस्तताओं के बीच निकाल ही लिया जाता था। कई बार अप्पा सबको हैरानी की हद तक ख़ुश कर देते थे जब अचानक घर आकर वे अम्मा से कहते कि—'मिन! मैं पूना जा रहा हूँ। चलना हो तो तुम सब भी चलो।' फिर घंटे भर में हम सब अपनी छोटी-सी फ़ोर्ड बी.एम. एक्स-3901 कार में पूना के रास्ते में होते। इस कार पर हम भाई-बहन जान छिड़कते थे। मैं और उमा अपनी कार को लाड़ में 'गैलेंट बेस' कहते थे। उषा उस समय नन्ही-सी थी, तो अम्मा एक बड़ा-सा तकिया गाड़ी के फर्श पर डालकर उसको सुला देती थीं। उषा भी सुकून से रास्ते भर सोती रहती।" उन आकस्मिक यात्राओं के अतिरिक्त इन्द्रु घर के उत्सवों को याद करती हैं, "अप्पा के पास पैसे बेशक सीमित

होते थे लेकिन मौक़े पर वे हम भाई-बहनों का दिल ख़ुश कर देते थे। दीवाली के एक दिन पहले वे हम सबके लिये पटाखे लाते थे। वे जानते थे कि दो-चार दिन पहले अगर पटाखे ले आए गए, तो हम सब पहले ही उन्हें उड़ाकर ख़त्म कर लेंगे और ऐन दीवाली के दिन मुँह सुखाकर बैठ जाएँगे। इसी तरह 'विशुकनी' उत्सव की प्रतीक्षा भी हम भाई-बहनों को व्यग्रता से रहती थी। अम्मा इस पर्व के एक रात पहले अनाज, फल, सब्जी, घर के आभूषण और कुछ पैसे एक आइने के सामने रख देती थीं। उस दिन और रात उन सभी सामग्रियों को किसी को भी देखने की मनाही रहती थी। अगली सुबह उठकर पूरा परिवार उसे देखता था। इस मौक़े पर सुबह-सुबह हम सभी भाई-बहनों का सबसे बड़ा आकर्षण यह था कि अप्पा हम सबको एक-एक रुपये देते थे।"

इन्दु को स्मरण है कि जब उन्होंने टी.डब्लू.ए. की नौकरी शुरू की, तो अप्पा को बहुत गर्व महसूस हुआ। इन्दु को इस नौकरी में साढ़े तीन सौ रुपये मासिक वेतन मिलता था। दफ़्तर में काम का बहुत अधिक दबाव था। देर शाम तक काम निपटाने होते थे। अपने काम के प्रति समर्पण अप्पा में हद से भी ज़्यादा था। पर इन्दु पर काम का बोझ देख उनके भीतर का सहृदय पिता कभी-कभी जाग उठता था और वे कहते थे, "इन्दु! अगर परेशानी हो रही है, तो इस्तीफ़ा दे दो।" और इन्दु मुस्कराकर कहती थीं, "ये आप कह रहे हैं अप्पा, जो ख़ुद इतना काम करते हैं।" इन्दु बहुत समय तक टी.डब्लू.ए. की नौकरी में बनी रहीं। इन्दु याद करती हैं कि जब उनके बच्चे किसी बात पर ज़िद व शरारत करते और इन्दु बच्चों पर नाराज़ होतीं, तो अप्पा मुसकते हुए अम्मा से कहते, "मिन! क्या यह मुमकिन नहीं कि बग़ैर बच्चों के पोते-पोतियाँ हुआ करें।"

अपने भाई-बहनों के संग-संग, अपने बच्चों व सभी पोते-पोतियों के लिए भी उन्हें अगाध स्नेह था। उषा से ठीक बड़ी उमा याद करती थीं कि उनकी दादी यानी बम्बई पाट्टी माँ अक्सर अपनी बेटी सुशीला के विवाह-प्रसंग को लेकर भावुक हो उठती थीं। वे कहती थीं, "उमा! जब तुम्हारी सुशीला एथे (बुआ) की शादी हो रही थी, तो मैं अपनी ये सोने की चूड़ियाँ और कान की बाली बेचना चाहती थी ताकि इससे सुशीला की शादी के लिए कुछ और पैसे हो जाएँ। पर तुम्हारे अप्पा ने मेरी एक न सुनी और अपनी एकलौती बहन सुशीला की क्या शानदार शादी की।" बैद्यनाथ सोमेश्वर सामी अपने परिवार, कुटुम्ब व मित्रों के लिए एक ऐसे धरातल थे, जिस पर सबका प्रेम और दुख-सुख आश्रय पाता था। सबसे बड़ी बेटी इन्दिरा

यानी इन्द्रु के 18 साल के बेटे विजु की जब वर्ष 1980 के दिनों में करेंट लगने से मृत्यु हो गई, तो कई दिनों तक वे इन्द्रु के पास रहे। इन्द्रु को अम्मा-अप्पा ने अपनी ढाढस भरी हथेलियों में सँजोकर रखा। इन्द्रु याद करती हैं कि अप्पा ने एक बार भी उनके सामने आँसू नहीं गिराया। इसी बीच मद्रास पाट्टी माँ के गुज़रने की जब ख़बर आई, तो उन्हें मद्रास जाना पड़ा। जिस दिन वे लोग मद्रास जा रहे थे, इन्द्रु को याद है कि अप्पा दबे पाँव विजु की तसवीर के पास गए। वे खड़े थे और चुपचाप आँसुओं से भीग रहे थे।

आने वाले साल और बुरे बीते। इन्द्रु के बेटे विजु के निधन के पाँच साल बाद वर्ष 1985 में उषा के भाई त्यागराज सामी यानी बाबू की मृत्यु कैंसर से कई वर्षों के मर्मांतक संघर्ष के बाद हो गई, तो अप्पा उसे झेल नहीं पाये। आज भी उन दिनों को याद कर उषा आँसुओं से तर होने लगती हैं। 14 नवम्बर, 1985 की वह तारीख़ भी उन्हें यों ही याद है जब अस्पताल में बाबू का दम उखड़ने लगा था और आननफानन उन्हें ऑक्सीजन वग़ैरह लगाया गया था। अप्पा को अन्दाज़ा लग गया कि बाबू अब बचनेवाले नहीं। उस रात वे बहुत उदास अस्पताल से घर लौटे। नहाकर प्रार्थना की। प्रार्थना ख़त्म कर उठने के बाद उन्हें मस्तिष्क का आघात हुआ और वे कोमा में चले गए। कोमा में उन्हें क्या पता चलता कि अगले दिन यानी 15 नवम्बर को उनका बाबू चल बसा। बाबू की मृत्यु के तीसरे दिन अप्पा ने भी कोमा में ही आख़िरी साँस ली। 18 नवम्बर, 1985 को बम्बई पुलिस के एक शानदार पुलिस अधिकारी ने दुनिया छोड़ दी थी। उन्हें 21 बन्दूकों की सलामी के बीच सबसे बड़े बेटे श्याम सुन्दर ने जब मुखाग्नि दी, तो वहाँ उपस्थित बम्बई पुलिस के तमाम वरिष्ठ अधिकारी व पुलिसकर्मी भाव विह्वल हो उठे थे। अवकाश ग्रहण करने के इतने साल गुज़र जाने के बावज़ूद बैद्यनाथ सोमेश्वर सामी का अपने विभाग में अक्षुण्ण सम्मान था।

सामी सिस्टर्स

स्मृतियों की असंख्य रंग-बिरंगी चिड़ियों ने अतीत के क्षितिज को बड़े दुलार से सजा रखा है। मन में बरबस बेशुमार रंग घुलने लगते हैं। संगीत से

उषा को जितना प्रेम है, रंगों से भी उतनी ही रग़बत। जल रंगों में खेलते हैं बादल, बिजलियाँ और पानी पर कौंधती है गाती हुई एक जोड़ा चिड़ियों की परछाईं। यानी उनकी दो बड़ी बहनें। यानी मशहूर सामी सिस्टर्स—इन्दिरा व उमा। पचास के दशक में हिन्दी गानों में जहाँ लता मंगेशकर और आशा भोंसले की धूम थी, वहीं बम्बई के अभिजात आयोजनों में अंग्रेज़ी गानों के लिए 'सामी सिस्टर्स' की शोहरत थी। लता व उषा एक संग नहीं गाती थीं, लेकिन ये दोनों सगी सामी बहनें पारम्परिक भारतीय परिधान यानी साड़ी और दो चोटी बाँधकर कदम्ब जोड़ी फूल की तरह स्टेज पर खिलती थीं। उस समय के समाज में यह एकदम से नई बात थी कि दो हिन्दुस्तानी लड़कियाँ अंग्रेज़ी गाने यूरोपियन मिज़ाज से गाएँ। इन्दिरा और उमा को लोग 'भारत की ऐंड्रयूज़ सिस्टर्स' कहने लगे। दरअसल, उन्हीं दिनों तीन अमेरिकन सगी बहनें—पैट्टी ऐंड्रयूज़, लावर्ने ऐंड्रयूज़ और मैक्सेने ऐंड्रयूज़ 'क्लोज़ हारमनि सिंगिंग ग्रुप' के तौर पर गाती थीं। अमेरिका में यह 'स्विंग और बुगी-वुगी' संगीत का मस्त दौर था। तीनों बहनों ने एक संग गाकर वहाँ ऐसा जादू जगाया था कि उनके 75 मिलियन रिकॉड्र्स यानी बेशुमार रिकॉड्र्स बिके। ऐंड्रयूज़ सिस्टर्स ने सन् 1925 से सन् 1968 तक गाया। वहीं इन्दिरा और उमा ने सन् 1950 से सन् 1968 तक गाया। पर वह 18 साल अविस्मरणीय हो गया।

इन्दिरा और उमा से दस-बारह साल छोटी उषा अप्पा-अम्मा के संग अपनी बड़ी बहनों के हर शो को देखने जाने के लिए सुबह से मुस्तैद रहती थीं। इन्द्रु और उमा में उम्र का ज़्यादा फ़ासला नहीं था। उस समय इन्द्रु 23 साल की थीं और उमा 21 साल की। दोनों की शादी भी तब तक नहीं हुई थी। दोनों पढ़ाई ही कर रही थीं। इन्दिरा यानी उषा की इन्द्रु दीदी जहाँ बम्बई के 'सेंट ज़ेवियर्स' कॉलेज से अंग्रेज़ी में बी.ए. (ऑनर्स) की पढ़ाई कर रही थीं, वहीं उमा ने मेडिकल की पढ़ाई के लिए 'किंग एडवर्ड मेमोरियल हास्पिटल' से सम्बद्ध 'गोवर्धन दास सुन्दर दास मेडिकल कॉलेज' में बस दाख़िला ही लिया था। परिवार में संगीत के दीवाने अपने-अपने अन्दाज़ में सभी थे। इसी संगीत प्रेम के कारण शुरू में इन्दिरा व उमा ने कर्नाटक संगीत सीखने की ठानी और कर्नाटक संगीत के सिद्ध शिक्षक पातु वाजध्यार से कुछ समय तक प्रशिक्षण भी लिया। पर संग-संग दोनों अंग्रेज़ी गानों के लिये भी जान छिड़कती थीं। रेडियो सीलोन का अंग्रेज़ी गानों का कार्यक्रम इन्दिरा और उमा के लिये सबसे प्रिय था। शायद यही वजह हुई कि दोनों ने कर्नाटक संगीत का अभ्यास जल्दी ही छोड़ दिया और अंग्रेज़ी गानों पर ख़ुद

को पूरी तरह केन्द्रित किया। उषा बचपन की उन छवियों की आवाजाही से सुखद रोमांच पाती हैं, जब बम्बई के सभागारों में अप्पा-अम्मा की गोद में बैठ वे चोटी लहराती अपनी दोनों प्यारी बड़ी बहनों को झूम-झूमकर तन्मय गाते हुए देखती थीं। उनमें दो-तीन गाने तो उन्हें आज भी शब्दशः याद हैं क्योंकि घर में इन्दिरा व उमा उन गानों का रिहर्सल करती थीं। बहनों को गानों का रियाज़ करते देखना और शो में उनका रुतबा निहारना छोटी-सी गुटुमुटु उषा को बेहद कौतूहलपूर्ण और सम्मोहक लगता था। उस समय भला उन्हें क्या पता होता कि कौन-सा गाना किसका है। ऐसा ही एक इर्विंग बर्लिन का गाना था, 'सिस्टर्स-सिस्टर्स', उन्हें यह बहुत अच्छा लगता था...

सिस्टर्स...सिस्टर्स
देअर वेयर नेवर
सच डिवोटेड सिस्टर्स!
दोज़ हू हैव सीन अस
नो दैट नॉट अ थिंग कुड कम
बिटिविन अस...
सिस्टर्स...सिस्टर्स!!

इन्दिरा व उमा जब शो के लिए तैयार हो रही होती थीं, तो उल्लास में छोटी-सी उषा दोनों बहनों की साड़ी के प्लीट अपने हिसाब से ठीक करतीं। इन्दिरा व उमा के हाई हील वाले जूते भी उषा को बहुत भाते थे। इन्दिरा व उमा के अधिकतर शो 'पुलिस क्लब', 'क्रिकेट क्लब ऑव इंडिया', 'नेशनल स्पोर्ट्स क्लब ऑव इंडिया' तथा 'कैथलिक जिमख़ाना' में होते थे। दोनों बहनें अंग्रेज़ी गानों में एकलौती थीं। बम्बई की बहुत-सी संस्थाओं से शो के वास्ते उन्हें आमंत्रण की झड़ी-सी लगी रहती थी। पर बैद्यनाथ सोमेश्वर सामी को बम्बई के चुनिन्दा सुसंस्कृत-शालीन मंचों के अतिरिक्त अपनी बेटियों का कहीं और गाना मंजूर नहीं था। बहरसूरत, इन कार्यक्रमों के ज़रिये 'सामी सिस्टर्स' के अनूठेपन का बहुत तेज़ी से मौखिक प्रचार हुआ। श्रीलंका तक इन्दिरा व उमा की माँग बढ़ गई। कार्यक्रमों की प्रस्तुति के पारिश्रमिक के तौर 'सामी सिस्टर्स' की फ़ीस थी—फूलों को गुलदस्ता। कार्यक्रम के अन्त में दोनों बहनें आयोजकों के हाथों फूलों का गुलदस्ता लेते हुए मुस्कान बिखेर कर कहती भी थीं, 'हम इसलिए गाते हैं कि आपके जीवन की शाख़ें फूलों से लद जाएँ।

फिर हमें भी कुछ फूल मिल ही जाएँगे।' श्रोताओं को पता होता था कि इसके बाद सामी सिस्टर्स यह एक गाना गाकर अपने शो को परवान चढ़ाते हुए निकलेंगी :

ओह! वी ऐंट गॉट अ बैरल ऑव मनी
मे बी वी आर रैग्ड ऐंड फ़नी
बट वी ऑल ट्रैवल अलॉन्ग
सिंगिंग अ सॉन्ग साइड बाइ साइड!
डोंट नो ह्वाट इज़ कमिंग टमॉरो
मे बी इट्स ट्रबल ऐंड सॉरो
शेयरिंग अवर लोड, साइड बाइ साइड॥

इन्दिरा व उमा के संग बम्बई के 'हॉलग्रीन्स' और उनका चिक बैंड चॉकलेट, गुडी सिरवल, केन मैक, मॉरिस कॉनसेसियो और मिकी कोरिया नायाब संगत कर दोनों बहनों की अनूठी पश्चिमी गायन शैली को परवान चढ़ाते थे। 'हॉलग्रीन्स' उन दिनों का मशहूर एंग्लो-इंडियन बैंड था। दोनों बहनों की अलग-अलग ख़ूबियाँ थीं, जो एक संग मिलकर शामों को ग़ज़ब सुरमई कर देती थीं। इन्दिरा की आवाज़ भारी और मखमली थी। बेहद गर्मजोशी से भरी हुई। वहीं उमा की आवाज़ चुहल से भरी रेशम-सी कोमल थी। वे पारसी-गुजराती थिएटर से भी जुड़ी थीं। अपनी प्रस्तुतियों के लिए उमा ख़ुद गाने भी लिखती थीं। सन् 1970 में उनका लिखा गाना 'बॉम्बे मेरी है' सुपर हिट रहा और आज तक लोगों की ज़बान पर है। 'बॉम्बे मेरी है' 45 आर.पी.एम. के छोटे तवे पर आया था। उमा का गाया एक गोअन गाना—'ही पोरी नोनाची' और अंग्रेज़ी में गाया—'बॉम्बे डक' आज भी पुराने लोग याद करते हैं। उमा जो भी करती थीं, जान लगाकर करती थीं। इसलिए उनके बहुत-से गाने आज भी वही तासीर रखते हैं। माहौल के हिसाब से गानों को बड़ी ख़ूबसूरती से पलटकर पेश कर देने का क़रिश्मा उमा में अद्‌भुत था। इन्दिरा व उमा ने सत्तर के दशक तक ख़ूब गाया। फिर धीरे-धीरे दोनों बहनें अपनी नौकरी व घर-गृहस्थी में मसरूफ़ हो गईं। पर पुराने समय के बहुतेरे लोग सामी-सिस्टर्स के गाये कुछ चुनिन्दा गाने—'ऑटम लीव्स', 'माइ हार्ट बिलांग्स टू डैडी', 'बीसेम मुचो', 'हलो डॉली' और 'आइ लेफ़्ट माइ हार्ट इन सैनफ्रांसिस्को' आज भी याद करते हैं। उस बीते वक़्त को याद करते हुए इन्दिरा कहती हैं, "सन् 1954-55 में जब बम्बई पुलिस क्लब के सेक्रेटेरी मि. सैक्सबी ने मेरे और उमा के गाने रेडियो

सीलोन पर सुने, तो उन्होंने क्रिसमस के मौक़े पर हम दोनों को पुलिस क्लब में गाने के लिये अप्पा से अनुरोध किया। अप्पा मान गए। क्रिसमस के बाद नया साल आया। इसके लिए भी हमने पुलिस क्लब में 'हॉलग्रीन्स' बैंड के साथ गाया। उश तब बहुत छोटी थी। उषा को हमेशा से प्यार में मैं उश ही बुलाती रही हूँ। वह मुझ से ग्यारह साल छोटी है। अप्पा और अम्मा के संग उश भी हमारे कार्यक्रमों में आती ही आती थी। हमारे अधिकांश कार्यक्रम चैरिटी शो ही होते थे। 'होटल ताज' में क्रिसमस पर भी हम गाते थे। मुझे याद है, वर्ष 1957 में पहली बार बम्बई से बाहर हम गाने निकले थे। दरअसल, हम दोनों बहनों यानी मुझको और उमा को क्रिसमस के अवसर पर तीन दिनों तक गाने के लिये कलकत्ता के 'मौनसून स्क्वायर गार्डेंस' में बुलाया गया था। अम्मा हम दोनों बहनों के संग कलकत्ता गई थीं। सन् 1962 तक उमा और हम साथ गाते रहे थे। पर शादी के बाद जब मेरी पारिवारिक व्यस्तता बढ़ गई, तो 'सामी सिस्टर्स' की जोड़ी टूट गई। फिर कभी हम दोनों का डुएट नहीं हुआ। यों भी कुछ समय बाद मेरे पति का तबादला कलकत्ता हो गया। कलकत्ता में मैंने अकेले गाना शुरू किया। पहले कलकत्ता के 'फ़्लरीज नाइट क्लब' में मुझे गाने का प्रस्ताव मिला। एक शाम वहाँ 'ओबेराय होटल' के मैनेजर ने मुझे सुना। उन्होंने मुझे 'ओबेराय' में गाने का प्रस्ताव दिया। पर मेरे बच्चे छोटे-छोटे थे। इसलिए हमने 'ओबेराय' में हफ़्ते में दो दिन यानी शुक्रवार और शनिवार को गाना शुरू किया। ये सन् 1969 के दिन थे। इसी समय उश ने कलकत्ता के 'ट्रिंकास' में गाना शुरू कर दिया था। कुछ समय कलकत्ता के 'हिन्दुस्तान इंटरनेशनल होटल' में भी मैंने गाया।"

स्मृतियों की तरतीब करते हुए इन्दिरा श्रीनिवासन आगे कहती हैं, "वर्ष 1972 में मेरे पति का तबादला दिल्ली हो गया। दिल्ली के 'होटल अशोका' वालों ने मुझे प्रस्ताव दिया कि अगर मैं गाने को राजी होऊँ, तो वे अपने यहाँ नाइट क्लब शुरू कर सकते हैं। 'अशोका' प्रबन्धन को भी मैंने हफ़्ते में शुक्रवार और शनिवार की तारीख़ दी। और इसके साथ ही 'होटल अशोका' में पहली बार 'सपर क्लब' नाम से एक नाइट क्लब की शुरुआत हुई। तीन वर्षों तक मैं दिल्ली के 'अशोका' में गाती रही और बीच-बीच में सोलो-शो करने बाहर-बाहर भी जाती रही। देश के चारों महानगरों मसलन—दिल्ली, बम्बई, कलकत्ता और मद्रास में उमा, उषा और मेरा सोलो-शो चलता ही रहता था। यह वर्ष 1980 तक चला। मेरा चार गानों का बस एक रिकॉर्ड 'वी शैल नॉट बी मूव्ड' आया। वर्ष 1996 में अपने पति ज़िमी

आर्देशर पोचा के गुज़रने के बाद उमा ने गाना बन्द कर दिया था। उमा का भी सिर्फ़ एक रिकॉर्ड 'बॉम्बे मेरी है' आ सका।"

82 वर्षीया इन्दिरा श्रीनिवासन अपने पति के संग बेंगलुरु में रहती हैं। अभी भी लोगों के विशेष आग्रह पर वे कभी-कभार 'सोलो-शो' कर लेती हैं। बेंगलुरु के कैथलिक क्लबवालों की बहुत ज़िद पर 16 जुलाई, 2019 को उन्होंने एक सोलो-शो किया। पर वे कहती हैं कि उन्होंने और उमा ने उश की तरह म्यूज़िक के लिए पूरा समय नहीं दिया। इन्दिरा अपनी अम्मा को याद करते हुए कहती हैं, "अम्मा हम चारों बहनों से कहीं अधिक सुरीली थीं। 'ट्रिंकास' के संचालक ओमी पुरी कहते थे कि तुम सभी सामी बहनें अपनी अम्मा की आवाज़ के आगे फीकी हो।" इन्दिरा को लगता है जैसे यह सब बस कल की बातें हों। वे कहती हैं, "अम्मा और अप्पा दोनों ग़ज़ब के संगीत प्रेमी थे। अप्पा नियमित रूप से गानों के रिकॉड्र्स ख़रीदते थे। इस तरह हमारे घर में 18 आर.पी.एम. के अजस्त्र रिकॉड्र्स जमा हो गए थे। बम्बई के हर म्यूज़िक प्रोग्रैम में हमारी तबीयत हो न हो, अप्पा ज़िद कर हमें साथ ले जाते थे।" इन्दिरा की स्मृतियों में मानो पतझड़ के पत्ते बरबस झरते हैं, उनके सबसे प्रिय गाने 'ऑटम लीव्स' की पंक्तियों की तरह :

द फ़ॉलिंग लीव्स
ड्रिफ़्ट बाइ माइ विंडो
द ऑटम लीव्स ऑव रेड एंड गोल्ड
आइ सी यॉर फ़ेस
द समर किसेज़
द सन बर्न्ट हैंड
आइ यूज़्ड टू होल्ड...

कितने दशक बीत गए अब तो! सामी सिस्टर्स को बहुत सुन चुके पश्चिमी संगीत के पुराने दीवानों का मानना है कि वे दस साल और भी पूरे ठाठ से गा सकती थीं। इन्दिरा व उमा ने कई सोलो कार्यक्रम भी किए थे और वे भी बेहद सराहे गए थे। पर कला की कोई भी विधा निरन्तरता की माँग करती है। आप एक अच्छे सिंगर हैं, यही महत्त्वपूर्ण नहीं। इसके लिए जीवनपर्यन्त समर्पण आवश्यक है। अपने गाने के नैरन्तर्य को सामी सिस्टर्स ने शिथिल कर दिया। हालाँकि, दोनों बहनों में ग़ज़ब की प्रतिभा थी। कम समय में ही दोनों को भरपूर शोहरत भी मिली। पर अपने गाने

के करिअर को दोनों ने शायद गम्भीरता से नहीं लिया। इसलिए अपने जीवनकाल में ही संगीत की दुनिया के वास्ते वे अतीत की एक कथा बनकर रह गईं। सामी परिवार के सदस्यों का मानना है कि दोनों बहनों की जोड़ी बदस्तूर क़ायम रह सकती थी, क्योंकि विवाह के बाद भी दोनों बहुत समय तक बम्बई में ही थीं। इन्दिरा यानी इन्दु के पति एन. श्रीनिवासन जहाँ बम्बई में 'एस्बेस्टस सीमेंट' के प्रबन्ध निदेशक थे, वहीं इन्दिरा टी.डब्लू.सी.ए. की नौकरी में थीं। चीनू यानी इन्दिरा के पति एन. श्रीनिवासन ने हमेशा इन्दिरा को संगीत के लिए प्रोत्साहित किया। उमा पेशे से डॉक्टर थीं और उनके पति ज़िमी आर्देशर पोचा बम्बई पारसी थिएटर के अच्छे कलाकार थे। आदी मर्ज़बान के पारसी थिएटर में वे काम करते थे। अपने पति ज़िमी पोचा के अनुरोध पर उमा ने गुजराती-पारसी थिएटर के लिए भी काफ़ी गाया। पर खनकती मस्त चुहल भरी आवाज़ की धनी उमा यानी डॉ. उमा आर्देशर पोचा अपने चिकित्सकीय पेशे में तल्लीन हो गईं। सामी सिस्टर्स का वह दौर इस तरह थम-सा गया। यह ग़ज़ब का इत्तफ़ाक़ ही मानना होगा कि इन्दिरा व उमा का जब ठहराव हो ही रहा था कि उनकी छोटी बहन उषा ने संगीत की बागडोर थाम ली। उषा, जिन्होंने न तो अपनी दोनों बड़ी बहनों की तरह अल्पकाल के लिए भी संगीत का कोई प्रशिक्षण लिया था, न ही उनके परिवार से लेकर मित्र व परिचितों ने कभी कल्पना की थी कि वे माइक थामेंगी और दशक दर दशक धूम मचाती रहेंगी। इन्दिरा व उमा ने अनेक शानदार प्रस्तुतियों के संग अपनी पहचान बनाकर भी संगीत को जीने-मरने की तरह नहीं अपनाया। उषा ने बग़ैर सीखे संगीत को बहुत गम्भीरता से लिया और संगीत को पूरे समर्पण से जिया। संगीत के ज़रिये उन्हें आगे क्या मिलेगा, इसको लेकर उन्होंने कभी फ़िक्र-परवाह नहीं की। उषा ने बम्बई के जे.जे. स्कूल ऑव आर्ट्स से पढ़ाई की थी। रंग और कैनवस उनका संसार हो सकता था। पर सब कुछ एक दूसरी दिशा में अनायास होता चला गया। उषा ने अपने मन के कैनवास पर सुर के रंग बिखेरने शुरू किए। अपनी बड़ी बहनों जैसी आभा उनमें बढ़-चढ़कर समय के साथ परवान चढ़ती गई।

'रेडियो सीलोन', 'बीबीसी' तथा 'वॉयस ऑव अमेरिका' सुनना उषा को प्रिय था। पर मूलतः रेडियो सीलोन उषा का मार्गदर्शक था। इसी पर उन्होंने मशहूर पश्चिमी अफ़्रीकन सिंगर हैरी बेला फ़ोन्टे को सिर्फ़ जमकर सुना ही नहीं, उन्हें भरसक साधा। और सिर्फ़ हैरी बेला फ़ोन्टे ही नहीं, अमेरिकी सिंगर फ्रैंक सिनाट्रा, एलविस प्रेजली, भारत में जन्मे और ब्रिटेन में रह रहे सिंगर क्लिफ़ रिचर्ड और

अमेरिकन सिंगर एला फ़िट्ज गेराल्ड और ऐसे कई संगीत महारथियों का सुर उषा को बहुत भाता या। उषा ने अनवरत इन दिग्गजों की आवाज़ों को मन में भिगोया। अंग्रेज़ीदां लोग उन दिनों इन गायकों को मुस्तैदी से सुनते थे। पर आम भारतीय जन इन गायकों से परिचित नहीं थे। उषा के अम्मा-अप्पा भी अंग्रेज़ी गाने सुनते थे लेकिन उनके प्रिय गायकों में भारतीय शास्त्रीय संगीत के गायक कुमार गन्धर्व, पंडित जसराज, डाबर ब्रदर्स, किशोरी अमोनकर, के.सी. डे और के.एल. सहगल थे।

उषा स्कूली दिनों से गिटार बजाती थीं। उनके भाई श्यामसुन्दर भी गिटार व बाँसुरी बजाते थे। दूसरे भाई त्यागराज यानी बाबू भी गिटार बजाते थे। नाइट क्लबों में जब गाने की उषा ने शुरुआत की, तो उनकी आरम्भिक घबराहट को दूर करने में गिटार उनका हमदम था। वे भी सामी सिस्टर थीं और उनमें भी 'सामी-मैनेरिज़्म' की ख़ानदानी मीठी छौंक थी। श्रोताओं से गाने में संवाद बना लेने की कला उषा ने अद्भुत विकसित की। गाने लिखने और उस पर धुन बनाने की प्रेरणा अपनी डॉक्टर बहन उमा पोचा से उषा ने ली थी। मन के तार को छूते हुए हृदय को पुलकित करनेवाले गाने लिखने में उमा को क़ुदरती महारत मिली हुई थी। 'बॉम्बे मेरी है' सरीखे गाने इसके उदाहरण हैं। इस तरह गाने के अपने शुरुआती दिनों से उषा ने ख़ुद के लिए कई गाने लिखे। एक तरफ़ जहाँ वे मशहूर अंग्रेज़ी गाने गाती थीं, उन्हीं के बीच ख़ुद के लिखे गानों को भी श्रोताओं के बीच आजमाती थीं। उषा के माता-पिता इन्दिरा व उमा के नाइट-क्लब में जाकर गाने के बारे में कभी सोच भी नहीं सकते थे। बैद्यनाथ सामी ने 'पुलिस क्लब', 'क्रिकेट क्लब' और 'कैथलिक जिमख़ाना' सरीखी अभिजात जगहों के अतिरिक्त इन्दिरा व उमा को गाने की अनुमति कभी न दी थी। पर उषा के संग सब कुछ इसके उलट हुआ। उनकी शुरुआत ही नाइट क्लब में गाने से हुई और आगे कलकत्ता आकर भी उन्होंने नाइट क्लब 'ट्रिंकास' में ही गाना जारी रखा। मद्रास और बम्बई से लेकर कलकत्ता महानगर तक संघर्ष के अनेक पड़ाव आए। पर उषा ने कभी अपने संघर्ष और उन आन्तरिक उद्वेलनों का कहीं ज़िक्र नहीं किया, जिनसे होकर उन्हें गुज़रना पड़ा। उन्होंने हमेशा अपनी प्रस्तुति की भरपूर क़ामयाबी और अन्ततः अपने स्वांतः के आनन्द के लिए भाव-भावांतर में स्वयं को बार-बार विलीन किया। कुछ इस तरह विलीन, जो आत्मा के संगीत और सहज आनन्द के लिए नित्य नई उत्सुकता जगानेवाला तो था ही, संवेदना के नये पहलुओं का स्पर्श करने की तीव्र आकांक्षा जगाने जैसा भी था।

उनके मन में शुरू से यह बात साफ़ थी कि अन्तिम निष्कर्ष है—आपकी प्रस्तुति। ख़ुद उषा के शब्दों में 'अल्टीमेट इज़ द पर्सनैल्टि ऑव परफ़ारमेंस'। आप श्रोताओं के सामने अपने संघर्ष की दर्द भरी दास्तान चाहे जितनी भी सुना लें लेकिन आपकी परख अन्ततः प्रस्तुति से ही होगी। इसलिए उषा ने हमेशा अपने हर शो को ज़िन्दगी के आख़िरी शो की तरह किया। यही वजह है कि उनके पूरे शो के दौरान श्रोता समूह धरती से आकाश तक फैली अनूप ध्वनियों से एकमेक होते रहते हैं। श्रोता समूह कभी अलीबाबा की रहस्यमय गुफा में 'खुल जा सिम-सिम' के जादू समेत बिट्ल संगीत के करिश्मे में दाख़िल होता है, कभी 'रघुपति राघव राजा राम' के भजन के ज़रिये वर्षा से धुली सुबह में होने की अनुभूति में होता है, तो कभी 'शान से' और 'रम्भा हो' के साथ हवा-तूफ़ान से चौंकते हुए अपने भीतर प्यार के अपरम्पार मकरन्द को झरता महसूस करता है। कभी अनेक संस्कृत श्लोकों से अलंकृत उषा की पंचामृत-सी गहन 'गणपति वन्दना' का प्रसाद, तो कभी चरम धूम-झूम की झंकार, जो बारूद के फूल की तरह आकाश में उड़ते हुए आख़िरकार हरसिंगार व चम्पा फूल में तब्दील होकर पुलकित पखेरू बन जाते हैं। उषा का शो जादूगर पी.सी. सरकार के शो की तरह कौतूहल, उल्लास, रोमांच, उद्वेग, उद्गार, प्यार, मुस्कराहट और मुँहअँधेरे जागती चिड़ियों के मधुर कलरव की तरह होता है। पर यह सब कुछ श्रोताओं के संग उनके आत्मीय संवाद की माला में गुँथा होता है।

अपनी अलग आवाज़ के साँचे में अपने अस्तित्व की मिट्टी से स्वयं को गढ़कर अपनी यात्रा कैसे तय करनी है, यह उन्हें शुरू दिन से मालूम था। उषा को यह भी पता था कि गीता दत्त, लता मंगेशकर और आशा भोंसले सरीखी कोमल-पतली आवाज़ को सुनने के आदी भारतीय श्रोताओं में अपनी भारी आवाज़ को मान्यता दिलाना आसान न होगा। इसका एक ही रास्ता था और वह यह कि हर उपेक्षा व नापसन्दगी को क़बूल करते हुए अपने लक्ष्य पर आख़िरी साँस तक अडिग रहना। उषा को इस सबके लिए कोई जल्दी नहीं थी। पर धीरे-धीरे उनका संकल्प रंग लाने लगा। एक संभ्रान्त परिवार की लड़की 'नाइट क्लब' में नियमित गायेगी, उस ज़माने में यह कल्पना भी असम्भव थी। पर ईश्वर ने उषा के लिये ऐसा नक्शा बनाया हुआ था, जिसमें सिर्फ़ हैरान रास्ते थे। उषा ने अपने माता-पिता को भी सहमत किया कि अगर नरक भी हो, तो वहाँ गरिमा में गाने से कोई अपमान नहीं। नाइट क्लबों में उषा के संगीत को नाइट क्लब जानेवाले लोगों ने बहुत पसन्द किया। नाइट

क्लब में गानेवाली सिंगर अश्लील होती हैं, इस धारणा को पहले चरण में ही उषा ने ख़त्म कर दिया। धीरे-धीरे 'म्यूज़िक इंडस्ट्री' में उनका नाम फैलने लगा। उनकी इस पहचान में 'सामी-सिस्टर्स' का सन्दर्भ कहीं नहीं था। वे संगीत की एक नई परम्परा की पहली पहचान के रूप में उभर रही थीं।

सत्तर के दशक में उषा की सबसे छोटी बहन माया ने भी अपनी शादी के पहले से गाना शुरू कर दिया था। माया क़द-बुत और आवाज़ में उषा की प्रतिलिपि हैं। यही वजह है कि कई अपरिचित उन्हें यह कहते हुए अचानक टोकते हैं, "आप उषा उथुप की एकदम सगी बहन जैसी लगती हैं।" और तब माया हँसते हुए कहती हैं, "सगी बहन जैसी नहीं, एकदम उनकी सगी बहन हूँ।" उषा की तरह ही माया की आँखें भी बहुत भावप्रवण और सुन्दर हैं। माया के लिए उषा को बेइन्तिहा प्यार है। दरअसल, माया उनकी माँगी हुई मुराद हैं। इसका मनोहर प्रसंग कुछ यों है कि माया का जब जन्म होनेवाला था, तो अम्मा से चिपककर उषा कहतीं, "अम्मा! मुझे बहन चाहिए।" वहीं छूटते हुए उषा के भाई त्यागराज यानी बाबू अम्मा के पेट को छूकर कहते, "नहीं अम्मा! मुझे एक छोटे भाई की ज़रूरत है।" उषा और बाबू की इस बालसुलभ ज़िद पर अम्मा मुसकती रहतीं। और जब माया का जन्म हुआ, तो जहाँ उषा ख़ुशी से उछल रही थीं, वहीं बाबू कई दिनों तक अम्मा से मुँह फुलाये रहे कि अम्मा ने उनकी इच्छा अनसुनी कर उषा की इच्छा क्यों पूरी कर दी। उषा बिहँसकर कहती हैं, "इन्द्रुदी के बाद उनकी कम्पनी देने के लिए उमादी हुईं। उनके बाद मेरे भाई श्यामसुन्दर हुए। श्यामसुन्दर यानी शामू को कम्पनी देने के लिए भाई त्यागराज यानी बाबू का जन्म हुआ। छह भाई-बहनों में पाँचवें नम्बर पर मैं आई। सम्भवत: मैं अम्मा-अप्पा की भूल थी। हालाँकि, मेरी अम्मा कहती थीं—उषा मेरी सबसे गुड बेबी है। शायद मेरी भूल की भरपाई और मुझे कम्पनी देने के लिए माया का जन्म हुआ।"

उषा से माया छह साल छोटी हैं। दोनों बहन के संग-संग मित्र भी हैं। जिस तरह उषा को कपड़े सिलने और कपड़ों पर इस्तिरी करने का शग़ल है, उसी तरह का शग़ल माया को भी है। ड्राइ क्लीनर के यहाँ से आए कपड़ों को भी जब तक वह ख़ुद से एक बार इस्तिरी नहीं कर लेतीं, उषा की तरह ही माया को भी तसल्ली नहीं होती। बचपन में उषा व माया 'ललिता ऐंड गीता' का खेल भी खेलती थीं। माया 'ललिता' बनती थीं और उषा 'गीता'। इस खेल में दो बहनों यानी ललिता व गीता का एक से एक रोचक अन्त: स्फूर्त्ति संवाद होता था, जिसमें आइसक्रीम व

बबलगम से लेकर सिनेमा व क्रिकेट तक पर मस्त बातचीत होती थी। 'ललिता ऐंड गीता' का यह रोचक घरेलू-शो देखने के लिये उषा व माया के भाई-बहनों के अलावा लवलेन वाले बँगले में रहनेवाले उनके अप्पा के हाली-मुहाली भी उत्सुक रहते थे।

एक ही स्कूल परिसर में पढ़नेवाली उषा और माया की स्कूल की छुट्टी के बाद की मस्ती भी साझा थी। मसलन, बबलगम के दो टुकड़े कर खाने से लेकर स्कूल गेट पर डटे खोमचेवालों से मूँगदाल व समोसे ख़रीदना। सीमित जेबख़र्च के बावज़ूद इस साझे ख़रीद-फरोख़्त में ख़ासी बरक़त थी। एक मुस्लिम भैया 'प्याली' की दुकान लगाए रहते थे। प्याली यानी कप में सफ़ेद मटर का चाट...इमली रस, धनिया पत्ता और आलू के टुकड़ों से भरपूर। बारिश में बीमार पड़ने का हमेशा ख़तरा रहता है—कहती थीं अम्मा। इसलिए बारिश के दिनों में कुछ भी बाहर न खाने की हिदायत देती थीं अम्मा। पर स्कूल में छुट्टी के बाद उषा व माया के मुख में पानी भरने लगता था। फिर तो कभी प्याली, कभी दस पैसे में तरबूज का तथाकथित लाल रस और कभी मलाई बरफ़। कभी बेर, तो कभी बुड्ढी के बाल। इस घनघोर रसास्वादन का समापन 'तीन टुकड़ा' के छोटे-से पैकेट से होता, जिसमें मीठी सुपाड़ी के तीन टुकड़े होते। माया कहती हैं, "जब छुट्टी के बाद कभी उषा अपनी दोस्तों से घिरी होतीं और मैं उनके पीछे लटकी रहती, तो वे कहतीं—तुम जाओ, मैं आती हूँ। पर तब मेरी शर्त होती—तुम एक प्याली मुझे ले दो, मैं घर चली जाऊँगी। मजबूर होकर उषा को तब मेरे लिए एक प्याली ख़रीदनी ही पड़ती।" माया कहती हैं, "सचमुच, वे स्वाद के बड़े अनमोल दिन थे।" माया को याद है, शुरू-शुरू में जब उषा बम्बई में अपने प्रिय बैंड 'कंकरर्स' के संग गाती थीं, तो ज़्यादातर वे उनके साथ उन्हें सुनने जाती थीं।

माया याद करती हैं कि जब उषा कोचीन और फिर कलकत्ता चली गईं, तो दोनों बहनों में नियमित पत्रचार होता रहा। और यह पत्र कोई एक-दो पृष्ठ का नहीं, पन्द्रह-बीस पृष्ठों का होता था, जो कम से कम एक हफ़्ते में पूरा होता। इसको लेकर अप्पा चुटकी लेते हुए हँसकर कहते थे, "मुझे तुम दोनों पोस्टकार्ड या ज़्यादा से ज़्यादा अन्तरदेशीय पत्र लिखना बाबा! बीस पेज़ की चिट्ठी पढ़ने का मुझे धैर्य नहीं।" उषा व माया के पास आज तक वे चिट्ठियाँ धरोहर की भाँति सुरक्षित हैं। उषा को अपनी छोटी बहन के लिए आज भी वह बचपन जैसा ही दुलार है। माया कहती हैं, "कुछेक बार जब हम सभी सामी बहनें स्टेज पर साथ गाने के लिए जुटीं, तो उषा ने बड़े उमंग से मेरे बारे में परिचय दिया—ऐंड नाउ माइ बेबी सिस्टर

माया! और इसके बाद पचास पार की बेबी सिस्टर को देख लोग मुस्करा पड़ते।" ज़्यादातर अंग्रेज़ी, फ्रेंच और स्पेनिश में गानेवाली माया का अन्दाज़ अपनी बड़ी बहन उषा सरीखा है। अपनी सभी बहनों की तरह वे भी साड़ी, चूड़ी और बिन्दी के परिधान में मंच पर आती हैं। सामी-सिस्टर्स वाला मैनेरिज़्म भी उनमें है। पर बतौर सिंगर वे उषा की तरह निरन्तरता नहीं निभा पाईं और एडवर्टाइज़िंग के क्षेत्र में चली गईं। इस तरह संगीत की धुन को लेकर अपनी सभी सुरमयी बहनों में बस एक टिकी रह गईं—उषा! गर्व से उषा कहती रही हैं, "हाँ, मैं गैलरी के लिए गाती हूँ। पाँच रुपये के टिकट वाले शो में और दस हज़ार रुपये के टिकट वाले शो में भी।" अपने करिअर की शुरुआत के कुछ साल बाद उषा कहने लगी थीं कि दस साल बाद सब देखेंगे कि गैलरी में कौन-कौन नहीं गा रहा है। बीतते समय के साथ उनकी बात साबित हुई।

"मैं बर्बाद होने की ज़िद में रही क्योंकि मेरे पास प्यार की धरती और विश्वास का आकाश था।" अनवरत पाँच दशकों की अपनी संगीत-यात्रा पर कहती हैं उषा, "जीवन में तमाम दुखों के बावज़ूद राग है, रस है, लय है और सुन्दरता है—अपनी यह बात संगीत के ज़रिये बताने की मैंने हमेशा कोशिश की।" उषा को याद है, इन्दिरा व उमा इसी भाव से डॉरिस डे के गाने 'सेंटीमेंटल जर्नी' को कितने अनूप अनुराग से गाती थीं...

गोन्ना टेक अ सेंटिमेंटल जर्नी
गोन्ना सेट माइ हार्ट ऐट्ट ईज़
गोन्ना मेक अ सेंटिमेंटल जर्नी
टू रिन्यू ओल्ड मेमोरीज़।

पुरानी स्मृतियों में प्रवेश करना, उसका नवीनीकरण करना मधुर भी है और रोमांचक भी। सोचती हैं उषा कि संवेदना और स्मृति बरबस बीते समय को कितने समीप ला देती है। उषा को याद आती है वह दोपहरी जब कभी आपे से बाहर न होनेवाले अप्पा ने ग़ुस्से में एक दिन खाने का प्लेट उठाकर फेंक दिया था। वह कोई छुट्टी का दिन था और अप्पा घर में थे। अप्पा के लिए खाने की थाली लेकर अम्मा उनके कमरे में गईं। उपयुक्त अवसर जानकर अम्मा ने धीमी आवाज़ में कहा, "उमा ने शादी का फैसला किया है।"

"किससे?"

"एक पारसी लड़का है—ज़िमी आर्देशर पोचा। वह थियेटर करता है। उमा उसको पसन्द करती है।"

फिर झन्न की तेज़ आवाज़ हुई। अप्पा ने खाने की थाली बीच में ही फेंक दी। अम्मा सिसक रही थीं। आवाज़ सुन 12-13 साल की उषा कमरे में भागती हुई पहुँची। अप्पा के चेहरे पर पहली बार इतनी भयानक नाराज़गी उषा ने देखी। सिसक रही अम्मा ने उषा को अपनी बाँहों में भींच लिया था। अप्पा ने भी अपने आपको फ़ौरन भरसक सहज किया और उठकर उषा के सिर पर दुलार से हाथ फेरा। उषा ने देखा, उस समय उनकी आँखें नम थीं। अप्पा और आँसू! यह भी उषा के लिए एक असम्भव क्षण था। शाम को इन्दुदी और अम्मा की बातचीत से उषा को पता चला कि पारसी थिएटर के एक ऐक्टर जमशेदजी आर्देशर पोचा यानी ज़िमी से उमादी शादी करने जा रही हैं। दो बातों से अप्पा बेहद आहत हुए थे। पहला तो यह कि इन्दु सबसे बड़ी थीं और उनकी शादी के पहले उमा विवाह करने जा रही थीं। दूसरा यह कि अपने समुदाय से बाहर उमा का विवाह अप्पा को नागवार लग रहा था। बहरहाल, अप्पा तो उमा की शादी में नहीं गए लेकिन अम्मा व बच्चों को शादी के मौक़े पर जाने को कहा। उमा की शादी 'मीराबेल' नामक एक छोटे-से होटल में रखी गई थी। तमाम नाराज़गी के बावजूद अप्पा ने उमा के लिये इस अवसर पर एक गुलदस्ता भिजवाया था। वह सन् 1961 की एक शाम थी। उषा को उमादी की शादी की वह शाम आज भी हू-ब-हू याद है। और स्नेह से भरे अप्पा की कसक भी। कुछ दिनों बाद अपनी तमाम नाराज़गी को झटककर अप्पा ने उमा व ज़िमी का शानदार रिसेप्शन किस उल्लास से किया था—उषा को वह शाम भी नहीं भूलती।

उमा की शादी के बाद अप्पा स्वाभाविक रूप से इन्दिरा की शादी के लिए व्यग्र थे। इन्दिरा को अप्पा लाड़ में पर बड़े भरोसे से कहते थे, 'इन्दु इज़ द कैप्टेन ऑव द शिप।' सभी भाई-बहन भी इन्दुदी को ऊँचाई के उसी पायदान पर रखते थे। अप्पा को अपने सभी बच्चों में इन्दुदी के लिये एक दाना प्यार ज़्यादा था। उषा के शब्दों में 'वन ग्रेन सॉल्ट् मोर फ़ॉर हर।' उमा की शादी के बाद अप्पा को लगता था कि यह इन्दु का अपमान हो गया और इसलिए हर दिन उनके लिए भारी पड़ रहा था। किसी अच्छे तमिल ब्राह्मण परिवार के एक योग्य लड़के की तलाश में वे युद्ध स्तर पर जुटे थे। इन्दु का जन्म 6 दिसम्बर, 1936 को हुआ था। वे 25 साल की हो चुकी थीं, जो विवाह के लिये एक ज़रूरी उम्र थी। अप्पा इसलिए इसमें तनिक

भी विलम्ब नहीं चाहते थे। लम्बी-छरहरी इन्दु बेशक थोड़ी साँवली थीं पर उनकी आँखें बहुत सुन्दर थीं और नाक तराशा हुआ था। अभिजात वर्ग की नाक—जिसको लेकर अप्पा मुस्कराकर कहते थे—'उशी मुकु'! इसका मतलब था—सूई की तरह नुकीली नाक! कुल मिलाकर इन्दु को एक सुन्दर-प्यारी लड़की में शुमार किया जा सकता था। उनकी स्कूली पढ़ाई-लिखाई बाइकुला के 'कॉन्वेंट ऑव जीसस ऐंड मेरी स्कूल' में हुई थी। बम्बई के 'सेंट ज़ेवियर्स कॉलेज' से उन्होंने अंग्रेज़ी साहित्य में बी.ए. (ऑनर्स) किया था। अप्पा को आख़िरकार एक अभिजात तमिल ब्राह्मण परिवार का लड़का इन्दुदी के लिए पसन्द आया। यह थे एन. श्रीनिवासन, जिनका पारिवारिक दुलारनाम चिनू था। चिनू पाँच भाई थे—राजामणि, श्रीनिवासन, कुमार, किच्चा और रामास्वामी अय्यर उर्फ़ रामू। चिनू की एक बहन भी थीं—ललिता। अप्पा को चिनू और उनका परिवार हर तरह से पसन्द था। सन् 1962 में बड़े भव्य तरीक़े से इन्दु और चिनू का विवाह अप्पा ने सम्पन्न कराया। इस विवाह से घर में जैसे नये सिरे से ख़ुशी की वापसी हुई। पर जैसा कि कहते हैं कि ईश्वर हर ख़ुशी में चुपके-से दुख के कुछ बीज छुपा देता है। इस ख़ुशी में भी दुख के कुछ बीज थे। इन्दु के विवाह के बाद दोनों घर के सदस्यों का एक-दूसरे के यहाँ आना-जाना था। चिनू के सबसे छोटे भाई रामास्वामी यानी रामू भी सामी परिवार में बड़े घुले-मिले थे। लम्बे-छरहरे क़द के गोरे व हँसमुख रामू का अक्सर शामों को आना और बैडमिंटन कोर्ट में उषा के संग बैडमिंटन खेलना लगभग बिला नागा ही होता था। उषा को गाहे ब गाहे रामू गणित भी पढ़ा दिया करते थे। साहित्य, इतिहास व भूगोल में उषा अच्छी थीं लेकिन गणित में उलझ जाती थीं। रामू का गणित मज़बूत था।

इस तरह कुछ समय बीता और अम्मा को इलहाम हुआ कि रामू व उषा की जोड़ी बहुत अच्छी हो सकती है। घर की सबसे बड़ी बेटी उसी घर में ब्याही थी। इससे अधिक जाँचा-परखा परिवार और क्या हो सकता था। तिस पर अलमस्त-खिलन्दड़ी उषा की रामू से अच्छी बनती भी थी। लिहाज़ा, इस रिश्ते के लिए बात चलाई गई। 8 नवम्बर, 1965 को उषा 18 साल की हुईं। छह दिनों बाद यानी 14 नवम्बर, 1965 को उषा को जन्मदिन के उपहार के रूप में शादी का तोहफ़ा मिला। इन्दु के सबसे छोटे देवर रामास्वामी यानी रामू अय्यर से उनका विवाह हुआ। उस समय तक बैद्यनाथ सोमेश्वर सामी ने बाइकुला के लवलेनवाला बँगला छोड़ दिया था और सपरिवार वर्ली इलाक़े में रहने चले आए थे। यह अच्छा संयोग था कि उषा की शादी जब रामू अय्यर से होनी तय हुई, तब तक बाइकुला के

लवलेनवाला बँगला किसी को आवंटित नहीं हुआ था। लिहाज़ा, उषा का विवाह स्थल लवलेनवाले उस बँगले को ही तय किया गया। शानदार अन्दाज़ में यह शादी हुई। इत्तफ़ाक़ से 14 नवम्बर को उषा के भाई त्यागराज यानी बाबू का जन्मदिन भी था। इस प्रकार कहने को यह एक बेहद शुभ तारीख़ थी। पर टॉम ब्वाय-सी बिन्दास 18 साल की उषा को इस विवाह से सुख-दुख की कोई प्रतीति नहीं थी।

उषा के विवाह के कई साल बाद माया ने एक बंगाली भद्र युवक बीरेन घोष से प्रेम विवाह किया। बीरेन के पिता 'सिएट टायर्स कम्पनी' में ऊँचे ओहदे पर थे। बीरेन घोष से माया का दाम्पत्य जीवन बहुत अधिक दिनों तक नहीं चल सका। कुछ साल बाद पंजाबी-यहूदी मिश्रण के रघुसूदन के संग माया ने अपनी गृहस्थी बसाई। रघुसूदन बिज़नेस में थे। पर अब रघुसूदन बिज़नेस को अलविदा कर होम्योपैथी और फ़ोटोग्राफ़ी के अपने शौक में रमे हैं। माया अभी भी एडवर्टाइज़िंग में हैं। अर्से तक वे 'एवेरस्ट एडवर्टाइज़िंग' की क्रिएटिव हेड रहीं। माया को कोई सन्तान नहीं हुई। रामू अय्यर से उषा को भी सन्तान नहीं हुई।

इन्द्रु के पति एन. श्रीनिवासन यानी चिनू आगे जाकर 'एसबेस्टस सीमेंट' के प्रबन्ध निदेशक पद पर गए। इन्द्रु व चिनू को तीन बच्चे हुए अजय, विजय और प्रिया। विजय की मृत्यु मात्र 18 साल की उम्र में करेंट लगने से हो गई। इन्द्रु के पुत्र अजय बिरला की कम्पनी में हैं। प्रिया यानी पॉपी अपना बिज़नेस करती हैं। इन्द्रु के लड़के अजय व लड़की प्रिया विवाहित हैं। अजय की पत्नी मोयना पंजाबी हैं। प्रिया के पति अर्जुन विक्रम सिंह भी पंजाबी हैं। उमा अब इस दुनिया में नहीं हैं। उनके लड़के आर्देशर पोचा यानी आदी व बेटी टीना भी विवाहित हैं। आर्देशर की पत्नी अवन्तिका भी पंजाबी हैं। टीना एक अमेरिकन पीटर से विवाहित हैं। टीना अंग्रेज़ी की प्रोफ़ेसर हैं। वे अमेरिका के कैलिफ़ोर्निया में रहती हैं।

आर्देशर पोचा यानी आदी, टीना, अजय, प्रिया यानी पॉपी—सब अपनी उषा मासी के लिये जान छिड़कते हैं। और यह प्यार दोनों तरफ़ से है। यानी उषा भी अपनी बहन के बच्चों की ख़ुशी के लिए बढ़-चढ़कर हाज़िर रहती हैं। आदी मुस्कराकर कहते हैं, "मैं उन्हें बुक्का मासी कहता हूँ। बचपन में उषा बोलने की कोशिश में उन्हें मैं 'बुक्का' पुकारने लगा और बस तभी से वे 'बुक्का मासी' हो गईं। जब हम धीरे-धीरे बड़े हो रहे थे, वे एक पॉप सिंगर के रूप में मशहूर हो चुकी थीं। बम्बई में ज़्यादातर शामों को हम लोग घर में जुटते और उनके संग संगीत सभा शुरू हो जाती। उनके पर्स से हम बच्चे सिक्के लेने के लिए बेताब

रहते थे। वे शायद जानबूझकर हम बच्चों के लिए पर्स में छुट्टे पैसे लाती थीं। बुक्का मासी कहती थीं कि हम में से जो बच्चा सही-सही गेस कर लेगा कि ये कितने छुट्टे पैसे हैं, उसे सारे सिक्के दे दिये जाएँगे। वे दिन अब सपनों से लगते हैं।" आदी कहते हैं, "हमारा पूरा परिवार ही कला से परिपूर्ण रहा है। मेरी सबसे बड़ी मासी इन्दिरा ने मेरी माँ के संग स्टेज पर गाने की पहल की। इन्दिरा मासी को उनकी छोटी बहनें क्योंकि 'अक्का' कहती थीं, तो मैं भी इन्दिरा मासी को 'अक्का' कहने लगा। इस उम्र में भी अक्का की आवाज़ बेहद सधी हुई है। मेरे पिता ज़िमी पोचा वर्ष 1996 में गुज़रे लेकिन वे आख़िरी साँस तक पारसी-गुजराती रंगमंच से जुड़े रहे। वे भीषण हास्य कलाकार थे। उनकी आवाज़ सुनते ही हॉल में हँसी का फव्वारा छूटने लगता था। और बुक्का मासी तो बुक्का मासी! उन्होंने ही मेरे करिअर को रास्ता दिया। भौतिकी में बी.एस-सी. करने के बाद मुझे समझ में नहीं आ रहा था कि आगे क्या करूँ? कि उसी दौरान बुक्का मासी ने मुझे अपने पास कलकत्ता बुलाया। मैं उनके संग उनके 'स्टुडियो वाइब्रेशंस' जाने लगा। मासी को मालूम था कि छात्र जीवन से मैं म्यूज़िक पर लिखता रहा हूँ। मासी ने मुझसे कहा, कि 'जिंगल' लिखो। मैंने 'डनलप रोड स्टार' से लेकर कई 'जिंगल' लिखे। उन्हें 'स्टुडियो वाइब्रेशंस' में ही मैंने रिकॉर्ड कराया। मुझे बतौर पारिश्रमिक इन सबके एक हज़ार रुपये मिले। फिर मैं लौटकर बम्बई आया। मुझे पता चल गया था कि आगे मेरा सफ़र क्या है। एडवर्टाइज़िंग राइटिंग में मैं जुट गया और यह बुक्का मासी के कारण ही सम्भव हुआ।" बीते समय को याद करते हुए आदी आगे कहते हैं, "कुछ समय बाद जब मैं 'लिंटास' की नौकरी में था, मेरा तबादला सौभाग्यवश कलकत्ता हो गया। यह वही समय था जब तत्कालीन प्रधानमंत्री राजीव गांधी की इच्छा और सहमति से बुक्का मासी को दूरदर्शन पर 'पॉप टाइम' प्रोग्रैम मिला था। मासी ने इस प्रोग्रैम से मुझे भी जोड़ा। मैंने इस प्रोग्रैम के लिए कई वीडियो बनाए। यह सब करते हुए स्वाभाविक रूप से मेरा आत्मविश्वास बढ़ा।" आर्देशर पोचा यानी आदी की अब बम्बई में ख़ुद की एक फ़िल्म प्रोडक्शन कम्पनी है—'स्क्विरकल'। आदी कहते हैं, "मेरी माँ तो चल बसीं लेकिन बुक्का मासी उनकी कमी हमेशा पूरी करती हैं।"

आदी की भाँति उनके मौसेरे भाई यानी उषा की सबसे बड़ी बहन इन्दिरा श्रीनिवासन के बेटे अजय श्रीनिवासन भी अपनी उषा मासी के भक्त हैं। वे आदित्य बिरला ग्रुप के बड़े अधिकारी हैं। अजय याद करते हैं कि जब वे छोटे थे, तो किस

तरह उनकी उषा मासी उन्हें गुड्डे की तरह सजा-बजाकर रखती थीं। बो टाई, बैम्बिनो सॉट्र्स और पता नहीं क्या-क्या! एक से एक कपड़े और खिलौने वे उनके लिए लाती रहती थीं। सन् 1998 की बात है, अजय याद करते हैं। उनके दोस्त चाहते थे कि उषा मासी को वे लोग अन्तरंग माहौल में सुकून से सुनें। लिहाज़ा, एक बार जब उषा मासी बम्बई आईं और अजय ने उनसे अनुरोध किया, तो वे अजय के घर पहुँचीं। देर तक तसल्ली से गाती रहीं और उस शाम को अविस्मरणीय कर दिया। इसी तरह कुछ साल बाद अजय हांगकांग में पदस्थापित थे। उनकी उषा मासी एक शो के सिलसिले में हांगकांग आई हुई थीं। अजय के कुछ दोस्तों ने वहाँ भी उनसे वैसी ही ज़िद की। उषा मासी अपने प्यारे अजय की बात कैसे टालतीं? वे वहाँ भी अजय के घर आईं। उनको जी भर कर सुनते हुए अजय के दोस्त निहाल हो गए।

'सामी सिस्टर्स' की सन्तति नये दौर में रमी हुई है। 'सामी सिस्टर्स' के रूप में ख्यात इन्दिरा व उमा ने सत्तर के दशक तक आते-आते गाना लगभग छोड़ दिया था लेकिन अजीब बात है कि 'सामी सिस्टर्स' का संगीत अटूट है। अनवरत!! वह कभी ख़त्म नहीं होनेवाला है। इधर के दौर में न्यूजीलैंड के ऑकलैंड की तीन 'सामी सिस्टर्स'—मैडेलिन, अंजी और प्रिया की संगीत की दुनिया में ख़ासी शोहरत हुई है। उनके एलबम 'हैप्पी हार्टब्रेक' की ज़बर्दस्त धूम हुई। इसके अलावा उनके ढेर सारे गाने चर्चित हुए हैं। इन नयी 'सामी सिस्टर्स' को लेकर उषा मुस्कराकर कहती हैं, "सामी सिस्टर्स शाश्वत हैं। देअर वेयर नेवर सच डिवोटेड सिस्टर्स...।" वे गुनगुनाती हैं, "ऑल कांइड्स ऑव वेदर...सामी सिस्टर्स स्टिक टुगेदर...! द सेम इन द रेन और सन...टू डिफरेंट फ़ेसेज़! बट इन टाइट प्लेसेज़...वी थिंक ऐंड वी ऐक्ट ऐज़ वन...। सामी सिस्टर्स...।"

मटिल्डा

महानगर बम्बई का सबसे पहला व्यवस्थित उपनगर है—दादर! यह सघन रिहाइशी इलाक़ा है, जो अपने बाजू के बाज़ार से हमेशा चहल-पहल से भरा रहा है। नवम्बर 1965 के मध्य में उषा दादर स्थित अपने ससुराल आ गई थीं। बाइकुला के लवलेन वाले घर को अप्पा ने छोड़ दिया था। पर उषा को लवलेन

की हरियाली की याद ससुराल में बहुत आती थी। और याद आते थे अम्मा-अप्पा। 18 साल की अल्हड़-अलमस्त उषा को कहीं से यह इल्म नहीं था कि अय्यर परिवार की बहू बनकर वे जीवन की नई भूमिका में आ चुकी हैं। उमा व इन्दु के विवाह प्रसंग ने किशोरावस्था में उनके दोनों पंख बाँध दिये हैं, इससे भी वे पूरी तरह अनजान थीं। अक्सर वे लवलेन के कटहल, बरगद, जंगली बादाम, नीम व इमली के पुराने पेड़ों की छवि दादर में दिखनेवाले बरगद, महोगनी और जंगली बादाम के दरख़्तों में ढूँढ़तीं और ख़ुश हो लेतीं।

उषा उन दिनों 'जे.जे. स्कूल ऑव आर्ट्स' की छात्रा थीं। सन् 1965 में ही स्कूल की पढ़ाई पूरी कर उन्होंने बम्बई के जे.जे. स्कूल में दाख़िला लिया था। उन्हें शुरू में लगता था कि आगे जाकर चित्रकला में उनका भविष्य है। इस तरह कला की पढ़ाई में वे रमी हुई थीं। अमृता शेरगिल, सूजा, जगदीश स्वामीनाथन, के.जी. सुब्रमण्यन्, हुसैन और तैयब मेहता की रेखाएँ उन्हें बहुत भाती थीं। भारतीय जीवन के रंग-रूपाकारों की अपने पेंटिंग में तलाश करते मक़बूल फ़िदा हुसैन उन्हें प्रिय लगते। रज़ा की भावुकता उनके मन को बहुत छूती थी। वॉन गॉग, माइकेल एंज़ेलो और फ्रांसिस बेकन के रंग उन्हें जादुई लगते। भारतीय पिता व हंगारी माँ की बेटी अमृता शेरगिल की तसवीर वह अक्सर निहारतीं। अमृता का सौन्दर्य उन्हें बहुत पवित्र और रहस्यमय लगता। उषा सोचतीं कि काश वह अमृता के वक़्त की होतीं। वे अमृता, उनके पिता सरदार उमराव शेरगिल और माँ मारिया अन्त्वानेत से मिलतीं। उस परिवार से दोस्ती गाँठतीं। अमृता आज होतीं, तो वह उन्हें उसी तरह ख़त लिखतीं, जिस तरह अपने प्रिय सिंगर फ्रैंक सिनाट्रा को कई साल पहले उन्होंने लिखा था। वॉन गॉग की अमर पेंटिंग 'स्टारी नाइट' के जगमग तारे उषा के मन के आकाश में छिटकते रहते। पर अल्हड़, ख़ुशमिज़ाज और खिलन्दड़ी उषा के सपने आकाश के तारों की तरह बिखरे थे। उषा को सपने बटोरने तब नहीं आते थे। धुंधले सपनों के बीच उनका वक़्त निकल रहा था। दादर में रेलवे स्टेशन और बस की बड़ी सुविधा थी। वे ससुराल के घर से बस पर रोज़ जे.जे. स्कूल आती-जाती थीं।

नवम्बर का महीना बम्बई के लिए बहुत ख़ुशगवार होता है। इस महीने में इस महानगर का तापमान 20 डिग्री सेंटीग्रेड से 33 डिग्री सेंटीग्रेड तक पीली बुलबुल की तरह फुदकता रहता है। कभी-कभी हैरान करती हुई अचानक बारिश भी आ जाती है। बारिश में भीगते बम्बई की विभिन्न भंगिमा को वाटर कलर में पेंट करना

उषा को बेहद आनन्दपूर्ण लगता था। वे ज़्यादातर पेंटिंग जल रंगों से करना पसन्द करती थीं। एक बार 'थैकर ऐंड कम्पनी' के लिए नये साल के वास्ते काड्र्स बनाने का उन्हें ऑर्डर मिला और फिर तो यह हर साल का सिलसिला-सा बन गया। एक डिज़ाइन के लिए उन्हें एक सौ रुपये मिलते थे। काम करके कमाने की अप्पा की बचपन की नसीहत वे कभी नहीं भूलीं। इसलिए चित्रकला के संग-संग वे बक़ौल अप्पा-दर्ज़ी भी बनी रहीं। जे.जे. स्कूल में पढ़ने के दौरान कार्ड बनाने के अलावा वे कपड़ों की सिलाई भी करती रहीं। अपनी बड़ी बहनों इन्दु व उमा के बच्चों के कपड़ों को वे बड़े चाव से सीती थीं। उस दौर के दिग्गज सिने अभिनेता 'जुबली कुमार' राजेन्द्र कुमार की बेटी डिम्पल के कपड़े भी वे सीती थीं। जे.जे. स्कूल में उनकी एक सहपाठी थी, जो राजेन्द्र कुमार के परिवार से ताल्लुक़ रखती थी। राजेन्द्र कुमार की पत्नी शुक्ला से उसी सहपाठी ने इस परिचय के साथ उषा की मुलाक़ात कराई कि उनकी यह दोस्त बच्चों के कपड़े बहुत अच्छा सीती है। शुक्ला ने फ़ौरन अपनी बेटी डिम्पल (अब डिम्पल पटेल) के फ्रॉक उषा को सिलने के ऑर्डर दे दिये। डिम्पल उस समय छोटी बच्ची थी। राजेन्द्र कुमार तुली यानी राजेन्द्र कुमार बड़े मृदुभाषी थे और उनकी पत्नी शुक्ला भी बहुत मधुर थीं। वे हिन्दी फ़िल्मों के मशहूर निर्माता-निर्देशक ओ.पी. रल्हन की बहन थीं। जे.जे. स्कूल ऑव आर्ट्र्स के निकटतम बस पड़ाव से कॉलेज ख़त्म होने के बाद बस पकड़कर उषा डिम्पल के फ्रॉक लेकर राजेन्द्र कुमार के बांद्रा स्थित बँगले पर जाती थीं। वहाँ कभी-कभार जब राजेन्द्र कुमार होते, तो उषा से बातें करते कि पेंटिंग की दिशा में वह क्या सब कर रही है। उषा उन्हें बताती थीं कि पेंटिंग की पढ़ाई तो बेशक वे कर रही हैं लेकिन म्यूज़िक उनका पहला प्यार है। राजेन्द्र कुमार के घर में एक बड़ा-सा पिऐनो था। उस पिऐनो को देख उषा को बहुत हसरत होती कि काश उनके पास भी ऐसा शानदार पिऐनो होता जिस पर वे एक से एक संगीत साध सकतीं। राजेन्द्र कुमार की पत्नी शुक्ला प्रति फ्रॉक सिलाई के 80 रुपये उषा को देती थीं, जो एक अच्छा पारिश्रमिक था। बड़ी लड़कियों के कपड़े मसलन सलवार-क़मीज़ भी उषा अच्छा सीती थीं। लड़कों के शॉर्ट्र्स व शट्र्स सीने में भी वे हुनरमन्द थीं। पर बुश्शर्ट की सिलाई उनसे नहीं सँभलती थी। आज भी उषा घरेलू सिलाई में मौक़ा मिलते ही जुट जाती हैं। लोग जब उनसे पूछते हैं कि वे सिंगर न होतीं, तो क्या होतीं, तो जवाब में उषा कहती हैं टीचर या टेलर। उषा ने जब कला की पढ़ाई के लिए 'जे. जे. स्कूल ऑव आर्ट्र्स' में दाख़िला लिया था, तो अप्पा को यह पसन्द नहीं आया

था। वे चाहते थे कि उषा एक नियमित बी.ए.-एम.ए. की पढ़ाई करतीं और किसी अच्छी नौकरी में जातीं। उषा को यह गवारा नहीं हुआ। पटरी पर चलने की आदत उनकी नहीं थी। हालाँकि, धुन की पक्की उषा को लेकर अप्पा के मन के कोने में यह यक़ीन ज़रूर था कि उषा कुछ न कुछ तो बेशक करेंगी और आत्मनिर्भर रहेंगी। उषा की अम्मा को इसलिए वे बाद के दिनों में भी मुस्कराकर कहते थे, "मिन! पेंटिंग की दुनिया में बहुत संघर्ष है। कलाकारों को सफलता के लिए वर्षों इन्तज़ार करना पड़ता है। पर दर्जी या मोची बनकर उस आमदनी से उषा संघर्ष के अपने दिन निकाल लेगी।"

संघर्ष का कोई इल्म उस उम्र में उषा को नहीं था। जीवन की वास्तविकताओं के संग समय से पहले उन्हें हाँक दिय गया है, इस बात से बेख़बर वे ख़ुश थीं। पति-पत्नी के बीच क्या रिश्ता होता है, इससे भी वह अनजान थीं। और अजीब बात थी कि रामू ने भी इस रिश्ते से उन्हें परिचित नहीं कराया था। शादी के बाद भी दोनों पहले की तरह बैडमिंटन खेलनेवाले दोस्त की तरह ही रहे। रेडियो सीलोन, अमीन सयानी व हमीद सयानी के रेडियो प्रोग्रैम अभी भी वे पहले जैसी व्यग्रता व मुस्तैदी से सुनती थीं। कला की उनकी पढ़ाई जारी थी लेकिन उन्हें अक्सर यह लगता था कि रंगों की दुनिया में वे अधिक समय तक नहीं रह पाएँगी। हालाँकि, कैनवास पर जलरंग बिखेरने में उन्हें सचमुच का आनन्द आता था। पर संगीत सुर्ख़ कृष्णचूड़ की तरह उनकी शिराओं में निरन्तर तीव्रता से खिल रहा था। चित्रकला और संगीत को लेकर मन में लगातार कुहासा-सा, एक उलझन-सी छाई थी, जिसे वक़्त ने धीरे-धीरे सुलझा दिया। संशय के कुहासे के बीच से संगीत की शोख़ किरणें उनमें फूट रही थीं। सन् 1965-66 तो जे.जे. स्कूल के पाठ्यक्रम और वहाँ आए दिन होनेवाली कला की कार्यशालाओं में बीता। पर सन् 1967 से समय ने करवट लेनी शुरू की। सन् 1967 की गर्मी छुट्टी में अपनी मामी लीला नादन के अनुराग भरे आमंत्रण पर अपने पति रामू अय्यर के संग उषा मद्रास गईं। वहाँ एक शाम यशवन्त विकमसी के 'नाइन ज़ेम्स' में लीला मामी के इसरार पर उन्होंने जब जी खोलकर गाया, तो लोगों की ज़बर्दस्त सराहना मिली। इस अविस्मरणीय शाम ने उनका ख़ुद पर भरोसा और हौसला बढ़ा दिया। बाद के महीनों ने स्वप्न और कामनाओं की परिणति के लिए आहिस्ते-से द्वार खोल दिये। संयोग पर संयोग बनते गए। सन् 1968 में 'क्वीन ऑव गॉस्पेल' के रूप में ख्यात नामचीन अमेरिकन सिंगर महालिया ज़ैक्सन ने मंच पर अपने संग गवा कर उषा को जो आशीष दिया, उससे उषा के मन में छाई

संशय की रही-सही धुँध छँट गई थी। रंगों की दुनिया अचरज की तरह सुर में ढलने लगी थी। बम्बई में 'विल्स सिगरेट' के मशहूर सांगीतिक शो 'मेड फ़ॉर इच अदर' तथा 'शिमला सिगरेट' के 'बीट कांट्स्ट' में उषा शामिल हुईं, जिसमें एडवर्टाइज़िंग जगत के कई अग्रणी लोगों की निगाह उषा पर गई, जो बिलकुल लीक से अलग आवाज़ और अपने अलग अन्दाज़ में अनायास दमक गई थीं। सन् 1968 से उषा को छोटे-छोटे एडवर्टाइज़िंग जिंगल मिलने शुरू हो गए। पहला एडवर्टाइज़िंग जिंगल उन्होंने 'ए वन डस्ट टी' के लिए किया, जिसे मशहूर म्यूज़िक कंपोज़र वनराज भाटिया ने बनाया था। हालाँकि, यह जिंगल बहुत मुश्किल-सा था लेकिन श्याम बेनेगल की अधिकांश फ़िल्मों में संगीत देनेवाले वनराज को यक़ीन था कि उषा इसे कर लेंगी। वैसे 'ए वन डस्ट टी' का यह जिंगल वनराज भाटिया ने उषा को ध्यान में रखकर नहीं बनाया था। इसके लिए उन्होंने उस समय की तेज़ी से उभरती जैज़ सिंगर आशा पुतली को साइन किया था। पर आशा पुतली को अचानक किसी शो के लिए अमेरिका जाना पड़ गया। वनराज ने उसके लौटने का इन्तज़ार किया। लौटकर आशा ने जब इसे किया, तो वनराज को वह नहीं भाया। सहसा उन्हें उषा की याद आई और उन्होंने तय किया कि इस नयी लड़की की नायाब आवाज़ को जिंगल के लिए क्यों न आज़माया जाए। इस तरह उषा को यह पहला मौक़ा जिंगल के लिए हासिल हुआ। यह जिंगल कुछ यों था—

टिंगल!
वांट टू टिअर अ लवली जिंगल?
इट्स टाइम फ़ॉर टी,
नॉट जस्ट एनी टी
इट्स ए-वन डस्ट टी...

उषा का गाया जिंगल वनराज भाटिया को बहुत पसन्द आया। यह जिंगल बहुत चर्चित हुआ। इसके बाद उषा के पास एडवर्टाइज़िंग जिंगल के प्रस्तावों का सिलसिला शुरू हो गया। मशहूर अभिनेत्री दुर्गा खोटे का एक 'दुर्गा खोटे प्रोडक्शंस' था, जिसने कैड्बरिज़ के सारे एडवर्टाइज़िंग जिंगल बनाए थे और सबमें उषा को ही रखा था। इस तरह सन् 1967 से 1970 तक एडवर्टाइज़िंग जिंगल की झड़ी-सी लग गई। 'स्वे डिटर्ज़ेंट' और 'टिनोपाल' जिंगल से तो उषा को ख़ासी ख्याति मिली। पुराने श्रोताओं को आज भी उषा का गाया

'टिनोपाल' जिंगल याद है :

इतने उजले कपड़े
किसका है क़माल?
टिनोपाल...टिनोपाल।

फिर जब टिनोपाल कम्पनी ने अपना नाम बदलकर 'रानीपाल' कर लिया, तो उषा ने 'रानीपाल' का जिंगल जगजीत सिंह के साथ गाया—'ये किसका है कमाल रानीपाल।' इसी तरह 'क्लोज़अप टूथपेस्ट', 'नेस्कैफ़े', 'बाटा' के जूते, 'ब्रुक बॉण्ड टी', 'ब्रू कॉफ़ी', 'बोरोप्लस', 'एवरिडे टॉर्च', 'मैगी नूडल्स', 'लक्मे', 'डाबर', 'बैद्यनाथ', 'नवाब गंजी', 'जनप्रिय इंश्युरेंस', 'ग्लैक्सो', 'बिन्नी', 'मंकी ब्रांड टूथ पाउडर', 'गोल्ड स्पॉट', 'थम्स अप', 'पॉण्ड्स' कम्पनी के सारे प्रोडक्ट, 'विक्स' और 'डनलप' आदि के बेशुमार एडवर्टाइज़िंग जिंगल उषा ने यों लगातार गाये कि एडवर्टाइज़िंग जगत में लोग उन्हें 'जिंगल क्वीन' कहने लगे। उषा की विशेषता यह थी कि एक मास्टर जिंगल वे 17 भाषाओं में गाती थीं। 'गोल्ड स्पॉट' के जिंगल को उषा बड़े प्यार से याद करती हैं क्योंकि उसमें रेखा थीं। उषा के जिंगलों में उच्चारण की इतनी स्पष्टता होती थी कि लोग हैरत में पड़ जाते थे कि एक तमिल लड़की हर भाषा की आत्मा में कैसे उतर जाती है। नये क़िस्म की आवाज़ और उच्चारण की स्पष्टता मुख्य वजह थी कि उषा को लगातार एडवर्टाइज़िंग जिंगल के काम मिलते गए। उषा के बेहतरीन अंग्रेज़ी व हिन्दी उच्चारण के लिए उनके स्कूली शिक्षकों ने उन्हें शुरू दिन से सचेत रखा था। उषा याद करती हैं अपनी स्कूल टीचर मिस डेविडसन को, जो हमेशा ताक़ीद करती थीं कि "उषा! डोंट इट अप द लास्ट कांसोनेंट।" मिस डेविडसन हँसकर कहा करती थीं, "इतनी ही भूख है, तो घर से ज़्यादा खाकर आओ। पर प्लीज़ लास्ट कांसोनेंट को मत खाओ।" स्कूल के हिन्दी शिक्षक मि. कालरा भी कम नुक़्ताचीनी वाले नहीं थे। वे हमेशा कहते थे, "उषा! चन्द्रबिन्दु को मत निगलो बच्चे।"

उन दिनों इलेक्ट्रोनिक मीडिया का पदार्पण नहीं हुआ था। टी.वी. का आगमन घरों में नहीं हुआ था। तब सौ फुट की फ़िल्म होती थी। उससे अधिकतम एक मिनट साठ सेकेंड का शूट होता था। इस एक मिनट साठ सेकेंड में से एडिटिंग के बाद 20-22 सेकेंड का एक एडवर्टाइज़िंग जिंगल तैयार होता था। उस समय पहले जब फ़िल्म के वास्ते जिंगल तैयार हो जाता था, उसके बाद उसी में से

काट-छाँटकर रेडियो के लिए भी जिंगल निकाल लिया जाता था। कई छोटे प्रोडक्शन हाउस ऐसे भी थे, जिनका बजट अधिक नहीं होता था लेकिन उन्हें कई भाषाओं के लिए जिंगल करवाने की दरकार होती थी, तो ऐसे सीमित बजटवाले उषा को याद करते थे, क्योंकि उषा पैसों के लिए कभी नहीं अड़ती थीं। उषा को इसी में आनन्द आता था कि ऐसी कई भाषाएँ, जिन्हें वे ठीक से जानती भी नहीं थीं, फिर भी उन भाषाओं की मौलिक ध्वनि व सिफ़त में वे जिंगल गा लेती थीं और उन भाषाओं के लोग उन्हें पसन्द भी करते थे। 'फ़ेमस सिने लेबोरेटरी' के मशहूर रिकॉर्डिंग इंजीनियर मीनू कात्रक ने इसी दरम्यान उषा के दस गाने रिकॉर्ड किए थे। इसके बाद रेडियो सीलोन के दिग्गज उद्घोषक विजयकिशोर दुबे से उषा की मुलाक़ात हुई, जो उन दिनों एच.एम.वी. से जुड़ गए थे। सिने संगीत के दिग्गज मदनमोहन के बड़े गहरे मित्र विजयकिशोर दुबे, जो उन दिनों बम्बई के संगीत जगत में 'दुबे साहब' के नाम से ख्यात थे, ग़ज़ब के पारखी थे। सन् 1968 में विजयकिशोर दुबे ने एच.एम.वी. के लिये उषा से दो अंग्रेज़ी पॉप गानों 'जम्बलाया' और द किंग्सटन ट्रायो के 'ग्रीन बैक डॉलर' के रिकॉर्ड का दो आवरण गीत गवाया। साथ ही उषा ने सन् 1968 में ही 'थीम फ्रॉम गॉड फ़ादर' भी एच.एम.वी. के लिए गाया। यह बेशक किसी एकदम नये सिंगर के लिये एक बड़ी उपलब्धि थी।

उन दिनों बम्बई में स्टुडियो की संख्या उँगलियों पर गिनने लायक़ थी। मसलन महबूब स्टुडियो, फ़ेमस सिने लेबोरेटरी, एच.एम.वी. स्टुडियो, वेस्टर्न आउटडोर स्टुडियो, जेम्स स्टुडियो, मधुर ध्वनि स्टुडियो आदि। 'वेस्टर्न आउटडोर स्टुडियो' दमन सूद का था, जो एक मशहूर रिकॉर्डिंग इंजीनियर थे। 'मधुर ध्वनि स्टुडियो' मशहूर अभिनेत्री मधुबाला की बहन मधु का था। एडवर्टाइज़िंग जिंगल की रिकॉर्डिंग भी क्योंकि फ़िल्मों के स्टुडियो में ही होती थी, इसलिए सिनेमा के संगीत निर्देशकों से उषा का बराबर का मिलना-जुलना होता ही रहता था। इस सिलसिले ने उषा के लिए आगे का और रास्ता प्रशस्त किया। वनराज भाटिया के अलावा म्यूज़िक डाइरेक्टर बैद्यनाथन के संग भी उषा ने कई जिंगल किए। एडवर्टाइज़िंग जिंगल के लिये उषा बीच-बीच में कॉपी राइटिंग का भी काम कर दिया करती थीं। फ़िल्मवालों से मुलाक़ातों का असर ये हुआ कि श्याम बेनेगल ने अपने निर्देशन में बन रही फ़िल्म 'वाज़ इट फ़ॉर दिस, द क्ले ग्र्यू टॉल' में टाइटिल सॉन्ग गाने के लिए उषा को अनुबन्धित किया। यह सन् 1969 की बात है।

यह साल भी उषा के लिए कई सुन्दर उपहार लेकर आया था। एच.एम. वी. से इसी साल 45 आर.पी.एम. वाला एक गाने का रिकॉर्ड 'उषा विद फ़्लिंट स्टोंस' आया और उसी साल एच.एम.वी. के दिग्गज विजयकिशोर दुबे की पहल पर उषा का अब तक का सबसे बड़ा अलबम आया—'स्कॉच ऐंड सोडा'। यह रिकॉर्ड $33^1/_3$ आर.पी.एम. का था। इस रिकॉर्ड में वे सभी गाने थे, जो उषा के दिल के बेहद क़रीब थे। मसलन, स्कॉच ऐंड सोडा, लिस्न टू द पाउरिंग रेन, कैलिफ़ोर्निया ड्रीमिंग, सन्नी, हरी सनी डाउन, ब्लू प्रिल्यूड, बिग स्पेंडर, टेस्ट ऑव हनी, आइ लेफ़्ट माइ हार्ट इन सनफ्रांसिस्को, बाइ-बाइ ब्राउन आइज़ और इन द मिडनाइट आवर। ये सभी गाने विश्वख्याति के नामचीन सिंगरों के गाये हुए थे। उषा 'लिस्न टू द पाउरिंग रेन' दिल उड़ेल कर गाती थीं और सुननेवाले को भी लगता था मानो बादलों के दल की दुलार भरी कसमसाहट सब के मन में भीग रही हो। इसी शृंखला का एक और गाना 'सन्नी' बारिश की झींसी की तरह मन में भीगता था : 'येस्टरडे माइ लाइफ़ वाज़ फ़िल्ड विद रेन सन्नी! यू स्माइल्ड ऐट मी ऐंड रिअलि इज़्ड द पेन...नाउ द डार्क डेज़ आर गोन ऐंड द ब्राइट डेज़ आर हेअर, माइ सन्नी वन शाइंस सो सिनसियर...सन्नी वन सो ट्रू, आइ लव यू...।' इस गाने को जब-जब उषा गाती थीं, तो सोचती थीं कि जब कभी उन्हें बेटा होगा, वे उसका नाम सन्नी रखेंगी। और कई वर्षों बाद उषा का यह स्वप्न पूरा हुआ। विजय किशोर दुबे ने कुछेक अवसरों पर उषा से इन गानों को सुना था। लिहाज़ा, 1969 के उन दिनों में उन्होंने कहा कि क्यों न उषा की आवाज़ में दुनिया के इन बेहतरीन गानों का एक रिकॉर्ड तैयार कराया जाए। इस तरह 'स्कॉच ऐंड सोडा' आया और यह वाक़ई उषा के शुरुआती दिनों की अद्वितीय उपलब्धि थी। दरख़्त भर लदे आम-नाशपाती की प्रथम मंजरी की भाँति। आषाढ़ के प्रथम दिन के मृदुल आनन्द की तरह। वर्षा की पहली बौछार को स्वादती आँखों और मन प्राण के पुलक की उड़ान की तरह उषा का 'लिस्न टू द पाउरिंग रेन' गदराये प्रेम से भरी नाव के रेशमी पाल का हिलकोर था।

वर्ष 1969 में एक शाम जब उषा मद्रास के 'सवेरा' होटल में गा रही थीं, तो एक बुज़ुर्ग ने गाना ख़त्म होने के बाद उन्हें होज़े यानी जोस फ़ेलिसियानो का एक एलबम भेंट किया। भारत में जोस का यह रिकॉर्ड इस तरह सबसे पहले उषा को मिला था। जोस अमेरिकन इटालियन सिंगर थे और 'पाउरिंग रेन' उन्होंने ही गाया था। उषा उनके गानों की दीवानी थीं। 'सन्नी' भी जोस ने ही गाया था। 'कैलिफ़ोर्निया

ड्रीमिंग' भी उन्हीं का गाना था। जोस फ़ेलिसियानो जन्मजात सूर थे। उनके बारे में सोचकर उषा रोमांचित होती थीं। कैसे रहते होंगे जोस फ़ेलिसियानो। जोस की भाँति ही एक दूसरे सूर गायक स्टीव वंडर को लेकर भी उषा व्यथित होती थीं कि ईश्वर ने इन महान गायकों को आँखों की रोशनी से क्यों वंचित रखा? जोस का वह एक गाना सुनकर उषा की आँखें टपकने लगती थीं—'नो डॉग्स् एलाउड।' गाना था कि मुझे एक नेत्रहीन कुत्ते के सहारे की ज़रूरत है, क्योंकि मैं नेत्रहीन हूँ। बहरहाल, उषा ने होज़े यानी जोस फ़ेलिसियानो के गानों का जमकर अभ्यास किया था। भारत में होज़े के दीवाने कहने लगे कि उषा होज़े की याद दिलाती हैं। 'पाउरिंग रेन' को उषा की आवाज़ में लोग इतना पसन्द करने लगे कि यह गाना उन दिनों उषा का 'सिग्नेचर सॉन्ग' बन गया।

वर्ष 1969 उषा के लिए सचमुच एक विभोर वर्ष था। तितलियों के ख़ुश रंगीन पंखों से फर-फर करता हुआ। इसी साल बम्बई के नाइट क्लब 'लिट्ल हट' के मालिक को कलकत्ता के पार्क स्ट्रीट स्थित मशहूर नाइट क्लब 'ट्रिंकास' के मालिक का एक अनुरोध पत्र आया कि वे चाहते हैं कि उषा उनके यहाँ गाने का समय निकालें। कलकत्ता से यह प्रस्ताव पाकर उषा की ख़ुशी का पारावार न रहा क्योंकि बचपन से कलकत्ता की संस्कृति के बारे में उन्होंने जितनी प्रशंसा सुनी थी, उससे उन्हें लगता था कि यह महानगर बहुत दूर सात समन्दर पार, कहीं विदेश में है। बम्बई से मद्रास तक सात घेरे की ज़िन्दगी से बेशक यह एक अलग माहौल होगा—यह सोचकर ही उषा ख़ुश हुई जा रही थीं। उन्हें क्या पता था कि कलकत्ता लाड़ से एक बार जो उन्हें गले लगाएगा, तो फिर हमेशा के लिए अपना बना लेगा। हालाँकि, कलकत्ता के बारे में कुछ लोगों ने उन्हें यह कहकर आशंकित भी किया कि कलकत्ता के नाइट क्लब बहुत बदनाम हैं। वे बम्बई व मद्रास की तरह नहीं हैं। पर उषा को इत्मीनान था कि उनके पति रामास्वामी अय्यर यानी रामू उनके साथ जाने वाले थे। रामू वैसे 'ब्राइट ब्रदर्स' नामक प्लास्टिक के सामान बनानेवाली कम्पनी की नौकरी में थे लेकिन उषा के म्यूज़िक करिअर को उन्होंने हमेशा महत्त्व दिया। उषा के हरेक कार्यक्रम में रामू अय्यर उनके संग होते ही थे। सन् 1969 का वह मई महीना था।

'ट्रिंकास' को मि. एलेस जोसुआ और मि. ओमी पुरी—दो दोस्त साझेदारी में चलाते थे। इन लोगों ने उषा को एक बादामी लिफ़ाफ़े में बम्बई से कलकत्ता आने के लिए हवाई यात्रा का दो टिकट भिजवाए थे। कलकत्ता के लिए शाम की फ़्लाइट

थी। वह एक बेहद ख़ुशगवार शाम थी, जब रामू के संग उषा कलकत्ता एयरपोर्ट पर उतरीं। वहाँ उनके लिए कार मौजूद थी। आज भी उषा पार्क स्ट्रीट को उसी रोमांचक-रोमांस के संग देखती हैं। कोलाहल और उत्सव से छलकता पार्क स्ट्रीट उनके लिए आज भी हू ब हू वही है। वाक़ई जीवन में गुज़रे जादुई क्षण बारम्बार नाशपाती के सफ़ेद फूलों की तरह आपके भीतर अगर खिलने-झरने थम जाएँ, तो आप अन्दर से चुपचाप ख़त्म होने लगते हैं। अतीत के वे अनगिनत जादुई क्षण उषा के मन में आज भी बेशुमार खिलते-झरते हैं और यही वजह है कि आज भी स्टेज पर वह बहार बनकर उतरती हैं। "गिव अ बिग हैंड टू यॉर मोस्ट बीलवेड सिंगर उषा उथुप।" श्रोताओं के विशाल समूह के अनुरागपूर्ण धड़कन का रोमांस देर तक तालियों का कलरव बनकर गूँजता है। पर इसके बीच काग़ज़ के नाव की तरह बारिश के पानी में तैरती छोटी-छोटी यादें! मसलन दशकों पहले बम्बई की 'थैकर ऐंड कम्पनी' के नये साल के काड्र्स के पीछे उषा सामी का नाम, राजेन्द्र कुमार की बेटी डिम्पल के वास्ते सिले गए प्यारे-प्यारे फ्रॉक से लेकर क्या कुछ नहीं। लवलेन की पतंगबाजी से लेकर पेरू गाछ की प्यारी शाख़ों की यादों की एक लम्बी फ़ेहरिस्त। उषा के गानों में ये सब शामिल रहते हैं।

उषा जब पहली बार रामू अय्यर के संग कलकत्ता पहुँची थीं, तो रामू के बड़े भाई एन. श्रीनिवासन यानी चिनू और उषा की बड़ी बहन इन्दु कलकत्ता में ही रहते थे। चिनू उस समय कलकत्ता में 'एस्बेस्टस कम्पनी' में कार्यरत थे। पर उषा के रुकने का इन्तज़ाम 'ट्रिंकास' के मालिकों ने अपने यहाँ किया था। 'ट्रिंकास' वालों की लम्बी गाड़ी से जब उषा 87-जे, पार्कस्ट्रीट पहुँचीं, तो कलकत्ता की शाम रौनक़ के चरम पर पहुँची हुई थी। 'ट्रिंकास' के मालिकों मि. एलेस जोसुआ और मि. ओमी पुरी ने बेहद गर्मजोशी से उनका स्वागत किया। जोसुआ और पुरी दोनों साथ ही रहते थे। जोसुआ यहूदी और पुरी पंजाबी थे। दोनों की मैत्री अटूट थी। जोसुआ अविवाहित थे और पुरी विवाहित। इन दोनों की आत्मीयता उषा को भली लगी। ये दोनों दुर्लभ मित्र थे।

पहली शाम को ही मि. एलेस जोसुआ और मि. ओमी पुरी ने उषा को बताया कि कल सुबह बैंड के संग 'ट्रिंकास' में उनके गानों का रिहर्सल होगा। पर अगली सुबह मि. जोसुआ और मि. पुरी ने उषा को जानकारी दी कि उनके संग उषा को पहले कलकत्ता के पुलिस मुख्यालय 'लाल बाज़ार' जाना होगा, क्योंकि बग़ैर पुलिस मुख्यालय से लाइसेंस लिये वे नाइट क्लब में नहीं गा सकती हैं। बहरहाल,

उन दोनों के संग उषा व रामू 'लाल बाज़ार' पहुँचे। कलकत्ता पुलिस मुख्यालय में उषा ने लाइसेंस का प्रपत्र पढ़ा, तो वह उन्हें अजीबोग़रीब लगा। ख़ासकर दो शर्तें। पहली कि आप उस टेबल पर नहीं जा सकते जहाँ आपके श्रोता बैठे हैं। दूसरी, यह कि श्रोताओं के साथ आप किसी भी प्रकार का कोई रिश्ता नहीं बनाएँगे। लाइसेंस के विचित्र मज़मून को पढ़कर उषा असमंजस में थीं क्योंकि प्रपत्र की पूरी भाषा उषा को अपमानजनक लगी। इसे भाँपकर 'लाल बाज़ार' के पुलिस अधिकारियों ने कहा कि "यह इस लाइसेंस की रस्म है। हम आपके चरित्र पर कोई सवाल नहीं कर रहे हैं।" पर उषा को समझ में आ गया था कि कलकत्ता के नाइट क्लबों की बदनामी के कारण ये सारी शर्तें प्रपत्र में डाली गई हैं। हालाँकि, ख़ुद उषा या किसी को भी क्या मालूम था कि आनेवाले वर्षों में उषा कलकत्ता के नाइट क्लबों की बुरी छवि को एकदम से बदल देंगी। पर आगे जाकर यह ऐतिहासिक बात उषा के ज़रिये हुई। कलकत्ता के नाइट क्लबों को लेकर पश्चिम बंगाल सरकार का नज़रिया भी बदला।

'ट्रिंकास' में 750 रुपये पारिश्रमिक पर तीन हफ़्ते का कांट्रैक्ट था। वापस लौटकर उषा को बम्बई के 'रिट्ज़ होटल' में गाना था। उषा चाहती थीं कि मि. एलेस जोसुआ और मि. ओमी पुरी ने जिस विश्वास और उत्साह से उन्हें बुलाया है, उस पर वे खड़ी उतरें। लिहाज़ा, उषा ने 'ट्रिंकास' के उस तीन हफ़्ते में अनवरत सुर की झींसी बरसाई और 'ट्रिंकास' के नियमित श्रोताओं के मन को भिगो दिया। कलकत्ता के अख़बारों में ख़बरें छपीं कि—'एक मद्रासी लड़की उषा अय्यर कलकत्ता के नाइट क्लब में गाने आई है।' उषा ने 'ट्रिंकास' की उस प्रथम यात्रा में 'हार्ड डेज़ नाइट', 'कांट बाइ मी' और 'येस्टर्डे' सरीखे बीट्ल्स के कई गानों समेत 'लिस्न टू द पाउटिंग रेन' और 'समर टाइम' सरीखे बेशुमार गाने गाये।

वह बृहस्पतिवार की चढ़ती हुई रेशमी शाम थी। 'ट्रिंकास' की नाज़ुक भवों के बीच सुर्ख़ बिन्दी की तरह उषा दमक रही थीं। 'ट्रिंकास' में बैंड पर मौजूद लोग पूरी झूम में थे और उषा गा रही थीं। चिनार के रंगीन पत्तों से भरे दरख़्त हर मेज़ के पास जैसे उग आए थे। हर मेज़ बौरा रही थी। उषा गा रही थीं।

दूर कोने की एक मेज़ पर रामू अय्यर बैठे थे। बीच में कुछ पल का मध्यान्तर हुआ। लम्बे क़द-बुत का एक सजीला शालीन युवक उषा के पास आया।

"आइ ऐम जानी चाको उथुप! यू आर सुपर टुनाइट! हैरी बेलाफ़ोन्टे का वह गाना 'मटिल्डा' क्या आप सुनाएँगी?"

"आज नहीं।" उषा ने हलकी मुस्कान के संग कहा, "मटिल्डा को मैं ज़रा रिहर्स करूँगी। सोमवार की शाम को मटिल्डा।"

"शुक्रिया।" युवक अपनी मेज़ पर लौट गया।

मध्यान्तर के बाद उषा ने फिर से शुरू किया। वे 'किलिंग मी सॉफ़्टली' गा रही थीं और मेज़ों से लगे चिनार के रंगीन पत्ते झर रहे थे..."स्ट्रमिंग माइ पेन विद हिज़ फ़िंगर्स...सिंगिंग माइ लाइफ़ विद हिज़ वर्ड्स...किलिंग मी सॉफ़्टली विद हिज़ सॉन्ग...टेलिंग माइ होल लाइफ़ विद हिज़ वर्ड्स...कितने सहज भाव से मेरे जीवन के वाद्य यंत्र को उँगलियों से छेड़ वह मेरे दर्द को बजा रहा है...। अपने शब्दों से मेरे जीवन को गा रहा है...! कितनी कोमलता से मुझे अपने गानों से मार रहा है...। अपने शब्दों से मेरा पूरा जीवन कह रहा है...। किलिंग मी सॉफ़्टली विद हिज़ सॉन्ग...।"

'ट्रिंकास' के आलिंगन का उद्दीपन चढ़ती रात के साथ गहरी साँस ले रहा था। स्वप्न की अनन्त राहें अन्धकार में घुल रही थीं। प्राणों के छन्दों के लिए आलिंगन का द्वार और बन्धन ढूँढ़ते मन 'ट्रिंकास' की जलती-बुझती रोशनी के बीच से धीरे-धीरे रुख़सत हो रहे थे। आख़िर में रामू के संग उषा निकलीं। पर उस रात उषा के साथ मटिल्डा भी थीं। अपने पति रामू अय्यर के संग मि. जोसुआ व मि. पुरी के बग़ल में ही स्थित घर की तरफ़ आहिस्ता-आहिस्ता बढ़ते हुए उषा ने तय किया कि आज रात ही वे 'मटिल्डा' को रिहर्स करेंगी। 'मटिल्डा' वाक़ई एक अद्भुत गाना है। किसी ने अर्से बाद इस गाने की याद दिलाई थी। एक अद्भुत चरित्र है—मटिल्डा। प्रेम से छलकती। प्रेम में समर्पित। निमग्न। और मटिल्डा कोई एक नहीं, कई हैं। एक मटिल्डा चीली के महान कवि पाब्लो नेरुदा की तीसरी बीवी थीं। मटिल्डा यूरूटिया। पाब्लो नेरुदा की प्रेम कविताओं की प्रेरणा थीं मटिल्डा। पाब्लो से विवाह के बाद वह उनके संग आख़िरी साँस तक रहीं। पाब्लो नेरुदा की कविताएँ उषा को हमेशा से प्रिय रही हैं। उषा को बरबस याद आई मटिल्डा को सम्बोधित पाब्लो नेरुदा की प्रेम कविता :

मुझे बस पाँच चीज़ें चाहिए,
एक तो बेहद प्यार!
दूसरे, पतझर—
मैं रह नहीं सकता देखे बिना पत्तों को
मरते और गिरते वापस धरती पर!

तीसरे, जाड़े की गम्भीरता—
मुझे प्रिय है, जाड़े की बारिश!
और भयंकर ठंड में
आग का आगोश
और चौथी, ग्रीष्म,
तरबूज-सा गोल-मटोल!
और पाँचवीं, तुम्हारी आँखें,
मटिल्डा! मेरी प्रियतमा!!

पाब्लो नेरुदा के अलावा एक 'मटिल्डा' ब्रिटिश लेखक फ़िल्मकार डेनिस केले की भी हैं। डेनिस केले का गाना 'दिस इज़ फ्रॉम मटिल्डा' की पंक्तियाँ भी उषा को बहुत प्रिय हैं—

दिस इज़ फ्रॉम
दिस इज़ फ्रॉम
दिस इज़ फ्रॉम मटिल्डा!
जस्ट लाइक द जॉनी फ़्लिन सेड,
'द ब्रेथ आइ हैव टेकेन
ऐंड द वन, आइ मस्ट टू गो ऑन!
पुट द ग्रेनेड पिन इन यॉर हैंड
सो यू अंडरस्टैंड हू इज़ बॉस।
माइ डिफ़ीट स्लीप्स टॉप टू टो,
विद हर सक्सेस!'
ओह! दिस इज़ फ्रॉम
दिस इज़ फ्रॉम
दिस इज़ फ्रॉम मटिल्डा!
ऐंड शी नीड्स यू
दिस इज़ फ़ॉर मटिल्डा,
ऐंड शी नीड्स यू
ऐंड लव इज़ वंडर ट्वाइस,
ऐंड शी नीड्स यू
दिस इज़ फ़ॉर मटिल्डा!!

...यह मटिल्डा की तरफ़ से! ठीक वैसे ही, जैसे जॉनी फ़्लिन ने कहा, "मैंने जो साँस ली है और जिस पर मुझे चलना चाहिए। मेरी हार, उसकी क़ामयाबी के साथ, उसके पैर की उँगलियों के ऊपर सोती है। और मटिल्डा को तुम्हारी ज़रूरत है। और प्रेम दो बार का आश्चर्य है। मटिल्डा को तुम्हारी ज़रूरत है।"

रात के सन्नाटे में उषा के होठों पर हँसी थिरक गई। उन्होंने अपने आदर्श ज़ेमाइकन—अमेरिकन पॉप स्टार और सिंगर हैरी बेलाफ़ोन्टे की 'मटिल्डा' को याद किया। हैरी की मटिल्डा तीसरी थी, पाब्लो नेरुदा और डेनिस केले की मटिल्डा से अलग। हैरी अपनी मटिल्डा को जब स्टेज शो में गाते, लोगों को आनन्द व रोमांस के चरम पर पहुँचा देते। उषा अपने करिअर के शुरुआती दिनों से हैरी की अदा की दीवानी रही थीं। 'किंग ऑव कैलिप्सो' के उपाधिनाम से मशहूर हैरी को कैरिबियन संगीत शैली को अन्तरराष्ट्रीय स्तर पर लोकप्रिय व मशहूर करने का श्रेय जाता था। श्रोताओं से संवाद क़ायम करने में उन्हें महारत हासिल थी। उनकी संवाद कला की यह क्षमता उषा को बेहद प्रभावशाली लगती थी। हैरी की संवाद शैली को उन्होंने स्वयं भी आत्मसात करना शुरू किया। उषा हमेशा हैरी बेलाफ़ोन्टे की 'मटिल्डा' को गाती रही थीं। हर बार 'मटिल्डा' गाते वक़्त उन्हें अनुभूति होती थी कि मटिल्डा बड़े लाड़-अनुराग से लहराती हुई आहिस्ता-आहिस्ता उनकी काया में प्रवेश कर रही है—

मटिल्डा, मटिल्डा, मटिल्डा!
शी टेक मी मनी ऐंड रन वेनेज़ुएला
फ़ाइव हंड्रेड डॉलर्स, फ्रेंड्स, आइ लॉस्ट
वुमन एवेन सेल मी कैट ऐंड हॉर्स
हे मटिल्डा! द मनी वाज़ टू बाइ मी
हाउस ऐंड कार्ट
स्टक अप इन अ पिलो
बीनिथ माइ हेड
मटिल्डा! शी टेक मी मनी
ऐंड रन अवे वेनेज़ुएला।

अपने कमरे में कुछ देर के सुकून के बाद उषा ने उस रात सोमवार के लिए 'मटिल्डा' को रिहर्स करना शुरू किया। रामू तब तक सो चुके थे।

सोमवार की शाम 'ट्रिंकास' अपनी रौनक़ में था। बैंड की झूम शुरू हुई और इसके साथ ही उषा भी। गाते हुए उषा की आँखें जानी चाको उथुप को ढूँढ़ रही थीं। वे दिख जाते, तो उषा 'मटिल्डा' शुरू करतीं। पर आख़िर तक जानी नहीं आए और अगले चार-पाँच दिनों तक नहीं आए। रामू ने एक रात उषा से पूछा, "तुमने मटिल्डा नहीं गाया?" उषा ने आहिस्ते-से कहा, "क्योंकि वह नहीं आया, जिसने 'मटिल्डा' की फ़रमाइश की थी।"

उषा के बम्बई लौटने का जब बस एक दिन बचा था कि उस शाम 'ट्रिंकास' में एक मेज़ पर जानी चाको उथुप जमे दिख गए। और उषा के होठों पर बरबस 'मटिल्डा' थिरकने लगी। उस शाम उषा की आवाज़ तारों को छू रही थी। वह एक सीमाहीन संगीत था, जिसने 'ट्रिंकास' के कोने-कोने को अपने अनुराग से भर दिया था।

"फ़ैब्यलस्!" जानी चाको उथुप की आह्लादित आँखें उषा से रूबरू थीं।

"आपकी मूँछ कहाँ गई? पिछली बार तो थी।" उषा ने मुस्कराकर कहा।

"इट विल ग्रो अगेन।" जानी की आवाज़ में सुखद झेंप थी। शायद यह सोचकर कि क्या उस दिन इसने इतने ग़ौर से देखा था। एक पल थमकर जानी ने पूछा, "शुड आइ ग्रो इट?"

"येस्स प्लीज़।" उषा हँसीं, तो उनके गालों में पड़नेवाले गड्ढे ने बरबस उनका वैभव जानी के सामने ला दिया। उनकी हँसी के संग गालों में पड़नेवाले गड्ढे को देखकर ही उनके जन्म के बाद उन्हें गोद में लेते हुए मद्रास पाट्टी माँ ने कहा था, "यह उषा है! इसकी हँसी में सुबह है।"

"क्या आपको फिर सुनने का मौक़ा मिलेगा?" उस शाम जानी उथुप ने पूछा था।

"पता नहीं।" उषा ने आहिस्ता-से कहा, "कल मैं बम्बई लौट रही हूँ।"

कलकत्ता का वह आषाढ़

बम्बई के चर्च रोड के समीप 5, जमशेदजी टाटा रोड में 'इरोस' सिनेमा के पीछे वह 'रिट्ज़ होटल' आज भी पूरी रौनक़ में है, जिसके अन्दर के एक छोटे-से नाइट क्लब 'लिट्ल हट' में उषा कभी गाती थीं। इसी नाइट क्लब से वे कलकत्ता के नाइट क्लब 'ट्रिंकास' पहुँची थीं। कलकत्ता में गुज़रे वे तीन हफ़्ते एक

सुहाने रुत की याद बनकर मन में बस गए थे। 'ट्रिंकास' ने कई अद्‌भुत अनुभवों से उन्हें रूबरू कराया था। मसलन लाल बाज़ार! मि. जोसुआ व मि. पुरी सरीखे दुर्लभ स्नेही जन! और 'मटिल्डा' का वह प्रेमी!

कलकत्ता से वापस बम्बई लौटकर उषा 'रिट्ज़' के नाइट क्लब 'लिट्ल हट' की शामों में फिर से मसरूफ़ हो गईं। अंग्रेज़ी गाने तो वे पहले से गा ही रही थीं। मौक़े पर वे 17 भारतीय और 8 विदेशी भाषाओं में भी गाती थीं। पर कलकत्ता से लौटने के बाद उन्हें जाने क्या धुन चढ़ी कि उन्होंने हिन्दी गानों पर ख़ुद को ज़ोर से केन्द्रित किया। 'लिट्ल हट' में महेन्द्र कपूर का गाया 'दिल करता, हो यारा दिलदारा' एक शाम उषा ने गाया, तो समाँ बाँध दी। बम्बई के श्रोताओं के बीच दरअसल उन्होंने महसूस किया कि अंग्रेज़ी के संग-संग हिन्दी व मराठी गाना अनिवार्य है। इस तरह हिन्दी गानों को लेकर उषा का आत्मविश्वास और बढ़ा। शुरू में उषा ने गिटार सीखा था। पर बाद में गिटार बजाना छोड़ दिया। दरअसल, उषा ने महसूस किया कि गाने के दौरान के भावुक पलों के बीच वे गिटार के सही कॉर्ड भूल जाती हैं। भावुकता के रूप-संभार को सँभालना मन में उड़ते मेघों के असंभार दल को सँभालने जैसा है। आत्मा की पंखुड़ियों पर जमी ओस की बूँदों को सहेजने सरीखा है।

वह वर्ष 1969 का जुलाई महीना था, जब कलकत्ता की पहली यात्रा के लगभग एक-डेढ़ महीने बाद ही फिर तीन हफ़्ते के वास्ते उषा को 'ट्रिंकास' का कांट्रैक्ट मिला। कलकत्ता उन्हें पहली नज़र में ही बहुत अच्छा लगा था। बम्बई-मद्रास की तुलना में वहाँ के जीवन में एक अलग सुवास था। सदैव उल्लास से छलकता। उत्सवपूर्ण। दोबारा 'ट्रिंकास' का कांट्रैक्ट पाकर ज़ाहिर है कि उषा बेहद ख़ुश थीं। पिछली बार की तरह ही उषा को हवाई यात्रा का टिकट पहुँच गया था। कलकत्ता एयरपोर्ट पर उनके लिए गाड़ी पहुँची हुई थी। मि. जोसुआ और मि. पुरी ने बड़े लाड़-अनुराग से उषा की आगवानी की और पिछली बार की तरह ही अपने यहाँ उन्हें ठहराया। रामू इस बार भी उषा के साथ थे। 'ट्रिंकास' का बैंड क्योंकि उषा से परिचित हो चुका था, इसलिए इस बार उन्हें किसी प्रकार के रिहर्सल की ज़रूरत नहीं थी। इस बार उन्हें कलकत्ता के पुलिस मुख्यालय लाल बाज़ार जाने की भी दरकार नहीं थी। इस बार उषा कई और ऐसे विरल गीतों को लेकर आई थीं, जिसे बहुत पसन्द करने के बावज़ूद वर्षों से उन्होंने नहीं गाया था।

उल्लास की नाव

आषाढ़ मास सुखदाई वर्षा के स्पर्श से पूरे वातावरण में एक विचित्र अलौकिक आवेश उत्पन्न करता है। जॉब चार्नक का शहर कलकत्ता बारिश के इन दिनों में अन्य महानगरों की अपेक्षा कुछ अधिक ही उन्मत्त रहता है। उस शाम बारिश हो रही थी जब 'ट्रिंकास' में उषा गा रही थीं। ट्रिंकास के बैंड पर बैठे सभी म्यूज़िशियन आदि-आनन्द में हिलोरें ले रहे थे। उषा के एक-एक गाने के संग उल्लास की जगमग पताकाएँ लहरा रही थीं। अन्दर हर मेज़ के पास मानो नारियल वृक्षों से घिरा एक-एक ख़ुश 'पुकुर' मुस्का रहा था। उषा के गानों में बारिश से भीगते नावों की पालें तेज़ हवा के झकोरों में झूम रही थीं। रामू दूर एक कोने की मेज़ पर बैठे थे। उषा ने देखा, जानी चाको उथुप भी एक मेज़ पर कोहनियाँ टिकाये बैठे थे। उषा 'टेस्ट ऑव हनी' डूब कर गा रही थीं :

अ टेस्ट ऑव हनी
टेस्टिंग मच स्वीटर दैन वाइन
डू...डू...डू...
डू...डू...डू!
आइ ड्रीम ऑव यॉर फ़र्स्ट किस
ऐंड देन
आइ फ़ील अपॉन माइ लिप्स अगेन
टेस्टिंग मच स्वीटर दैन वाइन!
ओह, आइ विल रिटर्न, आइ विल रिटर्न,
आइ विल रिटर्न, येस आइ विल रिटर्न
आइ विल कम बैक फ़ॉर द हनी ऐंड यू...
डू...डू...डू...

कितना पारदर्शी, कितना अनुराग से भरा...! प्रसन्न बरसात में आनन्द से मन्द-मन्द हिल रहा हनीसिकल का फूल! उमंग से आलोड़ित मनुष्य मन की अतल गहराइयों में गूँजती एक अदम्य इच्छा...! कि मैं ज़रूर लौटूँगा इस शहद के लिए...! और तुम्हारे लिए! एक सुदूर, अनन्त, तटस्थ आकर्षण की अदम्य आकुलता उषा के गहन लय की डूब में गोते खा रही थी। वह शाम, जो रात में दाख़िल हो चुकी थी, मूर्त स्वप्न-सी हो गई थी। और मेज़ों पर मंत्रमुग्ध टिके लोग अपने-अपने मन के पार्श्व में खोये हुए थे। उषा का संगीत थमा और 'ट्रिंकास'

का बैंड भी। उषा ने दूर से देखा जानी चाको उथुप निकलते हुए रामू से बातें कर रहे थे। रामू से जानी को मिलते देख जाने क्यों उषा को अच्छा लगा। रामू ने रात को उषा से बताया था कि जानी उथुप प्रसिद्ध चाय की कम्पनी 'जे. थॉमस ऐंड कम्पनी' में नौकरी करते हैं।

रामू की बातों से लगा था कि जानी से मिलकर रामू को भी अच्छा लगा। उन्हें सोचकर राहत मिली कि कलकत्ता में सारे दिन ऊबते रामू का कम से कम एक परिचय तो बना, जिससे वह गपशप कर सकें।

अगली दोपहर 'ट्रिंकास' के शो के कुछ घंटे पहले रामू ने उषा से कहा कि जानी उथुप ने उन्हें पार्क स्ट्रीट के एक चायनीज़ रेस्तराँ में आमंत्रित किया हुआ है। इसलिए वे रेस्तराँ से सीधे शाम को 'ट्रिंकास' पहुँच जाएँगे। उस दोपहरी में रामू व जानी की मुलाक़ात कैसी रही, इसका इल्म उषा को तब हुआ जब शो ख़त्म करने के बाद रात को उषा अपने कमरे में पहुँचीं। दरअसल, उस शाम गाने के दौरान उषा की आँखें 'ट्रिंकास' में लगातार रामू को ढूँढ़ती रहीं। पर रामू वहाँ नहीं थे। अलबत्ता, जानी उथुप कोने की एक मेज़ पर बेशक दिख गए। शो ख़त्म होने के बाद जानी उथुप उनके पास आए और कहा, "रामूजी दिख नहीं रहे हैं। चलिये आपको छोड़ दूँ।" चन्द मिनट के उस रास्ते में जानी से उषा की कोई बातचीत नहीं हुई। बारिश तब तक थम चुकी थी। आषाढ़ की रात में भीगा कलकत्ता हवा के मन्द झकोरों के संग सिहर रहा था।

दरवाज़े पर दस्तक उषा ने दी। रामू ने दरवाज़ा खोला। उषा के पीछे खड़े जानी को देख रामू का चेहरा विवर्ण हो गया। उषा अन्दर गईं और दरवाज़े पर खड़े जानी उथुप से रामू ने कहा, "दैट्स एनफ़ मि. उथुप! यू कैन गो।" रामू की तिलमिलाहट उषा को कुछ समझ में नहीं आई। निहायत ठंडे स्वभाव के रामू को अचानक यह क्या हुआ? रामू ने दरवाज़ा ज़ोर से बन्द कर दिया था।

उस रात रामू पागलों की तरह बेचैन थे। कई बार पूछने के बाद रामू बुरी तरह चिल्लाये और बेसाख़्ता ढहने लगे।

"डू यू नो...आज दोपहर चाइनीज़ रेस्तराँ में जानी उथुप ने मुझसे क्या कहा? ही सेड...आइ डोंट नो अबाउट उषा ऐंड हर फ़ीलिंग्स...बट आइ ऐम इन लव विद यॉर वाइफ़...।" रामू ग़ुस्से से बुरी तरह काँप रहे थे।

"ओके...ही सेड...सो ह्वाट हैपेंड?" उषा ने आहिस्ता-से कहा, "पर उसने मुझे तो कुछ नहीं कहा।"

"बट ह्वाट जानी सेड...इज़ इट टू...? हैव यू द' सेम फ़ीलिंग फ़ॉर हिम?" रामू का स्वर हिंस्त्र था।

"येस्स!" अपने समस्त आदिम भय को तेज़ी से ढकेलते हुए उषा ने कहा।

स्मृति के आभासी पुस्तकालय में आज भी वह रात ज्यों की त्यों है। वह एक अजीब यातना भरी दारुण रात थी। रामू ने ग़ुस्से में मेज़ पर रखी प्लेट दीवार की तरफ़ फैंकी और झन्न की आवाज़ के संग प्लेट चूर-चूर हो गई। उषा रात के तीसरे पहर तक रोती रहीं और रोते-रोते कब सो गईं, उन्हें पता भी न चला। बीते लगभग पाँच वर्षों से आत्मा का यह लगातार रिसता घाव था, जिसका मुँह उस रात बरबस खुल गया था। अपने ठंडेपन के खोह-खंदक में दुबके रामू और शंका-उपशंका में लगातार गोते लगाती उषा! समाज और परिवार की मर्यादा का स्याह आदिम भय अचानक ध्वस्त हो गया। उजाले की दमित कामना मन के अज्ञात अन्त:लोक में अचानक उस रात फूट पड़ी थी। पाँच वर्षों के दाम्पत्य की इस अवधि में रामू ने बेशक उषा के संगीत के जुनून को प्रोत्साहन दिया था लेकिन गहरी रातों के एकान्त में दोनों के बीच एक अजीब-सी मूर्च्छा ठिठकी थी, अविजित अन्धकार की तरह। पर दोनों के बीच हुए देर रात के इस असम्भव संवाद ने उषा को उस रिसती हुई मूर्च्छा से बरबस बाहर ला दिया था। रामू ने जब ग़ुस्से में मेज़ पर रखी प्लेट को चूर-चूर कर दिया, तो उषा को लगा कि अक्वेरियम का शीशा चूर-चूर हो गया है। और जानी उन्हें अच्छे लगते हैं, यह कह कर वह ऑक्सीजन-रहित पानी से बाहर आ गई हैं।

अगली सुबह उषा का जी हलका था। पर कलकत्ता का आकाश बादलों से भरा था। उषा को यह सोचकर हालाँकि रोमांच हो रहा था कि किस तरह जीवन एक क्षण में है। जानी ने तो उनसे सीधे कुछ भी नहीं कहा था। पर वह क्या एहसास था कि रामू के पूछने पर छूटते हुए साफ़-साफ़ उन्होंने अपनी बात कह दी थी। बीती रात का वह दृश्य दम-ब-दम उनके मन में घुमड़ रहा था। मन में कई सम्भावित स्थितियों की लगातार आवाजाही हो रही थी। अम्मा-अप्पा को जब पता चलेगा, तो वे क्या कहेंगे। बेशक अम्मा-अप्पा प्रगतिशील थे लेकिन इतने भी नहीं कि एक अनहोनी-सी बात को सहज-मुक्त भाव से सुनकर रह जाएँ।

उषा के बड़े बहनोई एन. श्रीनिवासन यानी चिनू व बड़ी बहन इन्दिरा उन दिनों कलकत्ता में ही रहते थे। इन्दिरा के सबसे छोटे देवर रामू क्या यह प्रसंग चिनू व इन्दिरा से भी कहेंगे? मन के गलियारे में कई सवाल थे। यह भी था कि अगर

सचमुच यह बात बढ़ी, तो बहुत बदनामी होगी। उमादी के प्रेम-विवाह के निर्णय की जानकारी अम्मा से मिलने पर अप्पा का तमतमाया मुख भी रह-रहकर कौंध रहा था। ख़ैर जो होगा, देखा जाएगा। उषा ने कमरे की खिड़की के बाहर देखा। आषाढ़ के आकाश में बादल घर बना रहे थे।

आगे का दो हफ़्ता बेहद कशमकश में बीता। रामू का अनमनापन जारी था। शामों को 'ट्रिंकास' के शो में भी रामू ने जाना कम कर दिया। जानी अक्सर शामों को दिख जाते थे। कुछेक शाम उषा ने जानी को रामू की मेज़ पर बैठ बातें करते भी देखा, तो उन्हें थोड़ी तसल्ली-सी हुई। उषा ने सोचा कि शायद दोनों के बीच स्थिति सहज हो गई है। पर जो कुछ गुज़रा था, उसका उद्वेलन उषा के मन में लगातार बना था। रात की आँखों में रात का सन्नाटा। और सब कुछ अदृष्ट! मन के सूक्ष्म वलयों में चक्कर काटते अनेक प्रश्न! बीते पाँच वर्षों से रामू के संग चल रहे पति-पत्नी के कथित ठंडे रिश्ते को क्या और चला पाना सम्भव होगा? अपनी शिराओं में छाये अन्धकार को जब एक स्त्री ठीक से समझ जाती है, तो वह समझती है, उजाले के पराभव का मतलब! इस अविजित अन्धकार में उन्होंने पूरे पाँच साल गुजार दिये थे। अम्मा-अप्पा या अपनी दोनों बड़ी बहनों से भी उन्होंने कभी किसी को कुछ नहीं कहा था। संगीत के लिए समर्पण ने उन्हें इस गहराते अन्धकार की तरफ़ झाँकने का मौक़ा ही नहीं दिया था। कुहासों से भरे इतने साल किस तरह बीत गए सचमुच! जीवन की रम्यता मन पर दस्तक दे रही थी। 'ट्रिंकास' का तीन हफ़्ते का कांट्रैक्ट जब ख़त्म हुआ, तो रामू के संग उषा बम्बई लौट आईं। 'लिट्ल हट' के श्रोता उनका बेसब्री से इन्तज़ार कर रहे थे। कलकत्ता के प्रसंग के बारे में न रामू ने किसी से ज़िक्र किया और न ही उषा ने। इस तरह कितने दिन डूबे और कितनी सीधी शामें गुज़र गईं। रेत पर तड़पती कितनी रातें बीतीं।

वर्ष 1969 के आख़िरी दिनों में 'ट्रिंकास' से मि. एलेस जोसुआ व मि. ओमी पुरी का फिर से सन्देश आया। पर इस बार उषा के साथ कलकत्ता जाने से रामू ने साफ़ मना कर दिया। लिहाज़ा, उषा ने अकेले, कलकत्ता जाने का निर्णय लिया। 'ट्रिंकास' के संचालक जोसुआ व पुरी बड़े शालीन व स्नेही थे। घर की बेटी की तरह उषा के लिए अपने आवास में एक कमरा उपलब्ध करा देते थे। उषा ने अम्मा-अप्पा को भी बताया कि अकेले कलकत्ता जाना उनके लिए कहीं से चिन्ता या असुरक्षा में होने जैसी बात नहीं है। हालाँकि, उषा के संग रामू का न जाना उषा

के अम्मा-अप्पा और दादर स्थित उनके ससुरालवालों को भी खटका था। पर इसको लेकर रामू ने किसी से कुछ भी स्पष्ट नहीं किया था और उषा यह कह कर टाल गईं कि शायद रामू की व्यस्तता इन दिनों अपने काम में ज़्यादा बढ़ गई है। पर रामू के कलकत्ता न जाने का सबब उषा को तो मालूम ही था।

कलकत्ता पहुँचकर उषा 'ट्रिंकास' के मालिकों के यहाँ 87-जे. पार्क स्ट्रीट में इस बार भी ठहरीं। इस बार उनके पास 'ट्रिंकास' के श्रोताओं के लिए और भी कई नये गाने थे। 'ट्रिंकास' के श्रोताओं के दिल में तीन-तीन हफ़्तों की महज़ दो यात्राओं में ही उषा छा गई थीं। लिहाज़ा, उनके वापस बम्बई जाते ही श्रोता मायूस होकर व्यग्रता से जिज्ञासा करने लगते कि उषा अय्यर फिर कब आनेवाली हैं। मि. जोसुआ व मि. पुरी भी देखते थे कि उषा के आगमन की तारीख़ जब वे घोषित करते थे, तो उस तारीख़ से 'ट्रिंकास' में दोगुनी भीड़ हो जाती थी। उधर बम्बई में 'लिट्ल हट' के संचालक को उषा का कलकत्ता जाना नहीं अच्छा लगता था क्योंकि उषा अगले तीन हफ़्ते नहीं गानेवाली हैं, यह जानकारी मिलते ही, 'लिट्ल हट' में आगंतुकों की संख्या रोज़-ब-रोज़ घटने लगती।

इस बार कलकत्ता में शुरू के दस दिनों में उषा ने जो दिल उड़ेल कर गाया कि 'ट्रिंकास' के आगंतुक बेसब्री से दीवानों की तरह शाम होने का इन्तज़ार करते। इनमें एक जानी चाको उथुप भी थे, जो चाय कम्पनी 'जे. थॉमस' के काम से छूटते ही कार से सीधे 'ट्रिंकास' पहुँचते थे। शुरू दिसम्बर के दिन कलकत्ता में बड़े मनभावन होते हैं। ख़ुशनुमा गुलाबी जाड़ा कलकत्ता के वातावरण को बड़े नाज़ से तरंगित रखता है। तीसरी यात्रा में एक शाम जब उषा ने अपने पसन्दीदा 'बिग स्पेंडर' का सुर छेड़ा, तो 'ट्रिंकास' का कण-कण उल्लास से छलक उठा। बैंड पर जमी टीम भी आनन्द के चरम में पहुँच गई थी। उषा गाते हुए असीम दीपशिखा की भाँति दमक रही थीं :

द मिनट यू वॉक्ड इन द जॉयंट
आइ कुड सी यू वेअर अ मैन ऑव डिस्टिंक्शन
अ रिअल बिग स्पेंडर
गुड लुकिंग सो रिफ़ाइंड
से, वुडंट यू लाइक टू नो
ह्वाट्स गोइंग इन माइ माइंड?
सो लेट मी गेट राइट टू द प्वाइंट

आइ डोंट पॉप माइ कॉर्क फ़ॉर एवरिमैन आइ सी
हे बिग स्पेंडर,
स्पेंड अ लिट्ल टाइम विद मी...

ओ शाहख़र्च! क्या यह जानना पसन्द नहीं करोगे कि तुमको लेकर मेरे मन में क्या चल रहा है? ओ शाहख़र्च! मेरे संग भी अपना थोड़ा समय ख़र्च करो...। रात चढ़ने के साथ उषा का संगीत जब थमा, तो लोगों ने अनवरत तालियों के संग अपनी ख़ुशी का इज़हार किया। हालाँकि, उन तालियों के उमंग में जानी उथुप शामिल नहीं थे। एक शाम अपना प्रिय गाना 'सन्नी' गाते हुए उषा ने सन्नी की जगह जानी का नाम लेकर एक लाइन शामिल कर दिया...'माइ जानी...वन शाइंस सो सिनसिअर...! जानी वन...सो टू...आइ लव यू...।' रात को जब शो ख़त्म होने के बाद जानी उथुप उन्हें मि. जोसुआ के घर तक छोड़ने जा रहे थे, तो उषा ने मुस्कराकर जानी से पूछा, 'आज गाने में मैंने तुम्हारा नाम लिया। तुम्हें अच्छा लगा?' जानी का उत्तर अप्रत्याशित था। उन्होंने कहा, "उषा! आइ डोंट पर्टिकुलरली रेलिश माइ नेम बीइंग स्पोकेन इन पब्लिक।" उषा ने महसूस किया कि रामू के पास पूरे दम से उनके लिए अपना प्यार कह देनेवाले जानी एक बेहद संकोची और अन्तर्मुखी इनसान हैं। कलकत्ता की इस यात्रा में उषा की जानी से शामों को 'ट्रिंकास' के शो के क्रम में तक़रीबन अक्सर मुलाक़ातें होती रहीं। और हर मुलाक़ात के संग उषा अपने फ़ैसले के क़रीब पहुँच रही थीं।

कलकत्ता में शुरू के दो हफ़्ते वाक़ई बेहद शानदार रहे। फिर भी स्वाभाविक रूप से भविष्य को लेकर मन में कई प्रकार का उद्वेलन था। एक सुबह जब उषा उठीं, तो एक बड़ी मुसीबत मानो उनका इन्तज़ार कर रही थी। उनके कमरे में पुराने ज़माने की एक ख़ूबसूरत मेज़ थी, जिस पर बड़ा-सा भारी ऐश-ट्रे रखा हुआ था। उषा जब मेज़ पर रखे गिलास को लेने लगीं; तो वह भारी ऐश-ट्रे उनके बाएँ पाँव पर ज़ोर से गिरा। पर उषा हैरत में रह गईं कि बाएँ पैर में उन्हें चोट की हलकी-सी भी अनुभूति नहीं हुई। उषा मेज़ के पास की कुरसी पर तत्काल बैठ गईं। पर जब उन्होंने कुछ पल बाद कुरसी से उठने की कोशिश की, तो उनके बाएँ हाथ-पाँव बेजान-से थे। ज़ाहिर है कि अचानक अपनी इस स्थिति से उषा बुरी तरह घबरा उठीं। मि. जोसुआ और मि. पुरी उन्हें बग़ैर समय गँवाये कलकत्ता के प्रसिद्ध अस्पताल 'बेल व्यू' ले गए। वहाँ के चिकित्सकों ने आवश्यक उपचार करते हुए बताया कि यह एक प्रकार का आंशिक पक्षाघात है और इसे ठीक होने में लम्बा

समय लगेगा। उषा ने मि. जोसुआ से अनुरोध किया कि अगर सम्भव हो, तो कृपया जानी उथुप को उनके बारे में बता दें। मि. जोसुआ ने जब जानी को फ़ोन पर इसकी सूचना दी, तो जानी फ़ौरन अस्पताल पहुँचे। तक़रीबन एक हफ़्ते तक उषा अस्पताल में रहीं। अस्पताल के कमरे के एकान्त में जानी के असीम स्नेह और अपने प्रति उनके गहन लगाव को उषा ने गहरे तक महसूस किया। रामू के संग अपने वैवाहिक जीवन के बीते पाँच वर्षों में उनका मन कभी नहीं भीगा था। अस्पताल से जब उनकी छुट्टी हो रही थी, तो उनके चिकित्सक ने कहा कि अभी कुछ महीने तक इन्हें 'कैलिपर्स' लगाना होगा, लेदर के ख़ास तौर से बने जूते के संग। मि. जोसुआ और मि. पुरी को लगा कि 'कैलिपर्स' लगाकर शायद ही उषा अब पहले की तरह घंटों खड़ी होकर गा पाएँगी। पर अस्पताल से लौटने के अगले दिन से दो हफ़्ते तक उषा ने 'कैलिपर्स' लगा घंटों खड़े होकर इस सिफ़त से गाया कि 'ट्रिंकास' के आगंतुकों को उनकी इस स्थिति का इल्म तक न हुआ। इस घटना के बारे में उन्होंने बम्बई फ़ोन कर न तो कभी अम्मा-अप्पा को बताया और न ही बम्बई में बतौर डॉक्टर कार्यरत अपनी बहन उमा को।

उषा जब कलकत्ता से बम्बई वापस लौटीं, तो सीधे अपनी ससुराल दादर गईं। उनकी स्थिति देख रामू ने रस्मी चिन्ता व्यक्त की और अपनी उदासीनता के स्थायी भाव में टिक गए। पर उषा की बड़ी बहन डॉ. उमा पोचा उन्हें 'किंग एडवर्ड मेमोरियल हॉस्पिटल (के.इ.एम.)' ले गईं। गहन जाँच पड़ताल के बाद डॉक्टरों की टीम इस निष्कर्ष पर पहुँची कि बचपन में एक बार जो पोलियो फ़ीवर उषा को हुआ था, उसी का विलम्ब से यह असर सामने आया है। डॉक्टरों की चिकित्सा शब्दावली में—'हेमी पेरासिस'। उषा को बायीं तरफ़ 'एंकल ड्रॉप' और 'रिस्ट ड्रॉप' था। बाएँ पाँव में घुटने तक उन्हें स्टील प्लेट लगाया गया। पाँव में कैलिपर और इस तक़लीफ़ के शिकार मरीजों के लिए ख़ास तौर से बनाए गए जूते उन्हें पहनने पड़े। बायीं कलाई में भी सुन्न लगने के कारण 'रिस्ट कैलिपर' भी लगाया गया। नियमित फ़िज़ियोथिरैपी तो वे करा ही रही थीं। कई महीनों तक शरीर के बाएँ भाग की असमर्थता के कारण स्टेज पर उषा ख़ुद से पाँव उठाकर चढ़ती थीं। बीच-बीच में 'ट्रिंकास' के वास्ते कलकत्ता यात्रा के लिए भी हवाई जहाज पर इसी तक़लीफ़ के संग वे आती-जाती और गाती रहीं। इस तक़लीफ़ के दौरान जानी ने अपने तमाम संकोची-स्वभाव के बावज़ूद उन्हें पूरा भावनात्मक संबल दिया।

जानी चाको उथुप में उषा को जो तीन ख़ास बातें दिखती थीं, वह थी—उनकी साफ़गोई, ईमानदारी और सिद्धान्त पर टिके रहने की ज़िद। पर जानी को लेकर कुछ भी सोचने का क्या मतलब? सोचती थीं उषा।

अपनी आवाज़ सुनो

कलकत्ता की इन चन्द यात्राओं के बाद से दादर के घर का उषा का कमरा पहले से और अधिक उदास-सा लगने लगा था। बीते पाँच वर्षों के ख़ालीपन से जुड़ी जाने कितनी पहेलियाँ...! ससुराल के इतने लोगों के बीच रहकर भला इतना बेज़ार वे कैसे महसूस कर सकती हैं? जिस घर में पिछले पाँच वर्ष उन्होंने व्यतीत कर दिये, वहाँ इतना ज़्यादा अकेलापन क्यों महसूस होने लगा है? सोचती थीं उषा। आने वाले दिन क्या इसी तरह निकल जाएँगे? कभी-कभी वह सोचती थीं कि पूछेंगी अम्मा से, "क्या मेरी जन्म पत्रिका आपने बनवाई थी अम्मा? अगर हाँ, तो क्या लिखा है उसमें मेरे बारे में?"

वह वर्ष 1970 का समय था। भविष्य की कल्पना सपने छेंक रही थी। 'बॉम्बे टॉकी' में तो उषा दो अंग्रेज़ी गाने गा चुकी थीं, लेकिन हिन्दी फ़िल्मों के दुर्ग को भेदना अभी तक उन्हें कठिन लग रहा था। पर सितारों ने करवट ली और इसी साल लगातार कई फ़िल्मों 'कभी धूप, कभी छाँव', 'हरे रामा, हरे कृष्णा' और 'बॉम्बे टू गोवा' के लिए उषा को गाने के प्रस्ताव मिले। उषा क्योंकि बहुत सारे एडवर्टाइज़िंग जिंगल्स पहले गा चुकी थीं, इसलिए हिन्दी फ़िल्मों के कई संगीत निर्देशक इस ऊहापोह में थे कि जिंगल गाने वाली एक लड़की से हिन्दी सिनेमा के लिए गवाना पता नहीं सफल रहेगा या नहीं। पर आख़िरकार संशय की यह बदली छँटी और उषा को फ़िल्मों में गाने के अवसर की शुरुआत हो गई। श्याम बेनेगल की फ़िल्म शुरुआत की इन्हीं कड़ियों में थी। पर 'कभी धूप, कभी छाँव' वह पहली हिन्दी फ़िल्म थी, जिसमें उषा ने हिन्दी में पार्श्व गायन किया था। गाना चर्चित हुआ—'मैं भी जलूँ, तू भी जले'। यह गाना प्रसिद्ध फ़िल्म गीतकार प्रदीप ने लिखा था और संगीत दिया था चित्रगुप्त ने। इस फ़िल्म के प्रोड्यूसर ने जब उषा को मीटिंग के लिए बुलाया, तो उषा ने बड़ी मासूमियत से पूछा कि यह गाना अंग्रेज़ी में है, हिन्दी

में या हिन्दी-अंग्रेज़ी मिक्स? प्रोड्यूसर ने हँसते हुए कहा, "यह गाना हिन्दी में है। बहुत अच्छा गाना है।" प्रोड्यूसर के साथ बैठे इस फ़िल्म के निर्देशक चन्द्रकान्त भी मुस्करा पड़े। उषा को गाने की स्क्रिप्ट दे दी गई। गाना उषा को वाक़ई अच्छा लगा...'मैं भी जलूँ...तू भी जले...आ जा सनम लग जा गले...आग से ही आग बुझे...बाँहों में आ के देख ले।'

यह गाना उषा के मिज़ाज का था। वे रिहर्सल के लिए स्टुडियो गईं। रिहर्सल के बाद वे सीधे अपनी ससुराल दादर न जाकर अम्मा-अप्पा के पास गईं। वहाँ उन्होंने सबको यह ख़ुशख़बरी दी कि उन्हें एक हिन्दी फ़िल्म के लिए गाना गाने को मिला है। उषा के भाई श्यामसुन्दर यानी शामू ने पूछा कि यह गाना किस पर फ़िल्माया जाएगा? तो उषा ने बताया कि सिनेमा के पर्दे पर इसे हेलेन व दारा सिंह पर दिखाया जाएगा। शामू ने तब चुटकी लेते हुए पूछा, "ओह अच्छा! तो तुम दारा सिंह के लिए गा रही हो?" भाई-बहनों में ये और ऐसे मज़ाक चलते रहते थे। पूरे सामी परिवार की फ़ितरत में ही ख़ुशमिज़ाजी थी। और उषा हास्य के करतबों में अपने घर की अव्वल सदस्य। बहरहाल, 'कभी धूप, कभी छाँव' की रिकॉर्डिंग हुई और उषा की प्रस्तुति से इस गाने के गीतकार प्रदीप बेहद ख़ुश हुए। उन्होंने उषा से कहा, "मुझे उम्मीद नहीं थी कि तुम इस गाने को इतना बेहतरीन गाओगी।" सन् 1970 का साल उषा के लिए मानो पूरी हरियाली पहनकर आया था।

पर इस हरियाली के भीतर चुपचाप ठहरी एक दग्ध कालिमा भी थी, जो रामू व उषा के बीच टेढ़ी-तिरछी पगडंडी सरीखी थी, जिस पर चलना दारुण था। दोनों के विवाह के पाँच वर्ष हो रहे थे लेकिन दोनों के बीच एक वीरानी अभी भी ठहरी हुई थी। उषा के म्यूज़िक करिअर के प्रति रामू का लगातार सहयोगी भाव था। रामू अय्यर मिज़ाज से एक चुप-ख़ामोश इनसान थे। उषा ख़ुशमिज़ाज थीं। और ज़िन्दगी शून्य-सन्नाटे में बिना अल्फ़ाज़ों के घिसट रही थी। रोज़-ब-रोज़ गिर रही थी। पर उषा के लिये नित-निरन्तर खुल रहे अवसरों के स्वर्णिम द्वार उष्ण दोपहरियों में प्रसन्नता से दमकते अमलतास के हिलते फूलों की तरह थे। देवानन्द की फ़िल्म 'हरे रामा, हरे कृष्णा' में गाने का अवसर भी सौभाग्य के संकेत की तरह ही मिला था। हालाँकि, उषा की कुंडली का योग है कि उन्हें अड़चनों-मुश्किलों के बग़ैर कुछ भी हासिल नहीं होता। अपनी इस फ़िल्म के सिलसिले में 'नवकेतन' की यूनिट के संग सचिन देव बर्मन, राहुल देव बर्मन और शशि कपूर को लेकर देवानन्द दिल्ली आए थे। यह सन् 1969 के आख़िरी दिनों की बात है।

दो हफ़्ते के वास्ते उस समय दिल्ली के 'ओबेराय इंटरकांटिनेंटल' में गाने का कांट्रैक्ट उषा को मिला हुआ था। उषा के शो में देवानन्द, सचिन देव बर्मन, राहुल देव बर्मन व शशि कपूर मौजूद थे। शशि कपूर के श्वसुर अपनी बेटी जेनिफ़र कैंडल के संग 'शेक्सपियराना' थियेटर चलाते थे। उस ताल्लुक़ से उषा का परिचय पहले से शशि से था। उषा का शो जब 'ओबेराय इंटरकांटिनेंटल' में ख़त्म हुआ, तो शशि कपूर उषा के पास आए और देवानन्द से उषा का परिचय कराया। देवानन्द ने पूछा कि "उषा! क्या आप 'हरे रामा, हरे कृष्णा' के लिए गाएँगी? यह डुएट सॉन्ग है।" आर.डी. बर्मन ने उषा को बताया कि "लताजी इस गाने में मुमताज़ के लिए गाएँगी और उषा आपको पश्चिमी मिज़ाज की लड़की की भूमिका निभा रही ज़ीनत अमान के लिए गाना होगा।" उषा के सहमति जताने के बाद उन्हें 'दम मारो दम' गाने का स्क्रिप्ट दे दिया गया। बम्बई में इस गाने के रिहर्सल में अप्पा भी उषा के संग स्टुडियो गए थे। रिहर्सल बहुत अच्छा हुआ। पर उषा विस्मित थीं कि रिहर्सल के बाद 'नवकेतन' से कोई ख़बर उन्हें नहीं मिली। एक दिन आर.डी. बर्मन से जब उषा ने बात की, तो अफ़सोस के साथ आर.डी. बर्मन ने उषा से कहा, "क्या बताएँ यार! वह गाना आपके लिए नहीं हो रहा। वह अब आशा (आशा भोंसले) गाएँगी। पर आपके लिए इस फ़िल्म में एक गाना हमने रखा है—आइ लव यू।" सुनकर उषा को बहुत दुख लगा। फ़िल्म इंडस्ट्री की राजनीति के बारे में बस वे सुनती भर रही थीं लेकिन यह उनका पहला अनुभव था। उनसे रिहर्सल कराया जा चुका गाना आशा भोंसले को दे दिया गया था। पर उषा ने दिल को समझाया कि जिस तरह 'दाने-दाने पर लिखा है खानेवाले का नाम' ठीक उसी तरह 'गाने-गाने पर लिखा है, गाने वाले का नाम'। बहरहाल, उषा को दिये गए गाने 'आइ लव यू' में भी आशा भोंसले को आधा हिस्सा दिया गया। इस गाने का अंग्रेज़ी हिस्सा उषा को और हिन्दी का अंश आशा भोंसले को दिया गया था। गाने को लिखा था आनन्द बख्शी ने और संगीत आर.डी. बर्मन का था। गाना यों था :

उषा : *आइ लव यू!*
कांट यू सी दैट आइ रिअलि डू
सो प्लीज़ गिव मी अनदर-अनदर लिट्ल चांस
दम-दम दबा...दबा-दबा
दम-दम दबा दबा-दबा

आशा : *क्या ख़ुशी क्या ग़म*

जब तक है, दम पे दम
अरे...ओह...
कश पे क़श लगा के चलो
गलियों में झूमो, सड़कों पे घूमो
दुनिया की ख़ूब करो सैर
हरे रामा, हरे कृष्णा
हरे रामा, हरे कृष्णा!

बॉलीवुड के पार्श्व संगीत में मंगेशकर बहनों के दबदबे की शिकार इस तरह उषा शुरुआती दौर में ही हो गई थीं। 'आइ लव यू' गाने का तो जो हुआ सो हुआ लेकिन 'दम मारो दम' गाने को लेकर आज भी लोग यही मानते हैं कि यह उषा उथुप का गाया हुआ है।

'दम मारो दम' गाना उषा को देकर ले लेना आर.डी. बर्मन को भी बहुत बुरा लगा था। इसलिए वे चाहते थे कि इसकी भरपाई वे कितनी जल्दी करें। बम्बई के मशहूर नाइट क्लब 'टॉक ऑव द टाउन' से लेकर 'ओबेराय शेरेटन' तक आशा भोंसले के संग आर.डी. बर्मन ने अनगिनत बार उषा को 'पाउरिंग रेन' गाते सुना था और बराबर दाद दी थी। आर.डी. बर्मन हर बार कहते थे, "उषा! यार इस गाने को लेकर कुछ करना है।" फ़िल्म 'बॉम्बे टू गोवा' में आर.डी.बर्मन को मौक़ा मिल गया। इस फ़िल्म के एक दृश्य में अमिताभ बच्चन और अरुणा ईरानी झगड़कर नाइट क्लब में आते हैं। बस नाइट क्लब के इसी दृश्य में आर.डी. बर्मन ने उषा अय्यर को 'लिस्न् टू द पॉरिंग रेन' गाते हुए डाला। उषा की आवाज़ में यह गाना अमिताभ बच्चन को भी बहुत पसन्द था। नाइट क्लब के इस दृश्य में उषा को उनके वास्तविक नाम के संग इस तरह गाने के लिए पेश किया गया है...'ऐंड नाउ लेडिज़ ऐंड जेंटिलमेन! वी प्राउडली प्रेज़ेन्ट टू यू द वन ऐंड ओन्लि उषा अय्यर... उषा अय्यर!' फ़िल्म के दृश्य में अमिताभ बच्चन और अरुणा इरानी गाने के दौरान उषा के इर्द-गिर्द हैं। वह सिनेमा संगीत का एक अद्भुत दौर था, जिसमें एक से एक गीतकार-संगीतकार और गायक थे। उस दौर में सिनेमा के गानों में कई अनूठे प्रयोग भी हुए। अन्य कई संगीतकारों के रुतबे के संग-संग पिता-पुत्र सचिनदेव बर्मन और राहुलदेव बर्मन का फ़िल्म संगीत में एक विशेष स्थान था। राहुलदेव बर्मन पहले ज़्यादातर 'फ़ेमस सिने लैब' में काम करते थे। बाद में उन्होंने 'फ़िल्म सेंटर' और 'महबूब स्टुडियो' में भी काम किया। 'पॉरिंग रेन' की रिकॉर्डिंग उषा से उन्होंने

ताड़देव स्थित 'फ़िल्म सेंटर' में कराई। 'फ़ेमस सिने लैब' भी ताड़देव में ही था। उन दिनों रिकॉर्डिंग का तरीक़ा ऐसा था कि सभी गीतकार-संगीतकार व गायक एक संग जुटकर रिकॉर्डिंग सम्पन्न करते थे। इसलिए रिकॉर्डिंग में अगर कभी कोई कमी रह जाती थी, तो फिर से रिकॉर्डिंग की जाती थी। अब समय बदल चुका है। इन दिनों पहले म्यूज़िक का ट्रैक आ जाता है, फिर आवाज़ की डबिंग होती है। पुराने दिनों में इस तरह की प्रणाली को 'एनालॉग' कहते थे। आज की उन्नत तकनीक में इसे डिज़िटल रिकॉर्डिंग कहते हैं। उन्नत डिज़िटल तकनीक संगीत में भले कथित रूप से परिपूर्णता लाई है, लेकिन पुराने ज़माने की प्यारी उष्मा गानों से ग़ायब-सी हो गई है। आज के समय के संगीत की डिज़िटल परिपूर्णता कुछ वैसी ही है, जैसे किसी लड़की को इतना सँवार दिया जाए कि उसे छूने में डर लगे। संगीत में पुराने दौर की सहज उष्मा का लुप्तप्राय हो जाना, उषा को बहुत कचोटता है। अधिक और अत्यधिक परिपूर्णता गाने के जादू को क्षीण कर देती है।

भारतीय सिनेमा में पार्श्व संगीत का पुराना चलन है, जबकि हॉलीवुड की फ़िल्मों में अभिनेता-अभिनेत्री स्वयं अपने गाने गाते रहे हैं। इस तरह पार्श्व गायन की परम्परा भारतीय सिनेमा की देन है, जो आज तक जारी है और सम्भवत: आगे भी जारी रहे। उषा मानती हैं कि भारत क्योंकि आर्थिक रूप से उतना सम्पन्न नहीं है, इसलिए आम जनसाधारण को आकृष्ट करने के लिए सिनेमा और सियासत दोनों फ़ैन्टेसी यानी मोहक कल्पनाओं का सहारा लेते हैं। उषा झूठे सब्जबाग़ों से कहीं बेहतर सहजता को मानती हैं—चाहे जीवन हो या संगीत या कि सृष्टि से सम्बद्ध कुछ भी। वे कहती हैं कि क्या हम एक पत्ता...रक्त की एक बूँद या मिट्टी का एक कण भी ख़ुद से बना सकते हैं। सुर के अपने सफ़र के आरम्भिक दिनों से यह उन्हें अनिवार्य लगा कि संगीत के ज़रिये वे आम जनसाधारण से संवाद क़ायम करें। संवाद के लिए भाषाओं पर अधिकार आवश्यक है। स्कूल के दिनों में उनके शिक्षकों ने उनकी भाषा की समृद्धि के लिए परिश्रम किया और कराया था। उनके घर में तमिल भाषा का चलन था। अंग्रेज़ी माध्यम के स्कूल में पढ़ने के कारण अंग्रेज़ी पर तो ज़ोर था ही, हिन्दी व मराठी पर भी ख़ासा ध्यान दिया जाता था। उषा के स्कूल में फ्रेंच भाषा का भी एक क्लास होता था। इन विभिन्न भाषाओं के उच्चारण का उषा विशेष ध्यान रखती थीं।

इस तरह अवसरों के स्वर्णिम द्वार खुलते जा रहे थे। फ़िल्मों के लिए गानों का रिहर्सल और नाइट क्लब में नियमित गाना साथ-साथ चल रहा था। उषा इस

मंत्र के संग चल रही थीं कि आप कितने अच्छे सिंगर हैं यह उतना महत्त्वपूर्ण नहीं जितना कि यह कि आप कितने मौलिक सिंगर हैं। इधर सिनेमा के गानों के साथ ही उषा को कई ग़ैर फ़िल्मी गानों की रिकॉर्डिंग के भी प्रस्ताव मिलने लगे थे। दिल्ली के गीतकार जवाहर वतल ने उन्हें 'शायरारा' के लिए गाने का प्रस्ताव दिया। बाद में दलेर मेंहदी के लिए भी लिखे जवाहर वतल के कई गाने प्रसिद्ध हुए। पर भारत के सांगीतिक परिदृश्य में कोई तभी स्थापित हो सकता था और है जब उस पर फ़िल्म इंडस्ट्री का वरदहस्त हो। उषा का करिअर जब खिल रहा था उस समय भी सिनेमा के गीत लोगों के सिर चढ़कर बोलते थे। हालाँकि, उन दिनों में भी केरल व बंगाल में फ़िल्मी गानों का उतना बोलबाला नहीं था। क्योंकि उस समय तक केरल व बंगाल की फ़िल्म इंडस्ट्री उतनी मज़बूत नहीं हुई थी। उन दिनों बांग्ला व मलयाली फ़िल्मों में बस गिने-चुने गाने होते थे। इन प्रान्तों में ग़ैर फ़िल्मी गाने ही अधिक लोकप्रिय थे। हिन्दी पट्टी के प्रान्तों मसलन—उत्तर प्रदेश व बिहार में ग़ैर फ़िल्मी भोजपुरी गानों की ख़ासी लोकप्रियता थी। पर बॉलीवुड ने धीरे-धीरे सबको अपने शामियाने में आने को विवश कर दिया। मराठी के ग़ैर फ़िल्मी भाव गीत सिनेमा से अलग रहने के कारण मार खा गए। हिन्दी समेत तमिल, तेलुगु, कन्नड़ आदि विभिन्न भाषाओं की छोटी-सी म्यूज़िक इंडस्ट्री को फ़िल्म इंडस्ट्री ने पूरी तरह निगल लिया था। बाद के वर्षों में गानों के एलबम भी मार खाने लगे। कुल मिलाकर दीवार पर लिखी इबारत साफ़ थी कि—'सिनेमा नहीं, तो सफलता नहीं'। उषा ने ऐसे में 'सिंगल्स' को भी साधा। संगीत में 'सिंगल्स' एक सफल पश्चिमी अवधारणा है। 'बीटल्स' की क़ामयाबी सिर्फ़ 'सिंगल्स' के दम पर हुई थी। उषा समझती थीं कि म्यूज़िक के आठ नोट्स पर भला आप कितना खेलेंगे? कहाँ तक खेपेंगे? हिन्दी सिनेमा में उन दिनों मंगेशकर बहनों की भारी नाकेबन्दी थी। किसी भी नयी पार्श्वगायिका को एक-दो गानों के बाद ही बनवास दिला दिया जाता था। ज़ाहिर है कि हिन्दी फ़िल्मों में उषा अपने तीन-चार गानों की सफलता के साथ ही मंगेशकर बहनों के, विशेषकर आशा भोंसले के निशाने पर आ गई थीं।

उषा को इन सम्भावित मुश्किलों का अन्दाज़ा धीरे-धीरे हो रहा था लेकिन उन्हें अपनी आवाज़ की मौलिकता पर पूरा भरोसा था। उषा कहती हैं, "लताजी और आशाजी को मैं बड़ी बहनों जैसा सम्मान देती हूँ। लतादी से मुझे हमेशा बहुत स्नेह मिला है। लतादी का जन्मदिन 28 सितम्बर मैं कभी नहीं भूलती। एक बार लतादी से मैंने पूछा था कि—दीदी! आपकी आवाज़ इतनी मीठी कैसे है? तो

लतादी ने हँसते हुए कहा था—उषा! मैं रोज़ मिसरी खाती हूँ। मैंने कहा था—तो मुझे भी मिश्री दीजिये। और लतादी ने वाक़ई एक किलो मिसरी मुझे भिजवा दी थी। अब भी जब कभी उनसे बात होती है, तो वे मुसककर पूछती हैं—मिसरी खा रही हो न उषा?

"आशादी का स्नेह भी मेरे लिए अविस्मरणीय है। मुझे याद है कि जब मैं बम्बई के नाइट क्लब 'टॉक ऑव द टाउन' में गाती थी, तो अक्सर ओ.पी. नय्यर साहब के संग आशा भोंसले वहाँ आया करती थीं। आशाजी उन दिनों एक बड़ा-सा लॉकेट पहनती थीं, जिसमें उन्होंने ओ.पी. नय्यर की तसवीर लगा रखी थी। ख़ुद ओ.पी. नय्यर भी कितने स्नेही थे। नय्यर साहब मुस्कराकर मुझसे कहते थे—'यू हैव अ वंडरफ़ुल कंट्राल्टो वॉइस उषा'।"

ऑपेरा के सिंगर आमतौर से 'सोप्रानो' यानी उच्चतम ऑक्टेव में गाते हैं। महिला गायन सर्वाधिक 'सोप्रानो' यानी ऊँचे ऑक्टेव में ही सुनने को मिलता है। अमूमन पहला और दूसरा सप्तक इसके अधीन है। यह 'सोप्रानो' इतालवी शब्द 'सोप्रा-ओवर-ओवर' से निसृत है। इस तरह की आवाज़ के सिंगर के लिए उपलब्ध नोट्स की श्रेणी एक छोटे-से ऑक्टेव से तीसरे ऑक्टेव तक है। औसत ऊँचाई में एक गायिका की रेंज़ एक छोटे-से ऑक्टेव से दूसरे ऑक्टेव तक है। पर उषा की आवाज़ 'सोप्रानो' के बजाय 'कंट्राल्टो' है, जो किसी महिला सिंगर में दुर्लभ होता है। 'कंट्राल्टो' उच्चतम स्वर के बजाय भारी और अद्वितीय गहन स्वर है। नीचे का ऑक्टेव। यह एक मोटी-मादक और मखमली शक्तिशाली ध्वनि है, जो पुरुष गायकों के बराबर है। पश्चिमी देशों में कंट्राल्टो आवाज़ की धनी महिला पॉप सिंगर में—पैट्टी पेज़ जॉयस बेरी, टिमी यूरो, डॉरिस डे, डेबी सिम्स और रोज़मेरी क्लूने आदि के नाम उल्लेखनीय हैं। और भारत में कंट्राल्टो स्वर की एकमात्र प्रतिनिधि हैं—उषा उथुप!

स्वर की मनोहारी दुनिया में नीचे का ऑक्टेव और ऊँचाई का ऑक्टेव ग़ौरतलब है। गायक आमतौर से निचले ऑक्टेव पर और गायिका अमूमन ऊँचे ऑक्टेव पर सुर लगाती है। पर उषा की आवाज़ तीन निचले और ऊँचे ऑक्टेव के बीच की है। इसलिए उषा के संग मुश्किल है कि कोई सिंगर 'डुएट' यानी युगल-गान में उनके साथ टिक सके। फ़िल्म 'वारदात' में उन्होंने बप्पी लाहिड़ी के संग जो दो 'डुएट' गाये—'डुएट' के नाम पर किर्स पुरुष सिंगर के साथ बस वही दो गाने 'तू मुझे जान से भी प्यारा है'और 'ना मैं हूँ तेरी' उषा के ख़ाते में है। यह गाना मिथुन

चक्रवर्ती और कल्पना अय्यर पर फ़िल्माया गया है। फ़िल्म 'वारदात' तो बहुत नहीं चली लेकिन दोनों डुएट बहुत हिट हुए। उषा ने इसे निचले ऑक्टेव पर गाया है और बप्पी लाहिड़ी पतली आवाज़ में ऊँचे ऑक्टेव पर हैं। यानी भारी स्त्री स्वर और पतला पुरुष स्वर। बप्पी लाहिड़ी के संग 'वारदात' में दो 'डुएट' गाकर उषा इस निष्कर्ष पर पहुँचीं कि अपने देश के गायकों में एक एस.पी. बालासुब्रमण्यम को छोड़ वे और किसी के साथ 'डुएट' नहीं गा सकती हैं। मुश्किल वही 'ऑक्टेव' के तालमेल की थी। बड़े सिंगर्स में भी ऊँचे ऑक्टेव पर गानेवाले कई उल्लेखनीय नाम हैं। मसलन—तलत महमूद, नुसरत फ़तेह अली ख़ान और शंकर महादेवन। एक महिला सिंगर के लिए सिनेमा में यह बनी-बनाई छवि है कि सफ़ेद साड़ी पहन पवित्रता की प्रतिमूर्ति-सी वह भजन या आँसू टपकाते दर्द भरा गाना ही गायेगी। और वह भी औरतों के लिए मान्य उच्चतम स्वर यानी हाइ ऑक्टेव के फ्रेम में। हालाँकि, फ़िल्मों में गाये गए ज़्यादातर मुजरे भी हाइ ऑक्टेव में हैं। उषा इस तय ढाँचे को सर्वथा ग़लत मानती हैं कि महिला सिंगर सिर्फ़ ऊँचे ऑक्टेव में गाने के लिए ही उपयुक्त हैं। फ़िल्मों में आगे जाकर उषा को ज़्यादातर बुरी लड़कियों पर फ़िल्माने के लिए गाने मिले। यानी 'कैबरे सॉन्ग'। और यह अद्भुत बात हुई कि फ़िल्मों में बुरी लड़कियों के लिए गाकर भी उषा को बहुत सम्मान मिला। उषा का मानना है कि आपको जो भी काम मिले, अगर आप उसे अपना सौ फ़ीसदी देंगे, तो आपको प्यार व सम्मान मिलना तय है। 'कैबरे सॉन्ग' को आप भजन की तरह या भजन को 'कैबरे सॉन्ग' की भाँति नहीं गा सकते—ये श्रोताओं-दर्शकों को भी मालूम है। उषा जिस मादकता और ऐन्द्रिकता के संग अपने सुर का श्रृंगार करती हैं, वह अन्दाज़ गुज़रे दौर में कभी यूथिका राय और गीता दत्त का था। श्रोताओं को यह कुछ अलग-सी मादक आवाज़ बहुत भाती है।

"सॉन्ग इच मच बिगर दैन द सिंगर! गानेवाले से कहीं ज़्यादा बड़ा होता है गाना।" अक्सर कहती हैं उषा। यह बात वे किसी सुभाषित की तरह कहती हैं, "कोई भी कृति अपने रचयिता से कहीं बड़ी होती है। कई गुना! वान गॉग से बहुत बड़ी है, उनकी अमर पेंटिंग 'स्टारी नाइट' और टॉल्सटाय से कहीं बड़ा है उनका उपन्यास 'वार ऐंड पीस'...।" उषा निष्कर्षत: कहती हैं, "म्यूज़िक हैज़ श्रंक द वर्ल्ड...! संगीत ने दुनिया को आपस में बहुत क़रीब ला दिया है। सो सिंग एनी वे।" वे फिर-फिर दोहराती हैं, "सॉन्ग इज़ मच बिगर दैन द सिंगर!" यही वजह है कि 'ज़ेम्स बॉण्ड' श्रृंखला की फ़िल्म में एडेल के गाने 'स्काइ फ़ॉल' को उन्होंने

अपने अन्दाज़ में गाकर लाजवाब कर दिया। वे कहती हैं कि साठ के दशक के इंग्लिश रॉक बैंड 'रॉलिंग स्टोंस' के अन्दाज़ में गाकर उन्हें क़तई सन्तोष नहीं हो सकता। टॉम जोंस के अन्दाज़ में उनके प्रसिद्ध गाने 'डेलाइला' को गाकर उन्हें तसल्ली नहीं होगी। फिर जब उन्हें ही गाने का सुख नहीं मिलेगा, तो वे अपने श्रोताओं में कहाँ से उल्लास उड़ेलेंगी? उषा के प्रशंसकों का विश्लेषण है कि उषा तो वेल्श सिंगर टॉम जोंस की तरह गा भी लेंगी लेकिन टॉम किसी भी सूरत में उषा की तरह नहीं गा सकते।

'यू मे हैव माइ नम्बर, यू कैन टेक माइ नेम! बट यू विल नेवर हैव माइ हार्ट...।' जेम्स बॉण्ड के चरित्र का यह निचोड़ उषा के लिए सदैव रहस्यमय लगाव से परिपूर्ण रहा। जेम्स बॉण्ड का नम्बर (007) तो हम जानते ही हैं, उसका नाम भी। पर उसका दिल कभी किसी को नहीं मिलेगा...। क्यों नहीं मिलेगा? क्या जेम्स बॉण्ड इतना पत्थर दिल है? क्या अकेलापन उसे नहीं सताता? क्या उसे प्यार नहीं चाहिए? जेम्स बॉण्ड की किताबें पढ़ कर उन पर आधारित फ़िल्मों की शृंखला देखकर उषा को अक्सर यह बात कुरेदती। जेम्स बॉण्ड की थीम हर तरह से उन्हें बहुत पावरफ़ुल लगती थी। वर्ष 1969 से अपने शो में जेम्स बॉण्ड शृंखला के कई गाने मसलन—थंडर बॉल, यू ओनली लीव् ट्वाइस और डायमंड्स आर फ़ॉर एवर, वे गाती रहीं। लेकिन इसका चरम तब आया जब जेम्स बॉण्ड फ़िल्म शृंखला में वर्ष 2012 में गाये एडेल के मशहूर गाने को उन्होंने अपने मौलिक अन्दाज़ में गाने की ठानी। 5 मई, 1988 को जन्मी एडेल एक बेहद प्यारी-सी इंगलिश पॉप सिंगर है। कम उम्र में ही वह बहुत-से पुरस्कारों से नवाज़ी जा चुकी है। एडेल को उषा बहुत प्यार करती हैं। उषा ने एडेल के गाने को अपने सम्पूर्ण उषापन में गाया। उषा की आवाज़ में 'स्काइफ़ॉल' एक अतीन्द्रिय गान है :

दिस इज़ द एंड
होल्ड यॉर ब्रीद
ऐंड काउंट टू टेन
फ़ील द अर्थ
मूव ऐंड देन
हिअर माइ हार्ट बर्स्ट अगेन
फ़ॉर दिस इज़ द एंड
आइ हैव ड्राउंड

ऐंड ड्रीम्ट दिस मोमेंट
सो ओवरड्यू
आइ ओ देम
स्वेप्ट अवे,
आइ ऐम स्टोलेन
लेट द स्काइ फ़ॉल
ह्वेन इट क्रम्बल्स
वी विल स्टैंड टॉल
फ़ेस इट ऑल टुगेदर
लेट द स्काइ फ़ॉल।

मृत्यु और पुनर्जन्म का यह गान अलौकिक आस्था से भरा किस तरह का विचित्र दारुण-गान है, इसे उषा की आवाज़ में समझा जा सकता है।

एवरलि ब्रदर्स, सैम कुक, साइमन ऐंड गारफंकल, डस्टी स्प्रिंगफ़ील्ड, डोना समर, रॉबी विलियम्स, डेविड बॉवी, जे जेड, मार्विन गे और एरेथा फ्रैंकलिन सरीखे दुनिया के समस्त पॉप सिंगर उषा के स्वजन हैं। इसलिए विशेष अवसरों पर वे दुनिया के प्रसिद्ध बैंड टीम के वास्ते अपने कार्यक्रमों में संगीत समर्पित करती हैं। मद्रास के अपने एक शो में एक बार जब 'स्ट्रॉबेरी फ़ील्ड्स' की स्मृति में 'कांट बाइ मी लव' उषा ने गाया, तो सबका मन भीग गया :

कांट बाइ मी लव
कांट बाइ मी लव
आइ विल बाइ यू
अ डायमंड रिंग माइ फ्रेंड
इफ़ इट मेक्स यू फ़ील ऑलराइट
आइ विल गेट यू
एनी थिंग माइ फ्रेंड
इफ़ इट मेक्स यू फ़ील ऑलराइट
क़ॉज आइ डोंट केअर
टू मच फ़ॉर मनी
फ़ॉर मनी कांट बाइ मी लव।

विश्वख्यात समस्त पॉप गायकों के संग-संग उषा के मन में गीता दत्त के लिए भी वैसा ही आदर है। वे मानती हैं कि हिन्दी गानों में चकवे-सी अपनी शोख़ आवाज़ के कारण वे हिन्दी फ़िल्मों की आदि पॉप सिंगर थीं। वे फ़िल्म 'हावड़ा ब्रिज' (वर्ष 1958) में कैब्रे डांस के लिए हेलेन पर फ़िल्माये गए गीता दत्त के गाये गाने को याद करती हैं :

मेरा नाम चिन-चिन चू
चिन-चिन-चू बाबा चिन-चिन चू
रात चाँदनी मैं और तू
हेलो मिस्टर हाउ डू यू डू?
बाबूजी मैं चीन से आई
चीनी जैसा दिल लाई
सिंगापुर का यौवन मेरा
शंघाई की अंगड़ाई
दिल पर रख ले हाथ जरा
हो जाए ना पागल तू
मेरा नाम चिन-चिन चू।

इसी तरह फ़िल्म 'लव मैरेज़' (1959) में हसरत जयपुरी के गीत और शंकर-जयकिशन के संगीत पर गीता दत्त का गाया एक और बेहतरीन पॉप गाने का नमूना है :

क़रीब आओ, ना तड़पाओ
हमें कहना है, कुछ तुमसे
तुम्हारे कानों में...

फ़िल्म 'नाइट क्लब' में मजरूह सुलतानपुरी के गीत और मदन मोहन के संगीत के संग गीता दत्त का गाना उषा आज भी फ़ुरसत में सुनती हैं और निहाल होती हैं :

कहाँ फिर हम
कहाँ फिर तुम
कहाँ फिर ये रातें
धड़कते दिल से
हो जाए ज़रा दो बातें!
अफ़साने निगाहों के

सुनाता जा दीवाने
फिर आए कि ना आए
मिलने के ज़माने
कहाँ फिर हम
कहाँ फिर तुम...

उषा अपने देश से लेकर विश्व फ़लक़ पर निगाहें डालते हुए मानती हैं कि संगीत की दुनिया की महान विरासत की वारिसों में गीता दत्त अन्यतम हैं। इसलिए अपने पूर्ववर्तियों के लिए वे अपार सम्मान और नई पीढ़ी के लिए असंभार प्यार रखती हैं। गीता दत्त और लता मंगेशकर से लेकर नई पीढ़ी की इंगलिश पॉप सिंगर एडले और अपने देश के रेमो फ़र्नांडिस और सुज़न डी' मेलो तक के लिए। वही सुज़न, जो कभी सूज़ी क्यू नाम से गाती थी।

उषा से जब नयी पीढ़ी के सिंगर पूछते हैं कि अच्छा से अच्छा कैसे गाया जाए, तो उषा कहती हैं, "गाते वक़्त हमेशा अपनी आवाज़ सुनो। गाने के अगले नोट तक पहुँचने के लिए कोई मशक़्क़त मत करो। अपनी आवाज़ को गाते-सुनते हुए तुम ख़ुद-ब-ख़ुद गाने के अगले नोट तक पहुँच जाओगे। गाने के लय और मिज़ाज में भीगो। गाते वक़्त ज़रूर ख़ुशनुमा रहो। ख़ूब पानी पिया करो ताकि तुम्हारा गला कभी ख़ुश्क न हो, हमेशा तर रहे।"

गाने के बाद उषा के प्रशंसक उल्लास में प्रशंसा के एक से एक शब्दों की झड़ी लगा देते हैं। मसलन...स्पेलबाउंडिंग...मंत्रमुग्ध...कैप्टिवेटिंग...मोहित... मेज़्मराइज़िंग...ऐल्यूरिंग...सोल टचिंग...और क्या कुछ नहीं...। पर इन शब्दों में तृप्ति नहीं है। फिर तृप्ति है कहाँ? उषा को हमेशा यही लगता है कि बस गाते वक़्त अपनी आवाज़ को ठीक से सुनने में तृप्ति है। जब आप अपने को सुन रहे होते हैं, तब आपकी आत्मा की पंखुड़ियाँ आहिस्ता-आहिस्ता खिल रही होती हैं।

और फिर उषा बैद्यनाथ सामी

'मर्चेंट आइवरि प्रोडक्शंस' की अंग्रेज़ी फ़िल्म 'बॉम्बे टॉकी' वर्ष 1970 में बनी थी। वैकल्पिक यानी 'अल्टरनेटिव सिनेमा' के खाँचे की इस फ़िल्म का

निर्देशन ऑस्कर विजेता जेम्स आइवरि ने किया था। उषा ने इसमें दो गाने गाये थे—'हरि ओम् तत्सत' और 'गुड टाइम्स, बैड टाइम्स'। ये दोनों गाने अंग्रेज़ी में थे। इसे शंकर-जयकिशन ने संगीत दिया था। इस फ़िल्म में शशि कपूर, अपर्णा सेन, जेनिफ़र केंडल, नादिरा, जलाल आगा, पिंचू कपूर, सुलोचना और उत्पल दत्त सरीखे दिग्गज थे। उषा के लिए किसी अन्तरराष्ट्रीय स्तर की फ़िल्म में गाने का यह पहला और महत्त्वपूर्ण अनुभव था। इस फ़िल्म में बतौर नाइट क्लब सिंगर उन्हें 'हरि ओम् तत्सत' गाते हुए दिखाया गया। 'बॉम्बे टॉकी' एक अंग्रेज़ी लेखिका लुसिया लेन की कथा के बहाने हॉलीवुड-बॉलीवुड और भारत के आध्यात्मिक बाज़ार के खेल का रोचक व मार्मिक खुलासा करती है। फ़िल्म में लुसिया लेन की भूमिका जेनिफ़र केंडल ने निभाई।

'बॉम्बे टॉकी' में प्रतिभा के मीनारों की जमघट थी। शंकर-जयकिशन सरीखे संगीतकार से काम के दौरान उषा को बहुत कुछ सीखने का अवसर मिला। नये सिंगर को प्रोत्साहन देने में शंकर-जयकिशन एक विरल संगीतकार थे। पार्श्व संगीत में मंगेशकर बहनों के दबदबे के बावजूद तमिल भाषी शारदा राजन आयंगर को शंकर-जयकिशन ने ही साठ के दशक में कई अवसर दिए थे। शारदा राजन आयंगर, जो शारदा नाम से प्रसिद्ध हुईं, का फ़िल्म 'सूरज' (वर्ष 1966) में गाया गाना 'तितली उड़ी...उड़ के चली' लोग आज तक नहीं भूले हैं। उषा को भी शंकर-जयकिशन ने भरसक प्रोत्साहन दिया। हालाँकि, उषा जब उभर रही थीं, शंकर-जयकिशन की जोड़ी अवसान पर थी। 12 सितम्बर, 1971 को मात्र 41 वर्ष की उम्र में जब लिवर सिरोसिस से जयकिशन चल बसे, तो स्वाभाविक रूप से संगीत की यह अनमोल जोड़ी नष्ट हो गई। उषा याद करती हैं कि हिन्दी फ़िल्मों में जैज़ संगीत का सूत्रपात करनेवाले यह शंकर-जयकिशन ही थे, जिन्होंने भारत में इण्डो-जैज़ संगीत की अवधारणा दी और लगे हाथ भारतीय रागों पर आधारित ग्यारह गानों को सैक्सोफ़ोन, ट्रम्पेट, सितार, तबला और बास के संग रिकॉर्ड कर 'राग जैज़' नामक एलबम भी पेश किया। वर्ष 1970 में बनी फ़िल्म 'बॉम्बे टॉकी' के अगले साल यानी वर्ष 1971 में जयकिशन का गुज़रना उषा के लिए भी दुखद रहा। अगर यह जोड़ी सलामत रहती, तो उषा को फ़िल्मों में गाने के और भी महत्त्वपूर्ण अवसर मिलते।

पश्चिम के दर्शकों के लिए विशेष रूप से बनी 'बॉम्बे टॉकी' में चार गाने थे। दो हिन्दी गाने और दो अंग्रेज़ी गाने। इनमें एक हिन्दी गाना 'तुम मेरे प्यार की दुनिया में' प्रसिद्ध फ़िल्म पार्श्व गायक मोहम्मद रफ़ी ने गाया था। दूसरा हिन्दी गाना

'टाइपराइटर टिप...टिप...टिप...' आशा भोंसले व किशोर कुमार ने गाया था। बाक़ी के दो गाने अंग्रेज़ी में उषा अय्यर ने लिखे और गाये थे। इनमें एक गाना ठेठ जैज़ था, जो उस दौर में पनपे हिप्पी संस्कृति को ध्वनित करता हुआ था—'आइ विल टेल यू ऑव अ विज़न...आइ सॉ लास्ट नाइट...आइ सॉ हरि ओम् तत्सत'। दूसरा गाना—'गुड टाइम्स...वी हैव हैड गुड टाइम्स...ऑलदो सम टाइम्स...द बैड टाइम्स वेअर नॉट सो बैड...लेट्स लव थ्रू दिस नाइट...लेट्स जस्ट किस ऐंड फ़ाइट...ऐंड फ़ॉर एवर...ऐंड एवर...मोर वी विल से गुड नाइट...'।

'बॉम्बे टॉकी' की पूरी टीम अनुभव सम्पन्न और अलमस्त थी। उषा को याद है कि उस फ़िल्म में एक एंग्लो-इंडियन कलाकार एनाबेले क्रॉफ़र्ड भी थी। एक दिन शूटिंग के दौरान ब्रेक में एनाबेले ने मासूमियत में उत्पल दत्त से पूछा, "आप क्या काम करते हैं?"

"मैं चायना के लिए जासूसी करता हूँ।" उत्पल दत्त ने अपनी सुपरिचित भंगिमा में कहा। एनाबेले का मुँह खुला था। वह हैरानी से उन्हें देख रही थी और सेट पर मौजूद अन्य लोगों के पेट में हँसते-हँसते बल पड़ गए थे।

'मर्चेंट आइवरि प्रोडक्शंस' की फ़िल्म में काम करना सिर्फ़ उषा ही नहीं, सबके लिए आनन्दपूर्ण रहा। अन्तरराष्ट्रीय ख्याति के फ़िल्म निर्देशक जेम्स आइवरि का भारत से गहरा लगाव था। और इसकी वजह थे 25 दिसम्बर, 1936 को बम्बई में जन्मे इस्माइल नूर मोहम्मद अब्दुर्रहमान यानी इस्माइल मर्चेंट। सन् 1959 में जेम्स आइवरि से इस्माइल की मुलाक़ात तब हुई थी, जब जेम्स की एक डक्यूमेंट्री फ़िल्म 'द स्वर्ड ऐंड द फ़्ल्यूट' की स्क्रीनिंग हो रही थी। बाद में दोनों गहरे मित्र बन गए। 44 वर्षों तक दोनों का बेहद रागात्मक सम्बन्ध रहा। इन दोनों ने मिलकर ही 'मर्चेंट आइवरि प्रोडक्शंस' की नींव डाली थी। सन् 1961 में स्थापित इस फ़िल्म प्रोडक्शन कम्पनी में तीन लोग प्रमुख थे। एक तो बम्बई में जन्मे इस्माइल मर्चेंट, जो इस फ़िल्म कम्पनी में प्रोड्यूसर थे। दूसरे अमेरिकी फ़िल्म निर्देशक जेम्स फ्रांसिस आइवरि। तीसरे नम्बर पर जर्मनी में जन्मी ब्रिटिश और बुकर पुरस्कार विजेता लेखिका रूथ प्रॉअर झाबवाला। फ़िल्म जगत की इस अन्तरराष्ट्रीय तिकड़ी ने जब अपनी फ़िल्म प्रोडक्शन कम्पनी की शुरुआत की, तो उनका उद्देश्य था मुख्य रूप से भारतीय विषयों पर केन्द्रित अंग्रेज़ी फ़िल्में बनाना, जो दुनिया भर के दर्शकों के लिए हों। भारत को लेकर सिनेमा के माध्यम से यह अविस्मरणीय प्रयोग था। 'मर्चेंट आइवरि प्रोडक्शंस' ने तक़रीबन पचास फ़िल्में बनाईं। इनमें लगभग सभी फ़िल्मों के प्रोड्यूसर

इस्माइल मर्चेंट थे, निर्देशक जेम्स आइवरि और आधी से अधिक फ़िल्मों का स्क्रिप्ट लेखन रूथ झाबवाला ने किया। अपनी इस तिकड़ी के बारे इस्माइल मर्चेंट ने एक बार एक दिलचस्प टिप्पणी की कि "यह कम्पनी एक विचित्र वैवाहिक रिश्ते-सी है; क्योंकि मैं एक भारतीय मुसलमान हूँ। रूथ जर्मनी की यहूदी है। और जेम्स अमेरिका का प्रोटेस्टैंट ईसाई। किसी ने हमें तीन मस्तकोंवाला देवता कहा। हो सकता है कुछ लोग हमें तीन मस्तकों वाला दानव भी समझते हों।" इस टीम ने बाद में भारतीय विषयों के संग-संग ब्रिटेन व अमेरिका के जीवन पर भी कई यादगार फ़िल्में बनाईं। 'मर्चेंट आइवरि प्रोडक्शंस' से मैगी स्मिथ, लीला नायडू, मधुर जाफ़री, अपर्णा सेन, शशि कपूर, जेनिफ़र केंडल, हग ग्रांट, एम्मा थॉम्पसन और नताशा रिचर्डसन सरीखे एक से एक नामचीन कलाकार जुड़े थे। इस फ़िल्म प्रोडक्शन कम्पनी ने कुछ यादगार फ़िल्में बनाई थीं—द रिमेंस ऑव अ डे, अ रूम विद अ व्यू, मॉरिस, मि. ऐंड मिसेज़ ब्रिज, शेक्सपियरवाला, द गोल्डेन बाउल और द ह्वाइट काउंटेस आदि। 44 वर्षों तक इस्माइल मर्चेंट और जेम्स आइवरि की जोड़ी क़ायम रही। वर्ष 2005 में इस्माइल मर्चेंट के गुज़रने के बाद यह फ़िल्म प्रोडक्शन कम्पनी बिखर गई। पर 'बॉम्बे टॉकी' की स्मृति उषा के मन में अमिट है।

20 नवम्बर, 1970 को हैदराबाद के अन्तर्गत सिकन्दराबाद में 'बॉम्बे टॉकी' का प्रीमियर शो था। शशि कपूर ने उषा से ख़ास तौर से इस मौक़े पर आने की इल्तिजा की थी। इत्तफ़ाक़ से इसके ठीक पहले मंगलौर में उषा का एक शो था। उषा ने तय किया कि मंगलौर का शो करने के बाद वे सीधे हैदराबाद जाएँगी ताकि सिकन्दराबाद में हो रहे इस फ़िल्म के प्रीमियर शो में शामिल हो सकें। दादर स्थित ससुराल के घर से जब वे निकल रही थीं, तो उन्होंने अपने सूटकेस में बस ज़रूरत भर के कुछ कपड़े लिये थे। उनके दिल ने कहा था कि अब इस घर में कभी नहीं लौटना है। उन्होंने सोचा, जहाँ का मोह ही नहीं, वहाँ से क्या ले जाना। दादरवाले घर के अपने कमरे को निकलते वक़्त उन्होंने गहरी उदासी से अन्तिम बार निहारा। उस कमरे की मेज़ पर पड़े फूलदानों में फूल कभी रखे ही नहीं गए थे।

जानी उथुप से इस बीच फ़ोन पर कभी-कभार बातें होती रही थीं। जानी ने उषा को बताया था कि उनकी कम्पनी 'जे. थॉमस' ने तीन-चार महीनों के लिए कलकत्ता से अस्थायी तौर पर उनका तबादला कोचीन कर दिया है। लिहाज़ा, मंगलौर निकलने के पहले उषा ने जानी को फ़ोन किया कि वे सिकन्दराबाद में फ़िल्म के प्रीमियर शो में शरीक़ होने के बाद सीधे कोचीन आ रही हैं। जानी के लिए तसवीर स्पष्ट

थी कि उषा बीते दिनों के द्वन्द्व से मुक्त होकर अब हमेशा के लिए उनके पास आ रही हैं। उषा और जानी के लिए मधुचक्र का मोहक स्वप्न साकार हो रहा था। यह एक ऐसा इन्द्रधनुष-सा था, जिसमें एक आठवाँ दुर्लभ रंग भी था। जानी ने कोचीन स्थित अपने दफ़्तर के प्रमुख को सारी बातों से अवगत कराकर पूछा कि क्या उनकी मित्र उषा अय्यर कम्पनी के गेस्ट हाउस में कुछ दिन रुक सकती हैं? दफ़्तर के प्रमुख ने सहर्ष अनुमति दे दी। उषा जब कोचीन पहुँचीं, तो जानी ने उनकी हार्दिक आगवानी की। कोचीन आकर उषा को लगा जैसे पाँच वर्षों तक एक अँधेरी सुरंग में चलते रहने के बाद वे जीवन के आलोकित द्वीप पर पहुँची हैं। सिर पर अर्से से हताश लटके छलनी स्याह आकाश की असंख्य सुराखों से अनायास बेशुमार तारे खिल आए हैं। यह एक बड़ा फ़ैसला था, जो उषा ने ले लिया था।

उषा हैदराबाद से कोचीन चली गई हैं। जानी के पास। और अब वे दादरवाले घर कभी नहीं लौटने का फ़ैसला लेकर निकली हैं—यह जानकारी किसी तरह उषा के अप्पा को मिली। ज़ाहिर है कि यह उनके लिए बेहद परेशान करनेवाली ख़बर थी। उसी घर में उनकी बड़ी बेटी इन्दिरा भी ब्याही हुई थीं। कई सूत्रों को लगाकर अप्पा ने कोचीन स्थित जानी के दफ़्तर का फ़ोन नम्बर लिया। आख़िरकार उषा से फ़ोन पर उन्हें सम्पर्क साधने में कामयाबी मिल गई। पहले उषा के भाई श्यामसुन्दर यानी शामू ने उनसे बातें की और फ़ोन अप्पा को थमा दिया। अप्पा ने बहुत थोड़े में उषा से सब कुछ कह दिया। उन्होंने कहा, "उषा! तुम्हारी मुश्किल की जड़ बम्बई में है। इसलिए बम्बई से मत भागो। यहाँ आकर अपना रास्ता निकालो।" उषा के लिये अप्पा की बातें बचपन से मंत्र सदृश्य होती थीं। उन्होंने जानी से कहा कि उन्हें बम्बई जाकर रामू से तलाक़ की अर्जी अदालत में दाख़िल कर देनी चाहिए। बग़ैर तलाक़ के उनका विवाह सम्भव नहीं होगा। इस तरह उल्टे पाँव अप्पा की एक बात पर उषा बम्बई लौट गईं। वे सीधे अम्मा-अप्पा के पास गईं। उन्होंने पहली बार अप्पा को इतना विकल और विचलित देखा था। अप्पा ने कहा, "उषा! मैं न कानूनी रूप से, न आर्थिक रूप से और न ही आध्यात्मिक रूप से इस मामले में तुम्हारी कोई मदद करूँगा। हाँ, तुम मेरी बेटी हो। यह घर तुम्हारे लिए हमेशा खुला है। पर मैं तुमसे हमेशा उम्मीद करुँगा कि तुम 'सामी की बेटी' होने की गरिमा की हिफ़ाज़त करोगी।" अप्पा ने यह भी हिदायत दी कि मौजूदा हालात में वे किसी भी नाइट क्लब में अकेले गाने नहीं जाएँगी। उन्होंने कहा, "या तो तुम्हारे भाई साथ रहेंगे या ख़ुद मैं रहूँगा।" अप्पा आशंकित थे कि अभी की परिस्थिति में

उषा पर सार्वजनिक रूप से किसी कार्यक्रम के दौरान कीचड़ उछाला जा सकता है। परिवार के कवच में होने से ऐसी हिम्मत या जुर्रत कोई नहीं कर सकेगा। उषा आज जब उस समय को याद करती हैं, तो उनकी आँखों के आगे एक-एक दिन आते हैं। वे तमाम बोझिल असहनीय पलों से भरे दिन, जिन्हें झेल पाना दुरूह ही नहीं, असम्भव-सा था।

तलाक़ के मामले में अप्पा ने पहले ही दो टूक कह दिया था कि वे कोई मदद नहीं कर पाएँगे। बहरहाल, 'रैलीज़ इंडिया' के प्रबन्ध निदेशक मि. पंचू, जो पारिवारिक मित्र थे, ने बम्बई के एक अच्छे वकील मि. रायचौधरी से बात की। वह सन् 1971 का फ़रवरी महीना था जब जानी के संग उषा ने मि. रायचौधरी से मुलाक़ात की। इस तरह तलाक़ का केस दायर हुआ। जानी कोचीन में थे। अदालत की तारीख़ों पर उषा अकेले जाती थीं। वे अप्पा के घर में रह रही थीं, जहाँ तलाक़ के मसले पर कोई ज़िक्र किसी की जबान पर भूले से भी नहीं आता था। इस तरह अदालत की तारीख़ें गुज़रती रहीं। तलाक़ को लेकर रामू की तरफ़ से कोई विरोध नहीं था। रामू भी समझते थे कि पाँच साल जैसे भी गुज़रा बहुत गुज़रा। गर्मियाँ शुरू हो चुकी थीं। पतझड़ आया। इसके बाद अप्रैल-मई के ख़ुश्क महीने शुरू हो गए। इस बीच 'जे थॉमस ऐंड कम्पनी' ने वायदे के मुताबिक़ जानी उथुप को वापस कलकत्ता बुला लिया था।

21 जुलाई, 1971 का वह दिन उषा के लिए दारुण था, क्योंकि इसी दिन तलाक़ के केस का फ़ैसला आना था। इसलिए पिछली रात वे सो नहीं सकीं। घर में यह बात वे किससे कहतीं। रात भर वर्षा होती रही और सुबह भी। तैयार होकर निर्धारित समय पर वे कोर्ट पहुँचीं। ज़ाहिर है कि वे अकेली थीं। कोर्ट की कार्रवाई शुरू हुई। वकील ने कहा, "आप किस मज़हब को मानती हैं? अगर हिन्दू हैं, तो आपके हाथों में 'गीता' देंगे। अगर ईसाई हैं, तो 'बाइबिल'। और अगर मुस्लिम हैं, तो 'कुरान'।" उषा की आँखों से टप-टप आँसू गिरने लगे। अतीत के सारे दृश्य तेज़ी से मन में गुज़रने लगे। अप्पा की पूजा! अम्मा की प्रार्थनाएँ! मद्रास पाट्टी माँ के भजन। उनका कंठ अवरूद्ध था। वकील ने उनके क़रीब आकर तब बहुत आहिस्ता-से कहा, "आप इस बुरी तरह से कोर्ट के सामने रोएँगी, तो आपका केस बहुत कमज़ोर पड़ जाएगा। कोर्ट आख़िर-आख़िर तक नहीं चाहता कि कोई तलाक़ ले।" वकील की फुसफुसाहट में छिपी सलाह के बाद उषा ने आँखें पोंछीं। सामने रामू ख़ामोश कोर्ट में मौजूद थे। उषा की आँखें एक पल के लिये रामू से टकराईं।

उन्हें रामू के लिये अफ़सोस हुआ। पर सामने जीवन था। आख़िरकार जज ने फ़ैसला सुनाया, "मैरेज अनल्ड...विवाह रद्द।" कोर्ट से निकलते हुए देर से ज़ब्त अपने आँसुओं पर उषा को क़ाबू न रहा। अब क्यों गिर रहे हैं आँसू? क्या जीवन में टूट-फूट को लेकर? आख़िर उन्हीं के संग ऐसा क्यों हुआ?...बट फ़ेट इज़ अ फ़ैक्ट। यह हक़ीक़त है। ईश्वर से अगर पूछा जाए, "ह्वाइ मी?" तो ईश्वर छूटते हुए कह सकते हैं, "ह्वाइ नॉट यू?"

कोर्ट से निकलकर उषा बाहर फुटपाथ पर आईं। बारिश थम गई थी। उन्होंने एक टैक्सी की। टैक्सी ड्राइवर से कहा, "टॉक ऑव द टाउन चलो।" यह बम्बई का एक नाइट क्लब था, जहाँ बीच-बीच में शामों को उषा गाती थीं। दोपहरी थी और 'टॉक ऑव द टाउन' ज़ाहिर है कि उस समय सन्नाटे में था। उषा ने वहाँ से जानी को एक लाइटनिंग कॉल किया।

"कौन? उषा?"

"मेरा पूरा नाम कहिए!"

"हाँ, उषा!"

"नहीं। उषा सामी! अब मैं फिर से उषा सामी हूँ।"

"बहुत बधाई।" जानी ने कहा।

शाम हो गई। थी। उषा घर लौटीं। अम्मा रसोई में थीं। रसोई में अम्मा के पास जाकर उन्हें थाम उषा ने आहिस्ते-से कहा, "डाइवोर्स हो गया...।" अम्मा नि:शब्द रोने लगीं। और उषा भी...।

वह शरद की शाम

शरद की प्रतीक्षा थी। वकील की सलाह थी कि फ़ैसले के तीन महीने तक कुछ भी करना सही नहीं होगा। जानी का जन्मदिन 4 सितम्बर आया। उषा ने मुस्कराकर जानी से कहा, "जाना! जन्म के महीने में शादी नहीं करनी चाहिए।" यह लगभग तय था कि शादी कलकत्ता में होगी। मध्य अक्टूबर में। जानी ने अपने माता-पिता को इस बारे में जानकारी दी। जानी के माता-पिता ने इस विवाह के प्रस्ताव पर सख़्त आपत्ति जताई। जानी उथुप ईसाई समुदाय से आते थे और उषा तमिल

ब्राह्मण थीं। जानी के पिता चिरक्करोट चाको उथुप, जो सेना में ब्रिगेडियर थे और माँ थंगम्मा उथुप को यह हरगिज़ गवारा नहीं था कि उनका बेटा किसी ग़ैर ईसाई लड़की से विवाह करे। थंगम्मा उथुप लाड़ में अपने बेटे जानी को 'मोने' कहती हैं। मोने का यह फ़ैसला ख़ास तौर से थंगम्मा के लिए असहनीय था। पर ब्रिगेडियर उथुप को भी पता था कि उनका मोने बिलकुल 'एक्का राजा' है, जिसकी 'हाँ' को 'ना' करवाना मुश्किल ही नहीं, नामुमकिन है। हालाँकि, जानी के पितामह चाको चिरक्करोट उथुप ने अपने ब्रिगेडियर बेटे और बहू थंगम्मा को भरसक समझाया कि अपने वयस्क और आत्मनिर्भर हो चुके बेटे की निजी पसन्द के संग उन लोगों को क़तई छेड़छाड़ नहीं करनी चाहिए। चाको चिरक्करोट उथुप, जो बड़े नाज़ व सलीके से किसानों की तरह मुरेठा बाँधते थे, बेशक पुराने दौर के थे लेकिन विचारों से वे बहुत प्रगतिशील थे। पर उनके समझाने का असर बहू-बेटे के ऊपर नहीं हुआ।

एक सुबह मद्रास के 'होटल सवेरा' में जब उषा वहाँ शाम के अपने शो के लिए रिहर्सल कर रही थीं, तो होटल में अचानक तीन लोग दाख़िल हुए। दो पुरुष और एक स्त्री। सुबह के नौ-दस बजे 'सवेरा' अमूमन सन्नाटे में रहता था। इसलिए 'सवेरा' के मैनेजर को भी इन आगंतुकों को देखकर अचरज हुआ। आगंतुकों ने मैनेजर से कहा कि उन्हें उषा अय्यर से मिलना है। रिहर्सल में मसरूफ़ उषा को जब होटल के मैनेजर ने जाकर सूचना दी, तो उषा रिहर्सल को बीच में ही स्थगित कर उन लोगों के पास आईं। लम्बे-तगड़े क़द-बुत के एक बुज़ुर्ग ने उषा को सामने की कुरसी पर बैठने का इशारा करते हुए अपना और साथ के लोगों का परिचय दिया। परिचय पाकर उषा ख़ुश हुईं कि वे लोग जानी के पिता ब्रिगेडियर उथुप, माँ थंगम्मा और मद्रास में रह रहे ब्रिगेडियर उथुप के क़रीबी दोस्त विंग कमांडर जॉन थे। उषा ने शिष्टाचार निभाते हुए उनसे चाय-कॉफ़ी के लिए पूछा। पर इसके लिए मना करते हुए उन्होंने बताया कि उषा से मिलने यहाँ वे लोग क्यों आए हैं। शुरुआत जानी उथुप की माँ थंगम्मा ने की, जो बहुत नाराज़ लग रही थीं। थंगम्मा के बरसते अंगारों में जो प्रमुख बातें थीं, वह यह कि—'तुम मेरे बेटे की ज़िन्दगी से हट जाओ। तुम हिन्दू हो और हमारी मलयाली ईसाई कम्यूनिटी के कई अच्छे परिवारों की लड़कियों का प्रस्ताव जानी के लिए पहले से आया हुआ है। यह अच्छी तरह जान लो कि तुम्हें हम लोग बहू के रूप में कभी क़बूल नहीं करनेवाले।'

मलयालम में थंगम्मा का मतलब होता है—स्वर्ण! पर क्रोध में दहक रही अपने समय की सुन्दर स्त्री थंगम्मा का मुख उस समय आरक्त था। 22-23 वर्षीय उषा

इस अचानक के दृश्य से बुरी तरह हतप्रभ थीं। थंगम्मा जब बोल रही थीं, तो उषा के लगातार आँसू गिर रहे थे। थंगम्मा जब बोलकर चुप हुईं, तो उषा ने आहिस्ता-से कहा, "आप अपने बेटे को मना कर दें कि वे मुझसे कोई ताल्लुक़ न रखें। आइ विल लीड माइ ओन लाइफ़ आंटी।" रोती हुई उषा उठकर निकल गईं। वह ज़माना मोबाइल व ई-मेल का नहीं था। लैंडलाइन वाले फ़ोन पर दूसरे शहर का नम्बर मिलना भी दुश्वार-सा था। जानी से जब बहुत कोशिश के बावज़ूद फ़ोन पर बात नहीं हो पाई, तो उषा ने उनके कलकत्ता के दफ़्तर के पते पर चिट्ठी लिखी और इस घटना के बारे में बताया। उषा ने लिखा कि अगर उनके माता-पिता इस रिश्ते के इतने ख़िलाफ़ हैं, तो इस बारे में उन्हें भी ख़याल छोड़ देना चाहिए। लौटती डाक से जानी का चार-पाँच पंक्तियों का एक पत्र उषा को मिला। रिश्ते की अन्तरंगता के क्रम में जानी दुलार से उन्हें 'सुटु' सम्बोधित करने लगे थे। शायद यह 'स्वीट' शब्द का संक्षिप्तीकरण था। बहरहाल, जानी की चार-पाँच पंक्तियों की वह चिट्ठी आज इतने दशकों बाद भी उषा की यादों में ज्यों की त्यों महफ़ूज़ है :

'डियर सुटु,
आइ होप दैट एवरिथिंग इज़ ओ.के. ओवर
देअर। ओवर हेअर एवरिथिंग इज़ फ़ाइन।
आइ विल टेल माइ पैरेंट्स टू माइंड देअर
ओन बिज़नेस। आइ विल डू, व्हाट आइ हैव
टु डू।
लव।
जे.सी. यू'

जे.सी.यू. यानी जानी चाको उथुप का पत्र पाकर उषा की उदासी दूर हुई। उन्हें जानी पर गर्व हुआ। एक स्त्री अपने पुरुष से पूरा भरोसा चाहती है। और उषा को जानी ने यह दिया। जानी के उस पत्र को उषा ने जाने कितनी बार पढ़ा और उनकी आँखें भरती रहीं। अपने दबंग बेटे के मिज़ाज से जानी के पिता भी भलीभाँति वाक़िफ़ थे। भारत के केरल प्रान्त के कोट्टयम ज़िला के कन्नीकड़ी के निवासी ब्रिगेडियर चिरक्करोट चाको उथुप (जो अपने मित्रों के बीच ब्रिगेडियर सी.सी. उथुप के नाम से जाने जाते थे) हालाँकि प्रगतिशील स्वभाव के थे और अपने बड़े बेटे जानी के लिए उनका असीमित लाड़ भी था। पर जानी के प्रेम विवाह के मसले पर अपनी

पत्नी थंगम्मा का ग़ुस्सा देख वे चुप थे। अगर अकेले उनकी बात होती, तो वे जानी व उषा को आशीर्वाद दे चुके होते। उषा आज भी याद करती हैं, आकाश से भी बड़ा दिल था ब्रिगेडियर उथुप का। जानी से विवाह के बाद उषा को अपनी सास थंगम्मा से पता चला कि जिस समय जानी का जन्म हुआ था, ब्रिगेडियर उथुप युद्ध के मोर्चे पर सिंगापुर में थे। वहाँ उनका एक मुस्लिम दोस्त था—जानी। उन दोस्त की शहादत मोर्चे पर हो गई थी। ब्रिगेडियर उथुप जब मोर्चे से घर लौटे, तो अपने नवजात बेटे को देख पत्नी थंगम्मा से कहा, "इसका नाम मेरे दोस्त के नाम पर रहेगा—जानी।" जानी का मूल ग्राम चिरक्करोट है। केरल की परम्परा के अनुसार अपने नाम के संग अपने मूल ग्राम का नाम भी जोड़ा जाता है। जानी के पितामह व पिता के नाम के संग भी चिरक्करोट इसीलिए जुड़ा था। इस हिसाब से जानी का नाम चिरक्करोट जानी चाको उथुप होना चाहिए था। पर जानी ने कभी चिरक्करोट अपने नाम के संग नहीं जोड़ा। वे सिर्फ़ जानी चाको उथुप ही रहे। यानी उषा के 'जाना' यानी जे.सी.यू.।

जानी चार भाई-बहन थे। एक तो भाई-बहनों में सबसे बड़े ख़ुद जानी, उनसे छोटे भाई अनी, उनसे छोटी बहन रानी और सबसे छोटी बहन रमणी। घर में सबसे छोटी होने के कारण रमणी दुलार में सदैव 'छोटी' ही कही जाती रही। कोट्टयम का उथुप परिवार हमेशा से विद्यानुरागी था। ब्रिगेडियर उथुप अपने बच्चों को बेहतरीन शिक्षा देने के लिये सदैव तत्पर रहे। जानी और अनी का नामांकन उन्होंने नीलगिरि के अन्तर्गत ऊटी के बेहतरीन 'लवडेल स्कूल' में कराया। जानी बचपन से जहाँ बेहद अन्तर्मुखी स्वभाव के थे, वहीं अनी ठीक उनके उलट खिलन्दड़े व ख़ुशमिज़ाज थे। उथुप परिवार का सब कुछ ठीक चल रहा था लेकिन अचानक एक झंझावात ने ब्रिगेडियर उथुप और उनकी पत्नी थंगम्मा को तोड़ कर रख दिया। दरअसल, महज़ दस साल की उनकी बेटी रानी की मृत्यु कैंसर से हो गई। दिल्ली में हरसम्भव बेहतरीन इलाज के बावज़ूद रानी को नहीं बचाया जा सका। रानी की मौत से उथुप दम्पती इतने दग्ध हुए कि ब्रिगेडियर उथुप ने अपने आला अधिकारियों से अनुरोध किया कि उनका स्थानांतरण कुछ साल के लिए देश के बाहर कर दिया जाए। लिहाज़ा, इंग्लैंड के वारमिन्सटर के 'डिप्लोमैटिक कोर' में ब्रिगेडियर उथुप की पदस्थापना कर दी गई। जानी ने उस समय ऊटी के 'लवडेल स्कूल' से बोर्ड पास कर लिया था। अपने पिता के तबादले के बाद उन्होंने प्लस-टू की पढ़ाई इंग्लैंड से की। छोटे भाई अनी और छोटी बहन रमणी का भी दाख़िला इंग्लैंड के

स्कूल में हो गया। कुछ साल बाद जब जानी की कालेजी पढ़ाई वहाँ पूरी हो गई, तो लन्दन में उन्होंने एक मशहूर चाय कम्पनी 'जे. थॉमस' में नौकरी कर ली। पर जब ब्रिगेडियर उथुप का इंग्लैंड का कार्यकाल समाप्त हो गया, तो जानी भी भारत चले आए। ज़ाहिर है कि उनकी छोटी बहन रमणी यानी छोटी भी माता-पिता के संग अपने देश आ गई। जानी को स्वदेश लौटने पर सौभाग्य से उसी चाय कम्पनी 'जे. थॉमस' के कलकत्ता कार्यालय में नौकरी मिल गई। पर जानी के छोटे भाई अनी ज़िद कर इंग्लैंड में ही रुक गए थे। अनी दरअसल इंग्लैंड में ही अपना करिअर बनाना चाहते थे। हालाँकि, ब्रिगेडियर उथुप और उनकी पत्नी थंगम्मा को अनी की ज़िद बेहद नागवार गुज़री। उथुप परिवार भारत चला आया लेकिन कालक्रमेण अपने माता-पिता और भाई-बहन से अनी की दूरी बढ़ती चली गई। अनी ने इंग्लैंड में पाँव ज़माने के लिए बहुत संघर्ष किया। वहाँ कई छोटे-छोटे काम छोड़े-पकड़े। पर क़िस्मत उसके साथ नहीं थी। बहुत दिनों तक ब्रिगेडियर उथुप या जानी को कुछ पता नहीं था कि अनी वहाँ क्या काम करता है।

एक बार नौकरी की जद्दोजेहद में अनी लन्दन के एम्पलायमेंट एक्सचेंज में क़तार में खड़ा था। उसी क़तार में एन नामक एक अंग्रेज़ लड़की भी मौजूद थी। एन के जीवन में भी बहुत-सी मुश्किलें थीं। अनी का उसी दौरान एन से परिचय हुआ, जो प्रगाढ़ होने लगा। जानी से तब तक उषा का परिचय हो चुका था और दोनों अन्तरंग हो रहे थे। उसी दौरान जानी से उषा को पूरी कहानी मालूम हुई कि इंग्लैंड में अनी किस तरह जूझ रहा है। इत्तफ़ाक़ से कुछ ही दिनों बाद एयर इंडिया के 'जम्बो जेट' का इंग्लैंड के लिए इनॉग्यरेल फ़्लाइट था, जिसमें कुछ प्रमुख कलाकारों में उषा को भी इंग्लैंड भेजा गया। उषा ने अनी का पता जानी से लिया। इंग्लैंड पहुँचकर उषा ने अनी को फ़ोन किया और उसको लेकर उसके परिवार की चिन्ता बताई। अनी से उस यात्रा में बेशक उषा की दो-तीन बार फ़ोन पर बात हुई पर मुलाक़ात नहीं हो पाई। शायद मिलने की इच्छा नहीं थी अनी की। फिर भी जानी व उषा का अनी से कम से कम फ़ोन पर सम्पर्क का सिलसिला बेशक बन गया। कभी-कभी अनी का पत्र भी आने लगा।

एक बार जानी को अनी का पत्र आया कि उसने अपनी दोस्त एन से शादी कर ली है। शादी के तीन महीने बाद अनी ने जानी को दूसरा पत्र लिखा कि उसको बेटा हुआ है। उत्तर में जानी ने छोटे भाई को ख़ुशनुमा अन्दाज़ में लिखा कि आजकल 'जेट युग' में शादी के तीन महीने बाद ही बच्चे होने लगे हैं। बधाई। अनी और एन

को चार बेटे हुए—जय, सॉन सन्तोष, मार्कस और रॉय। इंग्लैंड में बहुत संघर्ष के बाद अनी को 'ब्रिटिश रेलवेज़' में एक नौकरी मिली थी। इसकी जानकारी जब ब्रिगेडियर उथुप को मिली, तो उन्हें थोड़ा सन्तोष हुआ। बाद के दिनों में वे अपने छोटे बेटे का ज़िक्र करते हुए कहते भी थे, "माइ यंगर सन इज़ इन ब्रिटिश रेलवेज़। यह एक बहुत अच्छी नौकरी है।" ख़ैर, यह सब उतार-चढ़ाव चलता रहा। पर अनी के बुरे नक्षत्र अपनी जगह पूरी शक्ति से टिके रहे, जिसकी अन्तिम परिणति दुर्घटना में अनी की मृत्यु से हुई। वे अपनी कार से बच्चों को एक दिन स्कूल छोड़ने गए थे। कार से वे उतरे ही थे कि तेज़ी से आ रहे एक मिल्क वैन ने उन्हें ज़ोर का धक्का दिया। वे सन् 1983 के दिन थे। महज़ 40 साल की उम्र में अनी ने जीवन से संघर्ष करते हुए दम तोड़ दिया था। मात्र दस साल की उम्र में हुई रानी की मृत्यु के बाद अनी की मौत से उथुप परिवार हिल-सा गया। गुज़रते समय के साथ एन से भी उथुप परिवार का सिलसिला छूटता गया। दुर्भाग्य के नक्षत्रों से आख़िरी साँस तक जूझता रहा अनी उथुप परिवार के लिए एक स्थायी कसक छोड़ गया। जानी की बहन रमणी यानी छोटी का सब कुछ अच्छा रहा। रमणी ने असम के प्रणव बरूआ से विवाह किया। प्रणव कुमार मंगलम बिरला की कम्पनी में कार्यरत हैं। इत्तफ़ाक़ से इसी कम्पनी में इन्दिरा के बड़े बेटे अजय श्रीनिवासन भी हैं।

ब्रिगेडियर उथुप अब दुनिया में नहीं हैं। 28 नवम्बर, 1995 को वे चल बसे। जानी की माँ थंगम्मा कोट्टयम के अपने स्थायी निवास में रहती हैं। अपनी बहू उषा के लिए यही थंगम्मा अब जान छिड़कती हैं, जो पहले उषा से जानी के विवाह को लेकर बन्दूकी मुद्रा की तमक में थीं। आज उस प्रसंग को याद कर ख़ुद थंगम्मा को भी हँसी छूटती है। बाद के वर्षों में ब्रिगेडियर उथुप तो यहाँ तक कहने लगे थे कि, 'उषा! यू आर लाइक माइ सन।' उषा भी मानती हैं कि उनके श्वसुर ने उन्हें व्यावहारिक जीवन की कई अनूप दीक्षा दी। सेना से अवकाश ग्रहण करने के बाद ब्रिगेडियर उथुप कई वर्षों तक दिल्ली में 'मॉडर्न बेकरि' के प्रबन्ध निदेशक थे। शादी के बाद जब कभी उषा व जानी दिल्ली जाते थे, तो उषा देखती थीं कि जानी का अपने माता-पिता से बहुत नाममात्र का संवाद होता था। उन्हें पता चला कि शादी के पहले भी जानी अपने माता-पिता के लिए अत्यन्त सीमित शब्दों में होते थे। हालाँकि, दोस्तों के संग यही जानी हमेशा मस्त-ज़िन्दादिल रहे। पर घर में हमेशा चुप। दिल्ली के घर में उनकी पसन्दीदा जगह वह बालकनी थी, जहाँ ख़ामोश बैठना उन्हें अच्छा लगता था। तब तक उषा की बेटी अंजली हो चुकी थी। एक यात्रा में

नन्ही अंजली भी साथ थी। जानी हमेशा की तरह बालकनी में बैठे थे। अंजली वहीं खेल रही थी। उसी दौरान जानी से उषा की कुछ कहा-सुनी हो गई। बात बढ़ती देख ब्रिगेडियर उथुप ने हँसते हुए कहा, "लव मैरेज़ में भी झगड़ा?" फ़ौज में रह चुके होने की वजह से ब्रिगेडियर उथुप ज़्यादातर हिन्दी में ही बात करना पसन्द करते थे। सो उन्होंने मुस्कराते हुए कहा, "वाइफ़-हस्बेंड में अगर ज़्यादा झगड़ा होने लगे, तो दोनों को भाई-बहन की तरह रहने लगना चाहिए। मुझे देखो थंगम्मा और हम भाई-बहन की तरह रहते हैं।" ब्रिगेडियर उथुप की चुहल पर थंगम्मा हँसीं और पति को तरेड़ने का स्वांग किया। सचमुच समय अद्भुत नाविक है। इसके करतब और पाठ निराले हैं। कभी यह छोटे-से 'पुकुर' में भी बवंडर का सामना करवाता है, तो कभी सात समुद्र और सोलह बन्दरगाह भी सुकून से पार करा देता है। जानी व उषा के विवाह के कुछ साल बाद ब्रिगेडियर उथुप व थंगम्मा उथुप ने उषा को असम्भव स्नेह व घर की बड़ी बहू का सम्मान देना शुरू किया।

अक्टूबर, 1971 के पहले सप्ताह में उषा को 'ट्रिंकास' से नया कांट्रैक्ट मिला। महानगर कलकत्ता शारदीय नवरात्र की तैयारी में हर साल की भाँति व्यस्त था। 'ट्रिंकास' के मि. एलेस जोसुआ और ओमी पुरी मुस्तैदी से उषा व जानी की शादी की तैयारियों में जुटे थे। तारीख़ पक्की हो गई थी—16 अक्टूबर। शनिवार का दिन पड़ता था। उषा व जानी दोनों चाहते थे कि विवाह में हरसम्भव सादगी का निर्वाह हो। सारी व्यवस्था मि. जोसुआ और मि. पुरी ने पार्क स्ट्रीट स्थित अपने निवास—87 जे. पार्क स्ट्रीट में की थी। इस मौक़े पर जानी के माता-पिता तो नहीं आए लेकिन उषा के अप्पा-अम्मा और भाई त्यागराज यानी बाबू ने आकर बेशक इस सादगीपूर्ण विवाह की टेक रख ली थी। इस अवसर पर जानी और मि. जोसुआ व मि. पुरी के सभी दोस्तों ने मौजूद होकर संक्षिप्त विवाहोत्सव की रौनक़ बढ़ा दी। मैरेज़ रजिस्ट्रार ने विवाह को विधिवत निबन्धित किया। फिर रात्रि भोज के वास्ते सभी मेहमान 'होटल हिन्दुस्तान इंटरनेशनल' पहुँचे। अप्पा-अम्मा इस शादी में आए मेहमानों की ख़ुशी देख ख़ुश हो रहे थे।

अप्पा को बरबस याद आई जब एक साल पहले यानी सन् 1970 में वे अम्मा के संग कलकत्ता आए थे। मक़सद था यह देखना कि कलकत्ता के प्रवास में उषा कैसी व्यवस्था में रहती हैं। यह देख अम्मा-अप्पा सन्तुष्ट हुए कि 'ट्रिंकास' के मि. जोसुआ व मि. पुरी उषा को अपने यहाँ अपनी बेटी की तरह ठहराते हैं। उसी यात्रा में एक रात वे लोग वहाँ के 'होटल ओबेराय ग्रैंड' में डिनर के लिए गए थे।

उषा ने जानी को भी आने के लिए कहा था। जब वे लोग 'होटल ओबेराय ग्रैंड' में पहुँचे, तो अन्दर संगीत की थिरक चल रही थी। लोग फ़्लोर पर मन्द-मन्द नृत्यरत थे। जानी ने उषा को नृत्य का प्रस्ताव दिया, तो संकोच में उषा ने अप्पा की तरफ़ झुकी निगाहों से देखा। लिहाज़ा, जानी ने अप्पा से थोड़ा अटकते हुए कहा, "सर! मे आइ टेक यॉर डॉटर टू डांस?" अप्पा ने मुस्कराकर कहा, "श्योर।" शादी की रात 'होटल हिन्दुस्तान इंटरनेशनल' में डिनर के दौरान अप्पा ने हँसते हुए एक साल पहले 'होटल ओबेराय' की उस शाम की याद दिलाते हुए जानी से कहा, "जानी! आइ डिड नॉट मीन इट सो सीरियसली।" अप्पा के इस आनन्दपूर्ण हास्य पर उषा व जानी दोनों को हँसी छूट गई।

16 अक्टूबर, 1971 की वह रात उषा की स्मृतियों में आज तक चित्रलिखित है। रात्रि भोज की समाप्ति के बाद जब सारे मेहमान चले गए, तो मि. जोसुआ व मि. पुरी द्वारा विशेष रूप से सुसज्जित करवाये गए अपने कमरे में जानी के संग उषा गईं। शरद की रात तब पूरे अनुराग से भीग रही थी।

"जाना! हैप्पी नाउ?" उषा ने पूछा, तो जानी मुस्कराकर उठे।

"जाना! डू यू रिमेम्बर...ह्वाट यू टोल्ड मी वंस?" उषा जारी थीं, "यू टोल्ड मी उषा! इफ़ यू हैड वाक्ड बैक इन टू यॉर फ्रेम वर्क ऑव मैरेज़...ह्वेअर इट वुड लीव मी...? आज से ऐसे सारे सवाल ख़त्म।" उषा की आवाज़ नम थी।

जे.सी.

विवाह के बाद उषा व जानी कलकत्ता के ऑकलैंड स्क्वायर स्थित 'जस्सल हाउस' के एक फ़्लैट में रहने लगे। पर वर्ष 1972 के आरम्भ में जानी का तबादला फिर से कोचीन हो गया। स्वाभाविक रूप से उषा के संगीत करिअर के लिए कोचीन में सीमाएँ थीं। बम्बई, मद्रास और कलकत्ता की तरह वहाँ नियमित अवसर नहीं थे। उषा ने तय कर लिया था कि आनेवाले वर्ष में वे सौ फ़ीसदी समय अपने परिवार में देंगी।

केरल प्रान्त का कोच्चि यानी कोचीन सैकड़ों सालों से 'पोर्ट सिटी' के रूप में मशहूर है। भारत का यह दक्षिण-पश्चिम तटीय भाग, जो लक्ष्यद्वीप की सीमा को

छूता है, अपने शानदार बन्दरगाह के कारण अर्से तक पुर्तगालियों की कॉलनी बने रहने को विवश रहा। डच और अंग्रेज़ों से भी कोचीन का अच्छा-ख़ासा साबिका पड़ा। इसलिए सघन आबादी वाला कोचीन हमेशा से अन्तरराष्ट्रीय पर्यटकों के आकर्षण का केन्द्र रहा है। कोचीन की ज़िन्दगी की नियामतें उषा के लिए बेशक नई थीं। फ़ोर्ट कोचीन के इलाक़े में जानी ने घर लिया था, जिधर चाय के ज़्यादातर कारोबारी रहते थे।

कोचीन में घर की दुनिया आनन्दपूर्ण थी, जहाँ शामों को अक्सर जानी के दोस्तों की जमघट लगती। सीमित पैसों में सबका सत्कार मुश्किल बात थी। पर उषा की गर्मजोशी किसी बात की कोई कमी कभी खलने नहीं देती थी। ज़ाहिर है कि उषा अपने दोस्तनवाज़ पति के हर नाज़ को पूरी तत्परता से निभाने को मुस्तैद रहतीं। आम तौर से चाय कम्पनियों के अधिकारियों का साहबी मिज़ाज होता है, इसका इल्म उषा को हो गया था। इसलिए डाइनिंग टेबल को साहबी अन्दाज़ में सजाने की सिफ़त उन्होंने और बारीक़ी से सीखी। दिल्ली के 'होटल ओबेराय' और कलकत्ता के 'ट्रिंकास' में बराबर गाते रहने के कारण मेज़ों पर फ़ोर्क व स्पून के लटके-झटके उन्होंने देखे थे। कोचीन के घर में जानी की दावतों को सँभालने के क्रम में वे इसमें और पारंगत हो गईं। कोचीन में बीते वे कुछ वर्ष बहुत ख़ुश दिन थे। जानी व उषा का घर उनके सभी मित्रों के लिए किताब की सुगन्ध जैसा था। एक ऐसी जगह जहाँ जाकर कोई बारिश की भी फ़रमाइश कर सके।

उषा को कोचीन का आर्द्र-उष्म जीवन भा रहा था। हालाँकि, उनके लिए यहाँ किसी नियमित सांगीतिक परिवेश से जुड़ने की कोई गुंजाइश नहीं थी। फिर भी बीच-बीच में कोचीन में कुछेक कंसर्ट का अवसर मिलता था। धीरे-धीरे उन्हें केरल के एलेप्पी, त्रिवेन्द्रम, कालीकट व त्रिचूर से भी शो के प्रस्ताव आने लगे। फिर तमिलनाडु सुगबुगाया और वहाँ के त्रिची, सेलम, कोयम्बटूर और मदुरई से भी शो के प्रस्ताव आने लगे। इस श्रृंखला में पांडिचेरी भी जुड़ा। इस तरह बीतते समय के साथ कोचीन में रहकर भी उषा की व्यस्तता बढ़ती गई। इन्हीं सबके बीच 22 जुलाई, 1972 को उषा की पहली सन्तान अंजली का जन्म हुआ। अद्भुत यह कि अंजली के जन्म के एक सप्ताह पहले तक उषा शो करती रही थीं।

अंजली के जन्म के हफ़्ते भर पहले अम्मा-अप्पा कोचीन आए थे और नवजात शिशु के नामकरण उत्सव तक के लिए बारह दिनों तक वहाँ रहे। अंजली के जन्म को लेकर डॉक्टर ने जुलाई के तीसरे सप्ताह की संभावना व्यक्त की थी। उषा ने

आशंकित हो अपनी अम्मा से कहा था, "अम्मा! प्लीज़ भगवान के लिये 21 जुलाई को अंजली का जन्म न हो।" अपनी बेटी की कातरता अम्मा समझती थीं। उनकी आँखें भर आईं। उन्होंने पिछले साल यानी वर्ष 1971 के 21 जुलाई को याद किया जब रामास्वामी अय्यर यानी रामू से उषा के तलाक़ का फ़ैसला अदालत ने दिया था। ज़िन्दगी में कुछ तारीख़ें ख़ुशी देती हैं, तो कुछ तारीख़ें अर्से तक मन में नासूर की तरह चुभी रह जाती हैं। उषा को दोहरी सुखद अनुभूति हुई जब 22 जुलाई, 1972 को अंजली हुई। पहली सुखद अनुभूति प्रथम बार माँ बनने की थी और दूसरी सुखद अनुभूति यह कि अंजली 21 जुलाई की उस सन्तप्त तारीख़ को छोड़ उसके अगले दिन धरती पर आई। अंजली का नामकरण अम्मा ने यह कहते हुए किया, "यह हमें ईश्वर के करसम्पुट से मिली एक दिव्य भेंट है। इसलिए यह अंजली है।"

अंजली के लालन-पालन में उषा का हाथ बँटाने के लिये संयोग से एक बहुत अच्छी व स्नेही लड़की मिल गई थी। उसका नाम था—अल्ली! कोचीन में डच चर्च के समीप ब्रिटिश ज़माने का यह पुराना ख़ूबसूरत-सा घर था, जिसमें उथुप दम्पती रहते थे। इस घर का फ़र्श चिकनी-दमकती लकड़ी का था, जो घर की शान बढ़ाता था। सुबह की चाय के बाद नहला-धुलाकर तौलिये में लपेट अंजली को उषा फ़र्श पर डाल सन्ताना का संगीत बजा देतीं और जानी को दफ़्तर विदा करने की तैयारी में जुट जातीं। अल्ली तब तक अंजली के पास बैठी रहती। नन्ही अंजली पास बज रहे संगीत में मगन रहती।

अंजली के जन्म की ख़बर जानी के माता-पिता को दी जा चुकी थी। फिर भी वे कोचीन नहीं आए थे। उषा ने समझा कि उनका ग़ुस्सा अभी भी पूरी तरह ख़त्म नहीं हुआ है। उनकी शादी में तो वे लोग नहीं ही आए थे। शादी के बाद जब वे लोग हनीमून के लिए श्रीनगर जा रहे थे, तो दिल्ली होते हुए गए। ब्रिगेडियर उथुप सेना से अवकाश ग्रहण करने के बाद उन दिनों दिल्ली स्थित 'मॉडर्न बेकरि' में प्रबन्ध निदेशक पद पर थे। दिल्ली पहुँचने पर उस समय जानी ने टेलिफ़ोन बूथ से अपनी माँ को फ़ोन किया, "वी आर ऐट् द एयरपोर्ट हेअर।"

"हू इज़ वी?" थंगम्मा उथुप ने 'वी' शब्द को पीसते हुए पूछा। जानी ने झुँझलाकर फ़ोन काट दिया। दिल्ली में उषा व जानी के पास कुछ घंटों का अवकाश था। लिहाज़ा, टैक्सी से वे लोग दिल्ली में कुछ घंटे घूमे और एयरपोर्ट लौटकर श्रीनगर की फ़्लाइट ली। जानी के परिवार की नाराज़गी और उदासीनता उषा के मन की गहरी कसक थी। पर इस कसक पर तब थोड़ी मरहम लगी, जब उषा

व जानी के विवाह के सात-आठ माह बाद अकस्मात जानी के पिता ब्रिगेडियर उथुप उन लोगों से मिलने एक अति संक्षिप्त यात्रा पर कोचीन आए थे। दरअसल, ब्रिगेडियर उथुप को अपने गाँव कोट्टयम अपने पिता से मिलने जाना था। संग-संग कोट्टयम के एक पारिवारिक कार्यक्रम में भी शरीक़ होना था। कोट्टयम जाने के लिए वे कोचीन एयरपोर्ट पर उतरे। उन्होंने सोचा कि बेटे की खोज-ख़बर ले लें। ब्रिगेडियर उथुप अकेले आए थे। इस यात्रा में थंगम्मा उथुप उनके संग नहीं थीं। उस समय उषा कुछ ही माह बाद माँ बननेवाली थीं। ज़ाहिर है कि ब्रिगेडियर उथुप के अकस्मात कोचीन आगमन से उषा की प्रसन्नता का ओर-छोर न था। श्वसुर से ही उषा को पता चला कि जानी की माँ इस विवाह को लेकर बहुत ज़्यादा ख़िलाफ़ थीं। पर उनके कोचीन आने से स्थिति बेशक थोड़ी सहज हुई। उषा ने याद किया कि कलकत्ता में जानी से उनके विवाह के बाद उनके अप्पा ने जानी से हाथ मिलाते हुए कहा था, "जानी! अपने अप्पा से कभी नाराज़ मत होना, क्योंकि दुनिया में जब मैं नहीं रहूँगा, तो वे तुम्हारे लिए मौजूद होंगे।"

ब्रिगेडियर उथुप के कोचीन आने के बाद से उषा को थोड़ी तसल्ली हुई थी कि शायद जानी का परिवार थोड़ा सहज हुआ है। पर ऐसा पूरी तरह नहीं था। थंगम्मा उथुप की नाराज़गी अभी तक बनी हुई थी। अंजली के जन्म के बाद उषा को उम्मीद थी कि अपनी पोती को देखने उनके सास-श्वसुर ज़रूर आएँगे। घर के बड़े बेटे की सबसे पहली सन्तान थी अंजली। पर ब्रिगेडियर उथुप और थंगम्मा उथुप—दोनों में से कोई कोचीन नहीं आए। जीवन में अटूट धैर्य की दीक्षा उषा ने अपनी नानी मद्रास पाट्टी माँ से पाई थी। जानी के माता-पिता को पूरी तरह सहज करने में मद्रास पाट्टी माँ से मिली दीक्षा उषा के बहुत काम आई। अंजली जब तीन-चार महीने की हुई, तो उषा ने एक दिन जानी से कहा कि वे सास-श्वसुर के पास कुछ दिनों के लिए दिल्ली जाना चाहती हैं। पर जानी ने कहा कि वे जाना चाहती हैं, तो बेशक जाएँ। जानी ने ख़ुद जाने से साफ़ मना कर दिया। बहरहाल, धैर्य व धुन की पक्की उषा भी कहाँ रुकनेवाली थीं। उन्होंने अपने श्वसुर ब्रिगेडियर उथुप को फ़ोन किया कि वे अमुक फ़्लाइट से अंजली को लेकर उनके पास दिल्ली आ रही हैं। इस तरह अल्ली के संग अंजली को लेकर उषा दिल्ली गईं। दिल्ली एयरपोर्ट पर ब्रिगेडियर उथुप व थंगम्मा उथुप को देख उषा को बहुत सुकून हुआ। अंजली के संग उषा के आ जाने से ब्रिगेडियर उथुप और उनकी पत्नी थंगम्मा उथुप के उल्लास का पारावार नहीं था। बीते दिनों की उनकी तमाम नाराज़गी दफ़ा

हो चुकी थी। ज़ाहिर है कि अंजली के संग उषा की यह दिल्ली यात्रा बेहद सफल रही। अपने सास-श्वसुर से संवादहीनता की जो कसक उषा के मन में इतने समय से बनी हुई थी, वह हमेशा के लिए ख़त्म हो गई।

अंजली के संग उषा के दिल्ली आगमन से जानी की छोटी बहन रमणी यानी छोटी के पाँव धरती पर नहीं थे। 16 वर्षीया रमणी उन दिनों दिल्ली के लेडी श्रीराम कॉलेज में पढ़ रही थीं। रमणी और उसके दोस्त कॉलेज से लौटकर अंजली को ख़ूब लाड़-दुलार करते और उसके संग खेलते। आज भी रमणी जब उषा से दिल्ली में हुई अपनी पहली मुलाक़ात को याद करती हैं, तो थिरक उठती हैं। वे कहती हैं, "उषा के आने की ख़बर मुझे मिली थी, तो मैं ख़ुशी से उत्तेजित थी क्योंकि तब तक वे एक 'सेलिब्रिटी' बन चुकी थीं। उनकी ख़ासी शोहरत थी। मेरे सभी दोस्त उनसे मिलने के लिए पागल-से हो रहे थे। वे ढेर सारे उपहार के संग आई थीं। बाद के वर्षों में भी उनके उपहार लाने का यही आलम था। इसलिए हम भरपूर उपहार लानेवाली उषा को 'मदर क्रिसमस' कहने लगे।"

रमणी अपनी स्मृतियों में पुलकित हो गोते लगाते हुए कहती हैं कि "जब भी कॉलेज में मेरी छुट्टियाँ होतीं, मैं अपने बड़े भाई जानीबा और उषा के पास कोचीन चली जाती। वहीं मेरी मुलाक़ात उषा की छोटी बहन माया और उनकी ममेरी बहन चिक्कू से हुई। जानीबा और उषा के संग हमारी छुट्टियाँ मज़ेदार हो जातीं। उषा हमारे घर की गौरव हैं। कोट्टयम स्थित हमारे माता-पिता के घर में दो तसवीरें बेहद शान से लगी हैं। एक तसवीर उस क्षण की है जब मेरे पापा ब्रिगेडियर सी.सी. उथुप तत्कालीन राष्ट्रपति वी.वी. गिरि से ए.वी.एस.एम. अवार्ड ले रहे हैं और दूसरी तसवीर उस क्षण की है जब उषा भाभी तत्कालीन राष्ट्रपति प्रतिभा पाटिल के हाथों 'पद्मश्री' से अलंकृत हो रही हैं।" रमणी कहती हैं कि यह उषा भाभी का ही प्यार भरा व्यवहार था कि उन्होंने उनके नाराज़ माता-पिता को ख़ुद दिल्ली आकर अन्ततः मना लिया था।

जानी के परिवार से संवाद का पुल तो बन गया लेकिन लगे हाथ उषा अरसे से अपने मन में चल रही एक पहेली का भी निराकरण कर लेना चाहती थीं। इस पहेली को उन्होंने जानी के सामने उनसे विवाह के पहले रखा था कि जब उनके बच्चे होंगे, तो किस धार्मिक आस्था के अन्तर्गत उनकी परवरिश होगी। यह चिन्ता स्वाभाविक थी, क्योंकि जानी ईसाई परिवार से थे और उषा एक हिन्दू परिवार की थीं। उषा इस उलझन में थीं कि उनके बच्चे आख़िर क्या कहलाएँगे? ईसाई

या हिन्दू? उषा की इस बात का जानी ने कभी उत्तर नहीं दिया था। लिहाज़ा, इस दिल्ली यात्रा में उषा ने अपने श्वसुर ब्रिगेडियर उथुप से कहा कि वे चाहती हैं कि अपने बच्चे को औपचारिक रूप से एक धर्म का आधार दे दें ताकि बड़े होने पर बच्चे को किसी भी धार्मिक आचार-व्यवहार को लेकर किसी प्रकार का भ्रम या तारतम्य न हो। ब्रिगेडियर उथुप से उषा ने कहा कि उनकी इच्छा है कि उनके बच्चे अपने पिता के परिवार की धर्म-पद्धति पर रहें। ब्रिगेडियर उथुप फौजी होने के कारण प्रगतिशील विचारों वाले थे लेकिन उषा की बातें उन्हें तार्किक लगीं। उन्हें लगा कि थंगम्मा के मन के कोने में जो भी बची-खुची शिक़ायत होगी, वह भी इससे दूर हो जाएगी। उन्होंने दिल्ली के करोलबाग स्थित 'मार्थोमा चर्च' के पादरी फ़ादर अत्याल से उषा की बात कराई। पादरी को जब पता चला कि जानी व उषा का प्रेम विवाह है और उषा अब तक ईसाई नहीं बनी हैं, तो उन्होंने ब्रिगेडियर उथुप से कहा कि "आपकी पोती का बपतिस्मा (ईसाई धर्म की दीक्षा) करने के लिए यह अनिवार्य होगा कि पहले आपकी बहू विधिवत ईसाई बनें। पहले उषा का बपतिस्मा होगा। फिर ईसाई विवाह-पद्धति से उषा व जानी का विवाह होगा। इसके उपरान्त ही अंजली का बपतिस्मा होगा।" इस पूरी धार्मिक प्रक्रिया को जान-समझकर उषा ने तय किया कि जितनी जल्दी सम्भव होगा, वे जानी व अंजली के संग फिर दिल्ली आएँगी और इस आवश्यक धार्मिक प्रक्रिया को सम्पन्न कर ही लेंगी।

कुछ ही महीने बाद जानी को इस कार्य के लिए राजी कर अंजली समेत उषा फिर दिल्ली पहुँचीं। 'मार्थोमा चर्च' के फ़ादर अत्याल ने हफ़्ते भर बाद बपतिस्मा और विवाह की तिथि तय की। बीच की प्रतीक्षा के दिनों के वास्ते फ़ादर अत्याल ने उषा को 'बाइबिल' की कुछ आयतें अभ्यास करने को दीं। इस पाठ के अन्त में एक फ़ॉर्म था, जिस पर उषा को हस्ताक्षर करना था। फ़ॉर्म में लिखा था—'फ्रॉम दिस मोमेंट ऑन आइ टेक जीसस क्राइस्ट (जे.सी.) टू बी माइ ओनली सेवियर।' फ़ॉर्म को उषा ने जाने क्यों बारम्बार पढ़ा और हर बार उनके मन में सवाल उठा कि क्या वे सही करने जा रही हैं? 26 वर्षों तक हिन्दू धर्म की जीवन-शैली में रही एक पूजा-पाठी तमिल ब्राह्मण परिवार की लड़की का धर्म परिवर्तन करना क्या मुनासिब होगा? उन्हें अपने आस्थावान अप्पा की याद आई। पूजा-पाठी मद्रास पाट्टी माँ और अम्मा की याद आई। अपने घर के अनेकानेक धार्मिक उत्सव व अनुष्ठानों की मन में आवाजाही होती रही। पर अन्ततः उन्होंने सोचा धर्म तो

जीवन को सुगम करने के लिए ही है। वह यह सब कुछ जीवन को सुगम करने के लिए ही तो कर रही हैं। धर्म की शक्ति की अनुभूति उषा को जीवन में इस तरह पहली बार हो रही थी। उन्होंने बपतिस्मा के दिन 'मार्थोमा चर्च' में फ़ादर अत्याल से कहा, "फ़ादर! मैं जानी की पूरी फ़ैमिली से कहीं ज़्यादा ईसाई हूँ। किसी सच्चे ईसाई की भाँति प्यार-परवाह और साझा भाव को निभानेवाली।" फ़ॉर्म पर हस्ताक्षर करते हुए भावुक हो उषा ने कहा, "फ़ादर! इस फ़ॉर्म में जीसस क्राइस्ट का संक्षिप्त ब्राइकेट में लिखा है—जे.सी.। मेरे वास्ते यह जे.सी. मेरा जानी चाको है।" उषा के इस आवेगमय कथन पर वहाँ मौजूद पूरा उथुप परिवार हैरान था। यह संयोग ही था कि उन दिनों उषा की बड़ी बहन इन्द्रु के पति एन. श्रीनिवासन दिल्ली में कार्यरत थे। इसलिए इन्द्रुदी दिल्ली में ही थीं। चर्च में उषा के बपतिस्मा व विवाह के वास्ते बतौर 'विटनेस' वे मौजूद थीं। रामास्वामी अय्यर यानी रामू इन्द्रु के अपने देवर थे, जिनसे उषा ने सम्बन्ध विच्छेद किया था। इस बात की थोड़ी कसक इन्द्रु को भी थी। पर छोटी बहन के जीवन के इस निर्णायक क्षण में वे उपस्थित थीं।

उषा ने अचानक से फ़ादर को जो कुछ कहा, उससे इन्द्रु भी विस्मित थीं। ख़ुद फ़ादर अत्याल चकित हो उषा का मुख देखते रह गए। क्षण भर का यह गहन सन्नाटा ख़ुद उषा ने ही तोड़ा और कहा, "फ़ादर! हम अपना काम शुरू करें।" फ़ादर अत्याल ने ख़ामोशी से उषा के 'बपतिस्मा' की प्रक्रिया शुरू की। फ़ादर अत्याल ने गम्भीर स्वर में कहा कि बपतिस्मा के लिए 'बाइबिल' से उषा के वास्ते एक नया नाम निकाला जाएगा। उन्होंने ऐसा किया भी। इस तरह 'बपतिस्मा' के संग उषा बैद्यनाथ सोमेश्वर सामी का नया नामकरण हुआ—उषा साराह उथुप। ठेठ मलयालम में यह हुआ—उषा सारम्मा उथुप। उषा अब विधिवत सीरियाई ईसाई हो गई थीं। उषा के 'बपतिस्मा' के साथ ही ईसाई विधि-विधान से उषा व जानी के विवाह की कार्रवाई शुरू हुई। नन्ही अंजली उस समय वहाँ अपनी बुआ रमणी की गोद में इस सब से अनजान मुसक-किलक रही थी। उषा ने अनुराग से बिहँसकर कहा, "अंजली भाग्यवान है। अपने माता-पिता का विवाह देख रही है।" उषा व जानी के विवाह की प्रक्रिया पूरी होने के बाद फ़ादर अत्याल ने अंजली का 'बपतिस्मा' किया। फ़ादर ने अंजली का नया नामकरण किया—अंजली ऐलिजाबेथ उथुप। केरल में बेटी के नाम के संग दादी का नाम भी जुड़ता है और बेटे के साथ उसके दादा का नाम लगता है। जानी की माँ थंगम्मा का आधिकारिक नाम

'एलिजाबेथ'—पादरी ने स्वाभाविक रूप से अंजली के नाम के संग जोड़ा था। तब 'अप्पाचन' यानी अंजली के दादा ब्रिगेडियर सी.सी. उथुप ने अंजली को गोद में उठाकर हँसते हुए कहा था, "नाउ सी! दिस लिट्ल एलिजाबेथ!"

थोड़े-थोड़े अन्तराल पर दिल्ली की ये दोनों यात्राएँ उषा के लिए बहुत सन्तोषप्रद रहीं। ये दोनों यात्राएँ उषा के लिए मानो हिन्द महासागर की यात्रा पूरी करने जैसी थीं। भारतीय नौसेना नौवहन पोत 'तारिणी' की चालक दल भारतीय नौसेना की ख़ास परियोजना 'नाविका सागर परिक्रमा' का एक महत्त्वपूर्ण अंग है। इसकी सभी सदस्य सिर्फ़ स्त्रियाँ होती हैं। इस परियोजना के अन्तर्गत सागर की सम्पूर्ण परिक्रमा की जाती है। इस परियोजना के ज़रिये न सिर्फ़ नौवहन गतिविधियों का प्रोत्साहन बल्कि स्त्री सशक्तिकरण के वास्ते भारत सरकार की प्रतिबद्धता भी प्रस्तुत की जाती है। 'तारिणी' की सदस्यों को 60 नॉट की गतिवाली तीव्र हवाओं और 7 मीटर से भी अधिक ऊँची-ऊँची हाहाकार करती समुद्री लहरों से संघर्ष करना होता है। उषा सोचती हैं कि जीवन के महासागर की नौका में सवार हो जूझ रही हर स्त्री क़ुदरत के नौवहन 'तारिणी' की ही तो नाविक है। एक सुरक्षित बन्दरगाह की तलाश में जूझती जीवन-सागर की स्त्रियाँ।

कोचीन के दिन

एक बड़ा बन्दरगाह शहर है कोचीन और इसके कई दुलार नाम- उपनाम हैं। कोच्चि, एर्नाकुलम और इस सबके ऊपर—अरब सागर की रानी। चौदहवीं शताब्दी से मसालों का व्यापार केन्द्र रहा केरल प्रान्त का यह अनूप नगर कभी पुर्तगालियों, कभी डचों और कभी अंग्रेज़ों की हुक़ूमतों से गुज़रता हुआ महानगर की शक्ल अख़्तियार करता गया। उष्ण कटिबंधीय मॉनसून जलवायु में 'अरब सागर की रानी' ज़्यादातर बहुत ऊँचे स्तर की आर्द्रता में रहती है। प्राचीन महलों, बँगलों, किलों और समुद्री तटों की माला के बीच 'अरब सागर की रानी' आज भी अपने चिरन्तन नाज़ में है। बड़ी अमानतों और नियामतों के संग मसलन—डच महल, बोलघाट्टी महल, हिल महल, बेशन बँगला, चेराई बीच, मरीन ड्राइव, पल्लिपुरम क़िला या ख़ुदा...! यही नहीं, मसालों की प्राचीन सुगन्ध व दरख़्तों, रास्तों, घरों और

बन्दरगाह के तटों की देह से अनवरत फूटती बेहतरीन ख़ुशबू। वाक़ई, कोचीन के ये दिन उषा के वास्ते आनन्द की प्रदक्षिणा के उल्लास भरे प्यार से छलकते दिन थे। केरल की पारदर्शी झीलों यानी केरल के मनोहारी बैकवॉटर्स की तरह। कोचीन में, उषा की दुनिया में ज़्यादातर चाय कम्पनियों में कार्यरत लोगों के परिवार थे। उषा को याद आती हैं कोचीन के उन दिनों की गुड्डू सिंह, सरोज माधव, रीना बनर्जी और रागिनी मेनन सरीखी कई प्यारी मित्र, जिनके संग समय पंख लगाकर उड़ता फिरता था। उत्सव, त्योहार, दावतें और ख़ुशनुमा बैठकी का वह दौर किस तरह उल्लास में भीगता रहता। रागिनी जहाँ एक साहित्यिक मित्र मंजू मेनन की पत्नी थीं, वहीं गुड्डू सिंह के पति ब्रुक बांड टी कम्पनी में थे। इसी तरह सरोज माधव के पति जानी के संग जे. थॉमस टी कम्पनी में और रीना बनर्जी के पति टाटा फिनले में कार्यरत थे।

कोचीन का पूरा वातावरण और परिवेश ही जादुई था। इत्तफ़ाक़ से जानी ने विवाह के पहले दक्षिण भारत के एक मशहूर बैंड 'एलीट् एसेस्' से 'मलयालम-मनोरमा' के एक शो के वास्ते उषा का परिचय कराया था। 'मलयालम-मनोरमा' की तरफ़ से श्रीमती के.एम. मैथ्यू ने उषा को पहली बार कोट्टयम एक शो के लिए बुलाया था। केरल में उषा का यह पहला शो था, जो बहुत सफल रहा। उषा जब कोचीन रहने आ गईं, तो यह बैंड उनके वास्ते स्थायी-सा हो गया। कोचीन के होटल 'केसिनो' के भीतर एक पुराना 'नाइट क्लब' था, जहाँ से 'एलीट् एसेस् बैंड' जुड़ा हुआ था। उषा मौक़े-मौक़े पर यहाँ गाती थीं। फ़ोर्ट कोचीन में रह रहे चाय कम्पनियों के सभी लोग दफ़्तर जाने के दौरान अपनी-अपनी कारों को जेट्टी पर छोड़ देते थे और आयरलैंड पर जाते थे। पर जे. थॉमस, जिसमें जानी थे, के अधिकारी अमूमन अपनी कार से ही जाते थे और लंच के वास्ते अपने घर फ़ेरी पर आते थे। जे थॉमस के चुनिन्दा लोग दोपहर के भोजन के वास्ते अक्सर होटल 'केसिनो' में भी आ जाते थे। उन दोपहरियों में अक्सर 'केसिनो' में शाम के शो के लिये उषा रिहर्सल कर रही होती थीं। लोगों को जब पता चलता कि आज की शाम 'केसिनो' में उषा गाने जा रही हैं, तो देर शाम गए तक 'केसिनो' में रौनक़-सी छा जाती। 'एलिट एसेस् बैंड' के संग गाती उषा अपने संग सबको पूरी तरुणाई में पहुँचा देतीं। 'केसिनो' में बैठे सभी श्रोता अनायास आकाश की कोमल त्वचा छू रहे होते। बाद के दिनों में 'एलिट एसेस बैंड' के संग उषा ने कोचीन में रहते हुए शिमला, लुधियाना, भोपाल और बिहार तक कई शो किए।

कोचीन के घर की याद इतने दशकों बाद भी उषा की स्मृति में शहतूत के नरम-कोमल पत्तों वाले उस आश्रय की तरह है, जहाँ बहुत सुख मिला। मातृत्व की अनूप अनुभूति मिली। आश्रय का वह स्पर्श जैसे नाभि में चाँदनी आँज दी गई हो। कोचीन के वे इने-गिने वर्ष यों निकल गए। कोचीन में उषा व जानी का डच चर्च के पास लिया पहला घर अब एक होटल बन चुका है। इस घर के बाद ये बिशप पार्सोनेज़ के स्वामित्व वाले बड़े-से घर में आए, जिसे जानी को उनकी जे. थॉमस टी कम्पनी ने दिलाया था। बड़े साहबी लाम-काफ़ वाला घर था यह भी। वर्ष 1972 में कोचीन में अंजली के जन्म के एक साल बाद 17 अक्टूबर, 1973 को बेटे सनी के जन्म ने उषा को निहाल कर दिया। अब उनका 'हम दो, हमारे दो' वाला एक मुक़म्मल परिवार था। अंजली व सनी के बचपन को याद कर उषा मानो अपने बचपन में लौट जाती हैं। इन दोनों बच्चों के लालन-पालन के सिलसिले में वे अल्ली को याद करती हैं, जो पाँव-पाँव मुस्कराते हुए जुटी रहनेवाली उनकी घरेलू सहयोगी थी।

अंजली व सनी के संग हर पल तन्मय-तल्लीन रहने के बावजूद उषा का रचनात्मक मन पूरे तौर पर सक्रिय था। कभी बस पकड़कर अपने ज़माने के सुपर स्टार 'जुबली कुमार' यानी राजेन्द्र कुमार की नन्ही-सी बेटी डिम्पल के कपड़े सिलकर उनके घर पहुँचानेवाली उषा, जे.जे. स्कूल ऑव आर्ट्स में पढ़ाई के दौरान 'थैकर ऐंड कम्पनी' के वास्ते नये साल का कार्ड बनानेवाली उषा अगर ठान लें, तो कैसे भी असम्भव को सम्भव कर सकती हैं—इसका पता जानी को था। और वर्ष 1974-75 के बीच कोचीन में 'द डेल्टा स्टडी' नामक नये तर्ज़ के एक स्कूल की शुरुआत करवाकर उषा ने सबको हैरान कर दिया। यह बच्चों का एक ऐसा नायाब विद्यालय था, जो कोचीन में शीघ्र ही बच्चों के माता-पिता के वास्ते आकर्षण का केन्द्र बन गया।

अंजली व सनी जब कुछ बड़े हुए, तो कोचीन क्लब कैम्पस में एक मिसेज़ पेंटर द्वारा चलाये जा रहे प्ले स्कूल में उषा उन्हें भेजने लगी थीं। और इसी के साथ बच्चों की पिटी-पिटाई शिक्षा प्रणाली को लेकर उनका चिन्तन शुरू हो गया। कोचीन में उन लोगों के एक पारिवारिक मित्र दम्पती थे—मंजू मेनन व उनकी पत्नी रागिनी मेनन। दोनों बड़े स्नेही-अनुरागी। उनका एक प्यारा-सा बेटा था—कबीर। मंजू मेनन की साहित्य में विशेष अभिरुचि और दख़ल था। वह एक बुज़ुर्ग और गम्भीर-ज्ञानी व्यक्तित्व थे। उनकी पारिवारिक पृष्ठभूमि भी विद्यानुरागियों से भरी-

पड़ी थी। छोटे क़द-बुत के मंजू मेनन की बातें बेहद गहन होती थीं, जिन्हें उषा बहुत ध्यानपूर्वक सुनती थीं। एक दिन जाने कैसे उनसे ए.एस. नील की लिखी किताब 'नील...नील ऑरेंज़ पील' का ज़िक्र छिड़ गया और इसी के साथ अपने देश में बच्चों की शिक्षा प्रणाली पर बातें होने लगी। आख़िरकार, उषा ने कहा कि कोचीन में बच्चों का एक अच्छा स्कूल खुलना चाहिए, जो घिसीपिटी शिक्षा पद्धति से सर्वथा भिन्न हो। उन दिनों फ़ोर्ट कोचीन में बच्चों के मात्र दो स्कूल थे—सेंट मेरीज़ और ब्रिटो हाइस्कूल। ये दोनों स्कूल बेहद औसत क़िस्म के थे। मंजू मेनन ने कहा कि अंग्रेज़ों का ज़्यादातर कामकाज आयरलैंड में रहता था, जहाँ चाय कम्पनियाँ थीं। इसलिए फ़ोर्ट कोचीन से उन्हें कुछ लेना-देना नहीं था। यहाँ कार्यरत अंग्रेज़ लोग अपने बच्चों को ऊटी के लॉरेंस लवडे सरीखे स्कूलों में भेजते थे या फिर इंग्लैंड। सामर्थ्यवान भारतीय भी बच्चों की शिक्षा को लेकर अंग्रेज़ों की ही नकल करते थे। इसलिए मंजू मेनन और उषा एकमत हुए कि फ़ोर्ट कोचीन में बच्चों का एक स्कूल शीघ्र आरम्भ कर ही दिया जाए। अभी तक फ़ोर्ट कोचीन के वर्तमान कामचलाऊ स्कूलों में कम आयवाले निरुपाय लोग अपने बच्चों को भेजते थे। मंजू मेनन ने उषा से पूछा कि क्या आनेवाले समय में वे अपने बच्चों को बोर्डिंग स्कूल में भेजना चाहेंगी? पर उषा इस मामले में स्पष्ट थीं कि अपने दोनों बच्चों में से क़िसी को वे कभी भी बोर्डिंग स्कूल में देना पसन्द नहीं करेंगी। उषा ने मंजू मेनन से कहा कि बेशक बोर्डिंग स्कूलों में बच्चे घुड़सवारी और तैराक़ी से लेकर मेज़ पर छुरी-काँटे की तहज़ीब में पारंगत हो जाते हैं लेकिन उनके मन में माता-पिता से दूर होने के कारण जो उदासी भर जाती है, वह जीवन में कभी-दूर नहीं हो पाती। उषा कोचीन क्लब में ख़ुद बैडमिंटन खेलने जाती थीं। उन्होंने मंजू मेनन से कहा कि वे लोग जो स्कूल खोलेंगे उसमें पढ़ाई-लिखाई, खेल-कूद और नृत्य-संगीत से लेकर रोज़मर्रा के जीवन के तौर-तरीक़ों को केन्द्र में रखा जाएगा। बच्चे साहबी तहज़ीब में छुरी-काँटे का इस्तेमाल भी जानें और अपनी देसी संस्कृति में केले के पत्ते पर खाकर भी ख़ुश हों। हाथ से दाल, चावल और सांभर खाने में भी उन्हें मज़ा आए। उषा ने कहा कि अभिजात रहन-सहन जीवन में अनुभव को बहुत सीमित कर देता है। इससे एक मुक़म्मल इनसान बनना मुश्किल होता है। बचपन में पड़ी नींव बहुत महत्त्वपूर्ण होती है। मंजू मेनन इस बात से सहमत हुए कि प्रस्तावित स्कूल का पाठ्यक्रम परम्परा व आधुनिकता को समेटकर बनाया जाएगा। यह भी तय किया गया कि बच्चों को

मलयालम भाषा में हर सम्भव ढंग से निपुण किया जाएगा। आमतौर से केरल के स्कूलों में बच्चों को मात्र पाँचवीं कक्षा तक मलयालम पढ़ाकर छोड़ दिया जाता है। इस स्कूल में ऐसा नहीं होगा। मलयालम कक्षाओं में कहानियाँ सुनाई जाएँगी ताकि अपनी भाषा से बच्चे जुड़ें। तय यह भी किया गया कि मलयालम विषय की कोई परीक्षा नहीं ली जाएगी, क्योंकि इससे बच्चे दबाव महसूस करेंगे। उषा व मंजू मेनन कई बार स्कूल के सिलसिले में दिल्ली स्थित एन.सी.इ.आर.टी. भी गए। इस तरह महीनों के मंथन के बाद मंजू मेनन और उषा ने फ़ोर्ट कोचीन में डाकघर के पास बड़े स्वप्न के संग एक छोटे-से स्कूल 'द डेल्टा स्टडी' की शुरुआत की। वह स्कूल अभी भी है। पर उषा को अफ़सोस है कि जिन उद्देश्यों के संग इस स्कूल की शुरुआत मंजू मेनन के संग मिलकर उन्होंने की थी, यह स्कूल उससे भटक चुका है।

उषा याद करती हैं कि इस स्कूल के वास्ते पूंजी इकट्ठा करने में उन्होंने कितनी मशक़्क़त की थी। कितने शो किए। और यही नहीं, इसके लिए रमेश सिप्पी से अनुरोध कर फ़िल्म 'शोले' का प्रीमियर कोचीन में कराया।

स्कूल की शुरुआत अच्छी हुई। यहाँ लोगों को एक नई बात दिखी। प्रकृति के अध्ययन से लेकर पतंग व कबड्डी सरीखे खेल यहाँ बच्चों के लिए अनिवार्य आनन्द थे। स्कूल की प्रयोगशाला भी अनूठी थी, जिसमें बच्चे खेल-खेल में समझ सकते थे कि सोलर सिस्टम क्या है, या कि पेड़-पौधों में कलियाँ कैसे फूटती हैं। पर कुछ समय बाद कुछ स्थानीय अभिभावकों को लगने लगा कि सेंट्रल बोर्ड के पैमाने से उनके बच्चे पिछड़ जाएँगे। पर कई अभिभावक इस प्रकार की अध्ययन प्रणाली को पसन्द कर रहे थे।

कोचीन प्रवास के दिनों में 'मलयालम-मनोरमा' समूह के प्रमुख के.एम. मैथ्यू व उनकी पत्नी से उषा को माता-पिता सरीखा प्रेम मिला। जानी से विवाह के पहले जब शो के लिए उषा केरल आई थीं, तो मैथ्यू दम्पती के घर ही रुकी थीं। उषा के लिए श्रीमती मैथ्यू एक ऐसी आदर्श गांधीवादी व्यक्तित्व थीं, जो केरल में नारी सशक्तीकरण के लिए ज़माने से जुटी हुई थीं। 'कस्तूरबा' नामक गांधीवादी संस्था के अन्तर्गत उन्होंने बड़े स्त्री समूह को जोड़ रखा था। इसमें दक्षिण भारतीय स्वादिष्ट खाद्य 'मुरकु' से लेकर अनेक दक्षिण भारतीय स्वादिष्ट खाद्य पदार्थ तैयार करवाकर श्रीमती मैथ्यू उसकी मार्केटिंग करवाती थीं। इससे ग़रीब परिवार की मलयाली महिलाओं का आर्थिक आधार मज़बूत हुआ। कोचीन

के इन दिनों में ऐसे कई विरल व्यक्तित्व उषा के जीवन में आए, जिन्होंने उषा के मन में प्रेरणा के दीप जलाये।

कोचीन के जीवन में उषा रम चुकी थीं कि वर्ष 1976 में जानी उथुप का तबादला फिर से उनकी कम्पनी ने कलकत्ता कर दिया। उस समय अंजली पाँच साल की थी और सनी साढ़े तीन साल का। कोचीन से अपनी गृहस्थी समेट जानी व बच्चों के संग उषा पहले मद्रास गईं। फिर वहाँ से कोरमंडल एक्सप्रेस से कलकत्ता। उनके साथ उनकी घरेलू सहायक अल्ली भी थी। कोचीन से कलकत्ता की ट्रेन यात्रा लम्बी थी। दो छोटे बच्चों को लेकर यह यात्रा कठिन थी। कलकत्ता पहुँचकर उषा सपरिवार सारे साजो-सामान सहित 'ट्रिंकास' के मि. जोसुआ व मि. पुरी के पार्क स्ट्रीट स्थित निवास पर गईं। मि. जोसुआ व मि. पुरी को आने के बारे में उषा ने फ़ोन पर सूचना दे रखी थी। इनके यहाँ उषा कुछ समय तक रहीं, जब तक कि पार्क स्ट्रीट के 'क्वींस मैंसन' में आवास की व्यवस्था नहीं हो गई। 'क्वींस मैंसन' में कुछ साल रहने के बाद उषा व जानी लॉर्ड सिन्हा रोड स्थित एक फ़्लैट में किराये पर रहे। बहरहाल, इस बार का कलकत्ता आगमन उषा के करिअर के लिये भविष्य में राजमार्ग खुलने जैसा था। पर राजमार्ग मिलना कभी किसी के लिए आसान नहीं होता। उषा के लिए भी ऐसा नहीं था।

दोलन चम्पा का गाछ यानी स्टुडियो 'वाइब्रेशंस'

वे दोलन चम्पा के खिलने और शिउली फूल झड़ने के दिन थे, जब उषा कोचीन से कलकत्ता पहुँची थीं। यह उषा के करिअर की नई पारी थी। महानगर कलकत्ता की अलस सुबहें, उष्ण दोपहरियाँ, कोलाहल से भरी आत्मीय शामें और नीरव रातें उषा के लिए नई नहीं थीं। वर्ष 1969 से 1971 तक वे लगभग लगातार 'ट्रिंकास' में गाती रही थीं। पर इस बार कलकत्ता आने पर उषा ने महसूस किया कि बीच के इन चार-पाँच वर्षों में कलकत्ता के नाइट क्लबों का मनोरंजन पक्ष बेहद शिथिल व निढाल पड़ चुका है। दरअसल, इस बीच पश्चिम बंगाल सरकार द्वारा मनोरंजन कर में अप्रत्याशित रूप से कुछ अधिक ही बढ़ोतरी कर दी गई थी। परिणामस्वरूप नाइट क्लबों में म्यूज़िक बैंडों की संख्या अत्यन्त सीमित हो

गई थी। इस तरह कलकत्ता के नाइट क्लबों में संगीत के कार्यक्रम तक़रीबन ठप पड़ गए थे।

इस सबके बावज़ूद 'ट्रिंकास' के मि. जोसुआ और मि. पुरी स्थायी रूप से उषा के कलकत्ता आ जाने से बेहद ख़ुश थे। कलकत्ता में उषा के होने का मतलब था 'ट्रिंकास' की शामों का पश्चिमी संगीत की अनवरत झूम से ख़ुशनुमा हो जाना। 'ट्रिंकास' तो ख़ैर उषा का स्थायी मंच था पर इस बार उषा कुछ बड़े फ़लक पर करना चाहती थीं, जो उनके करिअर को दीर्घकालिक आधार दे। धीरे-धीरे उषा ने इस दिशा में काम करना शुरू कर दिया। अर्से से उषा का यह सपना था कि अपने देश में म्यूज़िक की जिस तरह ढीली-ढाली रिकॉर्डिंग होती आई है, उसमें पश्चिमी अन्दाज़ की चुस्ती लाकर बदलते वक़्त के साथ एक नई बात पैदा की जाए। उषा की दृष्टि इस सपने को लेकर स्पष्ट थी कि कोई आवश्यक नहीं कि यह रिकॉर्डिंग सिर्फ़ फ़िल्मों के लिए हो, प्राइवेट रिकॉर्ड्स में भी यह प्रयोग चलाया जा सकता है। ग़ज़ब की बात थी कि पाँच दशक पहले उषा ने दुनिया में छाने जा रहे बाज़ारवाद के पदचाप की आहट को सुन लिया था। पश्चिमी संगीत की गर्मजोशी, रुचि व उत्तेजना जगाने की शक्तिशाली और तीव्र क्षमता उषा को बहुत भाती थी। उन्हें अन्दाज़ था कि दुनिया की आनेवाली नई पीढ़ी इस गर्मजोशी से सहज ही जुड़ जाएगी। उषा की समझ थी कि भारतीय शास्त्रीय संगीत में आभा है, तो पश्चिमी संगीत में गति है। रफ़्तार है। हर नई पीढ़ी में गति व रफ़्तार के लिए अन्त: स्फूर्त दीवानगी होती है।

हिन्दी फ़िल्मों के गानों में भी उषा को कोई रवानगी या रफ़्तार नहीं दिखती थी, जो नई नस्ल के दिल को झूम और गति दे। बदलते वक़्त के साथ युवा पीढ़ी को पुरानी पटरी के संगीत से कुछ अलग चाहिए था, जो उनके भीतर दुनिया के नये द्वार और सोपान खोले। हिन्दी फ़िल्मों के गानों में आवाज़ को हमेशा हावी रखा जाता था, संगीत नगण्य। पश्चिमी गानों में आवाज़ और संगीत का प्रतिशत आधा-आधा था। यह एक सन्तुलित अनुपात था। अपने यहाँ गानों की रिकॉर्डिंग में भी कमियाँ रहती थीं। पश्चिमी गानों की रिकॉर्डिंग वहीं ग़ज़ब की उम्दा थीं। एच.एम. वी. के लिए कुछ साल पहले जब उषा ने 'जम्बलाया' और 'ग्रीन बैक डॉलर' की रिकॉर्डिंग की थी, तब भी उन्हें बहुत ज़ोर से रिकॉर्डिंग में कमी महसूस हुई थी। उनके बलराम मामा एच.एम.वी. वालों से कहीं बेहतरीन रिकॉर्डिंग करते थे। बचपन से अपने बलराम मामा की रिकॉर्डिंग का जादू वे देखती आई थीं। किस सिफ़त

और सूक्ष्मता से रिकॉर्डिंग के अपने अत्यन्त सीमित सरंजामों के बावज़ूद बलराम नादन रिकॉर्डिंग करते थे। बलराम नादन से छोटे अम्बी मामा को भी रिकॉर्डिंग में महारत हासिल थी। उषा को अफ़सोस होता था कि बेस गिटार सरीखे कई वाद्य यंत्र थे, जिन्हें अपने देश में उपयोग ही में नहीं लाया जाता था। इन सारे ख़यालों के उथल-पुथल के संग जब उषा कोचीन से कलकत्ता पहुँचीं, तो उन्होंने तय किया कि भले इन सभी मसलों पर उनसे किसी ने राय नहीं ली लेकिन अपने सपनों और विचारों को लेकर काम करने का उनका व्यक्तिगत नैसर्गिक हक़ तो है ही।

कलकत्ता में पार्क स्ट्रीट का इलाक़ा उषा के संग-संग जानी को भी बहुत भाता था। लिहाज़ा, मि. जोसुआ व मि. पुरी के यहाँ उनके पार्क स्ट्रीटवाले घर में रहते हुए जानी ने युद्ध स्तर पर पार्क स्ट्रीट में घर की तलाश की। और 'क्वींस मैंसन' में एक प्यारा-सा घर अन्ततः उन्हें मिल ही गया। इस घर में दाख़िल होते हुए पहली नज़र में उषा को लगा कि यहीं से वे अपने सपनों को सच करने की शुरुआत करेंगी। उन्हें 'शान्ति' के एक हिस्से में बैठकर एक से एक दिग्गजों की रिकॉर्डिंग करते बलराम मामा की याद आती रही। बलराम मामा के पास जर्मन कम्पनी का एक टेपरिकॉर्डर था—ग्रंडिंग। उषा को याद है कि मद्रास के 'सवेरा' या 'म्यूज़िक एकेडेमी' जहाँ कहीं भी वे गाती थीं, वहाँ बलराम मामा ने कई बार उनकी रिकॉर्डिंग की थी। बलराम मामा की उन सभी रिकॉर्डिंग में उषा ने यह अद्‌भुत ख़ूबी पाई कि संगीत ने कभी स्वर और स्वर ने कभी संगीत का अतिक्रमण नहीं किया। यह एक अद्‌भुत जादुई सन्तुलन था। उन्हीं दिनों को याद कर 'क्वींस मैंसन' वाले घर में आने के कुछ महीने बाद उषा ने ख़ुद घर में रिकॉर्डिंग का सिलसिला शुरू किया। शुरू के दिन ज़ाहिर है कि जद्दोजेहद के थे। हर नई शुरुआत जैसे कि अँधेरे में तीर मारने जैसी ही होती है। पर उषा के पास एक मूल मंत्र था—निरन्तरता। कच्चा-पक्का चाहे कुछ भी करिए पर अन्ततः सिद्धि निरन्तरता में ही है। उषा को गहरा अफ़सोस था कि लगातार की क़ामयाबी के बावज़ूद 'सामी सिस्टर्स' यानी उनकी दोनों बड़ी बहनें इन्दिरा और उमा ने निरन्तरता के अभाव में अपने संगीत की क्षति की थी। 'ट्रिंकास' में शामें फिर उषा के गानों से गुलज़ार थीं। फ़िल्मों के लिए भी गाने के प्रस्ताव उषा को नये सिरे से आने शुरू हो गए थे। बम्बई-कलकत्ता का सिलसिला रफ़्तार पकड़ने लगा। कलकत्ता के टालीगंज से बांग्ला फ़िल्मों के लिए भी आमंत्रण मिलने लगा। ज़ाहिर है कि फ़िल्मों में गाने के क्रम में फ़िल्मों के म्यूज़िशियन, म्यूज़िक इंजीनियर और म्यूज़िक डाइरेक्टर आदि से उषा का फिर

से नियमित संवाद बना। उषा ने पाया कि संगीत जगत के लोग बदलते वक़्त में नई पीढ़ी के वास्ते कुछ भी नया करने को न उत्सुक हैं, न किसी भी तरह तैयार हैं। उनके गाने कैसे भी सफल हो गए, इसी में उन सबकी सन्तुष्टि थी। और यह बदलने की सूरत कहीं से नहीं दिख रही थी।

इधर रिकॉर्डिंग के अभियान में उषा अपनी तमाम घरेलू और बाहरी व्यस्तताओं के बावजूद प्रतिपल जुटी थीं। बीच में एक शो के लिए जब वे दुबई गईं, तो वहाँ 'टिऐक' नामक एक टेपरिकॉर्डर उन्होंने ख़रीदा, जो उस समय का बेहतरीन और बहुत मंहगा टेपरिकॉर्डर था। उषा के पास पहले से अपने दो-तीन माइक्रोफ़ोन भी थे। वे पहली सिंगर थीं जिनके पास इतने बेहतरीन माइक्रोफ़ोन ख़ुद अपने थे। यह सब उषा ने संगीत के अपने कठोर परिश्रम से जुटाया था। एक बार श्रीलंका यात्रा के दौरान एक अच्छा-सा म्यूज़िक-मिक्सर भी उन्होंने ख़रीदा। इस तरह माइक्रोफ़ोन, टिऐक टेपरिकॉर्डर, म्यूज़िक मिक्सर और अरफ़ी तथा केनवुड एंप्लीफ़ायर नामक स्पीकर जुटाकर उषा ने घर में रिकॉर्डिंग के काम को नियमित रूप से करना शुरू किया। यह एक सुखद संयोग था कि उषा को उनके पुराने परिचित बैंड 'एलीट एसेस्' का साथ कलकत्ता में मिल गया। यह वही बैंड था, जिनसे केरल के पहले शो के लिए जानी ने उषा का परिचय कराया था। बीतते वर्षों के साथ 'एलीट एसेस्' से उषा का रिश्ता प्रगाढ़ होता गया था। बम्बई के 'होटल ओबेराय' और कलकत्ता के 'ट्रिंकास' में भी उषा ने इन्हें बराबर कांट्रैक्ट दिलाया। इत्तफ़ाक़ से उषा जब कोचीन से कलकत्ता आ गईं, तो उनका यह प्रिय बैंड यहीं था। इस तरह घर में ही उषा का कुटीर संगीत का काम-काज चलने लगा। ध्वनियों का बलराम मामा की तरह बेशक उषा ने कोई विधिवत अध्ययन नहीं किया था। पर उषा इस बात को लेकर आश्वस्त थीं कि कान और दिल को सीधे जोड़कर काम किया जाए, तो उनकी कल्पना एक दिन साकार होगी। ध्वनियों को लेकर उनके प्रयोग सफल होंगे। प्रयोग के दौरान मसले अनगिनत थे। जैसे कि रिकॉर्डिंग में माइक को कितनी दूरी पर रखा जाए। टेपरिकॉर्डर के लिए ध्वनि की प्रबलता कितनी होनी चाहिए। मिक्सर में ध्वनियों के गुंफन को लेकर कितनी सूक्ष्मता बरतनी चाहिए। धीरे-धीरे म्यूज़िक इंडस्ट्री में उषा की यह घरेलू 'होम मेड रिकॉर्डिंग' की चरचा इस तारीफ़ के संग फैलने लगी कि उषा वाक़ई एक नायाब काम कर रही हैं। इस चरचा ने चुम्बक जैसा काम किया। उषा को कई नामचीन कम्पनियों से उनके विज्ञापन अभियान के बड़े-बड़े काम मिलने लगे। एक बड़ा काम 'एवरेडी' का

मिला। फिर 'पॉण्ड्स ड्रीम फ़्लावर टैल्क' का कैम्पेन। और इनके बाद बढ़-चढ़कर आया 'नेस्केफ़े' कॉफ़ी का कैम्पेन।

बहरहाल, इस कुटीर संगीत उद्योग के सफ़र के बीच ही बड़ी कम्पनियों के विज्ञापन के संग-संग एच.एम.वी. का भी एक महत्त्वपूर्ण काम उषा को मिला। ये दो बांग्ला गाने थे—'मोन कृष्ण बोले' और 'अहा तुमि सुन्दरी कतो कोलकाता'। 'मोन कृष्ण बोले' को बांग्ला फ़िल्मों के मशहूर गीतकार पुलक बन्द्योपाध्याय ने लिखा था और 'अहा तुमि सुन्दरी कतो कोलकाता' को उस समय के चर्चित गीतकार मिल्टू घोष ने लिखा था। इन दोनों गानों को संगीत दिया था अजित घोष ने। उषा ने बहुत दिल लगाकर परिश्रम से ये दोनों गाने घर में रिकॉर्ड किए। पर जाने किन कारणों से एच.एम.वी. ने उसे पसन्द नहीं किया। हालाँकि, एच.एम.वी. के सभी सिद्धहस्त रिकॉर्डिंग इंजीनियरों ने विस्मित होकर कहा कि इतनी अच्छी रिकॉर्डिंग घर में कैसे सम्भव है। पर एच.एम.वी. में ऊपर बैठे लोगों को यह नहीं भाया। उषा से कहा गया कि वे एच.एम.वी. के कलकत्ता स्थित स्टुडियो में कृपया रिकॉर्डिंग कराएँ। उषा ने यह किया और ये दोनों गाने बहुत हिट भी रहे। पर उषा के मन में यह कसक रह गई कि उनके द्वारा घर पर रिकॉर्ड किए गए इन दोनों गानों को एच.एम.वी. ने भला क्यों ख़ारिज किया? उन दिनों गाने की दुनिया में अपने देश में एच.एम.वी. ही एकमात्र मानिन्द कम्पनी थी। उषा के लिए यह घटना एक चुनौती जैसी हो गई कि वे हर सम्भव परिश्रम से यह साबित करेंगी कि घर पर उनके द्वारा की गई रिकॉर्डिंग गुणवत्ता में कहीं बेहतर है। और समय के साथ उषा ने इसे सिद्ध कर दिया।

घर से अपने काम को चलाना उषा के लिए रस्सी पर नट के चलने जैसा था। घर-गृहस्थी, पति-बच्चे और रिकॉर्डिंग का अटूट तन्मयता की माँग करनेवाला काम। सुबह की शुरुआत के संग चाय का दौर। स्कूल के लिये अंजली व सनी को नहला-धुलाकर तैयार करना। फिर बच्चों व जानी के लिए टिफ़िन तैयार करना। सुबह पाँच बजे जगनेवाली उषा के लिए अगले साढे तीन घंटे क़यामत के होते थे। उठते ही नहा-धोकर तैयार होने की आदत उनकी शुरू से रही थी। लिहाज़ा, तैयार होकर पहले चाय बनाना और फिर आगे के काम। सात-साढ़े सात बजे तक दोनों बच्चों को स्कूल भेजने के बाद जानी के दफ़्तर जाने की हलचल सँभालना। साढ़े आठ बजे तक जानी के निकल पड़ने के बाद चन्द मिनटों की राहत। कभी-कभी जिस दिन चाय के 'ऑक्शन' की व्यस्तता होती, तो जानी भी आठ बजे तक घर से

निकल पड़ते थे। उस दिन उषा को आधा घंटा और बोनस में मिल जाता। बहरहाल, ठीक नौ बजे दिन में उषा अपने घर के सिटिंग रूम में आ जाती थीं। तब तक उषा के दैनन्दिन घरेलू कार्यों में उनका हाथ बँटानेवाली मीना व दुर्गा भी हाज़िर हो जाती थीं। जानी ने एक अच्छे बावर्ची सुभान को भी रसोई के वास्ते रख लिया था। सो इस समय तक सुभान मियाँ की भी आमद हो जाती थी।

इस तरह उषा अपने तीनों घरेलू सहयोगियों—मीना, दुर्गा और सुभान की मदद लेकर बिजली गति से अपने सिटिंग रूम को स्टुडियो में तब्दील कर देती थीं। सिटिंग रूम को साउंड प्रूफ़ करने के लिए घर में जितने भी कम्बल उपलब्ध थे, सबको चारों तरफ़ लटका दिया जाता। कालीन को सिटिंग रूम के बीचोबीच रखा जाता। दिन के साढ़े नौ बजने में जब बस पाँच मिनट शेष रह जाते थे, तब तक उषा का स्टुडियो तैयार हो जाता था। ठीक साढ़े नौ बजे म्यूज़िक बैंड के लोग पहुँच जाते थे। इस समय से दिन के एक बजे तक, यानी पूरे साढ़े तीन घंटे बैंड के संग उषा पूरी तल्लीनता से रिकॉर्डिंग करतीं। फिर अंजली व सनी को स्कूल से लेकर आने का वक़्त हो जाता। वे स्कूल के लिए निकल पड़तीं और उधर बैंड के साथी भी दोपहर के भोजन का ब्रेक लेते। डेढ़ बजे उषा स्कूल से अंजली व सनी को लेकर घर आ जातीं। दोनों बच्चों को खिला-पिलाकर निश्चिन्त करने के बाद ढाई बजे से फिर रिकॉर्डिंग का उनका काम शुरू होता। तीन घंटे तक अटूट चले इस सेशन की समाप्ति शाम साढ़े पाँच बजे इसलिए पाबन्दी से हो जाती थी क्योंकि तब तक जानी के घर आने का वक़्त हो जाता था। महीनों तक जानी उषा के इस घरेलू स्टुडियो के अस्तित्व से अनजान रहे। लुकाछिपी के खेल के संग उषा का यह कुटीर संगीत उद्योग चलता रहा।

पर एक दिन शाम साढ़े पाँच बजे के पहले अचानक जानी घर आए, तो रिकॉर्डिंग का कार्यक्रम घर में देख हैरान रह गए। जिस समय वे आए उस समय 'रेड लेबेल टी' के लिये बांग्ला फ़िल्मों के युवा अभिनेता धृतिमान चटर्जी का 'वॉयस ओवर' रिकॉर्ड हो रहा था। जानी ने धृतिमान को देखकर कहा, "अरे ग्रेट! वंडरफुल 'वॉयस ओवर' यार।" धृतमान का दुलार नाम सुन्दर चटर्जी है। क्लब में जानी के वे नियमित मित्रों में से थे। सत्यजीत राय, मृणाल सेन और अपर्णा सेन के चहेते कलाकार रहे धृतिमान चटर्जी को सत्यजीत राय की फ़िल्म 'प्रतिद्वन्द्वी' और अपर्णा सेन की चर्चित फ़िल्म '36 चौरंगी लेन' में यादगार अभिनय के लिए याद किया जाता है। उषा व जानी के वे आज भी अनन्य मित्रों में से हैं।

बहरहाल जानी व धृतिमान की बातचीत के दौरान ही उषा का इशारा पाकर म्यूज़िक बैंड के लोग खिसक चुके थे। उस शाम तो तत्क्षण जानी ने उषा से कुछ नहीं कहा लेकिन रात को उन्होंने कहा, "उषा! दिस इज़ माइ होम नॉट अ रिकॉर्डिंग स्टुडियो। प्लीज़ फ़ाइंड अनदर प्लेस।" जानी की इस बात से उषा बहुत दुखी हुईं। हालाँकि, कुछ समय बाद जाकर उन्हें महसूस हुआ कि यह उनके भले के लिए ही हुआ था। वैसे, जानी की इस बात के अगले दिन डबिंग होनी थी। पर उषा ने म्यूज़िक बैंड समेत अपनी छोटी-सी टीम के सदस्यों से कहा कि डबिंग अब दो-तीन दिनों के बाद करेंगे। पर उषा को फ़िक्र थी कि जिनकी रिकॉर्डिंग को पूरा करके निर्धारित समय-सीमा में उन्हें देना है, उसका वे क्या करेंगी? मानवश डबिंग तो उन्होंने टाल दी थी पर इस उधेड़बुन में वे उलझी ही थीं कि ईश्वर ने उनकी मदद की। दरअसल, जिन लोगों की रिकॉर्डिंग होनी थी अचानक एक साथ उन सब ने उषा को फ़ोन कर ख़ुद ही सूचित किया कि उन लोगों की तैयारी अभी पूरी नहीं है, इसलिए रिकॉर्डिंग अभी नहीं रखी जाए। इस सूचना से उषा की जान में जान आई। पर उषा यह जानकर दुखी हुईं कि केरल का उनका पसन्दीदा 'एलीट एसेस्' बैंड कलकत्ता से वापस केरल जा रहा था। उषा के लिए नये बैंड की जुगत भी चिन्ता की सूची में शामिल हो गई थी।

बहरहाल, पहले तो उषा कलकत्ता में एक ऐसी जगह ढूँढ़ने लगीं जहाँ वे सुकून से रिकॉर्डिंग किया करें और जिसका क़िराया भी इतना हो कि वे सुविधा से उसका निर्वहन कर लें। दो-तीन दिनों बाद ही एक सुनहरा संयोग हुआ। एक शाम किसी कार्यक्रम में शामिल होने जानी के संग उषा 'बंगाल क्लब' गईं। वहाँ उनकी मुलाक़ात सोहनलाल साहा और मोहनलाल साहा नामक दो भाइयों से हुई, जो रिकॉर्डिंग कम्पनी 'इनरेको' के मालिक थे और इनके ब्रैंड का मशहूर नाम था—'हिन्दुस्तान रिकॉर्ड्स'। कलकत्ता में ये दोनों भाई अपने संक्षिप्त नाम एस.एल. साहा और एम.एल. साहा के नाम से अधिक जाने जाते थे। इन दोनों के पिता स्व. सी.सी. साहा ने ही बहुत संघर्ष से 'इनरेको' कम्पनी की स्थापना की थी। इस रिकॉर्डिंग कम्पनी के कैटलॉग में कुन्दनलाल सहगल से लेकर पंकज मलिक सरीखे सरनाम गायकों के नाम थे। और यही नहीं, कवि गुरु रवीन्द्रनाथ ठाकुर के स्वर में की गई रिकॉर्डिंग का अधिकार भी इसी कम्पनी के पास था। उस शाम 'बंगाल क्लब' में साहा बंधुओं ने रूबरू होने पर उषा से कहा कि एच.एम.वी. से हाल में रिकॉर्ड उनके दोनों बांग्ला गानों को उन लोगों ने बहुत पसन्द किया। उषा

ने पूरा प्रसंग साहा बंधुओं को बताया कि कैसे इन दोनों गानों को ख़ुद उन्होंने अपने घर में एच.एम.वी. के वास्ते रिकॉर्ड किया था लेकिन एच.एम.वी. ने उसे ख़ारिज कर फिर से अपने स्टुडियो में रिकॉर्ड कराया। उषा ने साहा बंधुओं से कहा कि एच.एम.वी. की उनकी रिकॉर्डिंग तो वे सुन ही चुके हैं, ख़ुद घर पर जो रिकॉर्डिंग उन्होंने की थी, उसे वे उन्हें सुनने के लिए देंगी और उनसे राय जानना चाहेंगी। साहा बंधुओं ने उषा से पूछा कि क्या आगे भी अपनी इस अभिरुचि को प्रोफ़ेशनली वे जारी रखेंगी? उत्तर में उषा ने कहा कि बेशक हर हाल में लेकिन फ़िलहाल उनके पास रिकॉर्डिंग के लिये समुचित जगह का अभाव है। जितने दिनों तक सम्भव हुआ इस काम को उन्होंने घर से चलाया लेकिन घर में इसे चलाये रखने में मुश्किल हो रही है। निस्सन्देह यह ईश्वर की कृपा ही थी कि उषा की सारी बात सुनकर साहा बंधुओं ने कहा, "ह्वाइ डोंट यू कम टू अवर हिन्दुस्तान स्टुडियो?" उषा को तो मानो मुँहमाँगी मुराद मिल गई।

'हिन्दुस्तान स्टुडियो' कलकत्ता के अक्रूर दत्त लेन में स्थित था। अगले दिन साहा बंधुओं से फ़ोन पर समय लेकर उषा वहाँ पहुँचीं। उषा ने साहा बंधुओं के पास शर्त रखी कि वे स्टुडियो में रिकॉर्डिंग इंजीनियर की तरह काम करेंगी और रिकॉर्डिंग का अपना घर का सारा सेटअप यहाँ लगाएँगी। साहा बंधुओं ने मुस्कराते हुए उषा की शर्तें सुनीं और आख़िरकार मानते हुए कहा कि उनके रिकॉर्डिंग उपकरणों के प्रति घंटा उपयोग पर उन्हें दस रुपये दिये जाएँगे। वर्ष 1977 के वे शुरुआती दिन थे। उषा ने दस रुपये प्रति घंटे के अल्प भुगतान को लेकर कोई जिरह नहीं की और अपनी सहमति दे दी। इस तरह नये उत्साह से 'हिन्दुस्तान स्टुडियो' में उन्होंने काम शुरू किया। दिन भर के काम के उषा को औसतन पचास रुपये मिल जाते थे। पर वे इतने में भी ख़ुश थीं क्योंकि वे अपने दिल का काम तबीयत से कर रही थीं। उषा के अद्भुत रिकॉर्डिंग कौशल के कारण म्यूज़िक इंडस्ट्री में यह बात ज़ोर से फैली कि 'इनरेको' में इन दिनों पहले से कहीं बेहतरीन रिकॉर्डिंग होने लगी है। इसके साथ ही रहमती की बरसात होने लगी। संगीत जगत के एक से एक दिग्गज मसलन सलिल चौधरी, हेमंत कुमार, मन्ना डे, अनूप घोषाल, येश दास, सुनील गांगुली और आरती मुखर्जी से लेकर प्रसिद्ध तबलावादक शंकर घोष और सितार सम्राट पंडित रविशंकर रिकॉर्डिंग के लिए 'हिन्दुस्तान स्टुडियो' आने लगे। उन दिनों 'इनरेको' में एक बड़े दिग्गज रिकॉर्डिंग इंजीनियर थे—निरोध बाबू, जिन्होंने सहगल और पंकज मलिक ही नहीं रवीन्द्रनाथ ठाकुर की आवाज़ को भी रिकॉर्ड

किया था। निरोधबाबू को उषा की रिकॉर्डिंग का प्रयोगशील अलमस्त तरीक़ा बहुत पसन्द आ रहा था। निरोधबाबू के प्रोत्साहन और हौसले से उषा 'मिक्सर' पर बैठती थीं। निरोधबाबू ने साहा बंधुओं से एक दिन कहा कि "रिकॉर्डिंग में यह जादू करने वाली लड़की है।"

'इनरेको' के माहौल में उषा रम गई थीं। इसी दौरान उषा को एक अच्छी ख़बर यह मिली कि कोचीन का उनका बेहद प्रिय बैंड 'एलीट एसेस्' वापस 'ट्रिंकास' के दूसरे कांट्रैक्ट पर कलकत्ता लौट रहा है। इस बैंड में एक म्यूज़िशियन एमेल आइज़ैक्स के काम को उषा ख़ास तौर से पसन्द करती थीं। बैंड जब कलकत्ता आया, तो स्वाभाविक रूप से उषा के सम्पर्क में आया। उषा ने एमेल आइज़ैक्स को 'इनरेको' के 'हिन्दुस्तान स्टुडियो' से जोड़कर रिकॉर्डिंग पर लगाया। दिन में एमेल 'हिन्दुस्तान स्टुडियो' में और शाम को 'ट्रिंकास' के मनोरंजन पहर में होते थे। 'ट्रिंकास' से उषा भी लगातार जुड़ी थीं। 'इनेरको' के जिस हिस्से में उषा काम करती थीं, उसे उन्होंने भरसक सुविधा सम्पन्न बनाया ताकि उनकी टीम व रिकॉर्डिंग के लिए आनेवाले कलाकारों को किसी प्रकार की असुविधा न हो। इसी क्रम में उषा के पास जब थोड़े पैसे हुए, तो रिकॉर्डिंग रूम को उन्होंने वातानुकूलित कराया। रिकॉर्डिंग के कई नये व आधुनिक उपकरण भी उन्होंने लिये। इस तरह उषा ने अपने काम-काज की जगह को लगातार बेहतर से बेहतरीन बनाया। नये से नये उपकरणों के कारण भी रिकॉर्डिंग की गुणवत्ता बढ़ती गई थी। उषा के पास अब 'अकाइ रिकॉर्डिंग मशीन', दो 'रिवॉक्स' की टेपरिकॉर्डर मशीन, एक 'टैसकैम मिक्सर', एक 'रॉलेण्ड वॉइस प्रोसेसर, दो 'टेनॉय' स्पीकर, दो 'ऑरोटोन' मॉनीटर स्पीकर और कई अच्छे माइक्रोफ़ोन उपलब्ध थे। ज़ाहिर है कि इतने सारे उपकरण वे 'इनरेको' से मिलनेवाले दस रुपये प्रति घंटे की राशि को जोड़कर नहीं ख़रीद सकती थीं। मौक़े-मौक़े पर 'शो' करने से जो राशि उन्हें मिलती थी, उन्हीं से उषा ने लगातार म्यूज़िक के ये क़ीमती उपकरण ख़रीदे थे। यह अपने जुनून के वास्ते उनका अनवरत निवेश था।

उषा व जानी में शुरू से दो मसलों पर कभी बातें नहीं होती थीं। एक तो धर्म और दूसरा धन। यह एक ग़ज़ब की समझदारी दोनों ने आपस में क़ायम कर रखी थी। दोनों ने कभी एक-दूसरे की आमदनी व ख़र्च के बारे में नहीं पूछा। इसलिए उषा ने शो से मिले पैसों से आगे फिर 'हिन्दुस्तान स्टुडियो' के उस फ़्लोर को भी एयरकंडीशन कराया, जहाँ सिंगर व म्यूज़िशियन बैठते थे। उषा के दिल में

यह कसक भी थी कि आमतौर से स्टुडियो में न तो कलाकारों के खाने के लिए कैंटीन की व्यवस्था होती है और न एक साफ़-सुथरे शौचालय की। 'हिन्दुस्तान स्टुडियो' में उषा ने अपने ख़र्चे से यह सब भी करा दिया। आगे उषा की इच्छा थी कि 'हिन्दुस्तान स्टुडियो' के मेन फ़्लोर को भी वातानुकूलित कराएँ। इसके लिए मेन फ़्लोर के मूल स्वरूप में थोड़ा परिवर्तन करना पड़ता। साहा बंधु इस प्रस्ताव से सहमत नहीं हुए। उषा को भी एहसास हुआ कि जब इतना ख़र्च वे ख़ुद यहाँ करती रही हैं, तो क्यों न किसी दूसरी जगह वे अपनी तबीयत से वह सब कुछ करें, जो वे करना चाहती हैं। लिहाज़ा, बहुत तलाश के बाद 'डॉनबास्को चर्च' के सेवा केन्द्र के एक हिस्से में उन्हें मनमाफ़िक जगह मिल गई। इस जगह की सबसे ऊपर की मंज़िल को 'फ़ेडेरल बैंक' ने पहले से किराये पर ले रखा था। नीचे के फ़्लोर में गोदाम था। 6000 रुपये प्रतिमाह पर उषा को यह जगह क़िराये पर मिल गई। इस जगह का उषा ने स्टुडियो के हिसाब से पूरा कायाकल्प कराया और 2 नवम्बर, 1982 को उन्होंने अपने 'स्टुडियो वाइब्रेशंस' की शुरुआत कर दी। उषा जब 'इनरेको' का परिसर छोड़ रही थीं, तो वहाँ के मैनेजर मि. वी. बलसारा से उन्होंने अनुरोध किया कि क्या वे अपने एकाउंटेंट सह स्टुडियो टाइपिस्ट नबीन घोष को साथ ले जाने की अनुमति दे सकते हैं। नबीन अच्छे तबलावादक भी थे। उषा को अपने स्टुडियो मैनेजर के लिए एक अनुभवी व्यक्ति की ज़रूरत भी थी। पारसी समुदाय के मि. बलसारा 'इनरेको' के मैनेजर के संग-संग एक बेहतरीन म्यूज़िशियन भी थे और उनका सिलसिला बॉलीवुड से भी था। उषा के अनुरोध पर मि. बलसारा ने नबीन घोष को हरी झंडी दे दी।

अपने ख़ुद के स्टुडियो की शुरुआत के साथ स्वाभाविक रूप से उषा बड़े उत्साह में थीं। अपने स्टुडियो को हर सम्भव तरीक़े से बेहतरीन बनाने में वे जुटी थीं। जिन दिनों वे घर में रिकॉर्डिंग किया करती थीं, तो रिकॉर्डिंग उपकरणों की तलाश में अक्सर कलकत्ता के मशहूर इलेक्ट्रॉनिक मार्केट 'चाँदनी' जाती थीं। यहाँ म्यूज़िक सम्बन्धी इलेक्ट्रॉनिक उपकरणों के स्पेअर पार्ट्स उन्हें मिल जाते थे। और सिर्फ़ यही नहीं, फ़्यूज़, केबल्स, कनेक्टर्स और स्क्र्यू ड्राइवर सरीखी कई चीज़ें। एक दिन उषा को काम के दौरान एक अनूठा ख़याल यह सूझा कि छह चैनलवाले 'मिक्सर' के संग चार और चैनल क्यों न जोड़ा जाए। मिक्सर एक महत्त्वपूर्ण उपकरण है, जो बहुत-से वाद्य यंत्रों की ध्वनियों को समेट-सहेज कर समुचित मात्र में उसे मिलाकर संगीत को और कर्णप्रिय बनाता है। उषा के

सिर पर मानो उस दिन बलराम नादन हावी हो गए थे। रिकॉर्डिंग को उन्नत करने के लिए असम्भव-अजीब प्रयोग करने के उस्ताद रहे थे उषा के मामा बलराम नादन। उषा को पता नहीं क्या इलहाम हुआ कि वे 'चाँदनी' मार्केट गईं और वहाँ ऐल्युमिनियम का एक टिफ़िन बॉक्स ख़रीदा। फिर उसे एक कारीगर के पास ले गईं और टिफ़िन बॉक्स के ढक्कन के ऊपरी हिस्से में चार चैनल और उसके ऊपर से चार-चार फ़ेडर्स बिठाने को कहा। टिफ़िन के डिब्बे के अन्दर के हिस्से में पूरा इलेक्ट्रॉनिक सर्किट भी उन्होंने लगवाया। कारीगर उषा के कहे मुताबिक़ हैरानी से सब कुछ करता गया और आख़िर में उषा के तकनीकी कौशल से मुग्ध होकर उनके चरण छू लिये।

इस तरह 'स्टुडियो वाइब्रेशंस' को रफ़्तार पकड़ते देर न लगी। कलकत्ता तो कलकत्ता, उत्तर-पूर्वी प्रान्तों असम-मिजोरम से लेकर बांग्लादेश तक के प्रसिद्ध कलाकार रिकॉर्डिंग के लिये इस स्टुडियो में आने लगे। बांग्लादेश की नामचीन सिंगर रूना लैला से लेकर सबीना यास्मीन, अलाउद्दीन अली, ऐंड्रयू किशोर और ऐसे कितने सिंगर उषा के स्टुडियो में ही रिकॉर्डिंग कराकर तसल्ली पाते थे। उन दिनों कलकत्ता में फ़िल्म संगीत के दिग्गज सलिल चौधरी के स्टुडियो से लेकर किशोर कुमार की पूर्व पत्नी रूमा गुहा ठाकुरता का 'स्टुडियो ऐड मेकर्स' और 'बोरोलीन' का विज्ञापन कर मशहूर हुआ कर्नल बोस व श्रावन्ती मजुमदार का स्टुडियो 'लिविंग साउंड' भी ख़ासा सक्रिय था। पर एक-एक कर ये सारे स्टुडियो ठप पड़ते गए। सलिल चौधरी का स्टुडियो वित्तीय कारणों से बन्द हो गया। कर्नल बोस के 'लिविंग साउंड' स्टुडियो और रूमा गुहा ठाकुरता के 'स्टुडिओ ऐड मेकर्स', जिसमें ज़्यादातर जिंगल तैयार किए जाते थे, भी बन्द हो गया। पर उषा के अटूट परिश्रम से 'स्टुडियो वाइब्रेशंस' लगातार तरक़्क़ी पर रहा। महानगर कलकत्ता का यह पहला स्टुडियो था, जहाँ मल्टी ट्रैक रिकॉर्डिंग होनी शुरू हुई।

तक़रीबन दो दशकों तक उषा का 'स्टुडियो वाइब्रेशंस' डॉनबॉस्को चर्च के सेवाकेन्द्र परिसर में चलता रहा। हर दो साल पर इसके क़िराये में बढ़ोतरी होती रही। उषा ने तय किया कि स्टुडियो के लिये एक बाक़लम ख़ास अपनी जगह लेनी चाहिए। जगह की तलाश फिर शुरू हुई। उषा के स्टुडियो के सहयोगीगण मसलन ज़ैक्सन, दुलाल व लखीन्दर आदि ज़ोर-शोर से जगह का पता करने में जुट गए। इतने में पता चला कि राधानाथ चौधुरी रोड में 4जी नम्बर का एक मकान

बिकनेवाला है। यह एक डॉक्टर का नर्सिंग होम था, जिसे बेचकर डॉक्टर साहब कहीं बाहर जाना चाहते थे।

डॉक्टर साहब से बात चलाई गई। और अन्ततः बात बन गई। वर्ष 2011 के मई माह में 'स्टुडिओ वाइब्रेशंस' इस तरह अपने ख़ुद के भवन में आ गया। ग्राउंड फ़्लोर में दफ़्तरी कामकाज व उषा का अपना कक्ष। उसके ऊपर की मंज़िल में रिकॉर्डिंग का काम और आख़िरी व सबसे ऊपर की मंज़िल में एक बड़ा-सा स्टुडियो।

राधानाथ चौधुरी रोड स्थित अपने भवन में जब 'स्टुडियो वाइब्रेशंस' स्थायी रूप से स्थापित हो गया, तो उषा को गहरा सन्तोष हुआ। अपने स्वप्न-संगीत में जो दोलन चम्पा का पौधा उन्होंने लगाया था, वह अब भरा-पूरा गाछ बन गया है और खिल रहा है। प्यारा-सा कुनबा है उषा के 'स्टुडियो वाइब्रेशंस' का। इसमें कलकत्ता के सोदेपुर के समरेश कर्मकार और हुगली के अन्तर्गत के शेवराफुली के निवासी नवीन घोष से लेकर खोकोन राय तक हैं। समरेश कर्मकार स्टुडियो के 'मैन फ्राइडे' हैं। सन् 1982 से स्टुडियो के मैनेजर नवीन घोष एक अच्छे तबदलावादक भी हैं। वे पंडित शंकर घोष के शिष्य हैं। उषा की आप्त सचिव सैंड्रा एशिंग कलकत्ता की हैं और 'स्टुडियो वाइब्रेशंस' से पहले 'ओबेराय ग्रैंड' में थीं। कलकत्ता के कांकुड़गाछी के निवासी गौतम बसु स्टुडियो के रिकॉर्डिंग इंजीनियर हैं। रिकॉर्डिस्ट राजेन बोस उनके सहयोगी हैं। हावड़ा बागनान के निवासी दुलाल मंडल दफ़्तर सहायक हैं। खोकोन राय का भी काम दफ़्तर सहायक का है। इसी तरह मदन साना, सुकुमार हालदार और सुरजीत साहा भी स्टुडियो के समर्पित सहायक हैं। उषा के हनुमान यानी उनके निजी वाहन चालक बिहार के मुजफ़्फ़रपुर ज़िला के बहिलावारा दक्षिणी भुआल गाँव के लखीन्दर महतो सुबह से रात तक अपनी 'दीदी' के निर्देश पर हवा से बातें करते हैं। समय-समय पर लखीन्दर के छोटे भाई हरेन्दर भी स्टुडियो के काम के लिये ड्राइविंग में जुटे रहते हैं। पर 'स्टुडियो वाइब्रेशंस' के वेतनभोगियों की सूची में खिदिरपुर की एक वाचाल वृद्धा भी हैं—85 वर्षीया उमा दास। उषा, इन्हें लाड़ से 'डाकू सिंह' कहती हैं। हर महीने के पहले हफ़्ते 'डाकू सिंह' अपनी बेटी के संग 'स्टुडियो वाइब्रेशंस' पहुँचती हैं और वेतनभोगी के अन्दाज़ में बड़े अधिकार से अपनी मासिक राशि का लिफ़ाफ़ा वसूलती हैं। उस समय उषा अगर स्टुडियो के अपने कक्ष में होती हैं, तो उनके पास भी धमक कर कुछ और रुपये लेती हैं। उषा व डाकू सिंह में कुछ देर की प्यारी नोक-झोंक होती ही है।

"बोलो तो आमाके के देबे?" डाकू सिंह अधिकार भरे स्वर में उषा से भिड़ जाती हैं और मुसकते हुए अपनी डाकू सिंह को रुपये थमाते हुए उषा कहती हैं, "तुमि डाकू! तुमि डाकू।"

रम्भा हो

ह्वेन शैडोज फ़ॉल ऐंड स्टार्स अपिअर
अ पेन आइ फ़ील आइ कांट बेअर
इफ़ आइ कुड रीलिव् दैट फ़ेथफुल डे
आइ वुड नॉट टर्न माइ लव अवे
आइ रिवील् हाउ आइ अडॉर हर...

कैरिबियाई कैलिप्सो लोक संगीत के शहंशाह हैरी बेलाफ़ोन्टे का लिखा और गाया यह गाना 'आइ अडॉर हर' उषा को बहुत प्रिय है। और यही एक गाना क्या, 'मटिल्डा...शी टुक मी मनी ऐंड रन वेनेजुएला', 'बनाना बोट सॉन्ग', 'विल हिज़ लव बी लाइक हिज़ रम' और 'मामा लुक अ बूबू देअर' सरीखे हैरी बेलाफ़ोन्टे के लगभग सभी गानों पर उषा जान छिड़कती रही हैं। अत्यंक सादगी और जीवन के आनन्द से छलकते गानों के रचयिता और आत्मा के गायक हैरी बेलाफ़ोन्टे को उषा ने हमेशा से अपना आदर्श माना। बचपन में जेब ख़र्च के बचाये अपने पैसों से फ्रैंक सिनाट्रा को मासूम ख़त लिखनेवाली उषा ने शुरू-शुरू में अमेरिका में जन्मी स्विस सिंगर टीना टर्नर के भी कई गाने गाये। पर धीरे-धीरे जब अपने करिअर को लेकर वे गम्भीर हुईं, तो अपनी प्रस्तुतियों की छवि को लेकर उनके मन में अनेक पहेलियाँ थीं। अन्ततः इस पहेली का सन्तोषप्रद उत्तर उन्हें एक नाम में जाकर मिला—हैरी बेलाफ़ोन्टे। 26 नवम्बर, 1939 को अमेरिका में जन्मी उषा के शुरुआती समय की प्रिय सिंगर 79 वर्षीया टीना टर्नर इन दिनों स्विटजरलैंड में रहती हैं, वहीं उषा के सुदीर्घ म्यूज़िक करिअर के आदर्श 1 मार्च, 1927 को अमेरिका में जन्मे अफ़्रीकन-अमेरिकन पॉप स्टार हैराल्ड जॉर्ज़ बेलाफ़ोन्टे यानी हैरी बेलाफ़ोन्टे 92 वर्ष की अवस्था में न्यूयार्क में रहते हैं और आज भी मानसिक रूप से पूरे तौर पर सक्रिय हैं। वर्ष 1949 से वर्ष 2003 तक बढ़-चढ़कर सक्रिय रहे हैरी बेलाफ़ोन्टे को

'केनेडी सेंटर ऑनर्स अवार्ड', 'ऐमी अवार्ड', 'टोनी अवार्ड' से लेकर 'ग्रैमी अवार्ड' तक मिला। 'किंग ऑव कैलिप्सो' नाम से लोकप्रिय हैरी ने अमरीकी बाज़ारवाद का सदैव बढ़-चढ़कर विरोध किया। अमेरिका के सिविल राइट्स मूवमेंट के वे अग्रणी नामों में से रहे। उनकी गायन शैली, श्रोता समूह से संवाद क़ायम करने की कला और समाज के प्रति उनके समर्पित नैतिक दायित्व बोध ने उषा को लगातार गहरे तक प्रभावित किया। उषा ने पॉप संगीत में बग़ैर किसी प्रत्यक्ष गुरु के सान्निध्य में रहे स्वयं को निरन्तर माँजा और इस अनवरत स्वाध्याय में बहुआयामी व्यक्तित्व के दिग्गज हैरी बेलाफ़ोन्टे उनके लाइट हाउस बने रहे।

पश्चिम के कैरिबियाई लोक संगीत का भारत में साम्य ढूँढ़ा जाए, तो यह झूमर नृत्य व संगीत की भाँति लोक जीवन से निसृत है। झूम से उत्पन्न नृत्य-संगीत! 'सोनाझुरी बोन हे बंधु पाता शोरू...शोरू'—नृत्य-संगीत सरीखा मस्ती और उल्लास से उमगता। पश्चिम में भी पॉप म्यूज़िक एक मस्त तेज़ रफ़्तार संगीत के रूप में आया और छा गया। पश्चिम का यह झूमर संगीत यानी पॉप यानी पॉपुलर म्यूज़िक नई पीढ़ी के विद्रोही तेवर और व्यवस्था से बग़ावत का प्रतीक था। खिलन्दड़ी-अलमस्त उषा को पश्चिम का यह पॉप म्यूज़िक रह-रहकर उकसाता था। वह शुरू से ऐल्विस प्रीस्ले, क्लिफ़ रिचड्र्स, स्टेवी वंडर, बारबरा स्ट्रेसैंड, जोस फ़ेलिसियानो, बीटल्स, टॉम जोंस, फ्रैंक सिनाट्रा, एल्ला फिट्ज़गेराल्ड, शर्ली बस्सी, अल जारेउ, फ़िल कॉलिंस, नील डायमंड, एल्टन जॉन, जोन बायज़, रैंडी क्राफ़र्ड, डीन मार्टिन, स्वीडिश पॉप समूह अब्बा और कार्पेन्टर्स को डूब कर सुनती रही थीं। पॉप संगीत के दिग्गज हैरी बेलाफ़ोन्टे, नैन्सी विलसन, एरिक क्लैप्टन, सन्ताना, महालिया ज़ैक्सन और दक्षिणी अफ्रीका की जेहादी अफ्रोपॉप गायिका जेनज़ाइल मिरियम मकेबा, जिन्होंने दक्षिण अफ्रीका में रंगभेद व श्वेत अल्पसंख्यक सरकार के ख़िलाफ़ अपने पॉप संगीत के ज़रिये लगातार मुख़ालफ़त की, हज़ारों लयों के सुर कोलाहल के बीच उषा के अन्तस्तल में स्थित थे और उषा को प्रतिपल प्रेरित करते रहे थे। इन संगीत दिग्गजों के गानों के संग ख़ुश हो वे मन में पेड़ों-सी झूमतीं और लहरातीं। अपने रोम-रोम में खिलतीं। अपनी बड़ी बहनों इन्दिरा व उमा की आग-सी दहकती और फूल-सी महकती आवाज़ उषा को विस्मित करती। पर संगीत के मूल रागों की नसों में प्रवाहित सामाजिक सरोकार की तलाश उनके अवचेतन को कुरेदती रहती और इसके साथ ही अपने सुर की काया को लेकर अपनी स्थायी पहेली में वे डूब जातीं। कुछ इस अन्दाज़ में कि उनके गालों में पड़नेवाला गड्ढा क्या उनकी परदादी

या परनानी के भी मुख में पड़ता था? याकि उनके परिवार की दस पीढ़ी पहले की किसी स्त्री के मुख पर भी यह मोहक कपोलभंग था? मनुष्य काया की तरह सुर की भी काया है। सुर के पूर्वजों को भी जानना ज़रूरी है। अपने समय की सुरमयी लता मंगेशकर, रेशमा, किशोरी अमोनकर और बेग़म अख़्तर उन्हें बहुत भाती रही हैं। वहीं मुकेश, किशोर कुमार, मोहम्मद रफ़ी, मन्ना डे और मेहदी हसन के गाने का अन्दाज़ उनके दिल के बेहद क़रीब रहा है। पर उषा ने इनमें से किसी की भी नकल करने की कोशिश नहीं की। उन्हें अपनी सीमा और कमज़ोरी का पता शुरू में ही चल गया था। साथ-साथ गाने को लेकर अपने हौसले की ज़िद भी वे सवेरे ही जान चुकी थीं। अपनी सीमा व असम्भव ज़िद के उद्वेलन में ही उषा ने एक बार कहा भी कि "संगीत मेरा पेशा नहीं है। मैं बस संवाद बनाती हूँ।" उषा ने पश्चिमी संगीत व पॉप के महारथियों को बारम्बार सुनकर महसूस किया कि हैरी बेलाफ़ोन्टे का पूरा संगीत दरअसल एक संवाद है। और संवाद की यह कला ही अचूक और अद्‌भुत है। उषा ने 'जे.जे. स्कूल ऑव आर्ट्स' से चित्रकला की पढ़ाई की थी। साहित्य पढ़ने में भी उन्हें हमेशा से रुचि थी। उषा की दृष्टि कला के इन विभिन्न आयामों को लेकर स्पष्ट थी कि जो कला आपसे संवाद नहीं करती, वह प्रभावी नहीं हो सकती। मोनालिसा की पेंटिंग अपने दर्शक से संवाद करती है। 'महाभारत' और 'गीता' जैसे ग्रंथ एक समर्थ संवाद हैं। दुनिया के जितने अमर गायक हुए उन्होंने हमेशा अपने श्रोताओं से संवाद किया।

वर्ष 1968 में उषा ने जब बाक़ायदा गाना शुरू किया, तो हैरी बेलाफ़ोन्टे की संवाद कला उनके लिए प्रस्तुति का साँचा थी। उषा के कुछ गाने जब चरचा में आ गए, तो बम्बई से प्रकाशित अंग्रेज़ी की मशहूर साप्ताहिक पत्रिका 'द इलस्ट्रेटेड वीकली' में सबसे पहली बार इस पत्रिका के सम्पादक व देश के नामवर पत्रकार ख़ुशवन्त सिंह ने उनके बारे में लिखा—'क्वीन ऑव पॉप'। उषा के नये स्वादवाले पॉप संगीत को लेकर उनका बड़ा आलेख इस शीर्षक से था—'पॉप गोज़ द अय्यर।' उषा उन दिनों उषा अय्यर थीं। रामास्वामी अय्यर की पत्नी—उषा अय्यर।

सत्तर का यह वह दशक था जब देश मोहभंग की स्थिति में था। युवा आक्रोश तेज़ी से उभर रहा था। विश्व फ़लक़ पर साठ के दशक में अमेरिकी युवाओं के बीच उभरी हिप्पी उपसंस्कृति इस समय तक भारत की युवा पीढ़ी तक भी पहुँच चुकी थी। 'हिप्सटर' शब्द से उत्पन्न 'हिप्पी' शब्द और विचार का प्रयोग बीटनिकों ने किया था, जो समाज की रूढ़ियों का मुखर विरोध करते थे। उषा का जब उदय

हो रहा था, उसके ऐन पहले जनवरी 1967 में सैन फ्रांसिस्को के गोल्डेन गेट पार्क में 'ह्यूमन बी-इन' ने हिप्पी संस्कृति की दुंदुभि बजाई थी। परिणामस्वरूप संयुक्त राज्य अमेरिका के वेस्टकोस्ट में 'समर ऑव लव', ईस्टकोस्ट में वर्ष 1969 में 'वुडस्टॉक फ़ेस्टिवल' की शुरुआत हुई। सन् 1970 में चिली में एक विराट हिप्पी समारोह का आयोजन हुआ, जिसका नाम था—पिएड्रा रोज़ा फ़ेस्टिवल। कहना न होगा कि सत्तर का दशक विश्व स्तर पर बग़ावत का दशक था। यह वही दशक था जब भारत में गुजरात से बिहार तक छात्र आंदोलन हुआ। इन्दिरा गांधी ने देश में आपातकाल लाया और अगले चुनाव में पराजित हुईं। यह वही समय था जब 'एंग्री यंग मैन' के रूप में भारतीय रजतपट पर अमिताभ बच्चन उभर रहे थे। और यही वह समय था जब भारत की 'पॉप क्वीन' उषा तीव्रता से युवा मन में परम्पराओं को तोड़ते हुए पूरे धूम-झूम के संग थिरकती हुई दाख़िल हो चुकी थीं।

उषा वक़्त पर थीं। उन्होंने वक़्त की धड़कन ठीक से सुन ली थी। आँसूदार गानों पर न्योछावर होनेवाली पीढ़ी के लदते दौर को उषा ने समझ लिया था। नये दौर को तीव्र उल्लास की ज़रूरत थी। युवा आक्रोश को तीव्र उल्लास से ही थामा जा सकता था। उषा, जो अपनी भारी आवाज़ की सीमा और कमज़ोरी से परिचित थीं, बदले दौर में इस बात से वाक़िफ़ हुईं कि यह समय उनके लिए सीमा के अतिक्रमण का है। यह समय सीधे और बेलाग संवाद का है। कि इस धधकते दौर को आँसू नहीं, उल्लास की औषधि चाहिए। उषा की सीमा थी—बस उल्लास। वह बस उल्लास की गायिका थीं। भारत जैसे शास्त्रीय संगीत की विशुद्ध परम्परावाले देश की परम्परा में रहते हुए परम्परा को पार करनेवाली भारत की पहली 'पॉप सिंगर' उषा युवा पीढ़ी के सामने उल्लास का तूफ़ान जगाती हुई आईं और छा गईं। यह इस दौर की स्त्रियों के लिए एक नव सन्देश था कि औरतें सिर्फ़ आँसू टपकानेवाली बेचारी बनकर नहीं रहेंगी। स्त्री का मतलब होता है—उल्लास! हर सम्भव उल्लास! उषा दक्षिण भारतीय हैं और दक्षिण भारत के लोग कर्नाटक संगीत के भक्त व दीवाने रहे हैं। अंग्रेज़ी गानों को वहाँ सम्मान से नहीं लिया जाता था। इसलिए उषा की राह ज़ाहिर है कि आसान नहीं थी। अंग्रेज़ी गानों की दुनिया उन दिनों बहुत सीमित थी। जो थी भी, वह पश्चिमी देशों के गायकों को सुनने तक सिमटी थी। साठ के दशक में भारतीय आकाशवाणी यानी रेडियो पर अंग्रेज़ी गाने पसन्द करनेवालों के लिये दो कार्यक्रम आते थे—'डेट विद यू' और 'सॉर्ट्स रिक्वेस्ट'। रात को साढ़े नौ से ग्यारह बजे तक भारतीय रेडियो पर अंग्रेज़ी गानों के प्रेमी जुटे रहते थे। इनमें सौ

फ़ीसदी यूरोपियन सिंगर के ही गाने होते थे। पहली बार अपने देश में अंग्रेज़ी गानों के श्रोताओं ने एक भारतीय पॉप सिंगर उषा अय्यर की आवाज़ रेडियो पर सुनी, तो उन सबकी ख़ुशी का ठिकाना न था।

यह भारतीय समाज का एक ऐसा पट-परिवर्तन था, जिसे समझने में भारतीय जनमानस को थोड़ा समय लगा। दरअसल, आधुनिक भारतीय स्त्री उषा अय्यर की आवाज़ के संग एक नये युग में दाख़िल हो रही थी। नये दौर की भारतीय स्त्री के लिए उषा ने एक नई कहन निर्मित की। और सिर्फ़ यही नहीं, जीवन का एक नया शिल्प भी प्रस्तुत किया। यह स्त्री घुटकर जीने को तैयार रहनेवाली नहीं थी। यह स्त्री आत्मविश्वास की शक्ति से भरपूर थी।

अबला और आँसू ढरकाती भारतीय स्त्री के लिए संगीत से लेकर व्यक्तिगत जीवन तक के वास्ते उषा ने जो नया पाठ दिया, वह विरल था। एक गरिमामयी भारतीय स्त्री के परिधान व शृंगार में मंच से लोगों के हृदय में उतर रही भारत की 'पॉप क्वीन' का यह शिल्प लोगों को समझते-समझते समझ में आया। स्पष्टत: उषा इस सन्देश के संग आईं कि वाह्य आधुनिकता निरर्थक है। दरअसल महत्त्वपूर्ण है—मानसिक आधुनिकता। विडम्बना यह रही कि पुराने फ़ैशन का हिन्दुस्तानी दिमाग़ आसानी से मानसिक आधुनिकता की नई पेशकश क़बूलने को तैयार नहीं था। पर ज़िद्दी उषा भी कहाँ से हार माननेवाली थीं। और नई पीढ़ी में जब उषा का सुरूर छाने लगा, तो छाता ही चला गया। सबकी ज़बान पर चढ़ गए इन्दीवर द्वारा लिखित उषा के मशहूर गाने 'रम्भा हो' का जीवन दर्शन व सन्देश नये समय का एक अतींद्रिय-जादू पाठ था :

रम्भा हो हो...रम्भा हो हो...रम्भा हो हो...रम्भा हो हो
रम्भा हो हो...रम्भा हो हो...रम्भा हो हो...रम्भा हो हो
जितनी तुम प्यार से जी लोगे उतनी ही ज़िन्दगी
रम्भा हो हो...रम्भा हो हो
मैं नाचूँ...तुम नाचो...जितनी तुम प्यार से जी लोगे
उतनी ही ज़िन्दगी...रम्भा हो हो...रम्भा हो हो
सुन ले ओ जानेमन, मैं तेरी महबूबा
मुस्करा...मुस्करा...इन राहों में दिल डूबा...दिल डूबा
लिविंग...वी आर लिविंग...डांसिंग...वी आर डांसिंग
रम्भा हो हो...रम्भा हो हो

मैं नाचूँ तुम नाचो
जितनी तुम प्यार से जी लोगे उतनी ही ज़िन्दगी
रम्भा हो हो...रम्भा हो हो...
दुनिया में लोगों के मेले ये
आएँगे...जाएँगे हो...ओ...ओ...
यारों से मिलके हम झूमेंगे...झूमेंगे...गाएँगे
छाएँगे...छाएँगे...छाएँगे...
पियेंगे...हाँ पियेंगे...ऑल द पीपुल वी लव
रम्भा हो हो...रम्भा हो हो...

'रम्भा हो', 'कोई यहाँ नाचे-नाचे' और 'शान से' सरीखे उषा के गानों की झूम दुनिया के सर्वाधिक युवा देश में लगातार ही बरक़रार है। ज़िन्दगी का नज़रिया, हौसले में दम और शान से जीने की फ़ितरत का पैग़ाम है—उषा का सम्पूर्ण संगीत। वह जीवन के गर्व का स्वर है।

उषा ने भारतीय श्रोता समूह को संग-संग यह भी बताया कि अगर बीटल्स, सर क्लिफ़ रिचर्ड या एल्विस प्रीस्ले पॉप सिंगर के रूप में विश्व फ़लक़ पर जाने-माने जाते हैं, तो भारत के किशोर कुमार और मन्ना डे सरीखे गायक भी पॉप सिंगर हैं और पश्चिमी पॉप सिंगर पर बीस पड़ते हैं। गीता दत्त भी कम नहीं थीं। बहरहाल, बीतते समय के साथ पॉप गानों की गुणवत्ता तथा माँग और बढ़ी। पॉप सॉन्ग को प्रभावी बनाने के लिए और नये से नये उपकरण आते गए। बेशक उषा ने आज से पचास साल पहले नाइट क्लबों और स्टेज शो करके जो राह पकड़ी वह अब 22वीं सदी में शिखर पर है। बीते कई दशकों से 'आज सजन मुझे अंग लगा लो जनम सफल हो जाए' की जगह 'रम्भा हो...रम्भा हो...जितनी तुम प्यार से जी लोगे उतनी ही ज़िन्दगी...लिविंग...वी आर लिविंग...डांसिंग...वी आर डांसिंग रम्भा हो...रम्भा हो...' की राह पर यह 22वीं सदी पूरी रफ़्तार में है। और उषा के लिए यह सन्तोष की बात है कि भारत की 17 भाषाओं में पॉप गाकर उन्होंने बाक़ायदा सिद्ध कर दिया है कि पॉप म्यूज़िक पर सिर्फ़ पश्चिमी देशों का ही स्वत्वाधिकार नहीं है। पॉप संगीत को लेकर भारतीय श्रोताओं में एक रूढ़िवादी धारणा थी कि पॉप गाने सिर्फ़ हुल्लड़ और मस्ती के 'हिप-हिप हुर्रे' गाने हैं, जिनका कोई अर्थ नहीं निकलता। पर उषा ने 'दोस्तों से प्यार किया, दुश्मनों से बदला लिया...जो भी किया, हमने किया...शान से' सरीखे गानों के ज़रिये साबित किया कि भारतीय पॉप

संगीत पश्चिमी पॉप संगीत से कई गुना गहन, आक्रामक, तीव्र और मस्त है। उषा का मानना है कि सब कुछ हमारे दृष्टिकोण पर टिका है।

कई अवसरों पर उषा श्रोताओं से अपने संवाद के दौरान कहती रही हैं कि वे उन्हें कैसा भी पॉप सॉन्ग बताएँ, वे उस गाने को धार्मिक-भक्ति गीत के अन्दाज़ में सुना देंगी। एक बार उनका अलबम 'ओ.के. ब्यूटिफुल संडे' प्रधानमंत्री श्रीमती इन्दिरा गांधी ने बस रिलीज ही किया था। एक कार्यक्रम के दौरान उषा के प्रस्ताव पर एक दर्शक ने 'ओ.के. ब्यूटिफ़ुल संडे' को भक्ति गीत की तरह गाने का अनुरोध कर दिया। इस गाने की पंक्तियाँ कुछ यों थीं :

संडे मॉर्निंग अप विद द लार्क
आइ थिंक, आइ विल टेक अ वॉक, इन द पार्क
हे-हे-हे इट्स अ ब्यूटिफ़ुल-डे
आइ हैव गॉट सम वन वेटिंग फ़ॉर मी
ह्वेन आइ सी हिम, आइ नो ही विल से
हे-हे-हे...इट्स अ ब्यूटिफ़ुल डे।

इस गाने को भक्ति-गीत की तरह प्रस्तुत करने के पहले उषा ने कहा कि क्रिश्चियन संडे 'सबथ' का पवित्र-पावन दिन है। इस पवित्र दिन को अगर मैं उद्यान में जाकर उसे बुलाती हूँ, तो मुझे यक़ीन है, वह ज़रूर आएगा। यानी 'सबथ' के दिन आमंत्रित किए जाने पर ईश्वर अवश्य आएँगे। इस गाने को जब आध्यात्मिक अनुभूति के संग उषा ने डूबकर प्रस्तुत किया, तो समस्त श्रोता भाव विह्वल हो उठे। श्रोताओं से अपने संवाद के क्रम में उषा ने हमेशा बल देकर कहा कि यह मात्र एक भ्रान्ति है कि पॉप संगीत का युवा पीढ़ी पर बुरा असर होता है। दरअसल, पॉप का मतलब है—आनन्द के संग परिवर्तन। एक ख़ुश बदलाव। शुरू के दिनों में यह भी नज़रिया था कि पॉप का मतलब सेक्स व शराब में डूबा एक आवारागर्द संगीत। नाइट क्लब की लड़कियों को भी अश्लील समझा जाता था। उषा ने नाइट क्लब की दुनिया में उस समय प्रवेश किया था, जब सिर्फ़ पुरुष ही नाइट क्लब जाते थे। उषा ने अपनी गरिमापूर्ण प्रस्तुतियों से नाइट क्लब की छवि को बदल डाला। सिनेमा में उषा के गाने नायिका पर बहुत कम, ज़्यादातर कैबरे सीन पर फ़िल्माये गए। यानी पर्दे की बुरी लड़कियों पर उषा की आवाज़ डाली गई। पर इस विडम्बना के बावज़ूद उषा ने जनमानस में अपनी विशिष्ट प्रतिष्ठा हासिल की।

वह एक ज़माना था जब हेलेन, कल्पना अय्यर, पद्मा खन्ना, जयश्री टी और प्रेमा नारायण के बग़ैर किसी हिन्दी फ़िल्म की कल्पना नहीं की जा सकती थी। पर धीरे-धीरे 'चोली के पीछे क्या है...' और 'धक-धक करने लगा' सरीखे गाने अपने ऊपर फ़िल्मा कर अभिनेत्रियों ने हिन्दी सिनेमा से हेलेन व कल्पना अय्यर सरीखी 'कैब्रे गर्ल' को विदा करा दिया। अभिनेत्रियों द्वारा प्रस्तुत ऐसे 'आइटम सॉन्ग' पर कोई पहले की तरह 'अपसंस्कृति' का फ़तवा नहीं जारी करता। पर एक समय उषा को ऐसे फ़तवे को लेकर अदालत तक में दस्तक देनी पड़ी था।

अदालत में उषा

वर्ष 1983 के मई मास की वह एक दोपहरी थी। अपनी कुछ मित्रों के संग बांग्ला फ़िल्मों की अभिनेत्री गीता डे उषा के स्टुडियो में उनसे मिलने आई थीं। बेहद ख़ूबसूरत और शालीन व्यक्तित्व की धनी गीता हमेशा से सामाजिक मुद्दों पर सक्रिय रहती आई थीं। समाज व संस्कृति के प्रति उनकी निष्ठा उषा को सदैव प्रभावित करती थी। गीता डे ने उस दिन उषा को बताया कि वे अपनी संस्था 'विनोदिनी सत्य गोष्ठी' की ओर से 'ठाकुरपुकुर कैंसर रिसर्च इंस्टीच्यूट' के सहायतार्थ एक चैरिटि-शो करने जा ही हैं। क्या इसके वास्ते उषा समय निकाल सकेंगी?

"कब?" उषा ने गीता डे से पूछा।

"अगले महीने की जो तारीख़ आपके लिए सुविधाजनक हो।" गीता डे ने मुस्कराते हुए कहा।

"यह प्रोग्रैम कहाँ होगा?"

"महाजाति सदन में।" गीता ने कहा।

"ज़रूर आऊँगी।" उषा ने कहा, "आप कल-परसों में एक बार स्टुडियो आ जाइए। तारीख़ और समय मैं आपको बता दूँगी।"

गीता डे और उनकी संस्था की सहयोगियों को चाय-पान कराकर उषा ने ख़ुश-ख़ुश विदा किया। चलते समय उषा ने गीता से कहा कि उनके भी कुछ स्वजन कैंसर के शिकार हो असमय दुनिया से चले गए। इसलिए इस मुद्दे के लिए वे हमेशा तत्पर हैं।

"इसी विश्वास से मैं आपके पास आई भी।" गीता ने भावुक हो चलते-चलते उषा से कहा।

दो दिन बाद गीता उषा के स्टुडियो आईं और उषा को लगा कि वे कार्यक्रम की तिथि व समय सुनिश्चित करने आई हैं। उषा ने गर्मजोशी से हमेशा की तरह उनका स्वागत किया। पर गीता डे के मुख पर अजीब-सी उदासी गहराई हुई थी। उषा को इसे ताड़ते देर नहीं लगी।

"गीता दी! आप बहुत उदास लग रही हैं, क्या हो गया?" उषा ने विस्मय से पूछा।

"की बोलबो उषा?" गीता डे ने अटकते हुए किसी तरह अपना वाक्य पूरा किया, "आमादेर मंत्री हॉल दिछे ना।"

"कौन मंत्री?" उषा के स्वर में गहरी हैरानी थी।

"अपने पश्चिम बंगाल सरकार के लोक निर्माण विभाग के मंत्री जतिन चक्रवर्ती। आपके बारे में जानकर कि आप हमारे चैरिटि-शो में गाने आ रही हैं, तो उन्होंने 'महाजाति सदन' में कार्यक्रम के हमारे प्रस्ताववाले अनुरोध-पत्र को ख़ारिज करते हुए कहा कि उषा उथुप अपने गानों से पश्चिम बंगाल में अपसंस्कृति पैदा कर रही हैं। उनके किसी कार्यक्रम के लिए सरकार हरगिज़ कोई हॉल नहीं देगी।"

"अच्छा!" उषा अवाक-सी थीं।

"हाँ उषा!" गीता डे ने कातर स्वर में कहना जारी रखा, "जतिन चक्रवर्ती ने मुझसे कहा कि उषा उथुप! ओनार गान...ओनार रुचिकार (फैन) सब अपसंस्कृति। आमि उषा के गाइते देबो ना। आर सरकार ते कोनो सभागार अलाउ कोरबो ना।"

गीता डे ने उस दिन का एक अख़बार निकालकर उषा के सामने टेबल पर रख दिया। क्या संयोग था कि अलस्सुबह अख़बार पढ़ने की आदी उषा किसी घरेलू व्यस्तता में उस सुबह अख़बार नहीं देख पाई थीं और सोचा था कि स्टुडियो जाकर इत्मीनान से अख़बार देखेंगी। गीता डे ने उनके सामने उस सुबह का अख़बार फैला दिया था। अख़बार का बैनर था—'पी.डब्लू.डी. मिनिस्टर जतिन चक्रवर्ती बैंस पॉप सिंगर उषा उथुप।' उषा ने स्टुडियो में नियमित आनेवाले सभी पाँच-छह अख़बार मँगवाए। सभी अख़बारों में यह ख़बर सुर्ख़ियों में थी। उषा की रुलाई छूट गई।

"छाड़ो उषा। छाड़ो उषा! अन्नो कोनो जगह प्रोग्रैम कोरबो...यह तूफ़ान जरा टल जाए।" गीता डे ने उषा को भरसक दिलासा देते हुए कहा।

"नहीं गीता दी! मैं गाऊँगी तो 'महाजाति सदन' में ही। सरकारी हॉल में देखती हूँ मुझे गाने से ये कैसे रोकते हैं। सरकार के ये मंत्री हमारे सेवक हैं। हम लोगों

के टैक्स के पैसों से इन्हें तनख़्वाह मिलती है।" उषा की आँखों के सामने जैसे उनके अप्पा आ गए, जिन्होंने हमेशा कहा कि किसी भी अन्याय के सामने कभी घुटने मत टेकना।

गीता डे जब स्टुडियो से चली गईं, तो उषा पश्चिम बंगाल सरकार के सचिवालय 'राइटर्स बिल्डिंग' के लिए फ़ौरन निकल पड़ीं। वे जतिन चक्रवर्ती से उसी दिन आर-पार कर लेना चाहती थीं। 'राइटर्स बिल्डिंग' में लोकनिर्माण मंत्री जतिन चक्रवर्ती के चैम्बर का दरवाज़ा खुला था। उषा दरवाज़े की दहलीज़ पर जाकर खड़ी हो गईं। जतिन चक्रवर्ती की उन पर नज़र पड़ी लेकिन उन्होंने उषा को अन्दर आने को नहीं कहा। कई मिनटों तक दरवाज़े पर प्रतीक्षा करने के बाद उषा ने जतिन चक्रवर्ती से पूछा, "क्या मैं अन्दर आ सकती हूँ?" जतिन चक्रवर्ती ने झल्लाकर कहा, "येस्स!" चैम्बर में दाख़िल हो उषा कुछ पल खड़ी रहीं और आख़िरकार पूछा, "क्या मैं बैठ सकती हूँ?" जतिन ने उसी अनमने भाव से कहा, "ठीक है।"

"दादा! आपने मेरे साथ ऐसा क्यों किया?" उषा ने क्षुब्ध स्वर में फ़ाइलों पर आँखें गड़ाये बैठे जतिन चक्रवर्ती से पूछा।

"मुझे जो करना है, मैं वही करूँगा। तुम्हारे गाने अपसंस्कृति के प्रतीक हैं। यह बंगाल की संस्कृति के विरुद्ध है। जब तक मैं इस विभाग का मंत्री हूँ, तुम्हें गाने के लिए कोई सरकारी सभागार नहीं मिलेगा। दिस इज़ फ़ाइनल।" मेज़ पर आँखें गड़ाये जतिन चक्रवर्ती ने सख़्ती से कहा।

"दादा! आपको किसने बंगाल की संस्कृति का रक्षक मनोनीत कर दिया?" उषा भी अपने आपको रोक नहीं सकीं।

"मैं देखता हूँ कि तुम कैसे किसी सरकारी सभागार में गा लेती हो?" जतिन चक्रवर्ती की आवाज़ में भी तमतमाहट थी, "तुम जहाँ जाना चाहती हो, जाओ। मुझे अदालत में बुलवा लो। पर सरकारी सभागार तुम्हारे गाने के लिए नहीं मिलेगा।"

"ठीक है, तो अब हम कोर्ट में ही मिलेंगे दादा।" उषा यह कहते हुए जतिन चक्रवर्ती के कक्ष से निकल पड़ीं। उनकी आँखों से उस समय आँसू झरझरा रहे थे। उषा स्टुडियो लौट आईं और कलकत्ता के जाने-माने वकील सुब्रतो रायचौधरी से मुलाक़ात का समय तय किया। इन्दिरा गांधी के इलाहाबाद केस में भी कभी सुब्रतो रायचौधरी जुड़े रहे थे।

सुब्रतो रायचौधरी के लड़के से जानी की मित्रता थी। इसलिए उन लोगों से पारिवारिक सिलसिला था। उषा जब सुब्रतो से शाम को मिलने गईं और उन्हें सारा

विवरण दिया, तो सुब्रतो रायचौधरी ने कहा, "उषा! आइ विल टेक अप यॉर केस। डोंट वरी।"

"मुझे उम्मीद है कि आप मुझे न्याय दिलाएँगे।" उषा ने गहरी साँस लेकर कहा, "मेरा मन बहुत दुखी हो गया है इस दुर्व्यवहार से।"

"तुमको इस पूरे प्रसंग में सबसे ज़्यादा क्या बुरा लगा है उषा?" सुब्रतो रायचौधरी ने सांत्वना देने के स्वर में पूछा।

"अपसंस्कृति को बढ़ावा देने का गंदा आरोप।" उषा की आवाज़ रुँध गई। फिर अपने को भरसक सहज करते हुए उन्होंने कहा कि "मैं एक पारम्परिक भारतीय स्त्री के परिधान में हमेशा से गाती रही हूँ। 'ट्रिंकास' में भी जब शाम को गाती हूँ, तो पूरी गरिमा से। मेरे गाने कहीं से भी अश्लील नहीं होते। द्विअर्थी भी नहीं। फिर भी सरकार का एक मंत्री मेरी अभिव्यक्ति की स्वतंत्रता ख़त्म करने पर आमादा है।"

"और क्या ख़राब लग रहा है?" सुब्रतो रायचौधरी ने अगला सवाल किया।

"मंत्री ने अपसंस्कृति फैलाने के आरोप में मुझे सरकार के सभागारों में गाने से प्रतिबन्धित किया है, ये ख़बरें अख़बारों में पूरी सुर्ख़ियों में हैं। इससे मैं बहुत अपमानित महसूस कर रही हूँ। मैं अपने परिवार, माता-पिता और स्वजनों का सम्मान गिराने के लिए नहीं गाती हूँ।" उषा की आँखों से आँसू टपकने लगे।

"और क्या ख़राब लग रहा है?" सुब्रतो रायचौधरी अपने सवालों से जैसे कुएँ की ख़ुदाई कर रहे थे।

"और ख़राब लग रहा है कि मेरे साथ मेरी टीम के जो म्यूज़िशियन हैं, जो बैंड है, सबकी रोजी-रोटी मारी जाएगी।"

"ठीक है उषा! पहले हम अभिव्यक्ति की स्वतंत्रता के मुद्दे पर केस दायर करेंगे। फिर अख़बारों में जो ख़बरें छपी हैं, उसके लिए मानहानि का मुकदमा करेंगे। हम यह केस जीतेंगे उषा!" सुब्रतो रायचौधरी ने फिर दोहराया, "हम जीतकर दम लेंगे।"

"आपकी फ़ीस अंकल?" उषा ने विनम्रता से पूछा।

"अपनी बेटी से मैं फ़ीस लूँगा? यह केस मेरे लिए भी प्रेस्टिज इश्यू है। देश का यह पहला केस है, जिसमें सरकार ने किसी सिंगर को प्रतिबन्धित किया है।" सुब्रतो रायचौधरी ने उषा को निश्चिन्त होकर जाने को कहा। उन्होंने आर्यों के इतिहास का फिर से इस केस के वास्ते ख़ास तौर से अध्ययन किया। आर्य कब आए? उनकी संस्कृति क्या थी? इस तरह सुब्रतो रायचौधरी के शोध की एक मोटी फ़ाइल ही बन गई। कलकत्ता हाइकोर्ट में केस दर्ज कराकर सुब्रतो रायचौधरी ने उषा को फ़ोन

कर इसकी जानकारी दी कि केस की हर तारीख़ पर बस वे कोर्ट आ जाएँ। बाक़ी वे देख लेंगे। जब केस की पहली तारीख़ पड़ी और सुनवाई हुई, तो उषा कोर्ट में मौजूद थीं। अगले दिन यह पूरी ख़बर कलकत्ता के अख़बारों में छपी। पश्चिम बंगाल के तत्कालीन मुख्यमंत्री ज्योति बसु का अख़बारों में अगले दिन बयान आया कि उन्हें इस मामले की कोई जानकारी नहीं है। ज्योतिबाबू ने कहा कि उषा उथुप एक अच्छी व सम्मानित सिंगर हैं। उन्होंने पश्चिम बंगाल सरकार को सहयोग के लिए कई 'चैरिटि-शो' किए। ज्योतिबाबू ने बाक़ायदा उन कार्यक्रमों का नाम लिया कि 'मुख्यमंत्री सहायता कोष' व 'रेड क्रॉस सोसाइटी' के वास्ते उषा ने कितने महत्त्वपूर्ण शो किए थे। मुख्यमंत्री ज्योति बसु के बयान के बाद तो पूरा मामला ही उलट गया। इस मुद्दे पर पूरा देश उषा के साथ था। देश भर से महत्त्वपूर्ण लोगों ने उषा के समर्थन में बयान दिया।

इस सबसे पश्चिम बंगाल के लोक निर्माण मंत्री जतिन चक्रवर्ती की भी बोलती बन्द थी। वर्ष 1983 के मई माह में यह केस शुरू हुआ था। अदालत की हर तारीख़ के पहले अपने वकील सुब्रतो रायचौधरी के अलावा उषा बम्बई फ़ोन कर अपने अप्पा से भी मार्गदर्शन लेती थीं। आख़िरकार, पहली सितम्बर, 1983 को इस केस का पटाक्षेप हुआ। कलकत्ता हाइकोर्ट के जस्टिस पी.सी. बरूआ ने अपने लम्बे फ़ैसले में कहा कि लोक निर्माण मंत्री का उषा उथुप को लेकर लगाया गया आरोप सर्वथा अनर्गल है।

कलकत्ता उच्च न्यायालय के जस्टिस पी.सी. बरूआ का फ़ैसला भारतीय संगीत जगत के लिए एक महत्त्वपूर्ण ऐतिहासक दस्तावेज़ है, क्योंकि भारत में पहली बार किसी सिंगर पर सरकार द्वारा प्रतिबन्ध लगाए जाने का यह मामला था। फ़ैसला शब्दशः इस प्रकार था, "श्रीमती उषा उथुप बनाम पश्चिम बंगाल राज्य और अन्य। दिनांक 1 सितम्बर, 1983। याचिकाकर्ता उषा उथुप को भारत के संगीत प्रेमियों के बीच और बाहर के भी कई देशों में किसी परिचय की आवश्यकता नहीं है। उनके गीतों के चैरिटि-शो द्वारा रेड क्रॉस, पश्चिम बंगाल मुख्यमंत्री सहायता कोष, भारतीय नौसेना और मदर टेरेसा की संस्था को समय-समय पर बहुत लाभ हुआ है। उन्होंने दूरदर्शन के सभी केन्द्रों मसलन—दिल्ली, बम्बई, कलकत्ता और मद्रास से बराबर गाया है। दूरदर्शन के राष्ट्रीय कार्यक्रम में दिल्ली केन्द्र के माध्यम से उनको अक्सर प्रस्तुत किया गया है। अमेरिका, हांगकांग तथा सिंगापुर टेलीविज़न पर भी उन्हें अनेक बार देखा-सुना गया है। वह अखिल भारतीय आकाशवाणी के विभिन्न

केन्द्रों से नियमित रूप से गाती रही हैं। उषा उथुप ने कलकत्ता के कई पब्लिक हॉल में अनेक कार्यक्रय किए हैं, जिनमें पश्चिम बंगाल सरकार द्वारा प्रबन्धित हॉल भी शामिल हैं। इन कार्यक्रमों में पश्चिम बंगाल के राज्यपाल, मुख्यमंत्री और मदर टेरेसा भी उपस्थित रही हैं। उनके गानों के बड़े और छोटे रिकॉर्ड में से अधिकांश रिकॉर्ड अंग्रेज़ी, हिन्दी और बांग्ला समेत कई भारतीय भाषाओं में जारी किए गए हैं। केन्या के राष्ट्रपति, मॉरिशस के प्रधानमंत्री और ब्रिटिश संसद के सदस्यों के समक्ष भी उन्हें अपने संगीत को प्रस्तुत करने का गौरव प्राप्त है। भारत या भारत के बाहर उनके गायन या उनके गायन की शैली को लेकर कभी किसी ने आपत्ति नहीं जताई। हाँ, ऐसा पहली बार हुआ है जब पश्चिम बंगाल सरकार में लोक निर्माण विभाग के प्रभारी मंत्री जतिन चक्रवर्ती (प्रतिवादी संख्या-5) ने आपत्ति जताई, जिसे 'आनन्द बाज़ार पत्रिका' ने 20 मई, 1983 को प्रकाशित किया। समाचार में कहा गया कि प्रतिवादी संख्या-5 यानी जतिन चक्रवर्ती ने पश्चिम बंगाल सरकार द्वारा प्रबन्धित 'महाजाति सदन' के न्यासी बोर्ड के अध्यक्ष के नाते उषा उथुप को कार्यक्रम करने से मना किया है क्योंकि उनके हिसाब से उषा के गाने और उस दौरान होनेवाले डिस्को के प्रदर्शन अपसंस्कृति यानी विकृत संस्कृति के प्रतीक हैं। इस तरह एक विकृत संस्कृति के गाने जो गाते हैं, उनका स्तर बहुत निम्न होता है और ऐसे संगीत के श्रोताओं का स्तर भी अत्यन्त निम्न होता है। 18 जून, 1983 को 'द टेलीग्राफ़' दैनिक के संवाददाता तरुण गांगुली को दिये एक साक्षात्कार में मंत्री जतिन चक्रवर्ती ने कहा है कि उषा उथुप सरकारी हॉल में कार्यक्रय करने का हठ क्यों करती हैं? वे कलकत्ता के प्राइवेट थिएटर हॉल में जाकर क्यों नहीं गातीं? चक्रवर्ती ने कहा कि सरकार के अधीन के हॉलों यानी—महाजाति सदन, रवीन्द्र सदन तथा यूनिवर्सिटी इंस्टीच्यूट में वे उषा उथुप को कार्यक्रम करने की अनुमति कदापि नहीं दे सकते। 'टेलीग्राफ़' संवाददाता तरुण गांगुली ने जब मंत्री जतिन चक्रवर्ती से प्रश्न किया कि डिस्को संगीत से उनकी इतनी ज़्यादा नाराज़गी की आख़िर वजह क्या है तो जतिन चक्रवर्ती ने कहा कि देश में आपातकाल के दिनों में पश्चिम बंगाल में यहाँ की संस्कृति पर कुठाराघात करने के लिए तत्कालीन सरकार ने डिस्को शैली के संगीत को भरपूर बढ़ावा दिया था। यह सरासर रामकृष्ण परमहंस और स्वामी विवेकानन्द की गरिमामयी परम्परा को आहत करने का एक सोचा-समझा अभियान था। यह बंगाल की नई पीढ़ी को रीढ़विहीन बनाकर उन्हें उनके नैतिक मूल्यों से भटकाने का एक गम्भीर षड्यंत्र था।"

जस्टिस बरूआ ने अपने फ़ैसले में पूरे घटनाक्रम का विवरण देते हुए आगे बताया था कि कलकत्ता की एक संस्था 'विनोदिनी सत्य गोष्ठी' की सहायक सचिव श्रीमती गीता डे 18 मई 1983 को 'महाजाति सदन' गईं और 'महाजाति सदन' के सचिव की अनुपस्थिति में वहाँ के एक कर्मचारी से अनुरोध किया कि उषा उथुप 'बेहाला कैंसर हॉस्पिटल' के उन्नयन के वास्ते एक चैरिटि-शो करेंगी। पर उक्त कर्मचारी ने गीता डे को बताया कि उषा उथुप को यहाँ कोई भी कार्यक्रम करने से मनाही है। उषा उथुप के कार्यक्रम के लिए इसके बाद 'महाजाति सदन' की बुकिंग कराने 'अरूप' नामक कलकत्ता की एक सांस्कृतिक संस्था के सचिव एन. सरकार गए पर उन्हें भी मना कर दिया गया। एन. सरकार ने 'रवीन्द्र सदन' में भी बुकिंग की अर्जी दी। पर वहाँ भी उन्हें बताया गया कि उषा उथुप के वास्ते हॉल नहीं दिया जा सकता। फिर कलकत्ता की एक अन्य सांस्कृतिक संस्था 'आलाप' द्वारा हॉल बुकिंग की कोशिश की गई। पर 'आलाप' वालों को भी मना कर दिया गया।

जस्टिस पी.सी. बरूआ ने अपने फ़ैसले में आगे लिखा कि 6 जुलाई, 1983 को मुख्यमंत्री ज्योति बसु और पश्चिम बंगाल के गृह सचिव आर.एन. सेनगुप्ता द्वारा हस्ताक्षरित एक आवेदन उनकी अदालत में जमा किया गया। इसमें कहा गया कि नेताजी इनडोर स्टेडियम, रवीन्द्र सदन, अहिन्द्रा मंच और शिशिर मंच में उषा उथुप के लिए कोई प्रतिबन्ध नहीं होगा। हाँ, कैबरे डांस, स्नैप डांस और बेली डांस का प्रदर्शन उनके शो के दौरान नहीं होना चाहिए।

जस्टिस बरूआ ने अपने लम्बे फ़ैसले में पॉप संगीत के प्रकृति की भी विषद चरचा की और लिखा कि यह समझना आवश्यक है कि पॉप गाने और डिस्को गाने आख़िर हैं क्या? 2 अगस्त, 1983 को याचिकाकर्ता उषा उथुप द्वारा हलफ़नामे में दर्ज विवरण का उल्लेख करते हुए जस्टिस बरुआ ने लिखा कि एक सफल, लोकप्रिय और लाभप्रद पॉप गाने की पूरी व्याख्या 'द न्यू पेंग्विन डिक्शन ऑव म्यूज़िक' (1978) में की गई है। संक्षेप में यह शास्त्रीय संगीत परम्परा का लोकप्रिय विकल्प है। उषा के हलफ़नामे का हवाला देते हुए जस्टिस बरूआ ने फ़ैसले में लिखा कि पश्चिमी संगीत में 'डिस्को म्यूज़िक' नाम की कोई चीज़ नहीं है। पॉप गानों के लिए 'हिट ट्यून्स' कई-कई महीनों के अटूट परिश्रम से तैयार होता है। जस्टिस बरूआ ने उषा के हलफ़नामे को उद्घृत करते हुए कहा कि याचिकाकर्ता कभी भी गाना गाते हुए नाचती नहीं है। न ही वह अपने कार्यक्रम के दौरान मंच पर आकर किसी को नाचने देती हैं। इसलिए यह आरोप ग़लत है कि याचिकाकर्ता डिस्को गायक हैं।

जस्टिस पी.सी. बरूआ ने अपने फ़ैसले के निष्कर्ष में बेहद महत्त्वपूर्ण टिप्पणी की, जो इस प्रकार थी, "मैंने याचिकाकर्ता के हलफ़नामे को पढ़ने के बाद स्वयं पूरी तरह आश्वस्त होने के लिए याचिककर्ता द्वारा अंग्रेज़ी, हिन्दी और बांग्ला में गाये गए उनके सभी रिकॉर्ड को सुनने की परेशानी उठाई। मुझे स्पष्ट रूप से स्वीकार करना चाहिए कि मुझे ये गाने अच्छे लगे। इन सभी गानों को सुनते हुए मुझे कुछ भी आपत्तिजनक, अशिष्ट और पतनशील नहीं लगा। पॉप गाने और डिस्को नृत्य को लेकर कई कलाकारों मसलन दक्षिण के कमल हासन और पश्चिम बंगाल के मिथुन चक्रवर्ती ने ख़ासी प्रसिद्धि पाई। ये दोनों कलाकार जॉन ट्रावोल्टा से कमतर नहीं हैं, जो फ़िल्म 'सैटरडे नाइट फ़ीवर' के प्रदर्शन के बाद प्रसिद्ध हुए। नाज़िया हसन अपने गीत 'डिस्को दीवाने' से भारत में प्रसिद्ध हुईं। ये तथ्य बताते हैं कि 'पॉप' और डिस्को संगीत, वैसे तो विदेशी मूल के हैं, लेकिन भारत में रच-बस गए हैं। इसे रोकने का अधिकार किसी मंत्री या नौकरशाह को नहीं है। बोलने और सुनने की स्वतंत्रता अविभाज्य है। ये एक ही सिक्के के दो पहलू हैं।"

जस्टिस बरूआ ने फ़ैसले में दर्ज किया कि याचिकाकर्ता उषा उथुप ने सप्रमाण अपने हलफ़नामे को अदालत में समर्पित कर सूचित किया है कि 'महाजाति सदन' के अधिकारियों ने उन्हें तो प्रतिबन्धित किया लेकिन 'महाजाति सदन' में इसी दौरान बांग्ला व हिन्दी की पॉप सिंगर मीना मुखर्जी व उनकी टीम को हॉल आवंटित किया गया। यही नहीं, अमरीक सिंह अरोड़ा, जो कलकत्ता के पॉप सिंगर हैं और गीत गाने के दौरान नृत्य भी करते हैं, को 3 जुलाई, 1983 को 'महाजाति सदन' में कार्यक्रम के लिए हॉल आवंटित किया गया। ऐसा ही कार्यक्रम उस हॉल में तापस भट्टाचार्य ने किया। इसलिए पश्चिम बंगाल सरकार का यह दोहरा मानक उचित नहीं। जस्टिस बरूआ ने लिखा कि "मंत्री जतिन चक्रवर्ती ने ऐसे क्रियाकलापों से अपने पद की प्रतिष्ठा का पतन किया है। मैं उन्हें हिदायत देते हुए आशा करता हूँ कि भविष्य में ऐसे व्यवहार से वे परहेज करेंगे और प्रेस में अनर्गल बयान देने से बचेंगे।"

फ़ैसला आने के बाद उषा ने गहरी राहत महसूस की। अप्पा को जब फ़ोन पर उन्होंने जानकारी दी, तो बम्बई में अम्मा-अप्पा बेहद ख़ुश हुए। अप्पा ने कहा, "उषा! यह बड़ी जीत है। अब बस करो। नेताओं से ज़्यादा पंगा लेना ठीक नहीं।"

वाक़ई, ये बीते चार महीने उड़ी हुई नींद की रातों और बेचैन दिन के थे। अंजली व सनी बहुत छोटे-छोटे थे। उषा को हमेशा डर लगा रहता था कि उनको प्रताड़ित करने के लिए बच्चों को न कहीं स्कूल से कोई उठवा ले। उन्होंने अपनी

आशंका को लेकर मुख्यमंत्री ज्योति बसु और पश्चिम बंगाल के पुलिस प्रमुख से मुलाक़ात की। ज्योति बाबू ने उन्हें निश्चिन्त रहने को कहा और पूछा कि क्या उन्हें सुरक्षा गार्ड चाहिए? पर उषा ने मना करते हुए कहा कि उनकी मुलाक़ात का मक़सद सुरक्षा गार्ड लेना नहीं था। वे अपनी आशंका एहतियातन उनकी जानकारी में डाल देना चाहती थीं।

केस के दौरान अद्‌भुत संयोग यह रहा कि तीन-चार कार्यक्रमों में उषा की मुलाक़ात जतिन चक्रवर्ती की पत्नी लिली चक्रवर्ती से हो गई। उषा की कुछ निकट मित्रों ने उषा को बता रखा था कि अपनी पत्नी के कहने पर जतिन चक्रवर्ती ने उन पर प्रतिबन्ध लगाने की कार्रवाई की थी। लिली चक्रवर्ती एक संस्था चलाती थीं और कलकत्ता की सामाजिक गतिविधियों में बढ़-चढ़कर सक्रिय रहती थीं। लिली चक्रवर्ती से जब एक कार्यक्रम में उषा मिलीं, तो उषा ने उनसे पूछ ही डाला, "दादा ने मेरे साथ ऐसा क्यों किया?"

लिली चक्रवर्ती ने छूटते हुए पूछा, "तुम रवीन्द्र संगीत क्यों नहीं गाती हो? दादा को रवीन्द्र संगीत बहुत पसन्द है।"

"चलिए वायदा रहा। अब मैं अपने हर शो में एक रवीन्द्र संगीत ज़रूर गाऊँगी।" उषा ने मुस्कराते हुए लिली चक्रवर्ती से कहा।

बहरहाल, इसी बीच कलकत्ता उच्च न्यायालय का फ़ैसला उषा के पक्ष में आ गया। पर लिली चक्रवर्ती से किया वायदा उषा नहीं भूली थीं। इसलिए फ़ैसले के बाद उषा अगले ही दिन दिग्गज गायक हेमंत कुमार के पास गईं। हेमंतदा से उन्होंने अनुरोध किया कि वे उनसे रवीन्द्र संगीत सीखना चाहती हैं। हेमंतदा सहर्ष मान गए। उषा ने उनसे जो पहला रवीन्द्र गान सीखा, वह था : 'ऐ मणिहार आमाय नाहीं साज।' यह गीत गुरुदेव रवीन्द्रनाथ ठाकुर ने तब लिखा था, जब उन्हें 'नोबेल पुरस्कार' से सम्मानित किया गया था। इस गाने में वे कहते हैं कि यह मणिहार मुझे पर नहीं सजता। हे ईश्वर! मैं जब तक इसे आपको अर्पित नहीं करूँगा, यह मुझे चुभता ही रहेगा। उषा ने इस रवीन्द्र-गान को अंग्रेज़ी में भी गाया 'ए मणिहार! गारलैंड ऑव ज़ेम्स।' इस रवीन्द्र गीत को गाकर आज भी अपनी किसी उपलब्धि के अनमोल क्षण में उषा भावुक हो जाती हैं। जब उन्हें 'फ़िल्म फ़ेयर अवार्ड' और 'पद्‌मश्री' सम्मान मिला, तो अनायास उनके मन में यह रवीन्द्र-गान गूँज गया।

रवीन्द्र संगीत में उषा डूबीं, तो कई रवीन्द्र-गान उनके मन-प्राण में भीग गए—'ओ आमार देशेर माटी, तोमार तटे ढाकाइ माथा'...'से दिने, दू जने दुले छिनू बोने...।'

रवीन्द्र संगीत की अनन्य साधिका सुचित्रा मित्र से भी उन्होंने कई रवीन्द्र-गान सीखे। सुचित्रा मित्र से सीखा एक रवीन्द्र-गान उषा के हृदय में बसा है—'गान गुली मोर... शैबालेरी दले...।' शैवाल के दल की तरह मन्द-मधुर हिलकोर सरीखा जीवन। उषा याद करती हैं वह एक रवीन्द्र-गान, जो उनके अप्पा को बहुत प्रिय था—'ओइ मालोती लता...दोले...दोले...।' रवीन्द्र-संगीत के एक शिक्षक सुभाष चौधरी से भी कुछ समय तक उषा ने बाक़ायदे रवीन्द्र-गान सीखा। यही नहीं, 'विश्व भारती' से उन्होंने रवीन्द्र-संगीत की परीक्षा भी उत्तीर्ण की। वर्ष 1984 में रवीन्द्र संगीत का उनका एक ऐलबम भी आया—'गान गुली मोर'! इस एलबम को उषा ने जतिन चक्रवर्ती के हाथों रिलीज़ कराया।

उषा मानती हैं कि जीवन में हर मान-अपमान से उन्होंने सीखा। जतिन चक्रवर्ती से अगर उनकी कानूनी लड़ाई न हुई होती, तो वह रवीन्द्र संगीत की तरफ़ इतनी मुस्तैदी से उन्मुख न हुई होतीं। मुक़दमा जीतने के तत्काल बाद विदेश में पूर्व निर्धारित अपना शो कर जब उषा लौटीं, तो अगले ही दिन जतिन चक्रवर्ती के आवास पर उनसे मिलने गईं। जतिनबाबू का उन्होंने चरण स्पर्श किया और कहा कि कानूनी लड़ाई के क्रम में जो कुछ हुआ, उसे हम भूल जाएँ। जतिन चक्रवर्ती और उनकी पत्नी लिली चक्रवर्ती वाक़ई उषा की विनम्रता पर मुग्ध हुए बिना नहीं रह सके। जतिनबाबू सिगार पीते थे। उषा उपहारस्वरूप उनके लिए सिगार लेकर गई थीं। उन्होंने जतिनबाबू से कहा, "हमारा प्रेम बना रहना चाहिए दादा।" और यह प्रेम उषा ने जतिनबाबू के लिए उनके जीवन पर्यन्त निभाया।

ऊटी के जिस 'लॉरेंस स्कूल' में जानी उथुप पढ़ चुके थे, उसी स्कूल में 9वीं से 12वीं कक्षा तक की पढ़ाई के लिए जानी व उषा ने आपस में परामर्श करके बेटे सनी का दाख़िला कराया था। जतिन चक्रवर्ती वाले प्रसंग के कुछ महीने बाद सनी छुट्टियों में कलकत्ता आए थे। केस का फ़ैसला आ चुका था। एक शाम सनी के संग उषा फ्री स्कूल स्ट्रीट स्थित एक केक की दुकान 'कैथलिन्स' पहुँचीं। संयोगवश कुछ ही पल बाद वहाँ जतिन चक्रवर्ती भी आए। उषा ने सनी के कानों में कहा कि वे जतिनबाबू को प्रणाम करने जा रही हैं, साथ में वह भी आकर जतिनबाबू को प्रणाम करे। किशोरवय के सनी को ग़ुस्सा था कि इसी आदमी ने उनकी अम्मा को इतना परेशान किया था। लिहाज़ा, उन्होंने अपनी अम्मा से कहा, "अम्मा! यह मुझसे नहीं होगा। इन्हें प्रणाम करने की मैं सोच भी नहीं सकता।" उषा ने कहा, "सनी! प्लीज़ मेरे वास्ते...कर लो।" माँ-बेटे के बीच यह सारा संवाद कुछ पल के

लिए फुसफुसाहट में हुआ। ख़ैर, अपनी अम्मा की ज़िद पर सनी ने जतिन चक्रवर्ती का चरण स्पर्श तो कर लिया पर अम्मा से नाराज़ हो वह सीधे गाड़ी में जाकर बैठ गए। जतिन चक्रवर्ती से कुछ पल की औपचारिक बातचीत कर उषा जब केक लेकर गाड़ी में लौटीं, तो सनी के चेहरे की नाराज़गी वे ताड़ गईं।

"तुम नाराज़ क्यों हो?" उषा ने पूछा।

"तुमने मुझे उस आदमी को प्रणाम करने की ज़िद क्यों की?" सनी की आवाज़ में खीज थी।

"पर तुम बताओ कि उस केस में जीत किसकी हुई? पराजित व्यक्ति को ज़्यादा इज़्ज़त देनी चाहिए बेटे! इससे उस आदमी के मन का नासूर सूखता है।" उषा ने सनी से कहा। और इस तरह जतिन चक्रवर्ती से रिश्ते का निर्वाह उषा ने हमेशा किया।

फरीदाबाद में रह रही उनकी बेटी की जब रहस्यमय परिस्थितियों में हत्या हो गई, तो ख़बर सुनते ही उषा फ़ौरन उनके घर गईं। भाव विह्वल जतिनबाबू की आँखें झरझरा उठीं। वे बोले, "उषा! कतो किछु आम्रा कोरेछी, किंतु तुमि सब भूले, आमार मेये मोतो एशेछो।" बाद के वर्षों में तो वे जतिनबाबू के परिवार की बेटी सरीखी हो गई थीं। जतिनबाबू या उनकी पत्नी लिली चक्रवर्ती की अस्वस्थता की जब कभी उषा को जानकारी मिलती, सारे काम छोड़ वे उनके पास जातीं। हर वर्ष दुर्गापूजा में जतिनबाबू और उनकी पत्नी के लिए उषा की तरफ़ से धोती-कुर्ता व साड़ी का उपहार जाता ही था। पर जतिन चक्रवर्ती भी एक थे। वे आख़िर तक ग़ाहे ब ग़ाहे मुस्कराकर उषा से यह कहने में नहीं चूकते थे कि, "उषा! आइ एम फ़ॉण्ड आव यू। बट डोंट लाइक यॉर पॉप म्यूज़िक।" उनके इस अन्दाज़ पर उषा हँस पड़तीं।

अपने अक्खड़ स्वभाव के कारण ही जतिन चक्रवर्ती को ज्योति बसु की सरकार के मंत्री पद से त्यागपत्र देना पड़ा था। पश्चिम बंगाल की वाम मोर्चा सरकार में 'रिवॉल्यूशनरी सोशलिस्ट पार्टी' (आर.एस.पी.) भी घटक दल के रूप में शामिल थी। जतिन चक्रवर्ती आर.एस.पी. के वरिष्ठ नेता व विधायक थे। वे अपने दल की तरफ़ से ज्योति बसु की सरकार में मंत्री रहे। जतिन चक्रवर्ती ने मुख्यमंत्री ज्योति बसु पर सीधा आरोप लगाया था कि वे 'बंगाल लैंप्स वर्क्स लिमिटेड' को भारी मात्रा में फ़्लोरोसेंट ट्यूब्स की आपूर्ति का आदेश लगातार इसलिए दे रहे हैं ताकि उनके पुत्र चन्दन बसु के व्यवसाय का हित सिद्ध हो सके। जतिन चक्रवर्ती ने कहा कि वर्ष 1979 तक मुख्यमंत्री के पुत्र इसी कम्पनी में कार्यरत थे। पश्चिम बंगाल

सरकार में यह पहला मौक़ा था जब इस सरकार के एक मंत्री ने सीधे मुख्यमंत्री को आड़े हाथों लिया था। ज़ाहिर है कि मुख्यमंत्री ज्योति बसु इससे बुरी तरह परेशान थे। आख़िरकार फ़ॉर्मूला निकाला गया कि या तो जतिन चक्रवर्ती अपने बयान पर खेद प्रकट करें, या मंत्री पद से त्यागपत्र दें। जतिन चक्रवर्ती ने त्यागपत्र देना पसन्द किया। जिस दिन उन्होंने त्यागपत्र दिया, उषा उनके यहाँ गईं और कहा, "दादा! यह क्या किया आपने?"

"उषा! तुम्हारे केस में कोर्ट ने मुझे फटकारा था। पर मेरे इस्तीफ़े पर मुझे कोई नहीं फटकारेगा।" जतिन चक्रवर्ती ने मुस्कराकर कहा।

मल्लिगै पू-मल्लिगै पू

बाती नेइ...बाती नेइ
कोलकाता ते बाती नेइ
गानेर शोहोर
प्राणेर शोहर
शोहोर ओनुपमा
एइ नोगोरी, आमार काछे
रूपेर तिलोत्तमा...

इस बांग्ला गाने के संग वर्ष 1993 में उषा के बांग्ला गानों का यह वह चर्चित एलबम था, जिसका संगीत राहुलदेव बर्मन ने दिया था। सिने जगत में 'पंचमदा' के नाम से मशहूर आर.डी. बर्मन का निधन 4 जनवरी, 1994 को हुआ था। सन् 1980 तक पंचमदा का जादू बॉलीवुड के सिर-आँखों पर चढ़कर बोलता रहा था। उसके बाद लगभग डेढ़ दशक तक उनका सितारा गर्दिश में रहा। उनके गुज़रने के लगभग साढ़े तीन महीने बाद 15 अप्रैल, 1994 को एक फ़िल्म '1942 : अ लव स्टोरी' रिलीज़ हुई थी। इस फ़िल्म के संगीत निर्देशक आर.डी. बर्मन थे। रिलीज़ होने के साथ ही इस फ़िल्म के गानों ने धूम मचा दी थी। यह पंचमदा का ही जादू था कि गुज़रने के बाद भी अन्ततः वे मधुर गूँज देते गए। आम धारणा बनी कि पंचमदा का आख़िरी काम था—'1942 : अ लव स्टोरी'। पर जाननेवाले जानते हैं

कि पंचमदा ने अपना अन्तिम संगीत उषा उथुप के बांग्ला गानों के एलबम 'बाती नेइ' में दिया था। इसलिए यह एलबम आज तक उषा के मन के सबसे क़रीब है। इस एलबम में एक से एक गाने हैं। जैसे...'प्रेम पोरे जाइ बाबा...' उषा के मन में आज भी अक्सर अनायास थिरक जाता है। उषा मानती हैं कि पंचमदा संगीत के अनुशासन में नहीं, आलिंगन में रहते थे। उनके पास एक अलौकिक सूत्र था, जो धुन बनाने के दौरान और गहन हो जाता था। पूरी स्वच्छन्दता से वे संगीत में रमे रहते और ध्वनियों के इन्द्रजाल में डुबकियाँ लगाते हुए इन्द्रधनुषी धुन के संग प्रकट होते थे। वे गम्भीर श्रोता थे। आवाज़ को माँजने का अनूठा हुनर उनके पास था। उषा नहीं भूल पातीं 'बाती नेइ' की रिकॉर्डिंग के अपने अनुभव को। पंचमदा यह कहकर उषा की तारीफ़ करते नहीं अघाते थे कि 'उषा वन टेक सिंगर' हैं और उषा मुस्कराकर कहती थीं, "मेरे पास और कोई उपाय नहीं दादा! मैं लाइव सिंगर हूँ, जिसको बार-बार टेक नहीं मिलता।" पर 'बाती नेइ' की रिकॉर्डिंग में पंचमदा ने उषा को टोका, "ओ उषा! डर-डर के क्यों गा रही हो...चबा-चबा के दिलेरी से गाओ...! बाती नेइ...बाती नेइ...कलकत्ता ते बाती नेइ...! दिन दुपुरे ज्योति आछे...रात्ति रे तो बाती नेइ...! चबाकर पूरी हिम्मत-हुमक से गाओ।" इस एलबम के दूसरे गाने 'प्रेमे पोरे जाइ बाबा' को लेकर भी राहुल देव बर्मन ने यही कहा—'चबाकर गाओ'। उनके लगातार के इसरार पर उषा ने गाया और रिकॉर्डिंग के बाद जब उषा ने वे गाने सुने, तो उनका भी दिल बेहद ख़ुश हुआ। पर उनके मन में इस एलबम के कुछ गानों को लेकर जो आशंका थी, वह एलबम रिलीज होने के साथ ही सच साबित हुई। कलकत्ता के अख़बारों ने अगले ही दिन प्रथम पृष्ठ पर सुर्ख़ियाँ दीं—'उषा लैम्पूंस द रेड बैस्टिअन।' यानी लाल गढ़ पर उषा की चोट! स्मरणीय है कि उन दिनों पश्चिम बंगाल में वाम मोरचा की सरकार थी और ज्योति बसु मुख्यमंत्री थे। उषा के गाने में कलकत्ता के बिजली संकट को लेकर गाने की पंक्ति में यहाँ तक था—'दिन दुपुरे ज्योति आछे...रात्ति रे तो बाती नेइ।' अख़बारों में लगातार दो दिनों तक इसको लेकर ख़बरें छपती रहीं। उषा को लगा कि कहीं वाक़ई सरकार की भृकुटि न तन जाए। वामपंथियों के तेवर से वे सुपरिचित थीं। कलकत्ता में उषा का स्थायी बसेरा है। लिहाज़ा, एहतियातन उषा ने मुख्यमंत्री ज्योति बसु से मिलने का समय माँगा। उन्हें समय दिया गया। उषा ने ज्योतिबाबू से कहा, "दादा! इसके पहले कि मेरे इन गानों को लेकर कोई दूसरा आपसे मेरे विरुद्ध कहे, मैंने सोचा मैं ख़ुद ही आपसे मिलकर स्थिति स्पष्ट कर दूँ।"

"कोई बात नहीं। तुम्हारे एलबम की इसी बहाने ज़ोरों से पब्लिसिटि तो हो रही है।" ज्योतिबाबू ने शालीनता से बात टालते हुए कहा, "कला पर कभी पाबन्दी नहीं लगानी चाहिए। और पंचम पुराना नटखट है।" ज्योति बसु हँस पड़े।

वाक़ई बालसुलभ चपलता से छलकते थे राहुलदेव बर्मन—याद करती हैं उषा। विनोदप्रियता उनमें अद्भुत थी। तेज़ रफ़्तारवाली कारें और बेहतरीन परफ़्यूम के वे दीवाने थे। पूरा बर्मन परिवार ही बेहद अभिजात व सुरुचिपूर्ण था। उषा याद करती हैं राहुलदेव बर्मन की परम स्नेही माँ मीरादेव बर्मन से जुड़ी अपनी स्मृतियों को। मीरा दासगुप्ता, जो दिग्गज संगीत निर्देशक सचिनदेव बर्मन की पत्नी बनने के बाद मीरादेव बर्मन नाम से ख्यात हुईं, बांग्ला फ़िल्मों की एक अच्छी गीतकार थीं। चर्चित संगीतकार के.सी. डे (मन्ना डे के चाचा) और भीष्मदेव चट्टोपाध्याय से उन्होंने संगीत की विधिवत दीक्षा ली थी। मीरा गाती भी बहुत अच्छा थीं। अपने पति सचिनदेव बर्मन के कई मशहूर गानों के संगीत में उनका बड़ा योगदान था। उषा याद करती हैं कि वे कितने स्नेह-लाड़ से उनसे मिलती थीं। पर अपने एकलौते बेटे राहुलदेव बर्मन के वर्ष 1994 में गुज़र जाने के बाद वे सदमा झेल न सकीं और बिस्तर से जा लगीं। लिहाज़ा, बतौर राहुलदेव बर्मन की पत्नी आशा भोंसले ने 92 वर्षीया मीरादेव बर्मन को उनके बँगले से ले जाकर 'शरण' नामक वृद्धाश्रम में रखवा दिया। इस बात की जब चारों तरफ़ भर्त्सना होने लगी, तो उन्हें फिर उनके बँगले में वापस लाया गया। वर्ष 2007 में मीरादेव बर्मन चल बसीं। बर्मन परिवार से अपने स्नेह-सूत्र को स्मरण कर उषा विह्वल होती हैं। 'एक दो चा चा चा' और 'शान से' का उनका चिर स्मरणीय गान राहुलदेव बर्मन का अवदान है। इन दोनों गानों का संगीत उन्हीं का दिया हुआ है। फ़िल्म 'शालीमार' में अरुणा ईरानी पर फ़िल्माया गया गाना 'एक दो चा...चा...चा' सुनकर उस समय लोगों ने कहा था कि इस गाने को गाना आशा भोंसले के वश की बात नहीं थी। फ़िल्म 'शान' में शकाल के सन्दर्भ में उषा का गाया 'दोस्तों से प्यार किया, दुश्मनों से बदला लिया...जो भी किया...हमने किया शान से'—उस ऐक्शन थ्रिलर फ़िल्म का थीम सॉन्ग बन गया।

उषा को एक से एक दिग्गज फ़िल्म संगीत निर्देशकों के संग काम करने का अवसर मिला। शंकर-जयकिशन, आर.डी. बर्मन, लक्ष्मीकान्त-प्यारेलाल, इल्लयाराजा, अनु मलिक, बप्पी लाहिड़ी, शंकर महादेवन, सलीम-सुलेमान और ए.आर. रहमान इनमें प्रमुख हैं। इन संगीत निर्देशकों को अच्छी तरह पता था कि

उषा एक नाइट क्लब सिंगर हैं, इसलिए जब किसी सिनेमा के गाने में पश्चिमी मिज़ाज के गाने की दरकार होती, तो ये लोग उषा को याद करते थे। शुरू में उषा को लेकर लोग धड़ल्ले से कह देते थे कि वे सिर्फ़ अंग्रेज़ी में ही गाती हैं। इसकी वजह थी कि उषा के कई अंग्रेज़ी गाने ख़ासे चर्चित हो चुके थे। मसलन—यू सेट माइ हार्ट ऑन फ़ायर, आइ फ़ील लव, एवरग्रीन, आइ कुड लाइक टू डांस, डांस लिट्ल लेडी, ऐट सेवनटीन और गोइंग आउट ऑव माइ हेड आदि उनके लोकप्रिय गाने थे, जिससे उनकी अंग्रेज़ीदां छवि बन गई थी। पर उषा मात्र अंग्रेज़ी गानों तक ही सीमित नहीं थीं। धीरे-धीरे अधिकांश संगीत निर्देशक इस बारे में भी जब आश्वस्त हो गए कि हिन्दी-अंग्रेज़ी के अतिरिक्त तमिल, तेलुगु, कन्नड़, मलयालम व कोंकणी आदि भारतीय भाषाओं पर भी उषा की अच्छी पकड़ है, तो इन भाषाओं की फ़िल्मों के गानों के लिए भी उन सबने उषा को लगातार मौक़ा देना शुरू कर दिया। इल्लयाराजा, ब्रिटो माइकल, धरन, शारथ और के.वी. महादेवन सरीखे दक्षिण भारतीय फ़िल्मों के अनेक संगीतकारों के गाने उषा ने गाये। दक्षिण भारतीय फ़िल्मी गानों में भी उषा ने फ़्यूज़न का जादू बिखेरा। वे ख़ुद कहती हैं कि "फ़्यूज़न की मैं जीती-जागती उदाहरण हूँ। मैं परिधान शुद्ध पारम्परिक अन्दाज़ में पहनती हूँ लेकिन गाती अलग तरीक़े से हूँ। यही तो फ़्यूज़न है।" उषा मुस्कराते हुए निष्कर्ष देती हैं, "फ़्यूज़न एक विस्तृत फ़लक़ है।" ज़ाहिर है कि इस दुर्लभ फ़्यूज़न-भाव को उषा हमेशा से अपनी शख़्सीयत में निबाहती रही हैं। इसलिए तमिल फ़िल्मों में गाये उनके गाने-वेगम...वेगम...पोगुम-पोगुम (संगीतः इल्लयाराजा), लाइफ़ इज़ द फ़्लावर (संगीत : इल्लयाराजा), हेलो लवर (संगीत : एम.एस. विश्वनाथन), अंडर द मैंगो ट्री (एम.बी. श्रीनिवासन), केट्टु पट्टानम (संगीत : इल्लयाराजा) और सिलै-सिलै थान (संगीत : इल्लयाराजा) आज भी लोकस्मृति में उतने ही हरे-भरे हैं।

उषा जब राहुलदेव बर्मन को संगीत में उनकी आज़ाद ख़याली के लिए याद करती हैं, तो संग-संग दक्षिण भारत के प्रसिद्ध संगीत निर्देशक इल्लयाराजा को उनके कड़े अनुशासन के लिए याद करना नहीं भूलती हैं। मणिरत्नम की चर्चित तमिल फ़िल्म 'अंजली' में इल्लयाराजा का ही संगीत है। इस फ़िल्म के लिये उषा जब 'वेगम...पोगुम-पोगुम' गाने की रिकॉर्डिंग कर रही थीं, तो वे लगातार सचेत रहीं कि थोड़ा भी उन्नीस-बीस न हो। इल्लयाराजा के संग पंचमदा सरीखी आज़ादी दुर्लभ थी। उनका मिज़ाज कुछ ऐसा था कि वे जो निर्देश देते थे, उससे रत्ती भर

दाएँ-बाएँ गाया जाना वे पसन्द नहीं करते थे। न कम न ज़्यादा। हाँ, जब किसी गाने में इल्लयाराजा इस क़िस्म की छूट देते थे कि सिंगर अपने मन से भी कुछ मुरकियाँ लेकर अपने तरीक़े से गाने का मज़ा ले, तब वे पूरी तरह ही आज़ादी दे देते थे। पश्चिमी संगीत और भारतीय लोक संगीत के मुहावरों पर इल्लयाराजा जैसी महारत विरल है। इसलिए उषा मानती हैं कि इल्लयाराजा के संग किसी सिंगर को एक भी गाना ज़िन्दगी में मिल जाए, तो उसके संगीत के लिए वह जीवनबीमा सरीखा है।

मलयालम व तमिल फ़िल्मों के ज़ाबिर संगीत निर्देशक एम.बी. श्रीनिवासन हालाँकि अब दुनिया में नहीं हैं लेकिन उषा संगीत के प्रति उनके समर्पण को याद कर रोमांचित हो उठती हैं। तमिल ब्राह्मण मनमदुरै बालकृष्णन श्रीनिवासन दक्षिण भारतीय फ़िल्म जगत में एम.बी.एस. के नाम से ख्यात थे। इंडियन पीपुल्स थिएटर (इप्टा) के जन्मदाताओं में से वे एक थे। बांग्ला फ़िल्म निर्देशक नेमाई घोष के प्रोत्साहन से वे संगीत निर्देशन की दुनिया में आए थे। उनकी पहली फ़िल्म तमिल भाषा की थी—'पाधाई थेरियुधु पार'। इस फ़िल्म के लिए प्रसिद्ध तमिल गीतकार जयकान्तन ने गाने लिखे थे और संगीत दिया था एम.बी. श्रीनिवासन ने। एम.बी.एस. ने कुछेक तमिल फ़िल्मों में अभिनय भी किया था। इनमें 'अग्रहाराथिल काजुताइ' उल्लेखनीय है। औलिया मिज़ाज के एम.बी.एस. ने कश्मीर के स्वतंत्रता सेनानी डॉ. सैफ़ुद्दीन किचलू की बेटी ज़ाहिदा किचलू से प्रेम विवाह किया था। उनके एक लड़का था—कबीर। दुर्भाग्यवश इन तीनों में से अब कोई भी दुनिया में नहीं है। एम.बी.एस. मात्र 62 वर्ष की उम्र में 9 मार्च, 1988 को चल बसे। ज़ाहिदा 23 अक्टूबर, 2002 को और कबीर का निधन 4 अप्रैल, 2009 को हो गया।

यह एम.बी.एस. ही थे, जिनके निर्देशन में तमिल फ़िल्म 'मधना मल्लिगै' में उषा ने पहली बार तमिल पॉप सॉन्ग गाया था—'मल्लिगै पू', जो हमेशा के लिए सदाबहार हो गया। तमिल फ़िल्म जगत का यह पहला पॉप सॉन्ग था :

मैंगो ट्री...
पप पप्पापप्पापा पप पप्पापाप्पा
अंडर अ मैंगो ट्री
ऑन द बैंक्स ऑव कावेरी
मून बीम्स पीपिंग थ्रू
यू गेव मी अ गारलैंड ऑव स्वीट्स
मल्लिगै पू...मल्लिगै पू...

टेंडर शूट्स ऑव अ गोल्डेन ट्री
रीच् आउट टू द सन
टू रिप्लेस यू इन माइ लाइफ़
ओ हो...हो...हो...हो...हो...
देअर इज़ नन...देअर इज़ नन।
पप्पा पप्पापाप्पापा पाप्पापा पापापा
मैंगो ट्री इज़, इन ब्लॉसम्
द मैंगो ट्री इज़ इन फ्रूट
अंडर द मैंगो ट्री फ़ॉर यू
आइ वेट विद यॉर गारलैंड ऑव स्वीट्स
मल्लिगै पू...मल्लिमै पू!
कम ऑन...
पप पापाप्पा पा
पप पाप्पापाप्पापा
पापाप्पाप पापापा...
मल्लिगै पू...मल्लिगै पू!

एम.बी.एस. के संगीत निर्देशन में उषा ने कई हिट मलयाली गाने भी, मसलन—'आइ एम इन लव', 'पीताम्बरा! ओह कृष्णा' आदि गाये। वैसे, एम.एस. विश्वनाथन, एस.पी. वेंकटेश, एल. बैद्यनाथन, तोमिन थचंकरी, श्याम, शैलेश नारायणन, एलेक्स पॉल, जी. देवराजन और दीपक देब आदि संगीत निर्देशकों के लिये भी उषा ने बेशुमार मलयाली गाने गाये।

तेलुगु गानों में भी उषा की सूची लम्बी है। उनका गाया तेलुगु पॉप सॉन्ग आज तक तेलुगुभाषियों की ज़बान पर है। सुरेन्द्र रेड्डी निर्देशित तेलुगु फ़िल्म 'रेस गुर्रम' का टाइटिल सॉन्ग उषा का ही गाया हुआ है :

रेस गुर्रम...रेस गुर्रम
हे धुम्मू रेपे ऑपरेशन
धामू अपे मासु ऐक्शन
देम्मा रेपे नातु फ़ैक्शन
रेस गुर्रम...रेस गुर्रम।

कन्नड़ गानों का भी उषा के पास बड़ा भंडार है। सुनील कुमार देसाई द्वारा निर्देशित कन्नड़ फ़िल्म 'क्षण-क्षण' वर्ष 2007 में आई थी। संगीत आर.पी. पटनायक का था। उषा उथुप के टाइटिल सॉन्ग ने फ़िल्म की धूम मचा दी :

धिन ताराकातारा, तुम तानाकातारा
क्षण-क्षण
अरियादा मारामा कलादा धरमा
क्षण-क्षण
कलावे सुनका क्षण-क्षण
इल्लेलारू पटाका
क्षण-क्षण।

कन्नड़ सिनेमा के संगीत निर्देशक एस.पी. चन्द्रकान्त का संगीतबद्ध किया 'मुत्ताना मन्निनल्ली' उषा के चर्चित कन्नड़ गानों में एक है। इसी तरह मराठी, बांग्ला, सिंधी आदि अनेक भाषाओं के गाने। सभी भाषाओं के संगीत निर्देशकों के बीच अपनी विनम्रता और सहजता से उन्होंने जगह बनाई। शुरू के दिनों में वे जिन किसी भी संगीत निर्देशक के संग काम करती थीं, तो उन्हें पहले ही बता देती थीं कि, "मैं सारेगामा पा नहीं जानती। संगीत की कोई विधिवत शिक्षा मैंने नहीं ली है। इसलिए अगर गाने में मैं कोई ग़लती करूँ, तो कृपया मुझे तत्काल बताइएगा। आप मुझे बता देंगे कि कौन सा 'नोट' सही नहीं लगा, तो मैं उसे सुधार लूँगी।" इसलिए शंकर-जयकिशन, राहुलदेव बर्मन और लक्ष्मीकान्त प्यारेलाल सरीखे दिग्गज संगीत निर्देशक भी कहते थे कि इतनी ईमानदारी से ऐसा कहनेवाली उषा पहली और एकमात्र सिंगर हैं।

उषा को पक्का अन्दाज़ होता था कि शुरू के पाँच टेक में ही उनकी बात बनती थी। उसमें भी ज़्यादातर पहले टेक में। पर पाँच टेक के बाद वे सहज नहीं रह पाती थीं। इसलिए राहुलदेव बर्मन कहते थे कि, "उषा! तुम वन टेक सिंगर हो।" उषा अक्सर यह ग़ौर करती आईं कि अगर किसी गाने की कोई पंक्ति उनकी प्रस्तुति के अन्दाज़ में अधिक महत्त्वपूर्ण हो रही है, लेकिन गीतकार और संगीतकार की दृष्टि में कोई दूसरी पंक्ति महत्त्वपूर्ण है, तो वे रुक जातीं। उदाहरण के लिए उषा के हिसाब से 'तुम्हें कोई और देखे, तो जलता है दिल' गाने में 'जलता है दिल' पर ज़ोर देना महत्त्वपूर्ण था लेकिन गीतकार व संगीतकार के नज़रिये से 'तुझे कोई और देखे'

पर बल देना था। उषा ने हमेशा वही माना, जो गीतकार-संगीतकार चाहते थे। उषा मानती हैं कि विभिन्न भाषाओं के मानिन्द गीतकारों-संगीतकारों के बीच सीखने की विनम्रता के संग रहकर न सिर्फ़ उन सबसे सीखने को बहुत कुछ मिला, बल्कि उन सबका प्रचुर स्नेह व सम्मान भी मिला। उन्हें याद है, जब वे फ़रहान अख़्तर के निर्देशन की फ़िल्म 'डॉन-टू' का गाना 'है ये माया' की रिकॉर्डिंग कर रही थीं, तो इसके संगीत निर्देशक त्रय—शंकर महादेवन, एहसान नूरानी व लोय मेंडोंसा उनके प्रति किस क़दर सम्मान में रहते थे। दिसम्बर, 2011 में फ़िल्म 'डॉन-2' रिलीज़ हुई थी। इस फ़िल्म के गाने बहुत चर्चित हुए। लोय का भी नाम हुआ। संगीतकार बनने के पूर्व लोय मेंडोंसा बहुत समय तक ए.आर. रहमान की टीम में पिऐनो और की-बोर्ड का मोरचा सँभालते रहे थे। वर्ष 1997 में शंकर, एहसान व लोय ने एकजुट होकर अंग्रेज़ी, हिन्दी, तमिल, तेलुगु और मराठी भाषा में पचास से ज़्यादा साउंड ट्रैक बनाए। ये तीनों बॉलीवुड संगीत जगत के 'अमर-अक़बर-एंथनी' के दुलार नाम से मशहूर हैं। संक्षेप में 'सेल' यानी एस.इ.एल.। 'डॉन-टू' के वास्ते जावेद अख़्तर ने गाना लिखा था :

ना कोई रात है
ना कोई दिन यहाँ
क्या ये अँधेरा है
कि सिर्फ़ है धुआँ
आँखें धोखा खाती हैं
ये किसको पता नहीं
जाने क्या है यहाँ और
जाने यहाँ क्या नहीं
है ये माया...
हीरे जो लगते हैं वो
मुमक़िन है अंगारे हों
चिंगारी लगते हैं जो
हो सकता है तारे हों
आँखें धोखा खाती हैं
ये किसको पता नहीं
है ये माया...

जावेद अख़्तर का लिखा यह गाना जब शंकर-एहसान-लोय के हाथों में आया, तो उन लोगों ने पहले तय किया कि 'डॉन' की तीखी रणनीतियों से सुलगते इस थीम सॉन्ग को किसी भारी आवाज़वाले असरदार पुरुष सिंगर से गवाया जाना चाहिए। दो-तीन लोगों से नमूने के तौर पर गवाया भी गया। पर बात जमी नहीं। आख़िरकार, शंकर-एहसान व लोय ने उषा उथुप से सम्पर्क किया। उषा ने हामी भर दी। रिकॉर्डिंग हुई। वह एक जादू रिकॉर्डिंग थी। फ़िल्म निर्देशक फ़रहान अख़्तर ने ख़ुशी से छलकते हुए गाने की रिकॉर्डिंग के बाद इन शब्दों में ट्वीट किया : "रेकार्डेड अ सॉन्ग विद उषा उथुप फ़ॉर 'डॉन-2'...! ह्वाट अ वॉयस ऐंड ह्वाट अमेज़िंग एनर्जि ऐंड ऐटिट्यूड...अ रॉकस्टार इन अ कांजीवरम साड़ी।"

'मोज़ार्ट ऑव मद्रास' के नाम से मशहूर ए.एस. दिलीप यानी अल्ला रक़्खा रहमान को उषा उस समय से जानती हैं जब वे इल्लयाराजा की टीम में की-बोर्ड पर होते थे। रामगोपाल वर्मा की फ़िल्म 'दाउद' में उषा का गाया टाइटिल सॉन्ग है। इसे संगीत ए.आर. रहमान ने दिया था। उषा मानती हैं कि भारतीय क्लासिकल संगीत, इलेक्ट्रॉनिक म्यूज़िक और देश के पारम्परिक ऑर्केस्ट्रा का जैसा अपूर्व संयोजन ए.आर. रहमान ने किया, वह विरल है। उषा को याद है, जब रहमान ने एक गाना ख़ास तौर से उनके लिए लिखवाया था—'तू बोले ग्लास आधा खाली।' किसी कारणवश जब उषा इसकी रिकॉर्डिंग के लिए समय नहीं निकाल सकीं, तो बजाय किसी और से गवाने के रहमान ने इस गाने को ख़ुद गाया।

अलोकेश बप्पी लाहिड़ी बॉलीवुड के एक ऐसे डिस्को म्यूज़िशियन हैं, जिनका नाम उषा बहुत लाड़-अनुराग से लेती हैं। उनके कई मशहूर गानों का संगीत बप्पी का दिया हुआ है। अस्सी के दशक में बप्पी जब डिस्को संगीत को लेकर धूम-धड़ाके से आए, तो इसका सीधा असर राहुलदेव बर्मन सरीखे संगीतकार पर पड़ा। बप्पी के सांगीतिक मिज़ाज पर उषा की आवाज़ सटीक बैठती थी। फ़िल्म 'प्यारा दुश्मन', 'वारदात' और 'डिस्को डांसर' के लिए उषा के गाये सभी गाने सुपर हिट रहे। इन सभी गानों को संगीत से सँवारा था—बप्पी लाहिड़ी ने। फ़िल्म 'डिस्को डांसर' का गाना 'कोई यहाँ नाचे-नाचे', 'प्यारा दुश्मन' का गाना 'हरि ओम हरि', फ़िल्म 'अरमान' का गाना 'रम्भा हो' और इन सबके भी पहले 'वारदात' के दो गाने 'ना मैं हूँ तेरा-ना तू है मेरी' और 'तू मुझे जान से भी प्यारा है'—सब आज तक अपनी झूम व ख़ुश रंगत के कारण सबके पसन्दीदा गाने हैं। हालाँकि, 'वारदात' के दोनों गाने डुएट थे, जो उषा ने बप्पी के संग गाये थे। बप्पी की पतली आवाज़, उषा की

भारी आवाज़ में ग़ुम-सी होती लगती है। इसलिए इन गानों के हिट होने के बावजूद उषा ने तय किया कि अब बस, वे कभी डुएट नहीं गाएँगी क्योंकि उनकी भारी आवाज़ के संग दूसरी आवाज़ का ठठना मुश्किल है। 'वारदात' के दोनों हिट डुएट का विचित्र मज़ा ये है कि दोनों गानों में स्त्री स्वर और पुरुष स्वर में फ़र्क करना मुश्किल है। ख़ैर, 'वारदात' बॉक्स ऑफ़िस पर एक सफल फ़िल्म साबित नहीं हुई लेकिन अपने असंख्य स्टेज शो में इन गानों को गाकर उषा ने इन्हें लोक मन में अंकित कर दिया। फ़िल्म 'प्यारा दुश्मन' में कल्पना अय्यर पर फ़िल्माये गए दृश्य में 'हरि ओम हरि' गाना कुछ ऐसा जानदार-शानदार रहा कि कल्पना अय्यर के संग उषा का स्वर अनिवार्य-सा हो गया। हालाँकि, बप्पी लाहिड़ी ने अंग्रेज़ी गाने 'वन वे टिकट' का धुन इस गाने के लिए आयात किया था। यह गाना मूलतः ब्रिटिश डिस्को बैंड 'इरप्सन' का है। पर वह इंटरनेट का युग नहीं था कि लोग दोनों गानों के धुनों का मिलान करते। इसके बाद तो फ़िल्म 'अरमान' में उषा के गाये गाने 'रम्भा हो' पर थिरकती कल्पना अय्यर अविस्मरणीय ही हो गईं। यह फ़िल्म वर्ष 1981 में रिलीज़ हुई थी। उषा के गाने 'रम्भा हो' को आज भी संगीत के दिग्गज 'एज ओल्ड एवर ग्रीन' कहते हैं। ज़ाहिर है कि उषा के दमदार गानों ने कुछ ही फ़िल्मों के साथ कल्पना अय्यर को हेलेन, बिन्दु व अरुणा इरानी सरीखी बॉलीवुड की उत्तेजक अदाकाराओं की क़तार में खड़ा कर दिया था। बप्पी लाहिड़ी के संगीत और उषा के सुर से बना 'रम्भा हो' कल्पना अय्यर पर गोवा के मशहूर रंगारंग 'कार्निवल' उत्सव में फ़िल्माया गया था। बप्पी लाहिड़ी ने 'रम्भा हो' में उत्तेजक धुन दी थी। यह धुन उन्होंने फ्रांस के एक म्यूज़िकल ग्रुप 'द गिब्सन ब्रदर्स' के एलबम 'क्यूबा' से ली थी। वर्ष 1979 में गिब्सन ब्रदर्स का यह एलबम रिलीज़ हुआ था और इसके ठीक दो साल बाद वर्ष 1981 में इसी एलबम के एक सुपर हिट गाने 'के सेरा मी वीडा' की तर्ज़ पर बप्पी लाहिड़ी ने यह गाना पेश किया था। 'के सेरा मी वीडा' का अर्थ होता है—'यह होगा मेरा जीवन! दैट विल बी माइ लाइफ़!' इस गाने को मूलतः नेली बाइल और जीन क्लुगर ने लिखा हुआ है। इस मूल गाने को 'रम्भा हो' की रिकॉर्डिंग के पहले भी कुछेक बार उषा गा चुकी थीं। इसलिए गीतकार इन्दीवर ने जब 'रम्भा हो' गाने को लिखा और बप्पी लाहिड़ी ने बताया कि इसे एकदम 'गिब्सन ब्रदर्स' के अन्दाज़ में गाना है, तो उषा को इसके लिये बहुत ज़्यादा रियाज़ की भी ज़रूरत नहीं पड़ी। आज इस गाने के दशकों बीत जाने के बावजूद बहुतेरे लोगों को इस गाने के मुखड़े की गहनता का शायद ही वह इल्म हो, जो इन्दीवर सरीखे हिन्दी फ़िल्मों

के अनूप गीतकार ने शब्दों में उकेरा था। इस गाने की पहली पंक्ति 'रम्भा हो...रम्भा हो' दरअसल समुद्र मंथन से निकली अनिन्द्य सुन्दरी रम्भा को सम्बोधित है, जिनका आह्वान करने से यौवन हमेशा क़ायम रहता है। यौवन बना रहे, तो रोग-शोक दूर रहते हैं और सभी मनोकामनाएँ पूर्ण होती हैं। इन्दीवर ने हिन्दी में 'रम्भा हो' का जो जादू जमाया, उससे होड़ लेता 'गिब्सन ब्रदर्स' का भी गाना था—'के सेरा मी वीडा':

इफ़ यू शुड गो, गो, गो
इफ़ यू शुड गो, गो, गो
इफ़ यू शुड गो, गो, गो
इफ़ यू शुड गो, गो, गो!
के सेरा मी वीडा
हाउ ऐम आइ गोन्ना लिव विदाउट यॉर लव
इफ़ एवर यू शुड गो?
के सेरा मी वीडा
हाउ ऐम आइ गोन्ना फ़ाइंड माइ वे अलोन
इफ़ एवर यू शुड गो?
हाउ कैन आइ नो ह्वाट आइ वुड डू
इफ़ आइ वाज़ रिअलि लूज़िंग यू, ह्वेन इट इज़ नॉट टू?
हाउ कैन आइ नो हाउ आइ वुड रिऐक्ट
बिफ़ोर आइ हैव टू फ़ेस द फ़ैक्ट ऑव अ ब्रोकेन हार्ट?
इफ़ यू शुड गो, गो, गो!
हाउ कैन आइ सी यू माइल्स अवे
आइ नो टू वेल यू गोन्ना स्टे?
एवरि नाइट ऐंड डे, एवरि नाइट ऐंड डे
यू नेवर नो जस्ट ह्वाट यू हैव गॉट
यू ओनली फ़ील इट मींस अ लॉट
ह्वेन इट्स गोन ऐंड लॉस्ट
इफ़ यू शुड गो, गो, गो!
सो इफ़ यू रीअलि वान्ना सी
द वे माइ लाइफ़ गोन्ना बी
इफ़ यू आर लीविंग मी, इफ़ यू आर लीविंग मी

जस्ट स्लिप अवे ऐंड क्लोज़ द डोर
ऐंड मेक यॉर माइंड एटलिस्ट बिफ़ोर
सेवेन वीक्स ऑर मोर
के सेरा मी वीडा
हाउ ऐम आइ गोन्ना लिव विदाउट यॉर लव
इफ़ एवर यू शुड गो?
के सेरा मी वीडा
हाउ ऐम आइ गोन्ना फ़ाइंड माइ वे अलोन
इफ़ एवर यू शुड गो!

बहरहाल, गिब्सन ब्रदर्स के 'के सेरा, मी वीडा' की तर्ज़ पर गाकर उषा ने 'रम्भा हो' की तो धूम मचा दी पर संग-संग अमेरिकन अभिनेत्री व गायिका डॉरिस डे का गाया एक दूसरा मनभावन गाना 'के सेरा...सेरा' भी वे उसके मूल रूप में हमेशा से गाती रही हैं। यह गाना भी उषा के दिल के बेहद क़रीब है। इस गाने ने ही डॉरिस डे को अन्तरराष्ट्रीय पहचान दी थी। इसका संगीत दिया था अन्तरराष्ट्रीय संगीतकार बर्नार्ड हर्मन ने। हालाँकि, शुरू में डॉरिस डे ने ख़ुद इस गाने को उतना महत्त्वपूर्ण नहीं माना था। वे हमेशा मुस्कराते हुए इस गाने को टाल देती थीं कि 'अरे, ये बच्चों का गाना है।' दरअसल, सस्पेंस थ्रिलर फ़िल्म 'द मैन हू न्यू टू मच' में डॉरिस ने छोटे लड़के को सुलाने के लिए बतौर लोरी इसे गाया था। 97 वर्ष की अवस्था में 13 मई, 2019 को गुज़रीं डॉरिस ने मरते दम तक इस गाने को अपनी सूची में दोयम दर्ज़े पर ही रखा। पर इस गाने का अपना वैश्विक जादू ही कुछ ऐसा था कि वर्ष 1956 में इसे डॉरिस द्वारा गाने के फ़ौरन बाद वर्ष 1957 में दक्षिण भारत के 'मॉडर्न थिएटर' की तमिल फ़िल्म 'अरावल्ली' में इसी गाने की तर्ज़ पर एक सुपरहिट तमिल गाना आया। यह एक डुएट था। तमिल फ़िल्म के नौ साल बाद 'विजय भट्ट मूवीज़' ने तेलुगु में एक फ़िल्म बनाई—'थोडु नीड़ा'। यह एक तमिल फ़िल्म का रीमेक था। एन.टी. रामाराव इसमें हीरो थे। इस फ़िल्म में भानुमती ने बग़ैर एक शब्द का परिवर्तन किए पूरा गाना 'के सेरा...सेरा' गाया। आज भी उषा इस गाने को अपने स्टेज शो में अविकल बड़े आह्लाद से गाती हैं :

ह्वेन आइ वाज़ जस्ट
अ लिट्ल गर्ल
आइ आस्क्ड माइ मदर

उल्लास की नाव

ह्वाट आइ विल बी?
विल आइ बी प्रिटि?
विल आइ बी रिच?
हिअर इज़ ह्वाट शी सेड टू मी
के सेरा, सेरा!
ह्वाटएवर विल बी, विल बी!!
द फ़्यूचर इज़ नॉट आवर्स टू सी
के सेरा, सेरा!
ह्वाट विल बी, विल बी!!
ह्वेन आइ ग्र्यू अप ऐंड फ़ेल इन लव
आइ आस्क्ड माइ स्वीटहार्ट
ह्वाट लाइज़ अहेड
विल वी हैव रेनबोज़
डे आफ़्टर डे...!
हिअर इज़ ह्वाट
माइ स्वीटहार्ट सेड
के सेरा, सेरा!
ह्वाटएवर विल बी, विल बी!!
द फ़्यूचर इज़ नॉट आवर्स टू सी
के सेरा सेरा!
ह्वाट विल बी, विल बी!!
नाउ आइ हैव चिल्ड्रेन
ऑव माइ ओन
दे आस्क देअर मदर
ह्वाट विल आइ बी?
विल आइ बी हैंडसम?
विल आइ बी रिच्?
आइ टेल देम टेंडरली
के सेरा, सेरा!
ह्वाटएवर विल बी, विल बी!!

द फ़्यूचर इज़ नॉट आवर्स टू सी
के सेरा, सेरा!
ह्वाट विल बी, विल बी!!

डॉरिस डे के इस गाने को पसन्द करनेवाला एक विशेष अभिजात श्रोता समूह है, उषा यह जानती हैं। जैसे कि 'मटिल्डा' बहुत चुनिन्दा लोगों की पसन्द है। पर गिब्सन ब्रदर्स के 'के सेरा मी वीडा' की तर्ज़ पर उनका सदाबहार गाना 'रम्भा हो' सबकी पसन्द है। उषा याद करती हैं 'महबूब स्टुडियो' के उन दिनों को जब 'रम्भा हो' की रिकॉर्डिंग के लिए संगीत जगत में पहली बार इको मशीन 'रॉलैंड 601' का उपयोग किया गया था। इस गाने में 'हो...हो...' की अनुगूँज का जादू इसी मशीन के कारण सम्भव हो पाया। पहली बार क्योंकि किसी गाने की रिकॉर्डिंग में इको मशीन का इस्तेमाल हो रहा था, इसलिए साउंड इंजीनियर ब्लैक सीरिल ने उसमें सोलहों कलाएँ लगा दीं। यह ब्लैक सीरिल ही थे, जिन्होंने पहली बार किसी गाने में इको मशीन का प्रयोग किया था। इस गाने के संगीत निर्देशक के रूप में बप्पी लाहिड़ी को भी ख़ासी शोहरत मिली और इसी उत्साह में संगीत निर्देशक ए.आर. रहमान पर एक बार उन्होंने आरोप लगा दिया कि वर्ष 2008 में आई फ़िल्म 'स्लम डॉग मिल्यनेअर' में ए.आर. रहमान के संगीत निर्देशन में बना चर्चित गाना 'जय हो' दरअसल 'रम्भा हो' की तर्ज़ पर है। बप्पी व रहमान में इसको लेकर बात बढ़ती पर उषा समेत बीच के कुछ मित्रों ने पहले ही बीच-बचाव कर दिया। बप्पी लाहिड़ी के लिए उषा कई गानों को लेकर कृतज्ञ हैं। यह बप्पी ही हैं, जिन्होंने पहली बार किसी हीरोइन के लिए उषा को गवाया। फ़िल्म थी वर्ष 1986 में रिलीज़ हुई—'लॉकेट'। इसके निर्देशक थे रमेश आहूजा। इसमें जितेन्द्र व रेखा मुख्य भूमिका में थे। उषा ने रेखा के लिए एक गाना गाया था—'आ मैं गुलबदन'। वर्ष 1990 में बप्पी ने फ़िल्म 'नाकाबन्दी' में भी उषा को श्रीदेवी के वास्ते गाने का अवसर दिया। यह गाना अनजान ने लिखा था : 'नाकाबन्दी-नाकाबन्दी...आका माका...ना का...माका...धूम धूम चाका...चाका...नाकाबन्दी...नाकाबन्दी...आर यू रेडी-आर यू रेडी...नाकाबन्दी नाकाबन्दी!' फ़िल्म 'गॉड मदर' में भी उषा ने शबाना आज़मी के लिए गाया है।

बॉलीवुड की ये फ़ितरत है कि हर क़िस्म की सफलता का रीमेक यहाँ होता ही है। चाहे वह फ़िल्म हो या गाना। वर्ष 1981 में फ़िल्म 'अरमान' में 'रम्भा हो' की अपार सफलता के तीन दशक बाद अगस्त, 2012 में रिलीज़ हुई फ़िल्म 'शीरी फ़रहाद की तो निकल पड़ी' में एक गाना आया—'रम्बा में सम्बा'। और इसे भी उषा

उथुप ने ही गाया। इस गाने के गीतकार थे फ़राज अली और संगीतकार जीत गांगुली। इस फ़िल्म में भरपूर गाने थे। श्रेया घोषाल, नीरज श्रीधर आदि के भी गाने थे। पर न तो फ़िल्म चली, न इसके गाने। थोड़ा-बहुत सुना भी गया, तो उषा का ही गाना :

रम्बा में सम्बा
चाहत में फिर भी तुम
एक यू टर्न ले लो ना।

लुब्बोलुबाब यह कि 'रम्भा हो' का रुतबा अपनी जगह बरक़रार रहा।

हाल-साल में उषा ने वर्ष 2014 में रिलीज़ हुई फ़िल्म 'रिवॉल्वर रानी' और इसके बाद वर्ष 2016 में दो फ़िल्मों 'काफ़िरों की नमाज़' और 'रॉक ऑन-2' के लिए गाया। अप्रैल, 2016 में डिज़िटल तौर पर रिलीज़ राम रमेश शर्मा के निर्देशन में बनी फ़िल्म 'काफ़िरों की नमाज़' में संगीत दिया है अद्वैत नेमलेकर ने। फ़िल्म में उषा का गाया गाना—'ये रात मोनालिसा जैसी संगीन है...आधी ख़ुश, आधी ग़मग़ीन है', उषापन की उत्तेजना व झूम से भरपूर है। शुज़ात सौदागर के निर्देशन में बनी हिन्दी फ़िल्म 'रॉक ऑन-2' 11 नवम्बर, 2016 को रिलीज़ हुई थी। इसमें उषा ने जिस गाने को गाया है उसे लिखा है जावेद अख़्तर और उत्तर-पूर्व के गीतकार किट शैंगपिलांग ने। यह गाना मूलत: ख़ासी लोकधुन पर आधारित है। संगीत दिया है—शंकर महादेवन, एहसान और लोय ने। वही त्रयी जिसने 'डॉन-2' का संगीत दिया था। उषा ने यह गाना शिलांग के बैंड 'समर सॉल्ट' के संग गाया है। 'होइ किव' का उत्तर-पूर्व की ख़ासी भाषा में अर्थ है—'चलो-चलो।' ख़ासी लोक संगीत की मीठी उमक और उषा की झूम ने 'रॉक ऑन-2' के इस गाने को यादगार बना दिया :

होइ किव
होइ किव
होइ किव!
का देइ का दोरबार शोन्ग
हा लेह, का देइ
का दोरबार बाह
होइ किव, होइ किव, होइ किव!
अधूरे रस्ते, टूटे पुल
थके-थके क़दम

घड़ी-घड़ी है ज़ुल्म
और घड़ी-घड़ी सितम
मिटा दो ये अँधेरे
और मिटा दो सारे ग़म
चलो-चलो के घेरे
मंज़िलों पे डालें हम
होइ किव, होइ किव, होइ किव!

फ़िल्म 'रॉक ऑन-2' के इस गाने के बाद उषा ने फिर कुछेक हिन्दी फ़िल्मों के लिए गाया। एक गोअन फ़िल्म के लिए भी। हालाँकि, ये कुछ फ़िल्में अभी परदे तक नहीं आई हैं। वर्ष 2019 के मध्य में मलयाली फ़िल्म 'लुसिफ़र' में उषा के गाने 'लुसिफ़र एंथेम' ने नये सिरे से धूम मचा दी। इस गाने को दीपक देव ने संगीत दिया है। विश्व स्तर पर रिलीज़ हुई इस राजनीतिक थ्रिलर फ़िल्म में उषा का जलवा सुनते ही बनता है। मुरली गोपी की पटकथा और पृथ्वीराज सुकुमारन के निर्देशन में बनी इस फ़िल्म में मलयाली फ़िल्मों के सुपर स्टार मोहन लाल, मलयाली फ़िल्म जगत की चर्चित अभिनेत्री व कुशल नृत्यांगना मंजू वैरियर समेत कई महत्त्वपूर्ण सितारे हैं। पर इन सबके ऊपर है उषा का 'लुसिफ़र एंथेम' :

एवरि डे इज़ इन द सर्च ऑव
फ़ॉर द थिंग्स ऑल लव
कीप्स ऑन प्लेइंग हाइड ऐंड सीक
आइ लाइटनिंग फ़्रॉम अबव
बिहाइंड द क्लाउड इन द स्काइ
यू आर द वन
देन आइ रियलाइज़ माइ लव
यू आर द सन हाउ डिड यू द ट्रुथ
जस्ट स्टैंडिंग कनफ़्यूज़न
आर यू फ़ॉर रिअल ऑर
जस्ट अ मीराज़
आइ लिव फ़ॉर यू
आइ वेट फ़ॉर यू

लिव् फ़ॉर यू
डाइ फ़ॉर यू
यू आर द वाटर
वांट फ़ॉरएवर
फ़ॉलेन एंजेल
यू हैव लाइफ़ फ़ॉरएवर
ओह सीकर...

अपने पाँच दशकों के करिअर में उषा ने विविध भाषाओं के संगीत निर्देशकों के संग काम किया और उन सबका असंभार स्नेह पाया। उन सबको उषा जब-जब याद करती हैं, तो बरबस उन्हें लगता है कि वे आम्र-वन में खड़ी हैं। हर्ष और उल्लास से सिहरती। उनके अवचेतन में ख़ुद उनकी अपनी आवाज़ गूँजने लगती है—'अंडर अ मैंगो ट्री...ऑन द बैंक्स ऑव कावेरी...मून बीम्स पीपिंग थ्रू...यू गेव मी अ गारलैंड ऑव स्वीट्स...मल्लिगै पू...मल्लिगै पू...।'

दुनिया से युगलबन्दी

"संगीत ने ज़माने से सारी दुनिया को एक-दूसरे के समीप रखा है।" अक्सर बहुत भरोसे से ऐसा कहनेवाली उषा ने सदैव दुनिया भर के कलाकारों के आदान-प्रदान व एक-दूसरे देशों में लगातार आवाजाही की न सिर्फ़ हमेशा वक़ालत की है, बल्कि कारगर कोशिश भी की है। उनका मानना है कि भारत से दुनिया भर के कलाकारों का आत्मीय लगाव रहा है। अगर ऐसा न होता, तो दिग्गज अमेरिकन सिंगर फ्रैंक सिनाट्रा ने साठ के दशक में 'इंडियन समर' गाकर भारत के लिए अपना लगाव न दिखाया होता। बचपन के दिनों से अपने पसन्दीदा गायक सिनाट्रा के इस गाने को गाकर उषा अभिभूत हो उठती हैं :

समर! यू ओल्ड इंडियन समर!
यू आर द टिअर्
दैट कम्स आफ़्टर जून टाइम्स लाफ़्टर

यू सी सो मेनी ड्रीम्स दैट डोंट कम ट्रू
ड्रीम्स वी फ़ैशंड
ह्वेन समर टाइम वाज़ न्यू
यू आर हिअर टू वाच ओवर
सम हार्ट दैट इज़ ब्रोकेन
बाइ अ वर्ड दैट समबडी लेफ़्ट अनस्पोकेन
यू आर द घोस्ट ऑव अ रोमांस
इन जून गोइंग अस्ट्रे
फेडिंग टू सून
दैट्स वाइ आइ से
फ़ेअरवेल टू यू
इंडियन समर!!

कितनी पीढ़ियाँ गुज़रीं और आज भी भारत के संगीत प्रेमियों में फ्रैंक सिनाट्रा दशकों पहले जैसी गहनता से बसे हैं। अमेरिका के प्रख्यात वायलिन वादक येहुदि मेनुहिन का ही भारत से कितना गहरा लगाव था। यही वजह हुई कि सन् 1966 में येहुदि मेनुहिन और भारत के सिद्ध सितारवादक पंडित रविशंकर ने वायलिन व सितार की अपनी विलक्षण युगलबन्दी का ऐलबम 'वेस्ट मीट्स इस्ट' ब्रिटेन में रिकॉर्ड कराया और वहीं सन् 1967 में रिलीज़ भी किया। इसे ग्रैमी अवार्ड से नवाज़ा गया। आज भी दोनों महान कलाकारों की यह युगलबन्दी बेहतरीन 'चैम्बर म्यूज़िक' का अनुपम उदाहरण है। उषा के मन में इस प्यार की अनन्त सूची है, जिसमें बेशुमार नाम हैं। वे स्मरण करती हैं इंगलिश सिंगर क्रिस मार्टिन और एड शीरन को। इसी तरह स्पेन के सिंगर एनरिक इग्लेसियास और कनाडा के सिंगर जस्टिन बाइबर को। ये सभी कलाकार बारम्बार भारत आकर कार्यक्रम करते रहे हैं। उषा याद करती हैं वर्ष 1996 के उस समय को जब 'किंग ऑव पॉप' के नाम से मशहूर अमेरिकन सिंगर माइकल जैक्सन एक कंसर्ट में मुम्बई आए थे।

उषा यह मानती हैं कि संगीत या कला की कोई भी विधा एक सामूहिक कर्म है। वे पूछती हैं, "क्या ख़ुद एक अकेले, मेरे संगीत से दुनिया सँवर जाएगी? क्या बग़ैर नूरजहाँ और मेहदी हसन की आवाज़ के हम अपनी विरासत का दावा कर सकते हैं? क्या पाकिस्तान की आबिदा परवीन और बांग्लादेश की रूना लैला के बिना हम पूरे हो सकते हैं? क्या ग़ुलाम अली की जगह हमारे ज़ेहन में कोई दूसरा

ले सकता है? कभी नहीं।" उषा मानती हैं कि उनकी कहानी बग़ैर इन सबके पूरी हो ही नहीं सकती।

यही है कला की विश्व सामुदायिकता, जो विश्व बंधुत्व के अमर भाव का रेशमी बन्धन है। कोमल, पर मज़बूत। उषा याद करती हैं कि सन् 1978 में किस स्नेह से केन्या के प्रधानमंत्री जोमो केन्याटा ने उन्हें केन्या की मानद नागरिकता देकर सम्मानित किया था। भारतीय कलाकारों को सारी दुनिया ने हमेशा से सिर आँखों पर रखा है। वे दुनिया भर में फैले भारतीय मूल के उन नामचीन कलाकारों का हवाला देती हैं, जिनके बारे में देशवासियों को पता तक नहीं कि वे सब उनके अंश हैं। मसलन, वर्ष 1982 में आई त्रिश्व ख्याति के निर्देशक रिचर्ड एट्नबर्ग की फ़िल्म 'गांधी' को लोग कैसे भूल सकते हैं। इसमें गांधी की भूमिका में थे—सर बेन किंग्सले! गांधी के किरदार को बेन किंग्सले ने रजतपट पर ऐसा जिया कि वे अविस्मरणीय हो गए। पर आज तक अधिकांश भारतवासियों को यह नहीं मालूम कि इंग्लैंड में जन्मे बेन किंग्सले दरअसल भारतीय मूल के गुजराती परिवार से हैं और उनका वास्तविक नाम कृष्ण पंडित भांजी है। भारतीय मूल के उनके पिता रहीमतुल्लाह हरजी भांजी का जन्म केन्या में हुआ था और वे पेशे से डॉक्टर थे। उन्होंने एक ब्रिटिश अभिनेत्री अन्ना लिना मेरी से विवाह किया था। कृष्ण पंडित भांजी, जो बाद में बेन किंग्सले के नाम से ख्यात हुए इन्हीं के बेटे हैं। 75 वर्षीय बेन किंग्सले ने पचास वर्षों के अपने सिनेमा करिअर में अनगिनत यादगार फ़िल्में कीं, जिनमें 'गांधी' के अलावा 'हाउस ऑव सैंड ऐंड फ़ॉग', 'ह्यूगो', 'आइरन मैन' और 'द जंगल बुक' क्लासिक फ़िल्में हैं। बेन इन दिनों दक्षिण-पूर्वी इंग्लैंड के अपने घर में रहते हैं।

पर एक बेन किंग्सले ही क्या, अमेरिका के मशहूर टेलीविज़न ऐक्टर एरिक अवारी के बारे में ही कितने देशवासियों को पता है कि उनका जन्म पश्चिम बंगाल के दार्ज़िलिंग में हुआ और मूलतः वे पारसी हैं। उनका वास्तविक नाम नरीमन एरूच अवारी है। उन्होंने कई चर्चित फ़िल्में की हैं। मसलन—'द बीस्ट', 'द मम्मी' और 'होम अलोन' आदि। इसी तरह इंग्लिश-अमेरिकन अभिनेत्री गैब्रिएल अनवर, जो फ़्लोरिडा में रहती हैं और कई अन्तरराष्ट्रीय स्तर की फ़िल्में कर चुकी हैं। उनके पिता तारिक अनवर भारतीय मूल के हैं। ब्रिटेन में जन्मी केनेडा की प्यारी अभिनेत्री हन्ना साइमन को भी उषा बड़े स्नेह से याद करती हैं। ये भारतीय पिता और अंग्रेज़ माँ की बेटी हैं। इनकी चर्चित फ़िल्में हैं—'सती शेव्स हर हेड' और 'किलिंग गुंथर' आदि।

इसी तरह तमिल व मलयाली माता-पिता के लड़के एम. नाइट श्यामलन, जिनका मूल नाम मनोज नेल्लियाट्टु श्यामलन है, एक प्रतिष्ठित अमेरिकी फ़िल्मकार व अभिनेता हैं। 'पद्मश्री' और 'नेबुला अवार्ड' से नवाज़े जा चुके श्यामलन की सबसे यादगार फ़िल्म वर्ष 1992 में बनी 'प्रेइंग विद एंगर' है। यह भारत की उनकी स्मृतियों की एक अनुपम फ़िल्म है।

कुछ ऐसी ही कहानी अमेरिकन अभिनेत्री ज़ानीना गाँवकर की है। पेशे से इंजीनियर उनके पिता का नाम है—पी. गणेश गाँवकर और माँ का नाम मोहरा गाँवकर। मोहरा आधी भारतीय व आधी डच हैं। पी. गणेश गाँवकर मूलतः बम्बई के हैं। ब्रिटिश ऐक्ट्रेस जेसिका क्लार्क का हवाला उषा देती हैं, जो भारतीय, आइरिश और नाइज़ीरियन रक्त की मिश्रण हैं। ऐसा ही कुछ अमेरिकन अभिनेत्री अनीता देवी के साथ है, जो एनेट महेन्द्रू के नाम से ख्यात हैं। उनके पिता भारतीय मूल के हैं, माँ रूस की हैं।

उषा का मानना है कि कला का यह अखिल विश्व परिवार उनकी रगों में है। वे कहती हैं कि येहुदि मेनुहिन से लेकर नूरजहाँ और बेन किंग्सले उनकी रग-नस में हैं। इन सबके बग़ैर उषा कोई उषा नहीं। वे इस बात की पक्षधर हैं कि मात्र विदेशों में बसे भारतीय मूल के कलाकार ही नहीं, बल्कि सम्पूर्ण विश्व के कलाकार एक-दूसरे के मुल्कों की धमनियों में पूरे आनन्द के संग आवाजाही करें। समाज और सरकार को भी इसके लिए सचेष्ट रहना होगा। वे कहती हैं कि "इस ऑर्गेनिक फ़्यूज़न की आज वैश्वीकरण के इस दौर में और ज़्यादा ज़रूरत है।" और निष्कर्षतः वे मुस्करा उठती हैं, "इसलिए तो मैं हमेशा कहती हूँ कि आइ ऐम अ कंप्लीट इग्ज़ाम्पल ऑव फ़्यूज़न।" फिर एक निमिष के ठहराव के बाद वे भावुक हो कहती हैं, "यह पूरा जीवन...यह पूरी दुनिया एक मिश्रित संगीत ही तो है।"

युनाइटेड नेशंस में जब उषा शो करने गईं, तो दुनिया भर के देशों के राष्ट्रीय ध्वजों के बीच अपने देश का तिरंगा देख उनके गर्व की सीमा नहीं रही। बेशुमार ध्वजों के बीच अपना तिरंगा उन्हें बहुत प्यारा लगा। ख़ुशी से उनकी आँखें भर आईं। अनुभूति हुई कि इस विशाल वसुंधरा के हम एक महत्त्वपूर्ण अंग हैं। भारतीय ध्वज के संग लहराते नाना देशों के ध्वजों को मंत्रमुग्ध निहारते हुए उन्हें गहरे तक एहसास हुआ कि दुनिया के सभी देश धरती माता के उदर से उत्पन्न सहोदर राष्ट्र हैं। यही है वसुधा का अनुपम कुटुम्ब भाव। उषा के शो को सुनने कोफ़ी हन्नान समेत दुनिया के अनेक दिग्गज उस शाम मौजूद थे।

युनाइटेड नेशंस में शो के वास्ते जाते हुए उषा उद्वेलित थीं। मन में अनेक प्रश्न थे कि पता नहीं वहाँ का श्रोता समूह कैसा होगा। पर शो सम्पन्न करने के बाद वे इस निष्कर्ष पर पहुँचीं कि कलकत्ता के पाड़ा से लेकर युनाइटेड नेशंस तक अन्ततः मनुष्य मन की संवेदना और भावुकता एक-सी है।

युनाइटेड नेशंस के सभागार में एक दिलचस्प वाक़या हुआ। दरअसल, अन्दर प्रवेश करने के पहले उनकी सुरक्षा जाँच के दौरान 'अलार्म' बजने लगा। सुरक्षा जाँच वालों ने उषा से उनकी चाँदी की चूड़ियाँ निकालने का अनुरोध किया। पर चूड़ियाँ निकालने के बावजूद 'अलार्म' का बजना नहीं रुका। सुरक्षा जाँचवालों ने अब नेकलेस व घड़ी उतारने का अनुरोध किया। यह सब उतारने के बाद भी 'अलार्म' की आवाज़ जारी थी। उन दिनों शशि थरूर युनाइटेड नेशंस में ही थे। शशि से उषा का पुराना परिचय था। शशि की माँ लिली थरूर और उनकी बड़ी बहन इन्दिरा का बहुत लगाव था। उषा को सुरक्षा जाँच में परेशान देख शशि भी बेचैन हो उठे थे कि यह हो क्या रहा है? बहुत मगज़मारी के बाद पता चला कि उषा की साड़ी की जड़ी के कारण अलार्म का बजना थम नहीं रहा था। दुनिया में कहीं भी शो करना हो, उषा मंच पर साड़ी में ही अवतरित होती हैं। उषा के शब्दों में, "साड़ी सही मायने में एक ग्लोबल परिधान है। साड़ी के अनेक अवतार हैं। यह मात्र एक वस्त्र ही नहीं, एक पहचान और हमारी भाषा है। यह दरअसल एक स्त्री की आत्मा का परिधान है।" वे मुसककर कहती हैं, "धरती माता अगर इनसानी स्वरूप में आएँ, तो वह साड़ी में ही आएँगी।"

स्टेज क्राफ़्ट

'माइ कर्टेन कॉल्स टीयर्स होम...! हू आर यू...ओह माइ कर्टेन्स...?' स्टेज...! माइक...! रोशनी...! साउंड चेक...! बैक स्टेज...! कोलाहल...! रोशनी की बारिश...! धूम...! झूम...! फिर उत्सव विसर्जन...! सन्नाटा! अन्धकार! मुक्ताकाश या सभागार में बैठे दर्शक कार्यक्रम का आनन्द लेकर निकलने के क्रम में उन कलाकारों को यश देते हैं, जो सुसज्जित स्टेज पर हो रही रोशनी की बारिश में जनसमूह को उल्लसित करने के लिए भरपूर ऊर्जा झोंककर अपनी प्रस्तुति दे चुके

होते हैं। मंच पर प्रस्तुति देने वाले कलाकारों और उनकी टीम के साज़िन्दों को भरसक मान-सम्मान और पारिश्रमिक भी मिल जाता है। पर स्टेज के पीछे और उसके इर्द-गिर्द के वे लोग जो स्टेज-सज्जा से लेकर रोशनी, आवाज़ और बिजली से लेकर तमाम तकनीकी बारीक़ियों के वास्ते बाज की तरह चौकन्ने रहते हैं—और वे लोग जो कार्यक्रम स्थल पर 'वैनिटि वैन' के सरंजाम को दुरुस्त रखने से लेकर कलाकारों के लिए अस्थायी शौचालय तक की व्यवस्था करते हैं—वे हमेशा उपेक्षा के अन्धकार में खोये रह जाते हैं। स्टेज के पीछे और इर्द-गिर्द छोटे-छोटे बहुतेरे काम हैं। मसलन कार्यक्रम स्थल पर कपड़ों की इस्तिरी की ज़रूरत भी अचानक पड़ सकती है, कलाकारों समेत टीम के सभी लोगों को चाय-कॉफ़ी की पूछताछ होती रहे-ये और ऐसे अनेक काम होते हैं।

मंच पर दमकते सितारों के लिये काम करते हुए टीम के ये ग़ैर सितारे कई बार करेंट लगने से जान भी गँवा बैठते हैं। ऊपर चढ़ कर लाइट सेट करने के क्रम में नीचे गिर जाते हैं और जीवन भर विकलांग होने की असहायता से गुज़रते हैं। मंच पर रोशनी की चकाचौंध से दर्शकों को भरपूर चमत्कृत करने के लिए भी इनका काम ख़तरे से ख़ाली नहीं होता। इसके लिए बिजली के तारों के दो जोड़ों के बीच आठ एस्बेस्टस प्लेट फ़िट कर उसमें गन पाउडर डाल दो खुले तारों को फ़्यूज कराना होता है। यह काम ख़तरों से भरा है। पर टीम के साथी इसे हर हाल में अंजाम देते हैं।

अर्से से उषा के मन में अपने इन उपेक्षित और अल्प आयवाले सहयोगियों के लिए कसक थी कि ये सभी साथी जो उन लोगों की सुविधा और रौनक़ के वास्ते जान लगाए रहते हैं, उनके कल्याणार्थ और सम्मानार्थ ज़रूर कुछ किया जाना चाहिए। उन्हें छोटे-छोटे अनिवार्य काम करते रहने वाले ये सभी सहयोगी एक-एक कर याद आते रहे, जो ढल चुकी उम्र के कारण अब यह काम भी करने लायक़ नहीं रह गए हैं। उनका अभाव अब ज़ाहिर है कि उन दिनों से भी ज़्यादा गहरा चुका होगा, जब वे स्टेज के पास सक्रिय होते थे। लिहाज़ा, एक सुदीर्घ गहन मंथन के बाद इन उपेक्षित साथियों के वास्ते वर्ष 2011 में उषा ने 'स्टेज क्राफ़्ट' नामक संस्था के निर्माण की परिकल्पना कलकत्ता में की। इसकी स्थापना हेतु आरम्भिक विमर्श के लिए उन्होंने कलकत्ता संगीत जगत की मानिन्द हस्तियों मसलन 'आशा ऑडियो' की स्वामिनी महुआ लाहिड़ी, 'रिअल रील' इवेंट कम्पनी के मालिक गौतम जैन, इलेक्ट्रॉनिक मीडिया के नामचीन ऑनलाइन एडिटर अनिल कुरियाकोस, 'सैज़िटेअरिअस' नामक पी.आर. कम्पनी के मालिक शीलादित्य चौधरी की एक प्रारम्भिक बैठक बुलाई।

इस बैठक के निष्कर्ष स्वरूप 'स्टेज क्राफ़्ट फ़ाउंडेशन' नामक संस्था की नींव पड़ी। तय किया गया कि प्रति वर्ष स्टेज के पीछे और इर्द-गिर्द महत्त्वपूर्ण योगदान देनेवाले साथियों को न सिर्फ़ सम्मान दिया जाएगा बल्कि यथासाध्य आर्थिक मदद भी की जाएगी। बांग्ला फ़िल्मों के प्रसिद्ध अभिनेता प्रसेनजीत ने भी इस पहल के बारे में सुनकर सहयोग का अपना हाथ बढ़ाया। धीरे-धीरे कलकत्ता सिनेमा जगत और सांस्कृतिक अभियानों से जुड़े लोगों का कारवाँ बढ़ता गया। इस अभियान का सूत्रपात क्योंकि उषा का किया हुआ था, इसलिए इसकी विश्वसनीयता अकाट्य थी। उषा के कारण ही दक्षिण भारत के सिनेमा दिग्गजों ने भी इसमें साथ दिया। समाचार माध्यमों को भी यह सार्थक अभियान बहुत भाया, सो उनका भी भरपूर साथ मिला। आर्थिक अभाव से जूझ रही अपने ज़माने की बेहतरीन कैबरे डांसर शेफाली से लेकर हास्य कलाकारों को प्रशिक्षित करनेवाले दिग्गज सलीम जोकरवाला सरीखे कई विस्मृत-दग्ध लोगों को 'स्टेज क्राफ़्ट' ने न सिर्फ़ भरपूर सम्मानित किया बल्कि यथासम्भव आर्थिक सहयोग भी दिया। उषा की यह पहल देश स्तर पर कलाजगत के लिए प्रेरणा बनी। धीरे-धीरे देशभर की कई संस्थाएँ 'स्टेज क्राफ़्ट' से जुड़ीं। हालाँकि, 'स्टेज क्राफ़्ट' के लिये फ़ंड जुटाना आसान नहीं। सितारों के लिए तो फ़ंड मिल जाते हैं पर इन ग़ैर सितारों के लिए फ़ंड एकत्रित करना लगभग उबड़-खाबड़ पहाड़ पर साइकिल चलाने जैसा है। पर 'स्टेज क्राफ़्ट' मिशन उषा का है, इसलिए उषा का स्वप्न है कि उनके बाद भी 'स्टेज क्राफ़्ट' कभी ठप न पड़े।

अभिनेत्री उषा

बचपन में लोगों की नकल उतारने में उषा का जोड़ नहीं था। नकल के अपने दिलचस्प करतबों का प्रदर्शन ज़्यादातर उषा पठान आंटी के घर करती थीं। हँसी से दोहरी होती पठान आंटी कहतीं, "ये नकलची बन्दर है।" जिस तरह अपने बारे में शुरू में उषा को कहीं से भी कल्पना नहीं थी कि आगे जाकर संगीत ही उनका जीवन होगा, इसी तरह उन्हें इस बात का भी इल्म नहीं था कि वे कभी फ़िल्मों में अभिनय भी करेंगी। पर जीवन के अदृश्य गर्भ में भविष्य के वास्ते उषा के लिए बहुत कुछ था। अभिनय भी।

सबसे पहले वर्ष 1970 में उषा को रजतपट पर आने का अवसर मिला। इस साल 'मर्चेंट आइवरि प्रोडक्शंस' के अन्तर्गत जेम्स आइवरि के निर्देशन में बनी फ़िल्म 'बॉम्बे टॉकी' में उषा के दो गाने आए। 'हरिओम तत्सत' और 'गुड टाइम्स एंड बैड टाइम्स'। इस फ़िल्म में वे बतौर सिंगर उषा अय्यर पर्दे पर आईं। इस फ़िल्म के ठीक एक साल बाद यानी सन् 1971 में फ़िल्म 'बॉम्बे टू गोवा' आई। इसमें फिर वे पर्दे पर बतौर उषा अय्यर 'पाउरिंग रेन' गाती दिखती हैं। उनकी उम्र तब 23 वर्ष थी। इसके बाद एक तमिल फ़िल्म में अभिनेत्री पी. भानुमती के संग 'वांगा सम्बन्धी वांगा' गाते वे रजतपट पर दिखीं। इसके ठीक चार साल बाद सन् 1975 में फिर वे एक तमिल फ़िल्म 'मेलनाट्टु मरूअगल' में आईं। इसमें भी उन्हें सिंगर उषा उथुप के रूप में ही सीधे दिखाया गया। इस फ़िल्म के निर्देशक थे ए.पी. नागराजन और संगीतकार थे इल्लयाराजा व कुन्नाकुडी बैद्यनाथन। फ़िल्म में कमल हासन, शिव कुमार, फ्रेंच अभिनेत्री लॉरेंस पॉर्टेल, जयसुधा, पूर्णम विश्वनाथन और उषा उथुप ने भूमिका निभाई। फ़िल्म में बड़े भाई की भूमिका में शिव कुमार हैं, जिनकी पत्नी फ्रेंच अभिनेत्री लॉरेंस बनी हैं। छोटे भाई की भूमिका में कमल हासन हैं। अभिनेत्री जयसुधा फ़िल्म में कमल हासन की पत्नी के रोल में हैं। यह फ़िल्म दो भाइयों और उनकी पत्नियों के इर्द-गिर्द घूमती है। बड़े भाई ने एक विदेशी से शादी कर रखी है, जो तमिल संस्कृति और परम्पराओं की मुरीद है, वहीं छोटे भाई की पत्नी तमिल होते हुए भी पश्चिमी जीवन की दीवानी है। इस फ़िल्म में कमल हासन का नाम है—राजा! लॉरेंस का इस फ़िल्म में नाम है—मीरा। जयसुधा की भूमिका फ़िल्म में राजा की पत्नी सुधा की है। इस फ़िल्म में भी उषा अपने वास्तविक परिचय यानी पॉप सिंगर के रूप में ही परदे पर आई हैं। एक बड़ा प्यारा-सा गाना वे गाती हुई दिखती हैं :

लव इज़ ब्यूटिफ़ुल
फ़ॉर ऑल मैनकाइंड
लिविंग फ़ॉर लव
इज़ रीज़न ऐंड राइम
देअर इज़ सो मच
फ़ॉर अस टू डू!
व्हाइ डोंट यू स्माइल?
ऐंड सिंग अलॉन्ग टू

लव इज़ अ फ़्लावर
लव इज़ अ ट्रेज़र
व्हेअर इज़ द प्लेज़र?
कम अलॉन्ग हैंड इन हैंड
सिंग अलॉन्ग विद मी
लव इज़ ब्यूटिफ़ुल।

किसी सिंगर के लिए यह एक बड़ा सम्मान है कि सिनेमा के परदे पर अपने वास्तविक नाम व परिचय के संग उन्हें दिखाया जाए। बहरहाल, इस फ़िल्म के ठीक एक साल बाद यानी सन् 1976 में एम. कृष्णन नायर के निर्देशन में तमिल थ्रिलर फ़िल्म 'उरक्कु उज्झइपावन' यानी 'वर्कर फ़ॉर द कंट्री' आई। इसके हीरो तमिल सिनेमा के महानायक एम.जी. रामचन्द्रन थे और हीरोइन थीं—वनीश्री। फ़िल्म में वेन्नीरादइ निर्मला सपोर्टिंग रोल में थीं। इसमें संगीत एम.एस. विश्वनाथन का था। यह फ़िल्म दरअसल सन् 1970 में बनी कन्नड़ फ़िल्म 'बालू बेलागीतू' का रीमेक थी। यह हिन्दी में भी 'हमशक्ल' नाम से बनी। उषा को इसमें 'इट्स इज़ि टू फ़ूल यू' गाते दिखाया गया। इस डुएट गीत में उनके साथ थे—एस.पी. बाला सुब्रह्मण्यम:

इट्स इज़ि टू फ़ूल यू
टू ट्विस्ट ऐंड टर्न यू
कैच मी इफ़ यू कैन
कम ट्राइ! ओह माइ मैन!!

इसके लम्बे अर्से बाद वर्ष 2006 में जाकर उषा की पुरानी मुराद पूरी हुई जब मलयालम फ़िल्म 'पोत्थन वावा' में उषा सुपर स्टार मामूटी की माँ की भूमिका में आईं। यह एक मार्मिक रोल था। इस फ़िल्म में वे अपने वास्तविक नाम व परिचय के संग नहीं; बल्कि बाक़ायदा एक अदाकारा के रूप में परदे पर आईं। इसके कुछ साल पश्चात् आई तमिल की बहुचर्चित रोमांटिक कॉमेडी फ़िल्म 'मनमधन अम्बु' यानी 'कामदेव का बाण'। इस फ़िल्म की मुख्य भूमिका में कमल हासन, माधवन, तृषा और संगीत सरीखे दिग्गज कलाकार थे। कथा कमल हासन की थी और निर्देशन के.एस. रवि कुमार का। उषा इस फ़िल्म में माधवन की माँ की भूमिका में आईं। इस तमिल फ़िल्म के बाद वर्ष 2012 में फिर से वे एक और मलयालम फ़िल्म में आईं। इसका नाम था—'चट्टाकारी'। यह मलयालम की एक

मार्मिक रोमांटिक फ़िल्म थी, जिसके निर्देशक थे सन्तोष सेतुमाधवन। फ़िल्म एक एंग्लो-इंडियन लड़की की कहानी पर केन्द्रित थी, जो एक हिन्दू लड़के के संग प्रेम में है। लड़के को जब एक दिन पता चलता है कि उसकी प्रेमिका गर्भवती हो चुकी है, तो वह उसे छोड़कर चल देता है। लड़की अपने हालातों से जूझती रहती है। यह फ़िल्म दरअसल चर्चित हिन्दी फ़िल्म 'जूली' का रीमेक थी।

बहरहाल, दक्षिण भारत की इन फ़िल्मों के अतिरिक्त उषा ने और भी भाषाओं मसलन बांग्ला व हिन्दी फ़िल्मों में रोल किए। विशाल भारद्वाज के निर्देशन में बनी हिन्दी फ़िल्म 'सात ख़ून माफ़' में वे उस फ़िल्म की नायिका प्रियंका चोपड़ा की गवर्नेस बनी हैं। हालाँकि, इसी फ़िल्म में उनका लोकप्रिय गाना भी है—'डार्लिंग! आँखों से, आँखें चार करने दो...'। फ़िल्म 'रॉक ऑन-टू' में भी उषा ने रोल किया। फिर बांग्ला में बनी एक लघु फ़िल्म 'माँ' में भी उन्होंने माँ की मुख्य भूमिका अदा की है। बांग्ला में ही बनी एक चर्चित फ़िल्म 'बउबैरक्स फ़ॉरएवर' में हालाँकि पुनः वे अपने वास्तविक नाम-परिचय यानी उषा उथुप के रूप में परदे पर दिखीं। इसी तरह एक और लघु बांग्ला फ़िल्म में उन्होंने अकेलेपन से जूझती एक अधेड़ एंग्लो-इंडियन महिला 'डेवी आंटी' की भूमिका की, जो जीवन से फिर भी छलकती होती हैं।

इस तरह बीते दशकों में उषा कई भाषाओं की फ़िल्मों में आईं। पर अपने वास्तविक नाम परिचय के संग यानी पॉप सिंगर उषा उथुप के रूप में आकर उनकी अभिनय की प्यास नहीं बुझी। हालाँकि, लता मंगेशकर को भी बतौर लता इस तरह उषा की भाँति वास्तविक नाम-परिचय के संग परदे पर आने का इतनी बार सौभाग्य नहीं मिला। जबकि अपने पिता हृदयनाथ मंगेशकर के सांगीतिक नाटकों में पाँच वर्ष की उम्र से वे अभिनय करती आई थीं। मास्टर विनायक ने 'नवयुग चित्रपट' की मराठी फ़िल्म 'पहिली मंगला-गौर' में एक छोटी-सी भूमिका उन्हें दी थी। इस फ़िल्म में लता ने 'नटाली चैत्रची नवलई' गाना भी गाया था।

सन् 1945 में विनायक की पहली हिन्दी फ़िल्म 'बड़ी माँ' में लता व आशा ने छोटा-सा रोल किया था। इस फ़िल्म में लता मंगेशकर ने 'माता तेरे चरणों में' एक भजन भी गाया था। सन् 1948 में मास्टर विनायक के गुज़र जाने के बाद संगीत निर्देशक ग़ुलाम हैदर ने लता व आशा को पूरी तरह एक 'सिंगर' के रूप में विकसित किया। इस तरह देखें तो उषा उथुप को सिनेमा के परदे पर वास्तविक नाम-परिचय के संग-संग बतौर चरित्र अभिनेत्री कई फ़िल्मों में आने के अवसर मिले।

वर्ष 2019 में उषा ने राजा राममूर्ति लिखित एक तमिल फ़िल्म 'अच्छम मदम नानम पयिरप्पू' में कमल हासन की बेटी अक्षरा की दादी की भूमिका की। फ़िल्म में अक्षरा कर्नाटक संगीत सीख रही एक लड़की है।

उषा की इन चुनिन्दा फ़िल्मों से दर्शकों को इतना तो अन्दाज़ मिल जाता है कि उषा अगर पूरे तौर पर अभिनय को अपना करिअर बनातीं, तो उसमें भी बेशक सफल होतीं। पर तब पुख़्ता आवाज़ से सुर की नदी में उल्लास की नाव भला कौन खेता!

उषा की रेल चली

'आओ बच्चो खेल दिखाएँ, छुक-छुकवाली रेल चलाएँ, आगे-पीछे, पीछे-आगे, लाइन से लेकिन कोई न भागे, सारी सीधी लाइन में चलना, आँखें दोनों मीचे रखना, बन्द आँखों से देखा जाए, आँख खुले तो कुछ ना पाये, आओ बच्चो रेल चलाएँ...!

धरमपुर-ब्रह्मपुर, ब्रह्मपुर-धरमपुर
मंगलौर-बंगलौर, बंगलौर-मंगलौर
मांडवा-खांडवा, खांडवा-मांडवा
रायपुर-जयपुर, जयपुर-रायपुर
तालेगाँव-मालेगाँव, मालेगाँव-तालेगाँव
नेल्लूर-वेल्लूर, वेल्लूर-नेल्लूर
शोलापुर-कोल्हापुर, कोल्हापुर-शोलापुर
कुक्कल-डिंडिगल, डिंडिगल-कुक्कल
मछलीपट्टनम-भीमनीपट्टनम, भीमनीपट्टनम-मछलीपट्टनम
ओंगोल-नारगोल, नारगोल-ओंगोल
कोरेगाँव-गोरेगाँव, गोरेगाँव-कोरेगाँव
अहमदाबाद-महमदाबाद, महमदाबाद-अहमदाबाद
शोतपुर-जोधपुर, जोधपुर-शोतपुर
छुक-छुक - छुक-छुक
बीचवाले स्टेशन बोले
रुक-रुक - रुक-रुक
रेलगाड़ी...

वर्ष 1968 में एक फ़िल्म हृषिकेश मुखर्जी के निर्देशन में बनी थी, जिसका नाम था—'आशीर्वाद'। इसके निर्माता एन.सी. सिप्पी थे। इसमें संगीत वसन्त देसाई का था और मुख्य भूमिका में थे बॉलीवुड के दिग्गज और सबके प्यारे दादामुनि यानी अशोक कुमार। वसन्त देसाई के पार्श्व संगीत में अंग्रेज़ी, बांग्ला व हिन्दी के विख्यात कवि हरीन्द्रनाथ चट्टोपाध्याय की इस लम्बी बाल-कविता 'रेल गाड़ी' को अशोक कुमार ने जिस विभोर तन्मयता से प्रस्तुत किया, उसे उस ज़माने के दर्शक आज तक नहीं भूले हैं। आज भी उषा हरीन्द्रनाथ चट्टोपाध्याय की इस प्यारी कविता को बीच-बीच में सुन लेती हैं। यह बाल-गीत सुनकर उन्हें लगता है, जैसे अप्पा-अम्मा और अपने सभी भाई-बहनों के संग बचपन के दिनों की तरह रेलगाड़ी में बैठ छुट्टियों में मस्ती काटते हुए वे बम्बई से मद्रास के सफ़र पर हैं। सन् 1968 में जब यह फ़िल्म आई थी, तो मसखरे-मिज़ाज की उषा इस पूरी 'रेलगाड़ी' कविता को अशोक कुमार की अदा में हू ब हू सबको सुनाया करतीं।

दादा मुनि से तो बम्बई में कई अवसरों पर उषा की मुलाक़ातें हो जाती थीं लेकिन उस एक शाम उषा की ख़ुशी का पारावार न रहा, जब उन्हें पता चला कि उनके शो में उन्हें सुनने हरीन्द्रनाथ चट्टोपाध्याय आए हुए हैं। शो ख़त्म होने के बाद उषा ने उन्हें मंच पर सादर आमंत्रित किया और चरण छूकर उनका आशीर्वाद लिया। उस शाम हरींद्रनाथ चट्टोपाध्याय ने उषा को लेकर सभागार में जो कुछ कहा, वे शब्द आज भी उषा के कानों में गूँजते हैं। उन्होंने कहा कि "इस लड़की की आवाज़ में गहरा उल्लास है। यह हमेशा पुष्पित-पल्लवित रहेगी और इसकी आत्मा की गहराइयों का मौन दुख इसे बहुत आगे तक ले जाएगा।"

उषा याद करती हैं कि उस शाम उनकी इस टिप्पणी पर वे भावातिरेक में मंच पर ही झर-झर रोने लगीं। बम्बई के उनके शुरुआती दिनों में ऐसे चार-पाँच मौक़े आए, जब हरीन्द्रनाथ चट्टोपाध्याय उन्हें ख़ास तौर से सुनने उनके कार्यक्रमों में आए। हरीन्द्रनाथ उस दौर के एक बड़े व्यक्तित्व थे। भारत के चुनिन्दा कवियों में उनका नाम शुमार था। बांग्ला व हिन्दी में भी उन्होंने उल्लेखनीय लेखन किया था। विशेषकर हिन्दी में बच्चों के लिए लिखी उनकी कविताएँ आज भी अनमोल हैं। रंगमंच और सिनेमा में भी उनकी एक समान गति थी। कई फ़िल्मों में उन्होंने अविस्मरणीय भूमिकाएँ निभाई थीं। हृषिकेश मुखर्जी निर्देशित फ़िल्म 'बावर्ची' में दादाजी की उनकी सशक्त भूमिका अविस्मरणीय हो गई।

हैदराबाद में जन्मे हरीन्द्रनाथ चट्टोपाध्याय अपनी सगी बड़ी बहन भारत कोकिला सरोजिनी नायडू को अपने जीवन का आदर्श मानते थे। स्मरणीय है कि सरोजिनी नायडू एक भाव प्रवण कवयित्री भी थीं। बड़ी बहन की देखादेखी जीवन के आरम्भिक दौर में हरीन्द्रनाथ को सक्रिय राजनीति में भी अभिरुचि थी। यही वजह हुई कि देश की पहली लोकसभा के लिये हुए चुनाव में हरीन्द्रनाथ विजयवाड़ा संसदीय क्षेत्र से कम्युनिस्ट पार्टी समर्थित निर्दलीय प्रत्याशी के रूप में जीते थे। सन् 1952 से 1957 तक लोकसभा सदस्य के रूप में उनका योगदान महत्त्वपूर्ण रहा।

हरीन्द्रनाथ चट्टोपाध्याय ने भारतीय हस्तकला के क्षेत्र में नवजागरण लानेवाली श्रीमती कमलादेवी से विवाह किया था। मात्र 14 वर्ष की अवस्था में मंगलौर की निवासी कमला का विवाह हो गया था। पर दो साल बाद ही वे विधवा हो गई थीं। हरीन्द्रनाथ चट्टोपाध्याय ने बाल विधवा कमला से विवाह कर एक आदर्श प्रस्तुत किया था। बाद के वर्षों में तेजस्विनी कमला भारत की 'संस्कृति स्त्री' के नाम से ख्यात हुईं। हरीन्द्रनाथ चट्टोपाध्याय व कमलादेवी चट्टोपाध्याय के इकलौते बेटे राम चट्टोपाध्याय थे, जिन्होंने बॉलीवुड में रंगीन फ़िल्मों का सूत्रपात किया था।

उषा को इस बात का गर्व है कि बाद के वर्षों में भी उन्होंने हरीन्द्रनाथ जैसे व्यक्तित्व का अनवरत स्नेह पाया। हरीन्द्रनाथ चट्टोपाध्याय की रचनाएँ उषा के हृदय में बसती हैं। उनकी एक कविता 'द कर्ड सेलर' यानी—दही विक्रेता को वे आज भी अपने स्टेज-शो के दौरान दर्शकों से संवाद करते हुए उद्धृत करती हैं। वे इस कविता की पंक्तियों को सुनाने के पहले कहती हैं कि हर चीज़ की क़ीमत दुनिया में बढ़ गई है लेकिन इनसान का जीवन सस्ता हो गया है। वे 'द कर्ड सेलर' अपनी अदा में सुनाती हैं :

कम टेस्ट दीज़ कड्र्स
कम टेस्ट दीज़ कड्र्स
दे आर ह्वाइट ऐज़ स्नो
दे आर ह्वाइट ऐज़ बड्र्स
कम टेस्ट दीज़ कड्र्स...
दे से द प्राइस ऑव एवरिथिंग

इज़ रिअलि गोइंग हाई
द ओनलि प्राइस
दैट इज़ गोइंग डाउन टुडे
इज़ ह्यूमन् लाइफ़
कम टेस्ट दीज़ कड्र्स।

हरीन्द्रनाथ चट्टोपाध्याय की कविता 'रेलगाड़ी' में पूरा भारत भ्रमण है—उत्तर से दक्षिण भारत तक। बच्चे उस रेलगाड़ी में सम्पूर्ण भारत की परिक्रमा करते हैं। अपने देश की विविधता का आनन्द लेते हैं। देश के बदलते हालात में उषा ने भी अपनी एक 'पीस ट्रेन' बनाई। स्टेज पर संगीत से छलकता 'एकता एक्सप्रेस: द पीस ट्रेन' पेश करने की हसरत उषा में तब और बलवती हो गई जब देश में साम्प्रदायिक, जातीय व प्रान्तीय तनाव रह-रहकर वे भड़कता हुआ देखतीं। उषा की परिकल्पना थी कि स्टेज पर एक ट्रेन का दृश्य वे उपस्थित करें, जो कश्मीर से कन्याकुमारी तक सारे भारत का भ्रमण करती है। इस हाई वॉल्टेज़ शो में ज़ाहिर है कि वे देश की सभी भाषाओं के गाने एक साथ प्रस्तुत करना चाहती थीं। एक-एक गाने सभी भाषाओं के।

इस प्रोज़ेक्ट को क़ामयाब करने के लिए उन्होंने बहुतेरे लोगों से बातें कीं। पर अन्ततः मंगलौर के एक सज्जन एरिक ओसारियो ने सहयोग का हाथ बढ़ाया। उन्होंने 'बैंक ऑव महाराष्ट्र' के चेयरमैन एलेन सी.ए. पेरेरिया से बात की। उनसे मदद की सहमति के बाद शो की तैयारी शुरू हो गई। स्टेज पर पार्श्व में निरन्तर ट्रेन चलने की गूँज के संग पूरा स्टेज रेलवे स्टेशन जैसा बनाया गया। कुछ ऐसे मनोभाव की प्रस्तुति कि आप साक्षात ट्रेन यात्रा कर रहे हों। ध्वनि और रोशनी का भी अद्भुत संयोजन उषा ने कराया। आख़िरकार, वर्ष 2009 में कर्नाटक के मुख्य बन्दरगाह से लगे शहर मंगलौर के विशाल 'सेंट एलॉयसियस कॉलेज सेनटेनेरी ग्राउंड' में उषा ने अपने 'कश्मीर टू कन्याकुमारी एकता एक्सप्रेस' यानी 'पीस ट्रेन' शो को पेश किया। इसमें कश्मीरी, असमिया, हिन्दी, तमिल, तेलुगु, कन्नड़, मराठी समेत 19 भाषाओं में लगातार उषा ने गाने गाये। आरम्भ में 'रघुपति राघव राजाराम' का सौम्य अवलेह और उसके बाद अनवरत साढ़े तीन घंटे तक झूमती बारिश की तरह विभिन्न भाषाओं के गीतों की बौछार। स्टेज पर दोनों तरफ़ भारत का बड़ा-बड़ा नक्शा और ट्रेन जहाँ रुकती-सी लगती है, वहाँ स्टेशन के नामपट्ट के ठीक ऊपर

जलता एक बड़ा-सा बल्ब! दृश्य कुछ यों था कि ट्रेन कश्मीर से खुली। ट्रेन खुलने की आवाज़ के संग कोई एक कश्मीरी कवि कश्मीरी ज़बान में एक कविता सुनाते और पार्श्व में ट्रेन के रफ़्तार की गूँज शुरू हो जाती। फिर कश्मीरी ज़बान में उषा का गाना होता। ट्रेन गुवाहाटी पहुँची और जब वहाँ से खुलने को हुई, तो एक असमिया कवि की कविता का आरम्भ और फिर पार्श्व में चलती ट्रेन की आवाज़ के संग उषा का असमिया गीत। इस तरह देश की उन्नीस भाषाओं के गाने की एकमुश्त ऐंद्रजालिक प्रस्तुति अविस्मरणीय हो गई। 'पीस ट्रेन शो' के अन्तिम चरण में जब वे कर्नाटक व केरल के कुछ हिस्सों में बोली जानेवाली 'टुलु' भाषा में गाती हैं, तो एकदम थइ-थइ हो जाता है :

येक्का साका... येक्का साका
येक्का साका... येक्का साका
येक्का साक्काला...
बाट्टेरिट्टेल्ला...
अक्का पांड्डु... लेप्पुनाकुलु
बाट्टेरिट्टेल्ला...
अक्का पांड्डु... लेप्पुनाकुलु
येक्का साका... येक्का साका
येक्का साक्काला...

यह टुलु गाना दरअसल पहली नज़र के प्यार की मधुर अनुभूति से भीगता गाना है। भारत की विभिन्न भाषाओं के गानों को बादल की तरह उड़ाती-दुलारती उषा अपने 'पीस ट्रेन' यानी एकता एक्सप्रेस की प्रस्तुति में प्रख्यात जादूगर पी.सी. सरकार से कम नहीं लगती हैं। वाक़ई, उनका 'पीस ट्रेन शो' एक अद्भुत सांगीतिक अवधारणा है। गानों की इस लड़ी-झड़ी में उषा कुछ भी छोड़ती नहीं हैं। मसलन 'दम मारो दम', 'दोस्तों से प्यार किया' और 'रम्भा हो' सरीखे अपने मस्त हिन्दी गानों से लेकर डॉ. राजकुमार के कन्नड़ गीत 'हुट्टिडारे कन्नड़ा नाद्दीनाल्ली हुट्टाबेकु' और गोअन संगीतकार क्रिस पेरी के मशहूर अंग्रेज़ी गाने 'नोवरो मुज़ो पोर्थुगाला थावन' तक वे पहुँच जाती हैं। और तब तक ट्रेन आख़िरी स्टेशन कन्याकुमारी पहुँचती है। समापन के मोड़ पर 'सारे जहाँ से अच्छा' और अन्त में राष्ट्रगान 'जन-गण-मन' का जयघोष! जिस तरह भारतीय रेल भारत को कश्मीर से कन्याकुमारी तक जोड़ती

है, उषा विभिन्न भाषाओं के गीतों की माला गूँथकर 'पीस ट्रेन' नामक एकता की माला बनाती हैं। संगीत जगत की वे ऐसी स्त्री हैं, जो भारतीय भाव का जगमग दीप दुनिया के आंगन में जलाती हैं।

जूते का जादू

'ऐज़ आइ वाज़ अ वॉकिंग द अदर डे/आइ पीप्ड इन अ विंडो/जस्ट ओवर द वे/ऐंड ओल्ड ऐंड बेंट/ऐंड फ़ीबल् टू/देअर सैट ऐन् ओल्ड कॉबलर/मेकिंग अ शू/विद अ रैक-अ-टैक-टैक/ऐंड अ रैक-अ टैक-टू/दिस इज़ द वे/ही मेक्स अ शू/विद ब्राइट लिट्ल ऑल्/ही मेक्स अ होल/राइट थ्रू द अपर/ऐंड देन थ्रू द सोल/ही पुट्स इन अ पेग/ही पुट्स इन टू/ऐंड अ हा-हा-हा-हा/ऐंड ही हैमर्स इट थ्रू।'

मोची पर लिखी यह कविता उषा को बहुत अच्छी लगती है। मोचियों के लिए उनका जुड़ाव बचपन से है। जब वे स्कूल में थीं और बीच-बीच में अपने अप्पा से नियमित जेब ख़र्च के अतिरिक्त उन्हें पैसे लेने होते थे, तो वे बिना कहे सुबह उठकर अप्पा के जूते की पॉलिश शुरू कर देती थीं। जूते को पॉलिश से चमकाने में उषा की मेहनत देख अप्पा मुसकाते हुए उषा की अम्मा से कहते थे, "मिन! उषा और कुछ बने न बने, एक अच्छी मोची ज़रूर बन जाएगी।" वैसे, छुटपन में ही कपड़ों पर ठीक से इस्तिरी करना और सिलाई के छोटे-मोटे काम कर लेना भी उषा सीख गई थीं। इसलिए मोची के अलावा उनमें दर्जी व धोबिन बनने की भी प्रतिभा थी। पर क्योंकि अप्पा के जूते को चमकाकर उषा उनका दिल जीतती थीं, इसलिए एक सम्भावित सफल मोची के रूप में वे घर में स्थापित हो चुकी थीं।

वह दिन और आज का दिन—जूतों के लिए उषा का प्रेम लगातार परवान ही चढ़ा है। वर्ष 1969 में जब उन्हें बाएँ पाँव में आंशिक पक्षाघात हुआ था, तब भी पाँव में कैलिपर्स के संग उन्होंने ख़ास क़िस्म से तैयार कराया लेदर का जूता अर्से तक पहना। आज तक उस तक़लीफ़ का किंचित अंश उनके बाएँ पैर में बरक़रार है। लगातार शो के दौरान खड़े होकर गाने में जब उनकी तक़लीफ़ पाँवों में बढ़ती, तो एक दिन उनकी बेटी अंजली ने कहा, "अम्मा! आप शो में भी स्नीकर यानी वॉक करनेवाला जूता पहनिए। इससे आपके पाँवों को राहत होगी।" स्नीकर पहनकर

स्टेज पर खड़े होने में कैसा अजीब लगेगा, उषा उधेड़बुन में थीं कि बरबस उनके भीतर सोया पड़ा 'जे.जे. स्कूल ऑव आर्ट्स' का कलाकार जागा और एक नायाब विचार उनके मन में कौंधा। स्नीकर को अगर सजाकर नफ़ीस कर दिया जाए, तो उनके पाँवों को राहत के संग-संग एक नई बात होगी।

उषा ने कल्पना की कि अगर वॉक वाले अपने पुराने पड़े जूतों पर पुरानी कांजीवरम साड़ियों के जरीदार टुकड़े काटकर चिपका दिये जाएँ, तो ये स्नीकर शाही जूतों की तरह दिखने लगेंगे। इसके लिए एक मोची की आवश्यकता पड़ेगी। उषा ने अपनी गाड़ी के ड्राइवर लखीन्दर महतो से कहा कि वे किसी अच्छे मोची को लेकर आएँ। बिहार के मुज़फ़्फ़रपुर ज़िले के लखीन्दर बीते कई वर्षों से उनके विश्वस्त सहयोगी हैं। लखीन्दर बहुत तलाश कर एक मोची को लाए। संयोग से वह भी बिहार का ही था। उससे बात हुई और उषा ने उस मोची को अच्छी तरह समझाया कि किस तरह पुराने स्नीकर पर कांजीवरम साड़ी के टुकड़ों को चिपकाकर जूतों को एक नया स्वरूप देना है। पर वह मोची अपनी किसी पारिवारिक समस्या में जो घर गया, सो फिर लौटा नहीं। लिहाज़ा, लखीन्दर ने दूसरे मोची को ढूँढ़ना शुरू किया। इस बार भी उसे बिहार के ही दो मोची बंधु—मिश्री दास व सुशील दास मिले। बिहार के नवादा ज़िले के पकड़ी बरामा प्रखंड के जूड़ी गाँव के मूल निवासी मिश्री व सुशील, जो बीत ढाई दशकों से कलकत्ता में मोची का काम कर रहे थे, के लिए उषा से मिलना वरदान साबित हो गया। उषा से सारी बात समझ दोनों भाइयों ने कांजीवरम साड़ी की कतरनों से पुराने स्निकरों का कायाकल्प करना शुरू कर दिया। मिश्री व सुशील को एक जोड़ी जूता तैयार करने में दो दिन लगता था और प्रति जोड़ी जूते वे 500 रुपये लेते थे। इन दोनों भाइयों का काम उषा को भा गया। उषा अब नियमित यही डिज़ाइनर जूते पहनकर स्टेज पर जाने लगीं। इससे देर तक खड़े होकर गाने में जो तक़लीफ़ उन्हें हुआ करती थी, वह लगभग ख़त्म हो गई। शो के बाद महिलाएँ उनसे पूछने लगीं कि इतने शानदार जूते वे कहाँ से मँगवाती हैं? उषा ने मिश्री व सुशील के बारे में सबको बताना शुरू किया कि कैसे इन दोनों भाइयों ने जूतों को लेकर उनकी कल्पना को सच कर दिया। इस तरह दूसरी जगहों से भी मिश्री व सुशील के पास इस तरह के डिज़ाइनदार जूतों के ऑर्डर आने लगे। पर उषा यहीं पर नहीं रुकीं। वे सिरे से जेहादी हैं। मिश्री व सुशील की लोकप्रियता के लिए वे उन्हें वर्ष 2018 में हैदराबाद में आयोजित बहुचर्चित बौद्धिक समारोह 'इंक' में अपने संग विमान से ले गईं। उन दोनों के संग जब उषा ने स्टेज

शो किया, तो मिश्री व सुशील को लोगों ने हाथोंहाथ लिया। स्टेज पर बैठ मिश्री व सुशील डिज़ाइनर जूते तैयार कर रहे थे और उषा गा रही थीं :

ये जूते कलकत्तावाले
देखो साड़ी है मद्रासी
ये चूड़ी है हैदराबादी
और ये दिल है हिन्दुस्तानी।

बहरहाल, इस शो से मिश्री व सुशील चमत्कृत थे। उन्होंने कभी कल्पना भी न की थी कि कलकत्ता के बेलतल्ला (भवानीपुर) की एक तंग गली से उठाकर उषा दीदी उन्हें इस तरह रौशन कर देंगी। पर उषा को इतने से भी सन्तोष न था। मिश्री दास व सुशील के कल्याण के बहाने वे कलकत्ता के मोचियों के उत्थान के अभियान में जुट गईं। इसके लिए देश के माननीय राष्ट्रपति रामनाथ कोविन्द से उन्होंने वर्ष 2019 के अप्रैल मास के अन्तिम सप्ताह में मिलने का समय लिया। माननीय राष्ट्रपति से मिलकर उन्होंने जो ज्ञापन दिया, वह पढ़ने लायक़ है :

सेवा में,
परम माननीय राष्ट्रपति जी,
राष्ट्रपति भवन नई दिल्ली

विषय : महानगर कलकत्ता के अति नगण्य संख्या वाले मोची समुदाय को संरक्षण देने के सम्बन्ध में एक विनम्र प्रार्थना।

आदरणीय महामहिम,

सर्वप्रथम हृदय से आभार कि आपने राष्ट्रपति भवन में दर्शन हेतु अपना अमूल्य समय देने की असीम कृपा की है।

मैं पश्चिम बंगाल के अति नगण्य संख्यक मोचियों यानी चर्मकार समुदाय की करुण स्थिति की ओर आपका ध्यान दिलाना चाहती हूँ।

आप इस तथ्य से सुपरिचित हैं कि चमार यानी चर्मकार समुदाय भारतीय उपमहाद्वीप में पाया जानेवाला एक ऐसा जाति समूह है, जिसे देश की आज़ादी के इतने दशकों बाद भी समाज के सबसे निचले पायदान पर रखा जाता है। पूरे पश्चिम बंगाल में चर्मकारों की संख्या मात्र 1.25 प्रतिशत है। इस समुदाय की स्थिति यहाँ अत्यन्त दयनीय है। उत्तर प्रदेश में जहाँ इन चर्मकारों की आबादी 16 प्रतिशत है,

वहीं पंजाब और हरियाणा में 11-11 प्रतिशत। उत्तर प्रदेश व पंजाब सरीखे प्रान्तों में अपनी संख्या बहुलता के कारण इन प्रान्तों की सत्ता भी इन्हें नज़रअन्दाज़ नहीं कर पाती। इसी समुदाय की माननीया मायावतीजी को चार बार उत्तर प्रदेश का मुख्यमंत्री बनने का सुयोग मिला।

पर पश्चिम बंगाल में सिर्फ़ 1.25 प्रतिशत की आबादी के कारण इस समुदाय की दुरावस्था की परवाह न तो शासन को है, न समाज को।

इस समुदाय की तक़लीफ़ और दुर्दशा ने मुझे बहुत दुखी किया और मैंने इनके लिए अपनी सामर्थ्य-सीमा में कुछ करने की ठानी। कलकत्ता के मोचियों मिश्री दास व सुशील दास आदि के ज़रिये पुराने जूतों का 'रिसाइकिल' करवाकर उसे नई साज-सज्जा में बतौर डिज़ाइनर-शू बाज़ार में बिक्री करवाने का सिलसिला मैंने शुरू किया। बेशक यह एक छोटी शुरुआत है लेकिन आशा रखती हूँ कि भविष्य में यह इन्हें सन्तोषप्रद आर्थिक लाभ देगा। इन चर्मकारों की कला से देश को सुपरिचित कराने के लिए मैं इन्हें अपने संग बाहर के अपने कार्यक्रमों में भी ले गई।

महामहिम!

आपसे सादर अनुरोध है कि कृपया सरकार को समुचित निर्देश दें कि कलकत्ता के मिश्री दास व सुशील दास सरीखे ग़रीब चर्मकारों के जूता 'रिसाइकलिंग' की इस कला को सरकार की एजेंसी हरसम्भव मदद करे। अपनी नियमित 'मोनिटरिंग' में सरकार की एजेंसी इनका यथासाध्य प्रोत्साहन करे। इससे देश के निर्धन चर्मकार समुदाय में एक नव सन्देश जाएगा। आशा है, मेरी प्रार्थना पर आप सहृदयतापूर्वक विचार करेंगे।

सादर।

भवदीया,

उषा उथुप

सत्ता के यादगार मुखड़े

राजनीतिज्ञों से हमेशा दूरी बरतनेवाली उषा अनायास पश्चिम बंगाल के वामपंथी मंत्री जतिन चक्रवर्ती से टकराने को विवश हो गई थीं और अपने

स्वभाव के अनुरूप उस तीखेपन को अन्ततः उन्होंने चक्रवर्ती परिवार के संग स्नेहपूर्ण रिश्ते में परिवर्तित कर दिया। पर सच है कि राजनीतिज्ञों को सदैव दूर से ही देखना उन्हें अच्छा लगा। बचपन के दिनों में प्रधानमंत्री पंडित जवाहरलाल नेहरू को पहली बार उन्होंने इसलिए देखा कि अप्पा नेहरूजी की बम्बई यात्रा को लेकर बन्दोबस्ती की ड्यूटी में थे। उषा के सभी भाई-बहनों ने जब ज़िद की कि वे देश के प्रधानमंत्री को देखना चाहते हैं, तो अप्पा ने भाई-बहनों को ले जाने का इन्तज़ाम किया था। उषा के लिए एक बार और यह गौरवपूर्ण क्षण तब आया था जब उनके भाई शामू को पंडित नेहरू के हाथों से एन. सी.सी. में बेहतरीन कैडेट होने के लिए सर्टीफ़िकेट मिला था। शामू की पीठ थपथपाकर पंडित नेहरू ने हाथ मिलाया था। किशोर वय के शामू जब प्रधानमंत्री से हाथ मिलाकर लौटे, तो उषा ने फ़ौरन शामू से हाथ मिलाया क्योंकि वह हाथ अभी थोड़ी देर पहले प्रधानमंत्री से हाथ मिलाकर आया था।

बचपन में उषा सोचती थीं कि शामू भैया की तरह क्या उन्हें कभी देश के प्रधानमंत्री से इस तरह हाथ मिलाने का अवसर मिलेगा? वर्षों बाद जब उषा का नाम और शोहरत हुई और प्रधानमंत्री श्रीमती इन्दिरा गांधी से उनके मिलने का समय तय हुआ, तो वे छोटी बच्ची की तरह उत्साहित थीं। दरअसल, उषा ने प्रधानमंत्री कार्यालय को पत्र भेजा था कि वे माननीया प्रधानमंत्री को अपने गानों का नया ऐल्बम 'ब्यूटिफ़ुल संडे' भेंट करना चाहती हैं। प्रत्युत्तर में एक दिन श्रीमती गांधी के निकटतम सहयोगी आर.के. धवन का उन्हें फ़ोन आया कि प्रधानमंत्री ने उनके लिए समय की स्वीकृति दे दी है। एक सप्ताह बाद उषा को प्रधानमंत्री से मिलना था और पूरे सप्ताह मारे उथल-पुथल के उषा सो नहीं पाईं। पूरे सप्ताह वे मन ही मन इसी का अभ्यास करती रहीं कि वे इन्दिराजी से जब मिलेंगी, तो क्या-क्या कहेंगी। पहला वाक्य क्या होना चाहिए? बीच का और अन्त का? यानी चलते समय वे प्रधानमंत्री से क्या कहेंगी? उषा ने अपने श्वसुर ब्रिगेडियर सी.सी. उथुप से भी इसको लेकर लगातार मशविरा किया। स्मरणीय है कि सेना से अवकाश ग्रहण करने के उपरान्त ब्रिगेडियर उथुप दिल्ली स्थित 'मॉडर्न बेकरि' में प्रबन्ध निदेशक थे। लगातार सप्ताह भर की मानसिक वर्जिश के बाद उषा ने मन में वह सब कुछ दर्ज किया कि उन्हें प्रधानमंत्री के समक्ष क्या सब कहना है। अपने मन में अंकित इन बातों को फिर उन्होंने लगभग पाँच बार नोट बुक में भी लिखा। वह जनवरी का पहला सप्ताह था जब अपने श्वसुर के

संग उनकी एम्बेसडर कार पर उषा प्रधानमंत्री आवास के लिए निकल पड़ीं। पूरे रास्ते वह चुप थीं और घबराहट में थीं कि अभी कुछ देर बाद जब वह प्रधानमंत्री के सामने होंगी, तो उनकी क्या अनुभूति होगी। वह सुबह का समय था। दिल्ली में कड़ाके की ठंड थी। तक़रीबन 9-10 डिग्री पर तापमान गिरा हुआ था। उषा सिल्क साड़ी में थीं। जब अपने श्वसुर के संग उषा प्रधानमंत्री आवास के अतिथि कक्ष में पहुँचीं, तो धवन महाशय ने उनकी आगवानी की। और कुछ ही क्षण बाद श्रीमती गांधी उनके सामने थीं। इन्दिराजी ने स्नेह से उषा व ब्रिगेडियर उथुप से हाथ मिलाया और बैठने का संकेत किया। उषा उस क्षण को याद करती हैं कि कैसे उनके सात दिनों के रिहर्सल पर पानी फिर गया था, क्योंकि इन्दिराजी को कहने के लिए सोची हुई सारी बातें वे भूल चुकी थीं। श्रीमती गांधी के धपधप उज्ज्वल व्यक्तित्व को उषा एकदम ठगी-सी निहारती रहीं। बात इन्दिराजी ने ही शुरू की, तो उषा जैसे अपने आप में लौटीं। इन्दिराजी ने मुस्कानपूर्ण हैरानी से कहा, "उषा! दिल्ली का टेम्परेचर 9 डिग्री पर आया हुआ है। तुम्हारा शॉल कहाँ है?" उषा कुछ कहतीं कि इन्दिराजी ने अपनी एक सहयोगी को तलब किया और कहा, "उषा के लिए एक बेहतरीन शॉल ले आओ।" उषा भावुक हो रो पड़ीं और कहा, "मैडम! आप बहुत प्यारी हैं।"

इन्दिराजी मुस्करा पड़ीं, "उषा! क्या तुम अपना नया म्यूज़िक ऐल्बम मुझे देना चाहोगी?"

"बेशक! वही भेंट करने तो आई हूँ। पर देखिए न आपसे मिलते ही मैं यह भी भूल गई कि मैं यहाँ क्यों आई हूँ।" उषा अब तक सहज हो चुकी थीं।

"तुमको मैंने 'होटल अशोक' और 'होटल अकबर' में सुना था। मेरे दोनों बेटे भी तुम्हारे गानों को बहुत पसन्द करते हैं।" इन्दिराजी ने अनुराग से कहा। फिर चाय के दौरान जब उषा के श्वसुर ब्रिगेडियर उथुप ने कहा कि वे सिख रेजीमेंट में हुआ करते थे, तो इन्दिराजी ने छूटते हुए कहा, "याद आया! आपसे पहले मेरी एक मुलाक़ात है ब्रिगेडियर।" इन्दिराजी से पन्द्रह मिनट की वह अविस्मरणीय भेंट तीन घंटे यानी एक पूरी फ़िल्म के बराबर थी, जो उषा को लगा कि चन्द सेकेंड में गुज़र गई।

राजीव गांधी से भी कुछ मुलाक़ातें उषा के लिए अविस्मरणीय हैं। उनसे पहली बार उषा दिल्ली के 'होटल ओबेराय' में मिली थीं। उस समय वे राजनीति में नहीं आए थे। 'होटल ओबेराय' में उस शाम राजीव गांधी अपने प्रिय मित्र अमिताभ बच्चन

के साथ आए थे। उषा अपना शो कर रही थीं। अमिताभ कलकत्ता में कभी जानी के मित्र रहे थे, इसलिए उषा उनसे परिचित थीं। गाने के दौरान अमिताभ व राजीव गांधी ने उन तक एक फ़रमाइशी पर्ची भिजवाई, जिस पर लिखा था—मटिल्डा! उषा ने उनकी यह फ़रमाइश पूरी की।

'मटिल्डा' हमेशा उनके लिए एक भाग्यशाली गाना रहा। इसके बाद तो राजीव गांधी से कई बार मिलने का संयोग बना। वर्ष 1976 में श्रीमती गांधी ने उषा को हांगकांग में आयोजित 'इंडियन फ़ूड फ़ेस्टिवल' में भेजा था। उस मौक़े पर राजीव गांधी भी अपनी पत्नी सोनिया गांधी के संग वहाँ पहुँचे हुए थे। हांगकांग के 'हिल्टन होटल' के प्रसिद्ध नाइट क्लब 'इगल्स नेस्ट' में जब उषा शाम के अपने शो के लिए रिहर्सल कर रही थीं, तो राजीव व सोनिया वहाँ पहुँचे। दिन के दस ही बजे थे। रिहर्सल ख़त्म होने के बाद उषा सीधे इस ख़ूबसूरत दम्पती के पास गईं। राजीव गांधी ने मुस्कराते हुए कहा, "हम दोनों अभी आपको ही सुनने आए थे।"

"पर रिहर्सल सुनने से नहीं चलेगा। आप शाम को हमारे शो में आइए।" उषा ने अनुरोधपूर्ण स्वर में कहा।

"मैं? रात के शो में?" राजीव गांधी ने बिहँसते हुए कहा, "उषा! शाम के शो में राजनीति के गिद्ध जुटेंगे। मैं तो उसमें घुट ही जाऊँगा।"

फिर राजीव गांधी से मिलने का कई वर्षों तक संयोग नहीं बना। आख़िरकार उनसे तब मुलाक़ात हुई जब वे प्रधानमंत्री थे। राजीव गांधी से उषा की यह मुलाक़ात मणिशंकर अय्यर ने तय कराई थी। शिमला के एक शो में मणिशंकर अय्यर से उषा की भेंट हुई। मणिशंकर ने कहा कि प्रधानमंत्री से उनके मिलने का समय वे तय कराएँगे। दरअसल, उषा ने मणिशंकर से अपनी कुछ योजनाओं की चर्चा की, तो उन्होंने कहा कि यह प्रधानमंत्री से मिलने पर कार्यरूप पा सकेगा। राजीव गांधी से मिलने का समय निर्धारण मणिशंकर अय्यर ने करा दिया। उषा दिल्ली के 10 जनपथ स्थित प्रधानमंत्री आवास में निर्धारित समय पर पहुँच गईं।

ठीक समय पर राजीव गांधी अपनी बैठक में आए और आनन्द से कुछ क्षण उन प्रसंगों में खोये रहे जब अमिताभ बच्चन के संग दिल्ली के 'होटल ओबेराय' में उन्होंने उषा से विशेष अनुरोध कर 'मटिल्डा' सुना था। चाय की औपचारिकता के दौरान सोनिया गांधी भी बैठकी में आ गईं। राजीव गांधी ने कहा, "मेरे दोनों बच्चे भी आपके गानों के फ़ैन हैं।" राजीव गांधी ने प्रियंका को बुलवाकर उषा से मुलाक़ात कराई। प्रियंका ने बताया कि उनके कौन-कौन से गाने उन्हें बहुत अच्छे लगते हैं।

इन सारी बातों के बाद उषा ने अपनी योजना के बारे में राजीव गांधी को बताया कि जिस तरह जर्मनी में पॉप म्यूज़िक का विश्व स्तर पर बेहद लोकप्रिय कार्यक्रम 'वर्ल्ड टेल' है, उसी तरह अपने देश में दूरदर्शन पर क्यों नहीं भारतीय कलाकारों को जोड़कर पॉप संगीत का एक बेहतरीन कार्यक्रम शुरू कराया जाए। इससे देश की नई पीढ़ी भी दुनिया में छलक रही पॉप संगीत की आनन्द धारा से जुड़ेगी। राजीव गांधी को उषा का सुझाव बहुत पसन्द आया। उन्होंने मंडी हाउस में दूरदर्शन के महानिदेशक को उसी समय निर्देश दिया। इसके बाद ही वर्ष 1985-1986 में दूरदर्शन पर भारतीय पॉप संगीत के बेहद लोकप्रिय कार्यक्रम 'पॉप टाइम' की शुरुआत हुई। इस कार्यक्रम की अवधारणा थी कि छह नामचीन सिंगर इस कार्यक्रम का संचालन करेंगे। हरेक सिंगर को दो से तीन एपिसोड करने को दिया जाएगा। हर एपिसोड में चार से पाँच नये पॉप सिंगर को प्रस्तुत किया जाएगा। उषा ने इस अवधारणा के आधार पर शेरॉन प्रभाकर, पार्वती ख़ान, प्रीति सागर, एलिशा चिनॉय, गुरदास मान, लुइस बैंक्स और स्वयं को शामिल कर एक पूरा पैनल 'पॉप टाइम' के लिए तय किया। इस कार्यक्रम की सराहना सारे देश में हुई। यह कार्यक्रम भारतीय पॉप संगीत के लिये एक मील का पत्थर साबित हुआ।

राजनीतिक दिग्गजों से उषा की ये और ऐसी मुलाक़ातें अनगिनत हैं। चाहे वह पश्चिम बंगाल के मुख्यमंत्री ज्योति बसु से लेकर ममता बनर्जी हों या उनके गृह प्रान्त तमिलनाडु की मुख्यमंत्री जयललिता हों। उषा याद करती हैं विभिन्न भाषाओं पर जयललिता की सिद्धि को। क्या हिन्दी, क्या अंग्रेज़ी, क्या कन्नड़ और तमिल तो तमिल। उषा स्मरण करती हैं कि विभिन्न भाषाओं के उच्चारण को लेकर जयललिता किस तरह सचेष्ट रहती थीं। उषा के भाई श्यामसुन्दर यानी शामू की पत्नी पद्मा की वे सहपाठी रह चुकी थीं। जयललिता से उषा का परिचय तब से था, जब वे तमिल रजतपट की अभिनेत्री मात्र थीं। तमिल फ़िल्मों के सुपर स्टार तथा तमिलनाडु के मुख्यमंत्री एम.जी. रामचन्द्रन उनके 'गॉड फ़ादर' थे। एम.जी. रामचन्द्रन ने अपने जीवनकाल में ही एक तरह से जयललिता को अपना राजनीतिक उत्तराधिकारी घोषित कर दिया था। पर उनके गुज़रते ही जयललिता के विरुद्ध भारी राजनीतिक गोलबन्दी शुरू हो चुकी थी। उस चक्रव्यूह को भेद कर जयललिता अन्ततः तमिलनाडु की मुख्यमंत्री बनने में क़ामयाब रहीं। जयललिता जब पहली बार मुख्यमंत्री बनीं, तो उषा उन्हें बधाई देने ख़ास तौर से मद्रास गईं। उषा के आने

पर जयललिता बेहद ख़ुश हुईं। उषा के संग देर तक उन्होंने बातचीत की। उनके परिवार के सदस्यों का हालचाल लिया, जिनमें कुछेक को वे निकट से जानती थीं। उषा के संग उन्होंने यह अनुभव साझा किया कि एक स्त्री के लिए सत्ता का सन्तुलन साधना कितना दुष्कर है।

बीते दशकों में देश के राष्ट्रपतियों से भी उषा को मिलने का सुयोग हुआ। वर्ष 2011 में राष्ट्रपति प्रतिभा देवीसिंह पाटिल के हाथों 'पद्मश्री' का सम्मान उन्हें मिला। पर डॉ. ए.पी.जे. अब्दुल क़लाम से मिलना सदैव के लिए उषा के मन पर अंकित हो गया। डॉ. क़लाम अपनी स्वलिखित प्रार्थना 'द पीस प्रेयर' को उषा की आवाज़ में रिकॉर्ड कराना चाहते थे। यह सब कुछ 'फ़ाउंडेशन फ़ॉर यूनिटि ऑव रिलिज़ियस ऐंड एनलाइटमेंट ऑव सिटिज़न (फ़्यूरेक)' नामक उस संस्था के माध्यम से वर्ष 2015 में हुआ, जिससे उषा जुड़ी हुई थीं। इस संस्था की ओर से ही डॉ. क़लाम के संग उषा की पहली मुलाक़ात तय कराई गई थी। राष्ट्रपति डॉ. क़लाम से उषा की वह मुलाक़ात अविस्मरणीय हो गई। फिर उनकी प्रार्थना की रिकॉर्डिंग के सिलसिले में उनसे दो-तीन मुलाक़ातें और हुईं। उषा ने जब प्रार्थना का वह वीडियो डॉ. क़लाम को भेंट किया, तो वे बेहद भावुक हो गए। डॉ. क़लाम भले दुनिया में नहीं हैं लेकिन उनके द्वारा लिखित 'शान्ति प्रार्थना' के एक-एक शब्द उषा के स्वर में अजर-अमर हैं :

ओह ऑलमाइटि!!! क्रियेट थॉट्स ऐंड ऐक्शंस/
इन द माइंड्स ऑव द पीपुल/
अबव अ नेशन/सो दे मे लिव
युनाइटेड/मे दे लिव युनाइटेड/ओह
ऑलमाइटि/दिस इज़ माइ प्रेयर/ओह
ऑलमाइटि/हेल्प देम चूज़/
द राइट पाथ/ब्लेस ऑल द पीपुल/
अबव अ नेशन/विद स्ट्रेन्थ्स ऑव
कैरेक्टर/ऐंड अ राइटियसनेस/
ओह ऑलमाइटि! दिस इज़ माइ प्रेयर/
ब्लेस द पीपुल/टू वेलकम प्रिजवरिंस/
आउअर् कंट्री कैन ट्रांसफ़ॉर्म/

इनटु अ प्रॉस्परस ऐंड अ पीसफ़ुल
नेशन ऑन द वर्ल्ड/ओह
ऑलमाइटि...!! हेल्प अस टू
बिलीव।

कितनी कमियाँ, कितने डर

बचपन में ज़किया पठान यानी उषा की प्रिय पठान आंटी कभी भी प्लेट में नमक छोड़ने पर या एक दाना भी नमक कहीं बर्बाद होते देखने पर बहुत नाराज़ होती थीं। वे कहती थीं कि "अपनी ज़िन्दगी में आदमी जितना नमक बर्बाद करता है, मरने के बाद उतने नमक का एक-एक दाना उसे अपनी पलकों पर ढोना पड़ता है। इसलिए खाने के प्लेट में अगर ऊपर से नमक लिया और उसमें कुछ छूट गया, तो उसे पानी में डालकर बर्तन अच्छी तरह साफ़ कर लो पर नमक बर्बाद मत करो।" प्लेट में नमक छूटने या किसी भी तरह से नमक के नुकसान को लेकर उषा इसलिए आज भी डरती हैं। अपने घर में वे चार चीज़ों की कमी सहन नहीं कर सकतीं—पानी, नमक, दूध और अगरबत्ती। इन चारों का नुकसान भी उन्हें असहनीय है।

अपनी कमियों को लेकर हमेशा संगीत निर्देशकों से यह कहनेवाली उषा कि उनके गाने में किसी भी प्रकार की कोई कमी या चूक हुई हो, तो बेधड़क उन्हें बता दें ताकि वे उसे सुधार लें, आज भी समय-समय पर अपनी कमियों और अपने डर का आत्मावलोकन करती हैं।

उषा मानती हैं कि उनमें जो सबसे बड़ी कमी आज तक बनी रह गई है कि वे जल्दी किसी को ना नहीं कर पातीं। हर रिश्ते पर आँख मूँद कर वे तब तक भरोसा करती हैं, जब तक ख़ुद अगला ही न उन्हें धोखा दे कर निकल जाए। उषा कहती हैं कि बाहर से भले वे बहुत ताक़तवर दिखती हैं लेकिन अन्दर से दरअसल में वे कमज़ोर हैं। उन्हें अँधेरे से हमेशा डर लगता है। यही वजह है कि अपने कमरे में वे औरों की तरह रोशनी बुझाकर नहीं सो पातीं। शो के लिए यात्राओं के दौरान जब वे होटल में रुकती हैं, तो रात भर कमरे की रोशनी जलते रहने के संग, टेलीविज़न भी चलाकर रखती हैं। टेलीविज़न चलाकर रखने से उन्हें भरोसा रहता है कि कमरे

में वे अकेली नहीं हैं। और भी लोग हैं। घर में जब कभी बत्ती गुल होती, तो बचपन में अंजली उनसे कहतीं, "अम्मा! डरना मत। मैं अभी मोमबत्ती जलाती हूँ।" हवाई यात्राओं में उन्हें हमेशा डर लगता है कि कहीं कोई दुर्घटना न हो जाए। हालाँकि, कार्यक्रमों को लेकर अत्यधिक व्यस्तता के कारण वे विवशता में हवाई यात्राएँ ही करती हैं। ड्राइविंग से वर्षों पहले उन्होंने तौबा कर लिया। कोचीन स्थित अपने घर के परिसर में एक बार वे ड्राइविंग सीख रही थीं। अचानक बीच में उन्हें लगा कि कुछ गड़बड़ हो रहा है। स्टीयरिंग छोड़ मारे घबराहट के गाड़ी का गेट खोलकर उन्होंने गाड़ी को पाँव से रोकने की कोशिश की। बग़ल में बैठे प्रशिक्षक ने उन्हें सहज करते हुए गाड़ी बन्द कर दी। पर गाड़ी से उतरकर उषा ने क़सम खाई कि अब कभी वे गाड़ी ड्राइव करने का जोख़िम मोल नहीं लेंगी। ज़्यादा पानी से भी वे डरती हैं। डॉक्टरों से भी उन्हें बहुत डर लगता है।

"डॉक्टरों का मैं बहुत सम्मान करती हूँ। पर उनके पास कभी जाने की बात से ही मेरे हाथ-पाँव फूलने लगते हैं। पता नहीं वे क्या कह दें।" छोटी बच्ची की तरह मुसकती हैं उषा।

उषा एक समुद्र-स्त्री हैं। जन-समुद्र से नैसर्गिक लगाव है उनका। पर जन-समुद्र की अपनी विचित्रताएँ भी हैं। विदेश यात्राओं में भी उषा को जन-समुद्र के बीच कुछ अजीबोग़रीब अनुभवों से गुज़रना पड़ा, जिसे वह आज तक नहीं भूल पाई हैं। अस्सी का वह दशक था जब एक बार उषा केन्या की राजधानी नैरोबी में शो करने गई थीं। उनके संग उनकी अनन्य मित्र अनीता सुकुल भी थीं। नैरोबी के इंटरनेशनल कैसिनो में शो सम्पन्न करने के बाद उषा व अनीता सुकुल बाहर निकलीं। कैसिनो के बाजू में होटल था, जहाँ उषा ठहरी हुई थीं। उषा व अनीता आपस में किसी बात पर हँसते-मुस्कराते हुए होटल की तरफ़ बढ़ ही रही थीं कि एक सनकी कोरियन युवक अचानक चीते जैसी फ़ुर्ती से उषा पर टूट पड़ा। इस अप्रत्याशित हमले से उषा गिर गईं। वह सनकी कोरियन युवक जब तक उन पर कोई और वार करता, तब तक लोगों की भीड़ जुट गई और कोरियन युवक को दबोच लिया गया। उषा को फ़ौरन अस्पताल ले जाया गया। उनकी पसलियों में चोट आई थी इसलिए डॉक्टर ने पसलियों को बाँधा। प्लास्टर लगाया। पर उषा भी क्या जीवट की हैं। प्लास्टर रहने के बावज़ूद उन्होंने साड़ी इस तरह पहनी कि प्लास्टर भरसक किसी को न दिखे और अगले दिन नैरोबी में उन्होंने फिर शो किया। हालाँकि, उस दिन से वे इर्द-गिर्द मौजूद अस्वाभाविक हरक़तें कर रहे किसी भी व्यक्ति से पूरी तरह सचेत रहती हैं।

उषा को लिफ़्ट और एक्सलेटर पर भी चढ़ने में बड़ा डर लगता है। एक बार अमेरिका-यात्रा के दौरान हुई घटना को याद कर वे आज भी सिहर उठती हैं। अमेरिका में उषा के कंसर्ट का सीरिज़ था। यानी लगातार कई शो थे। अपनी पूरी म्यूज़िक-टीम के संग उषा न्यूयॉर्क के एक प्रतिष्ठित होटल 'न्यूयॉर्कर' में रुकी थीं। अमेरिका में जहाँ कहीं भी कंसर्ट होता था, वह करके उषा फिर देर रात तक अपनी टीम के संग न्यूयॉर्क स्थित उस होटल में लौट आती थीं। अलग-अलग शहरों में होटल लेकर रुकने से बेहतर था, न्यूयॉर्क के एक होटल में रुककर विभिन्न जगहों पर जाकर कंसर्ट करना और देर रात तक वापस लौट आना। यह व्यवस्था उनकी म्यूज़िक टीम के साथियों के लिए भी सुविधाजनक थी। अमेरिका में कंसर्ट की शृंखला के लिए उषा व उनके सहयोगियों का प्रवास लम्बा था। दरअसल, अमेरिका में मात्र सप्ताहांत में शो करने का चलन है, जब सभी के पास अवकाश होता है। सप्ताह के पाँच कामकाजी दिनों में वहाँ शो का चलन नहीं है। और वहाँ यह सम्भव भी नहीं है। इसलिए उषा के हर शो के बीच पाँच-पाँच दिनों का अवकाश रहता था।

'होटल न्यूयॉर्कर' की व्यवस्था बहुत अच्छी थी। इसकी 26वीं मंज़िल पर उषा का कमरा था। एक सुबह उषा व उनकी म्यूज़िक टीम ने तय किया कि वे लोग दोपहर के भोजन के लिए कहीं बाहर निकलेंगे। दिन के ग्यारह बजे सबका होटल की लॉबी में जुटना तय हुआ। उषा ने अपने साथियों को बताया था कि उनकी बिटिया अंजली की एक दोस्त न्यूयार्क में 'द काठी फ़ैक्ट्री' नामक रेस्तराँ चलाती है। सो सब वहीं चले चलेंगे। उषा भी लिफ़्ट से उतरकर निर्धारित समय यानी ग्यारह बजे दिन में लॉबी में आ गईं। लॉबी में पहुँचकर सहसा उषा परेशान हो उठीं क्योंकि 'द काठी फ़ैक्ट्री' रेस्तराँ का पता वे अपने कमरे में छोड़ आई थीं। लिहाज़ा, उल्टे पाँव वे 26 वें माले स्थित अपने कमरे से वह पता लाने लिफ़्ट में गईं। पर उषा को अन्दाज़ा नहीं था कि एक बड़ा हादसा लिफ़्ट में उनका इन्तज़ार कर रहा है। दरअसल, लगभग दसवें माले पर जाकर लिफ़्ट अचानक थम गई। उषा लिफ़्ट में अकेली थीं। उन्होंने ऊपर-नीचे के कई बटन दबाए। पर लिफ़्ट टस से मस न हुई। बदहवासी में उषा ने लिफ़्ट का आपातकालीन बेल भी बजाया। पर यह भी बेअसर साबित हुआ। परेशानहाल उषा अब अपने मोबाइल फ़ोन से अपने साथियों से सम्पर्क साधने की कोशिश में जुट गईं। पर उनका यह प्रयास भी असफल रहा। उषा के पर्स में होटल 'न्यूयॉर्कर' का की-कार्ड था। इस कार्ड से ही उनका कमरा खुलता था। की-कार्ड पर 'न्यूयॉर्कर' का पता व फ़ोन नम्बर छपा था। उषा ने की-कार्ड

देख अपने मोबाइल से होटल के रिसेप्शन पर फ़ोन किया। उन्हें रिसेप्शन पर बैठी लड़की ने जवाब दिया कि होटल मैनेजर को मालूम हो चुका है कि लिफ़्ट दस मिनट से फँसी पड़ी है। लड़की ने बताया कि लिफ़्ट ख़राब होने के दो-तीन मिनट बाद से ही उसे ठीक करने की कार्रवाई जारी है। रिसेप्शन की लड़की ने फ़ोन रख दिया। बन्द लिफ़्ट में उषा घुट रही थीं। वहाँ हवा की कमी थी। उषा को लगा कि ऑक्सीजन की कमी के कारण बस अगले एक-दो मिनट के अन्दर उनकी जान निकल जाएगी। बढ़ती घुटन से उषा जूझ ही रही थीं कि तभी उनके मोबाइल पर एक फ़ोन आया। उधर से एक स्त्री स्वर था, "मैं इस होटल के मैनेजमेंट से बोल रही हूँ। आप करती क्या हैं?"

"मैं एक सिंगर हूँ।" उषा ने किसी तरह अपना वाक्य पूरा किया।

"जब तक आपके लिफ़्ट का दरवाज़ा खुलता है, क्या आप मुझे एक गाना सुना सकती हैं?" होटल प्रबन्धन की महिला ने कहा।

"यहाँ मेरी जान निकल रही है और आप गाने को कह रही हैं।" उषा लगभग रोने-रोने को हो गईं।

"आप मेरी बात मानिए प्लीज़। कुछ भी, कोई भी गाना सुनाइए।" होटल मैनेजमेंट से जुड़ी महिला ने उन्हें पुचकारते हुए कहा।

"ठीक है।" उषा शुरू हुईं। उन्होंने दो गाने—'साइड बाइ साइड' और 'पाउरिंग रेन' सुनाए।

वे 'पाउरिंग रेन' की आख़िरी पंक्ति पर थीं कि लिफ़्ट के गेट पर 'भन्न-भन्न' की बवंडर सरीखी तेज़ आवाज़ हुई। अगले पल उन्होंने देखा कि उनके लिफ़्ट के एक तरफ़ का गेट काटा जा चुका था। होटल के मुलाज़िम अब उषा को बग़ल के लिफ़्ट पर लाने की तैयारी में कटी लिफ़्ट और सही लिफ़्ट (इस सही लिफ़्ट का भी एक हिस्सा काट दिया गया था) के बीच एक मज़बूत पटरी लगा रहे थे। कटी लिफ़्ट के दरवाज़े के समीप मौजूद होटल मुलाज़िमों ने हाथ बढ़ाया और उषा से अनुरोध किया कि वे कृपया दोनों लिफ़्ट के बीच पट्टे पर पाँव जमाते हुए दूसरेवाली सही लिफ़्ट में आ जाएँ। उषा बुरी तरह घबराई स्थिति में थीं। पर होटल के मुलाज़िमों की लगातार की हौसलाअफ़जाई के बाद वे हिम्मत बाँधकर बीच में रखे पट्टे पर पाँव रखते हुए दूसरी लिफ़्ट में दाख़िल हो गईं। इस तरह जब वे नीचे उतरीं, तो होटल की लॉबी मारे बेचैनी के लोगों से खचाखच भरी हुई थी। उषा को सहज करने के लिए उनकी प्राथमिक चिकित्सा कराई गई। उषा जब सहज हुईं,

तो होटल प्रबन्धन की वह लड़की उनसे आकर मिली, जिसने उनसे लिफ़्ट में गाने को कहा था। उसने मुस्कराकर कहा, "मैंने ख़तरे की आशंका से आपका ध्यान बँटाने के लिए गाने को कहा था।"

बहरहाल, उस हादसे के बाद से आज भी उषा अकेले लिफ़्ट पर चढ़ने से डरती हैं। वे अपने सभी शुभचिन्तकों से कहती हैं कि वे लिफ़्ट में जाते समय अपना मोबाइल अवश्य साथ रखें ताकि किसी मुश्किल में पड़ने पर वे लिफ़्ट से सबको फ़ोन कर अपनी परेशानी कह सकें।

'ज़िन्दगी में कितना कम समय है। इसे हम प्रेम करने के बजाय घृणा में क्यों गँवाएँ'—इस जीवन-दर्शन पर हमेशा चलने वाली उषा मानती हैं कि जो लोग उनके निकट हैं, उन्हें दूसरे भी बाँटें, यह पसन्द न आना उनकी बड़ी कमी है। इस मोह से मुक्त होने के लिए वे हमेशा ख़ुद से संघर्ष करती हैं।

"मैं इबारतों के बीच की अनकही-अनलिखी बातों को भी पढ़ने की कोशिश कर परेशान होती रहती हूँ। अगर जानी या सनी या मेरे कोई स्वजन मुझसे बात नहीं कर रहे हों, तो मैं मन ही मन अटकलें लगाने लगती हूँ कि क्या मुझसे कोई चूक हो गई। जबकि सम्भव है कि वे किसी अन्य कारणवश चुप हों, और जिसका मुझसे कोई लेना-देना न हो। दूसरों के मनोजगत को समझने की अपनी इस अति संवेदनशील बीमारी पर हालाँकि मैंने थोड़ा क़ाबू पा लिया है।" बिहँसती हैं उषा।

सलाई की एक तीली यानी सामी ब्रदर

अपने एक बेटे त्यागराज यानी बाबू के निधन के बाद अम्मा कभी-कभी तरल आँखों से कहती थीं, "उषा! एक रुपया और एक बेटा हो, तो बहुत डर लगता है। वह एक गया, तो आपके पास कुछ भी नहीं रह जाता।" अप्पा के गुज़रने के लगभग पाँच साल बाद अम्मा नहीं रहीं। पर अपने इकलौते बेटे श्याम सुन्दर सामी को लेकर वे बहुत भावुक रहती थीं। अम्मा कहतीं, "उषा! वह सामी ख़ानदान के माचिस की बस एक तीली है।"

श्याम सुन्दर सामी ने 'वेस्टर्न इंडिया मैच कम्पनी' से अपनी नौकरी की शुरुआत की थी। यह स्वीडेन की एक अन्तरराष्ट्रीय माचिस कम्पनी थी। सेमल व

पोपुलर वृक्ष की लकड़ियों से माचिस की नाज़ुक तीलियों के उत्पादन का अनुभव श्याम सुन्दर सामी यानी शामू आज तक नहीं भूले हैं। इस कम्पनी में नौकरी के दौरान वे तक़रीबन तीन साल तक बिहार की राजधानी पटना में रहे और बिहार के चप्पे-चप्पे का भ्रमण किया। बाद के वर्षों में शामू ने 'विम्को' कम्पनी में अपना योगदान दिया और यहीं सी.इ.ओ. के पद से रिटायर हुए। शामू इन दिनों बम्बई में अपनी पत्नी पद्मा के संग रहते हैं। पद्मा और उषा समवयस्क हैं। पद्मा व शामू ने प्रेम विवाह किया था। दोनों बचपन से एक-दूसरे को जानते थे। साथ खेलते-कूदते रहे थे। दोनों दरअसल निकटतम सम्बन्धी थे। शामू के स्वजन अक्सर मुसककर शामू के बारे में कहते रहे हैं कि "यदि विवाह रेखा के अन्त और अँगूठे के मूल में द्वीपचिह्न हो, तो जातक का विवाह किसी नज़दीकी सम्बन्धी से होता है।" शामू को याद है कि उनकी शादी के मौक़े पर एम.एस. सुब्बुलक्ष्मी ने आकर 'झूला' गाया था। दरअसल, पद्मा के पिता एम.एस. सुब्बुलक्ष्मी के पारिवारिक चिकित्सक थे।

पद्मा दरअसल शामू के नाना हाल्लास्य के. नादन की दूसरी पत्नी स्वर्णाम्बल यानी चीन्नी की बड़ी बहन बालाम्बिका की पोती हैं। स्मरणीय है कि हाल्लास्य के. नादन के अपने बड़े भाई वी.एस. सुन्दरेश अय्यर की पत्नी थीं—बालाम्बिका। पद्मा के पिता डॉ. वी.एस. सुब्रह्मण्यम व माँ कमला नादन परिवार के अटूट अंग थे। पद्मा के पिता इ.एन.टी. के नामी चिकित्सक थे और माँ कमला अद्भुत विदुषी थीं। कमला ने 'रामायण', 'महाभारत' और 'श्रीमद्भागवत' का संस्कृत से अंग्रेज़ी में अनुवाद किया था। पद्मा बिहँसकर कहती हैं, "मेरे पिता और उषा की माँ अपने चचेरे भाई-बहन थे।" वे आगे जोड़ती हैं, "और हम सब पन्द्रह चचेरे भाई-बहन थे।" उषा व उनके सभी भाई-बहन छुट्टियों में मद्रास कब आएँगे—इसका इन्तज़ार पद्मा को रहता था। पद्मा याद करती हैं, "फिर हम सब मिलकर लगातार खेल में मसरूफ रहते। उषा सिलाई में हुनरमन्द थीं। मैंने सिलाई की कला उषा से सीखी। और संगीत तो हमारे पूरे परिवार का विश्वबन्धन रहा है।" शामू शुरू से शास्त्रीय संगीत के प्रेमी रहे हैं। किशोरी अमोनकर, एम.एस. सुब्बुलक्ष्मी और भीमसेन जोशी को सुनना उन्हें हमेशा से प्रिय रहा। शामू संगीत के अनेक वाद्य-यंत्र बजाने में पारंगत हैं।" पद्मा मुस्कराकर कहती हैं, "बेशक शामू शास्त्रीय संगीत के प्रेमी हैं। पर जब कभी उषा हमारे यहाँ आती हैं, तो शामू उनसे अपनी दो-तीन पसन्दीदा फ़िल्मों के गाने की फ़रमाइश करने से बाज नहीं आते। ये गाने हैं—कसमें-वादे प्यार वफा, चिंगारी कोई भड़के और एक चतुर नार...। हर बार उषा शुरू में ही कहती

हैं—प्लीज़ शामू भैया! अपने उन तीन घिसे गानों की फ़रमाइश मत करना।" पर शामू हैं कि सुने बिना नहीं मानते हैं। शामू विभोर होकर कहते हैं, "मेरी सभी बहनें गाती रही हैं। पर उषा अलग हैं। वे कुछ इस तरह गाती हैं जैसे एक के बाद एक पूजा के फूल चढ़ाए जाते हैं। उषा का अपना एक विशेष हस्ताक्षर है।"

पद्मा याद करती हैं कि शामू जब कभी उमा के संग डुएट गाते थे, तो मंत्रमुग्ध कर देते थे। उमा के बेटे आदी से शामू को अनन्य नेह है। पद्मा कहती हैं, "मामा-भांजे का अक्सर मिलकर कुछ न कुछ करतब जारी रहता है।" छात्र जीवन से 'फ़्लाइंग' में शामू की अभिरुचि रही। छात्र जीवन में वे एन.सी.सी. के 'फ़्लाइंग विंग' में थे। पद्मा हँसते हुए कहती हैं, "अभी पिछले दिनों शामू और आदी ने मिलकर उड़ान भरनेवाला एक खिलौना 'मॉडेल प्लेन' बनाया है। इसको वे रेडियो वेव्स से नियंत्रित करते हैं।"

पद्मा की बात पर उषा मधुर दंत पंक्ति बिखेरते हुए कहती हैं, "पद्मा! वे सामी ब्रदर हैं। सामी ख़ानदान के ख़ून में उड़ान है।"

मद्रास-मंजरी

'शान्ति' के बड़े-से परिसर के ऐन प्रवेश-द्वार के एक किनारे मौजूद नागलिंगम का यह बूढ़ा-झंखाड़ विशाल वृक्ष जब बारिश के दिनों में झमट कर खिलता है, तो जड़ से शिखर तक अपने सुर्ख़ गुलाबी फूलों से लाल हो जाता है। बचपन से उषा को नागलिंगम का यह पेड़ बहुत पसन्द है। अब तो छह दशक से अधिक हो गए। पर उषा को लगता है जैसे कि यह बस कल की बात हो। मद्रास स्थित उषा के ननिहाल के इस परिसर में कभी नाना वृक्षों से लेकर मधुमक्खियों के मोहक छत्ते भी हुआ करते थे। बेशुमार चिड़िया व तितलियाँ आती थीं। 'शान्ति' एक नन्दन कानन था। समुद्र का मरीना बीच भी 'शान्ति' से बेहद निकट होना उषा के बचपन का लहराता हुआ आनन्द था। 'शान्ति' में खेलते-खेलते अपने ममेरे भाई-बहनों के संग वे मरीना बीच की ओर कब खिसक लेंगी, किसी को पता नहीं होता। पर सब जानते थे कि अगर उषा और उनकी बाल मंडली 'शान्ति' में धमाचौकड़ी नहीं कर रही है, तो ज़रूर मरीना बीच पर होगी। 'शान्ति' व समुद्र आज भी हैं और उषा

जब भी मद्रास जाती हैं, तो इन दोनों जगहों पर जाना नहीं भूलती हैं। 'शान्ति' में अभी भी उनकी मासी व मामा लोग रहते हैं।

'शान्ति' मद्रास शहर के डॉ. राधाकृष्ण सलई पथ की सातवें लेन में है। इस लेन के मुहाने पर ही देश के राष्ट्रपति रहे दार्शनिक-चिन्तक सर्वपल्ली डॉ. राधाकृष्णन का आवास धरोहर की गुरु-गम्भीर भंगिमा के संग मौजूद है। पर मद्रास की चिड़ियों को इन भौतिक-ऐतिहासिक ब्योरों से भला क्या लेना-देना। उन्हें तो नागलिंगम की गहन शाख़ों से लगाव है। और प्रेम है नागलिंगम पर झूमकर खिलनेवाले गहरे ग़ुलाबी फूलों से। नागलिंगम के पुष्प को हथेली पर रखकर ग़ौर से देखने पर लगता है कि भगवान शंकर इसमें बैठे हैं और उनके ऊपर से अपने असंख्य फण के संग नागराज मानो चँवर डुला रहे हैं। नागलिंगम वृक्ष का यह फूल बहुत सुन्दर है। पहली नज़र में ही सदा के लिए चित्त में बस जानेवाला। छूने में भी निहायत कोमल और भीनी-सी नाज़ुक ख़ुशबूवाले इस फूल को बहुत-से लोग शिवलिंगी और कैलाशपति भी कहते हैं।

'शान्ति' सही मायने में सुर-सदन है। पंख लहराती हुई झुंड की झुंड चिड़ियाँ जब नागलिंगम की शाख़ों पर पहुँचकर गाती हैं, तो इस बड़े-से मनोहारी परिसर का कण-कण पुलक से सिहरने लगता है। 'शान्ति' के प्रवेश-द्वार के ठीक दूसरे कोने पर एक और जटायु सदृश्य पुराना जंगली पेड़ है। इस पर फूल नहीं खिलते। पर यह गहरे तक भीगती हरियाली का राजा पेड़ है। हरियाली से हमेशा छलकते रहना, क्या खिले रहने से कम है? 'शान्ति' के एक फ़्लैट में रह रहीं श्रीमती निर्मला चन्दर यानी उषा की प्यारी मासी पापू माँ के मुताबिक़ परिसर में मौजूद गुलमोहर आदि के पेड़ तो बीते दस-पाँच बरस के हैं लेकिन मुख्य द्वार पर नागलिंगम और यह जंगली पेड़ उनके पिता हाल्लास्या के. नादन का लगाया हुआ है। पापू माँ अपनी दैनिक पूजा में सभी देवताओं को नागलिंगम का पुष्प तो चढ़ाती ही हैं और आख़िर में नागलिंगम के पुष्प पर कोई दूसरा फूल चढ़ाकर नागलिंगम पुष्प की भी पूजा करती हैं। पापू माँ की आस्था है कि इसमें साक्षात भगवान शंकर अपने नागराज समेत वास करते हैं।

'शान्ति' अब अपने पहलेवाले स्वरूप में नहीं है। पापू माँ की स्मृति में इस परिसर का पहला छोटा-सा घर धूमिल-धूमिल लेकिन अभी तक महफ़ूज है। बाद में उनके पिता यानी उषा के नाना हाल्लास्य के. नादन ने आठ-नौ कमरों का एक बड़ा-सा घर यहाँ बनवाया था। उन्होंने इसमें ऊपर की भी एक मंज़िल बनवाई

थी। उन दिनों 'शान्ति' के ऐन बग़ल के घर में हाल्लास्य के. नादन के सगे भाई वी.एस. सुन्दरेश अय्यर रहते थे। उनका भी परिसर 'शान्ति' से कम सुन्दर न था। सुन्दरेश अय्यर के घर का नाम था—'गीतालया'। पर नब्बे के दशक में 'शान्ति' व 'गीतालया' के रहवासियों ने आपस में तय किया कि दोनों परिसर को एक में मिलाकर दो खंडों में नये घर बनाए जाएँ। वर्ष 1992 में ये दोनों खंड बनकर तैयार हुए। पापू माँ के पति वी. चन्दर की इस नवनिर्माण में बड़ी भूमिका थी। अब इस विशाल परिसर में दो खंड हैं। एक खंड का नाम 'शान्ति' और दूसरे खंड का नाम है—'गीतालया'। ज़ाहिर है कि हाल्लास्य के. नादन ने संयुक्त भाव की जो पारिवारिक नींव रखी, उसे उनके परिजन बढ़-चढ़कर आज भी निभा रहे हैं। पहले 'शान्ति' के समीप इस परिवार के कुछ कुटुम्ब 'विद्या कॉलनी' में भी रहते थे। पर अब वहाँ कोई नहीं। स्वजनों में बस एक रह गए हैं—वी.एस. शंकर और उनकी पत्नी चर्चित वीणा वादिका विद्या शंकर, जो लोग 'गीतालया' खंड में रहते हैं। 'शान्ति' खंड में हाल्लास्य के. नादन के वंशज हैं। मसलन, नादन महाशय की बेटी यानी उषा की मासी पापू माँ, नादन महाशय के पुत्र यानी उषा के मामा वी.एच. राम यानी पेरी अम्बी, उषा के कृपाकर मामू तो चल बसे लेकिन एक फ़्लैट में उनके लड़के वी.के. अशोक, 'शान्ति' के ही एक फ़्लैट में उषा के एक और मामा चिन्न अम्बी यानी वी.एच. बालाकृष्णन अपनी पत्नी सुमति के साथ रहते हैं और एक फ़्लैट में पापू माँ की बेटी अनुराधा व उनके पति नागेन्द्र का निवास है। पापू माँ के पति वी. चन्दर कुछ साल हुए नहीं रहे लेकिन अपने भाइयों व बेटी-दामाद की उपस्थिति से उन्हें अकेलेपन का कभी एहसास नहीं होता। पापू माँ 'शान्ति' के सभी सदस्यों की अभिभावक हैं। पापू माँ भावुक हो कहती हैं कि "मेरे पिता की हार्दिक इच्छा थी कि उनका परिवार हमेशा एक साथ रहे, तो यह उन्हीं का आशीर्वाद है कि हम सभी भाई-बहन एक साथ रहते हैं।" पापू माँ की ख़ुशी बीते कुछ समय से और दोगुनी-चौगुनी हो गई है, क्योंकि उनका नाती यानी अनुराधा का बेटा ऋषभ भी 'शान्ति' में अपनी रूसी पत्नी शाशा के संग रहने आ गया है। ऋषभ ने रूस में पढ़ाई की। वहीं उसने एक प्यारी-सी रूसी लड़की शाशा से विवाह किया। ऋषभ व शाशा दोनों गहरे संगीत प्रेमी हैं। ऋषभ पिऐनो बजाता है और शाशा सेलो बजाती है। मद्रास शहर और 'शान्ति' का गहन आत्मीय परिवेश शाशा को बहुत भाता है। उषा जब भी मद्रास यात्रा के दौरान 'शान्ति' पहुँचती हैं, तो आज भी निरन्तर प्रेम में पगे अपने ननिहाल के सदस्यों से मिलकर निहाल हो जाती हैं।

उषा के मधुर बचपन की यादें पापू माँ की मनोहर थाती है। पापू माँ आज भी याद करती हैं कि जब-जब वे अपनी बड़ी बहन मिनी सामी के यहाँ बम्बई जाती थीं, तो उषा उन्हें एक पल न छोड़ती थीं। जब उषा को पता चलता कि पापू माँ वापस मद्रास जा रही हैं, तो रो-रोकर वह उन्हें जाने से रोकती थीं। उषा को ख़ूब पुचकार-दुलार कर ही पापू माँ लवलेन स्थित अपने बहन-बहनोई के घर से स्टेशन के लिए निकल पाती थीं। पापू माँ याद करती हैं कि उषा तब महज़ पाँच-छह साल की थीं। वे अपनी मिनि दी से मिलकर मद्रास लौट रही थीं। काफ़ी रोना-धोना मचाकर उषा ने चुपके से चाँदी के रंग के एक काग़ज़ में एक टॉफ़ी को गोल लपेट कर उनकी मुट्ठी में डाल सुबकते हुए कहा, "पापू माँ! इसे हमेशा सँभाल कर रखना। आपको कभी कुछ नहीं होगा।" पापू माँ ने उसे हाल-साल तक बड़े जतन से रखा था। दो-तीन साल पहले जब उषा कुछ तक़लीफ़ में पड़ीं, तो पापू माँ ने उषा की दी हुई चाँदी के वर्क में लिपटी टॉफ़ी उषा को थमाते हुए कहा, "उषा! अब तुम इसको सँभाल कर रखो। तुमको कभी कुछ नहीं होगा।" अपनी हथेली में वह टॉफ़ी थामे उषा की आँखें नम हो गईं कि छह दशकों तक पापू ने उनके प्यार को किस क़दर सहेज कर रखा हुआ था।

उषा को उनके मामा पेरी अम्बी यानी वी.एच. राम और उनकी पत्नी वसन्ती भी कुछ ऐसे ही अनुराग से याद करते हैं। वसन्ती और पापू माँ यानी निर्मला चन्दर का ननद-भाभी के अलावा एक और रिश्ता है। वसन्ती दरअसल पापू माँ के पति स्व. वी. चन्दर की चचेरी बहन भी हैं। पेरी अम्बी व वसन्ती से पापू माँ का सम्बन्ध अद्‌भुत गझिन है। पेरी अम्बी बिहँसकर कहते हैं, "इस तरह निर्मला चन्दर और वसन्ती दोनों एक दूसरे की ननद-भाभी हैं।" दिल्ली में 34 वर्षों तक नौकरी करते रहे पेरी अम्बी अब 'शान्ति' के जीवन में सुकून से किताबें लिख रहे हैं। पिछले दिनों उनकी लिखी दो किताबें 'द अर्थ इज़ फ़्लैट' और 'ग्लिम्पसेज़ ऑव रिऐलटि' बहुत चर्चित रहीं। उषा के एक और प्यारे मामा चिन्न अम्बी यानी वी.एच. बालकृष्ण और उनकी पत्नी सुमति तो उषा का ज़िक्र छिड़ते ही विभोर हो उठते हैं। दुर्भाग्यवश चिन्न अम्बी की आँखों की रोशनी लगभग शेष हो चुकी है। पर संगीत ने उनकी आत्मा को रोशन कर रखा है। उनके संगीत-संग्रह में एक से एक दुर्लभ रिकॉर्ड हैं। आँखों की ज्योति न रहने के बावज़ूद उन्हें पता है कि कौन-सा रिकॉर्ड कहाँ रखा है। उषा का कम से कम एक गाना चिन्न अम्बी रोज़ सुनते हैं। किसी आगंतुक का अगर 'शान्ति' में आगमन होता है, तो चिन्न अम्बी अधिकारपूर्ण अनुरोध से कहते

हैं, "क्या यह उचित होगा कि आप उषा की ननिहाल से उषा का कोई एक गाना सुने बिना चले जाएँ?" ज़ाहिर है कि ऐसे मधुर अनुरोध को कौन टाल सकता है।

चिन्न अम्बी के पास उषा के बचपन से लेकर संघर्ष के आरम्भिक दिनों की अनेक गाथाएँ हैं। चिन्न अम्बी को वह सब कुछ आज भी हूबहू याद है, जब मद्रास के होटल 'सवेरा' में उषा शाम को गाती थीं। एक शाम शो के पहले उषा की तबीयत थोड़ी ख़राब हो गई। उन्हें एक-दो बार उल्टी हुई। उषा की तबीयत को होटल 'सवेरा' का मैनेजर भी देख रहा था। पर उसने कहा कि उषा को सुनने के लिए बहुत-से लोगों ने टिकट बुक करा रखा है। ऐसे में शाम के इस शो को रद्द करने से होटल 'सवेरा' की साख पर असर पड़ेगा। आख़िरकार, अपने आपको किसी तरह सँभालकर उषा स्टेज पर आईं। और चिन्न अम्बी को याद है कि 'सवेरा' में उषा का वह शो, उनके पिछले सभी शो से बेहतरीन था।

146, डॉ. राधाकृष्ण रोड। मद्रास में होटल 'सवेरा' यहीं है। हालाँकि, अब इसका पुराना स्वरूप नहीं है। नये समय के साथ 'सवेरा' भी नये रंग-रूप में है। इसके मालिक श्याम सुन्दर रेड्डी भी अब इस धराधाम में नहीं हैं। सन् 1968 में उन्होंने ही आन्ध्र प्रदेश के गुडुर इलाक़े से मद्रास पहुँचकर अपने भाइयों के संग इस होटल की नींव डाली थी। होटल 'सवेरा' मद्रास में आन्ध्र प्रदेश और तमिलनाडु के एकमेक भाव का शुरू से प्रतीक रहा और आज भी है। अपने दौर के किन राजनीतिक दिग्गजों और सिने सितारों ने 'सवेरा' की मेहमाननवाज़ी का आनन्द न लिया होगा। साठ के दशक के उस आख़िरी समय से मद्रास में दो दोतारा होटल थे। एक—'कोन्नेमारा', जिसे अब 'ताज़ होटल समूह' चलाता है। दूसरा 'सवेरा' जिसका स्वामित्व रेड्डी घराने के पास है। अगस्त, 2012 में जब 'सवेरा' के संस्थापक श्याम सुन्दर रेड्डी चल बसे, तो उनके पुत्र विजय कुमार रेड्डी ने होटल का प्रबन्धन सँभाला। मार्च, 2019 में अल्पायु में जब विजय रेड्डी का निधन हो गया, तो विजय की सुघड़-शालीन पत्नी नीना रेड्डी ने इसकी बागडोर थामी। उषा जब होटल 'सवेरा' के नाइट क्लब 'गोल्डेन बॉल' में गाती थीं, तब 'गोल्डेन बॉल' का हॉल हाइ सीलिंग वाला था। एकदम सिनेमा के सेट की भाँति सुसज्जित। मद्रास में होने पर राज कपूर से लेकर कमल हासन तक कौन नहीं आता था यहाँ। तब तक नीना का बतौर बहू रेड्डी परिवार में पदार्पण नहीं हुआ था। पर अपने श्वसुर व पति के मुख से उन सुनहरी शामों का ज़िक्र नीना ने ज़रूर सुना जब 'गोल्डेन बॉल' की शामें उषा के गानों की झूम पर थिरकती थीं। उषा का प्यार हमेशा से

नीना को मिलता रहा है। मद्रास आने पर नीना से उनकी मुलाक़ात तय रहती है। नीना कहती हैं, "सवेरा और उषा जी एक-दूसरे के पर्याय हैं। वे 'सवेरा' की स्वर्णिम ध्वज हैं।" वर्ष 1998 में हालाँकि 'गोल्डेन बॉल' का नाम बदलकर प्रख्यात लेखक आर.के. नारायण की स्मृति में 'मालगुडी' कर दिया गया। पर 'गोल्डेन बॉल' की सुनहरी दमक मद्रास के लोगों के मन में अमिट है। कई बार आर.के. नारायण मात्र उषा को सुनने 'गोल्डेन बॉल' में मौजूद होते थे। नीना रेड्डी की दोस्त शैलजा चेटलुर भी उषा के स्नेह की छाँव में हैं। शैलजा फ़िल्म निर्माण से जुड़ी हैं। वे कहतीं हैं, "इन दिनों भी मद्रास में जो लड़कियाँ आधुनिकता के लटकों-झटकों से दूर पारम्परिक वेशभूषा में रहती हैं, उन्हें मज़ाक में 'मल्लिपू बेब' कहा जाता है। पर उषाजी अन्तरराष्ट्रीय मंचों पर भी आज तक शान से 'मल्लिपू' की सज्जा के संग अपनी प्रस्तुति देती हैं।"

नवाब मद्रास के वंशज नवाब आसिफ़ अलो समर्पित संगीत प्रेमी हैं। पिऐनो पर उनकी सिद्धि है। साल में एक बार आसिफ़ अली मद्रास में 'नवाब ऑव एरकोट इवनिंग' का आयोजन करते हैं। वर्ष 2016 में उषा ने इस शाम को रोशन किया था। नवाब आसिफ़ कहते हैं, "मद्रास की साँस में उषा बसती हैं। उनके गानों के संग श्रोताओं को लगता है कि यह वक़्त यहीं ठहर जाए। मद्रास का उन पर ख़ास हक़ है।"

उषा को लेकर मद्रास के लोग अनुराग की कथाओं से छलकते हैं। मद्रास के लिए उषा कथा-गुच्छ हैं। कहते हैं तथ्य सुनकर कोई सीखता है। सच सुनकर विश्वास करता है। पर कथा सुनकर उसे हमेशा याद रखता है। उषा कथावाचक भी हैं। अद्भुत क़िस्सागो!

मद्रास में एक दम्पती हैं—विश्वनाथ और शोभा। मूलत : केरल के पालाक्काड के निवासी विश्वनाथ जन्म से लेकर पढ़ाई-लिखाई पूरी होने तक बम्बई में रहे। उनकी पत्नी शोभा भी मूलत: पालाक्काड की ही हैं। शोभा व विश्वनाथ ने प्रेम विवाह किया। मलयालम के बजाय दोनों अधिकतर तमिल बोलते हैं। प्रेम विवाह के बाद विश्वनाथ व शोभा सात वर्षों तक अमेरिका में रहे। अमेरिका में दोनों अध्यापन के क्षेत्र में थे। उनके बेटे कौशिक का जन्म अमेरिका में ही हुआ। कौशिक जब तीन-चार साल का हुआ, तो शोभा ने उसकी पढ़ाई की शुरुआत 'ऑडियो बुक्स' से की। पति-पत्नी ने देखा कि 'ऑडियो बुक्स' के ज़रिये बच्चे सुगमतापूर्वक जल्दी सीखते हैं। इसी 'ऑडियो बुक' ने शोभा व विश्वनाथ को प्रेरित किया कि क्यों न

वे भी भारत लौटकर अपने देश के बच्चों के लिए भारतीय कथा-सन्दर्भ के संग 'ऑडियो बुक्स' की शुरुआत करें। लिहाज़ा, वर्ष 1993 में शोभा व विश्वनाथ भारत लौटे और मद्रास शहर को अपना आधार बनाया। उन्होंने अध्ययन-सर्वेक्षण में पाया कि एक ज़माने में बच्चों की पत्रिका 'चन्दामामा' और 'अमर चित्रकथा' ने विभिन्न भाषाओं में बच्चों के ज्ञान की नींव डालने में एक महती भूमिका निभाई थी। इस अध्ययन-सर्वेक्षण के बाद शोभा व विश्त्रनाथ ने 'करडी टेल्स कम्पनी' की नींव वर्ष 1996 में डाली। तमिल, मलयालम व कन्नड़ भाषा में 'करडी' भालू को कहते हैं। जिस तरह बच्चों की पत्रिका 'चंपक' में चीकू खरगोश बच्चों को कहानियों सुनाता है, 'करडी टेल्स' में बच्चों का मित्र भालू एक से एक रोचक कथाएँ कहता है। यानी 'करडी टेल्स' का मुख्य सूत्रधार भालू है।

शोभा व विश्वनाथ ने इस कथा वाचन को बच्चों में सफल करने के लिए स्व. गिरीश कर्नाड से लेकर उषा उथुप, नसीरुद्दीन शाह, नन्दिता दास, विद्या बालन और संजय दत्त सरीखे दिग्गजों की आवाज़ में 'करडी टेल्स' को प्रस्तुत किया। 'करडी टेल्स' का मूलभूत उद्देश्य है बच्चों को बग़ैर शब्द-व्याकरण में उलझाये सहज-स्वाभाविक तरीक़े से भाषा की नैया में बिठाकर आनन्द व ज्ञान देना। 'करडी टेल्स' की हिन्दी-अंग्रेज़ी कहानियों में सर्वाधिक कहानियाँ उषा उथुप ने कही हैं। विश्वनाथ कहते हैं कि "'करडी टेल्स' की अधिकांश कहानियों में कथावाचन के संग-संग संगीत भी अनिवार्य रूप से है। उषा जी के पास विभिन्न भाषाओं में कथावाचन के संग-संग संगीत प्रस्तुत करने की भी क्षमता है। उषा जी के गाये 'करडी राइम्स' तो बच्चों के बीच बेहद लोकप्रिय हैं। 'करडी टेल्स' द्वारा अब तक बच्चों के लिए बनाए गए बीस राइम्स हैं और ये सभी उषाजी की आवाज़ में हैं। 'करडी टेल्स' के अन्तर्गत प्रस्तुत उषाजी के 'आइज़ ऑन द पिकॉक्स टेल', 'मैजिक वैसल्स' और 'कर्ली टेल्स' पर बच्चे जान छिड़कते हैं। 'करडी टेल्स' की ओर से बच्चों के लिए समय-समय पर उषा जी के विशेष शो—'बकबक शो' का आयोजन भी होता है।" विश्वनाथ के अनुसार देश में अब तक दो दर्जन 'बकबक शो' हो चुके हैं। विश्वनाथ मुसककर कहते हैं, "बच्चों की दुनिया में उषाजी का अपना जादू है। बड़े होने पर यही बच्चे उनके गाये 'रम्भा हो' और 'शान से' भी सुनेंगे।"

उषा उथुप के ख़ुश रंग 'बाल-गीतों' और उनकी आवाज़ में प्रस्तुत कहानियों में मरीना बीच की नीली लहरें और आपादमस्तक गहरे गुलाबी भीनी ख़ुशबूवाले फूलों से लदा 'शान्ति' के परिसर का मनोहर नागलिंगम वृक्ष भी है। मद्रास की असंख्य

तितलियाँ व चिड़ियाँ भी हैं। मधुमक्खियों के छत्ते का शहद भी है। मद्रासवाले यों ही अपनी उषा पर नाज़ नहीं करते।

दोस्तों से प्यार किया

नितिन बोस हिन्दी व बांग्ला फ़िल्मों के अविस्मरणीय नाम हैं। सन् तीस के दशक से चालीस के दशक के आरम्भ तक वे 'न्यू थिएटर्स' से जुड़े रहे थे। 'न्यू थिएटर्स' से हिन्दी व बांग्ला फ़िल्में बनती थीं। वहाँ से नितिन बोस ने कई यादगार फ़िल्मों का निर्देशन किया। सन् 1935 में उनके द्वारा निर्देशित बांग्ला फ़िल्म 'भाग्य-चक्र' एक ऐसी फ़िल्म थी, जिसमें पहली बार पार्श्व संगीत का उपयोग किया गया था। पार्श्व गायकों में पारुल घोष, सुप्रभा सरकार और के.सी. डे थे। सिनेमा में पार्श्व संगीत व गीतों का यह नया प्रयोग नितिन बोस ने कुछ यों किया कि बाद के वर्षों में भारतीय सिने जगत में पार्श्व गायकों के लिये हमेशा के वास्ते सुनहरा रास्ता निर्मित हो गया। बांग्ला फ़िल्म 'भाग्य-चक्र' कुछ ही समय बाद हिन्दी में 'धूप-छाँव' नाम से बनी। इसमें भी पार्श्व गायकों ने गाया। इस तरह यह नितिन बोस थे, जिन्होंने भारतीय फ़िल्म में सबसे पहले पार्श्व गीतों की शुरुआत की। लम्बी अवधि के बाद जब 'न्यू थिएटर्स' के निर्माता बी.एन. सरकार से नितिन बोस का मतभेद हो गया, तो नितिन बोस कलकत्ता से बम्बई चले आए और 'बम्बई टॉकीज़' तथा 'फ़िल्मिस्तान' के लिए कई क्लासिक फ़िल्मों का निर्देशन किया। दिलीप कुमार व वैजयन्तीमाला अभिनीत 'गंगा जमुना' उनके निर्देशन में बनी सफलतम फ़िल्म थी। फ़िल्मों में उनके उल्लेखनीय योगदान के लिए वर्ष 1977 में उन्हें 'दादा साहब फाल्के लाइफ़ टाइम अचीवमेंट अवार्ड' से सम्मानित किया गया। बाद के वर्षों में नितिन बोस अपनी पत्नी शान्ति बोस के संग स्थायी रूप से कलकत्ता रहने आ गए।

नितिन बोस और उनकी पत्नी का असीम स्नेह उषा के जीवन की थाती है। वे अपनी बेटियों—रीना व नीता से रत्ती भर भी कम उषा को नहीं मानते थे। हालाँकि, नितिन बोस की बड़ी बेटी रीना बनर्जी उम्र में उषा से बड़ी हैं लेकिन बीते 51 वर्षों से दोनों अनन्य मित्र हैं। उषा के परिचितों का संसार बहुत विराट है लेकिन मित्रों की दुनिया बहुत सीमित। मित्रों में बस वे एक अदद उषा हैं और कुछ भी नहीं। रीना

बनर्जी उनकी बेहद पुरानी दोस्त हैं। रीना अक्सर कहती हैं कि "उषा ने मुझे अनेक प्रकार से समृद्ध किया। मेरे आन्तरिक वैभव को रौशन किया।" रीना के पिता वर्ष 1986 में 89 वर्ष की अवस्था में गुज़रे और माँ श्रीमती शान्ति बोस लगभग 100 साल की अवस्था में गुज़रीं। रीना याद करती हैं कि उनकी माँ एकाध हफ़्ते अगर उषा को नहीं देखती थीं, तो व्यग्र हो जाती थीं, "ओ रीना! आमार उषा कोथाय?" और उषा तो उषा! कभी-कभी वे चुहल में माँ से कहतीं, "ओ माँ! तोमार बड़ो मेये ख़ूब बदमाश", और तब प्रत्युत्तर में श्रीमती शान्ति बोस मुसककर फुसफुसाते हुए कहतीं, "आमि जानी...आमि जानी उषा!" ऐसा कोई उत्सव नहीं होता, जब माँ व बाबा के लिए उषा कपड़े लेकर नहीं आतीं—याद करती हैं रीना!

उषा से अपनी पहली मुलाक़ात को याद करते हुए रीना बनर्जी कहती हैं, "वह वर्ष 1969 का जनवरी या फरवरी महीना था। कलकत्ता के डी.एल. ख़ान रोड में बड़ी-बड़ी कम्पनियों के अधिकारियों के लिए बहुत से रिहाइशी फ़्लैट थे। इन्हीं में से एक 'मिंटो पार्क सिंडीकेट बिल्डिंग' थी, जिसमें हमारे एक पारिवारिक मित्र रामामूर्ति रहते थे। उन दिनों उषा की बड़ी बहन इन्दिरा व उनके पति चिनू कलकत्ता के तारतला रोड में रहते थे। हम सब यानी मैं, मेरे पति सुनील, इन्दिरा व चिनू और जानी उथुप सभी रामामूर्ति के मित्र थे। उस दिन दोपहर के भोजन पर हम सब रामामूर्ति के यहाँ आमंत्रित थे। वहाँ पहुँचने पर हमने देखा काली साड़ी व ब्लाउज़ में एक 22-23 साल की लड़की बालों में सफ़ेद फूलों का गजरा लगाए सोफ़े पर एक किनारे बैठी है। उसके हाथ में अचार से भरा एक कटोरा था। वह ठेठ मद्रासी लड़की पहली नज़र में मुझे थोड़ी झक्की-सी लगी। किसी ने उसका सबसे परिचय कराते हुए कहा, "यह उषा अय्यर हैं। आज शाम से कुछ हफ़्ते के लिए 'ट्रिंकास' में गाएँगी।" सुनकर मैं हैरान हुई कि पता नहीं यह लड़की कैसा-क्या गायेगी? इसी उत्सुकता में उसी शाम मैं 'ट्रिंकास' गई और उषा को सुनकर दंग रह गई। उषा ने अपने गानों से वाक़ई मुग्ध कर दिया।'

फिर तो रीना हमेशा के लिए उषा की मित्र हो गईं। इस सुदीर्घ मित्रता का इन्तज़ाम ईश्वर ने ही कर दिया था। रीना जब पहली बार उषा से मिलीं, तब तक उनकी शादी जानी चाको उथुप से नहीं हुई थी। पर जानी से उषा के विवाह के बाद रीना व उषा की दोस्ती और परवान चढ़ गई। इसको लेकर रीना मुसककर कहती हैं, "इन फ़ैक्ट...वी वेअर टी वाइव्स।" दरअसल, रीना के पति सुनील कुमार बनर्जी चाय कम्पनी में ही कार्यरत थे और जानी भी एक चाय कम्पनी की ही सेवा में थे।

सुनील पहले ज़ोरहाट स्थित 'टी रिसर्च सेंटर' में पदस्थापित थे। उषा से विवाह के बाद जब कुछ वर्षों के लिये जानी का तबादला कोचीन हुआ, तो ठीक उसी समय सुनील बनर्जी भी 'ज़ेम्स फ़िनले एंड कम्पनी' नामक चाय कम्पनी में कोचीन पदस्थापित किए गए। कोचीन में रीना व उषा का घर एकदम आमने-सामने था। अक्सर इनकी शामें साथ गुज़रती थीं। दोनों घरों में व्यंजनों का बराबर आदान-प्रदान चलता था। उषा को पता था कि कप्पा (आलू का एक व्यंजन) और फ़िश करी रीना को बेहद पसन्द है। इसलिए वे जब भी यह अपने घर में बनाती थीं, तो रीना को पाबन्दी से भिजवाती थीं। पाँच दशकों की यह दोस्ती समय के साथ लगातार गहरी होती गई है। रीना व सुनील के दो बेटियाँ हैं—अरुणिका और देविका। उनकी छोटी बेटी देविका दुर्भाग्यवश पिछले कुछ समय से कैंसर से जूझ रही है। रीना का मन उसके लिए हमेशा विकल रहता है। रीना के इन गहन विकल क्षणों में यह उषा हैं, जो गरियाहाट के मैंडविल गार्डेन स्थित उनके घर पहुँचकर उन्हें बराबर परितोष देती हैं।

रीना बनर्जी के ज़रिये उषा को एक और प्यारी दोस्त मिलीं—सविता चावला। सविता बीते 22 वर्षों से कुछ निपुण दर्जियों की टुकड़ी के संग अपने घर में बुटीक चला रही हैं। शुरू में उनकी बुटीक का नाम—'मयूरी क्रिएशन' था। बुटीक का यह काम सविता ने अपनी दो मारवाड़ी मित्रों के संग शुरू किया था। पर थोड़े-थोड़े अन्तराल के बाद पारिवारिक व्यस्तताओं के कारण उनकी वे दोनों मारवाड़ी मित्र बुटीक से अपना जुड़ाव नहीं रख सकीं। पर धुन की पक्की सविता अपने काम में जुटी रहीं। रीना बनर्जी अपने सूट व ब्लाउज़ आदि सविता चावला के यहाँ ही सिलवाती थीं। उषा ने एक दिन रीना से सविता का पता लिया। सविता एक दोपहर हैरान रह गईं जब उन्होंने सर्कस एवेन्यू स्थित अपने घर के दरवाज़े पर उषा को पाया। सविता को वर्ष 2000 की वह दोपहरी आज भी हूबहू याद है। सविता की इकलौती बेटी शीतल की कुछ ही दिन पहले सगाई हुई थी और सविता उसकी शादी की तैयारियों में जुटी थीं।

"रविवार का वह दिन आज तक मेरे मन में छपा हुआ है।" सविता कहती हैं। बहरहाल, उस दिन कॉलबेल बजने पर जब सविता ने दरवाज़ा खोला, तो उषा को सामने पाकर उन्हें कुछ पल के लिए अपनी आँखों पर भरोसा ही नहीं हुआ। उन्होंने कभी कल्पना भी नहीं की थी कि अपनी बेहद पसन्दीदा सिंगर से उनकी मुलाक़ात कुछ यों होगी। एक निमिष में पुरानी कितनी स्मृतियाँ चौखट पर खड़े-खड़े सविता के मन में कौंध गईं। वर्षों पहले की बात! सविता की नानी बम्बई के नरीमन प्वाइंट के पास रहती थीं। सविता के माता-पिता भी बम्बई में रहते थे। छुट्टी के

दिनों में मस्ती करने सविता नानी के यहाँ चली आया करती थीं। कभी-कभी तो वे महीनों नानी के यहाँ ही रह जातीं। उन शामों को सविता की मासियाँ कहतीं, "चलो सविता! टॉक ऑव द टाउन में उषा अय्यर को सुनने चलते हैं।" इस तरह अपने फूटते किशोर वय में सविता ने शुरू के उस दौर में उषा को कई बार सुना था और उनकी दीवानी हो गई थीं। उन्होंने ग़ौर किया था कि गाते हुए किस ख़ूबसूरती से उषा अपने श्रोताओं से संवाद क़ायम करती हैं। कुछ साल बाद कलकत्ता के राज चावला के संग विवाह के उपरान्त सविता हमेशा के लिए कलकत्ता आ गईं। राज जल शुद्धिकरण के रसायनों की आपूर्ति का काम करते हैं। बाद के दिनों में सविता को अख़बारों व कुछ पारिवारिक मित्रों से पता चला कि उषा भी कलकत्ता आकर बस गई हैं। पर कलकत्ता में उनसे इस तरह परिचय होगा, यह सविता ने कभी नहीं सोचा था। फिर परिचय का सिलसिला कुछ यों चल पड़ा कि उषा के लिए सूट व ब्लाउज़ की सिलाई का काम तो सविता करने ही लगीं, उनकी रोज़ की बैठकी भी होने लगी। कलकत्ता में होने पर तक़रीबन हर सुबह आठ बजे उषा उनके यहाँ पहुँच जातीं। फिर एकाध घंटे दोनों नाना विषयों पर बातें करते। मसलन, फ़ैशन और सिनेमा से लेकर राजनीति, खेल और क्या कुछ नहीं। सविता मुग्ध रहतीं कि उषा के पास कैसे-कैसे अनमोल क़िस्सों का भंडार है।

सविता याद करती हैं कि कुछ साल पहले जब उनके घर के पास ए.जे.सी. रोड का फ़्लाइओवर बन रहा था और पूरी सड़क खोद दी गई थी, उषा उस खुदी सड़क को पार कर पहली मंज़िल पर स्थित उनके बुटीक में आती थीं। अपने पाँव की तक़लीफ़ को सहन करके भी। उषा से अपनी इन प्रात: कालीन दिलचस्प मुलाक़ातों के बारे में अगर सविता किसी से ज़िक्र करतीं, तो लोग यक़ीन करने को तैयार न होते। दरअसल, सार्वजनिक कार्यक्रमों व स्टेज-शो में लोग उषा को साड़ी में ही देखते रहे थे और सविता जब बतातीं कि वे उनके लिए सूट भी सिलती हैं, तो लोगों को अचरज होता। सविता चावला याद करती हैं कि शुरू के उन दिनों में सुबह जब कभी उषा आतीं, तो सफ़ेद या काले सूट में। इसके अलावा और कोई दूसरा रंग नहीं। सविता की बेटी शीतल ने एक दिन उनसे कहा, "आंटी! आप पर दूसरे रंगों के सूट भी बहुत खिलेंगे।" फिर शीतल ने अपनी पसन्द से उषा के लिए कुछ सूट तैयार कराये। नाना रंगों से छलकते सूट। हालाँकि, शीतल जानती हैं कि उषा कभी भी हलका गुलाबी, बैंगनी या हलका नीला रंग पसन्द नहीं करतीं। उन्हें हरा रंग पसन्द है, लेकिन सीमित शेड्स के ही कुछ हरे रंग। अपनी माँ की भाँति शीतल भी

अपनी उषा आंटी की दीवानी हैं। शीतल की किशोर वय की इकलौती बेटी सिमरन को भी उनके आने का बेसब्री से इन्तज़ार रहता है। वर्ष 2003 में जब सिमरन का जन्म हुआ, तो सविता ने अपने बुटीक का नव नामकरण किया—'सिमरन बुटीक'।

'सिमरन बुटीक' के संचालन में अब शीतल अपने पति गौतम खन्ना के संग माँ का हाथ बँटाती हैं। इस बुटीक में 15 स्टाफ़ हैं। इनमें दस दर्ज़ी के संग पाँच लड़कियाँ हैं, जो कपड़ों की आख़िरी फ़िनिशिंग करती हैं। उषा जब भी 'सिमरन बुटीक' आती हैं, जाकर ख़ुद से सभी दर्जियों को सलाम कहती हैं। दर्जियों की टोली के प्रमुख अलीमुद्दीन मास्टर से वे कहती हैं, "अलीमुद्दीन भाई! तुमने मेरे कपड़े अगर ख़राब सिये, तो मैं तुमको बहुत मारूँगी।" और हर बार मुस्कराकर अलीमुद्दीन उनसे कहते हैं, "आप बस कहती हैं। कभी मारती कहाँ हैं?" बक़ौल शीतल, "हमारे यहाँ सबको उषा आंटी के आने को इन्तज़ार रहता है।" अपनी माँ की भाँति शीतल के पास भी उषा को लेकर अनेक मनोरम प्रसंग हैं। उन्हें याद है एक बार उनकी एक ग्राहक ने उनके यहाँ से बहुत 'बोल्ड ब्लाउज़' सिलवाया था। यानी बहुत खुलेपन को प्रदर्शित करता अंग-प्रदर्शक ब्लाउज़। इत्तफ़ाक़ से जब वह ब्लाउज़ लेने आई, ऐन उसी समय उषा पहुँचीं। इन्होंने बोल्ड ब्लाउज़ सिलवाया है, यह जानकर उषा ने उत्सुकतावश उस महिला से कहा कि क्या वे ब्लाउज़ पहनकर दिखा सकती हैं। वह महिला सहर्ष तैयार हो गई लेकिन उसने कहा, "आप अपना कोई एक गाना मुझे सुना दीजिए और मैं गिनकर दस बार यह ब्लाउज़ पहनकर दिखा दूँगी।" उषा भी भला कहाँ चूकनेवाली थीं। उन्होंने गाना सुना दिया।

बचपन से सिलाई मशीन चलानेवाली उषा अपने कपड़े हमेशा ख़ुद डिज़ाइन करती हैं। इसलिए सविता मुस्कराकर कहती हैं, "ये अपने आप में एक डिज़ाइन हैं।" सविता की बिटिया शीतल कहती हैं, "दुनिया में चाहे कितना भी फ़ैशन आए-जाए, लेकिन उषा आंटी की साड़ी, चूड़ी, बिन्दी और गहने अपनी जगह क़ायम हैं और रहेंगे। सूट की सिलाई के लिए वे हमारे टेलर मास्टरजी के वास्ते ख़ुद स्केच करके लाती हैं कि सलवार के प्लीट् यानी चुन्नट को सही तरह से गिरना चाहिए।" एक पल थमकर शीतल मुसककर आगे कहती हैं, "सूट की सिलाई को लेकर हर बार आंटी टेलर मास्टर जी को हिदायत देती हैं कि एकदम मुग़लिया सलवार होनी चाहिए। 'ऐं सलवार' नहीं।"

'ऐं सलवार' की दिलचस्प कहानी है। बचपन में उषा देखती थीं कि जब किसी सलवार की प्लीट् सही नहीं होती और सलवार के दोनों पाँव छितराकर दो

दिशाओं में फैल जाते, तो पठान आंटी बेसाख़्ता नाराज़ हो जातीं। पठान आंटी तब अपनी बेटी ज़मीला से कहतीं, "यह तो ऐं सलवार हो गया।" सलवार-सूट की यह सिफ़त उषा ने पठान आंटी व ज़मीला से सीखी। कलकत्ता के आइ.पी.एल. मैच के दौरान जब टीवी पर ज़मीला आपा ने उषा को गहरे बैगनी सूट में देखा, तो ख़ुश हो गईं। उन्होंने उषा को बेंगलुरु से फ़ोन कर कहा, "मैच में तुम्हें पर्पल सूट में देखकर बहुत अच्छा लगा उषा।"

"वो ऐं सलवार तो नहीं थी आपा?" उषा ने हँसकर ज़मीला से पूछा।

"अरे नहीं। एकदम परफ़ेक्ट सलवार।" ज़मीला को ज़ोर की हँसी छूट गई। दरअसल, आइ.पी.एल. क्रिकेट मैच में शाहरुख़ ख़ान व जूही चावला की टीम के खिलाड़ियों का ड्रेस गहरा बैगनी है। निजी तौर पर बैगनी उषा का पसन्दीदा रंग नहीं है। पर मैच के दौरान दर्शक दीर्घा में गहरे बैगनी लिबास में और कोई दिखे न दिखे, उषा ज़रूर दिखती हैं।

पुरानी चीज़ों को बचाना उषा का पुराना शग़ल है। जैसे, पुरानी दोस्ती, पुरानी यादें, पुराने आभूषण, पुराने जूते और तार-तार हो रहे पुराने कपड़े भी। सविता चावला याद करती हैं कि कैसे उषा की ज़िद पर कलकत्ता की बाढ़ में क्षतिग्रस्त हो चुकी उनकी कांजीवरम् साड़ियों से उन्होंने उनके लिए रज़ाइयाँ तैयार करवाई थीं। दरअसल, बाढ़ में उनकी आलमारी के निचले रैक में रखी बहुत-सी कांजीवरम् साड़ियाँ क्षतिग्रस्त हो गई थीं। पर उन जर्जर साड़ियों को नया जीवन देने के लिए उषा कटिबद्ध थीं। सविता चावला बिहँसकर कहती हैं, "साड़ियों से रजाई भी बन सकती है, इसकी कभी मैंने कल्पना भी न की थी। पर अपनी प्यारी मित्र के मार्गदर्शन में मैंने रज़ाइयाँ तैयार करवाईं और बनने के बाद उन ख़ूबसूरत रज़ाइयों को देखकर हैरान व निहाल हो गई।" उषा आज भी पुरानी साड़ियों से मौक़े-मौक़े पर सविता को रज़ाइयाँ बनवा देने के लिये मनुहारती हैं।

सविता की भाँति उषा के परिधान को निरन्तर शोभित किए रखने में कलकत्ता के गड़ियाहाट स्थित 'कनिष्क' के संचालक दम्पती दिलीप राजा और नन्दिता राजा की भी मोहक भूमिका है। मध्यप्रदेश के मूल निवासी दिलीप एक अर्से से कलकत्ता में अपनी बंग सुन्दरी पत्नी नन्दिता के संग ब्लॉक डिज़ाइन के छापे से एक से एक सुन्दर साड़ियाँ तैयार करवाते रहे हैं। कुछ अवसरों पर कलकत्ता के समारोहों में उषा ने जब नन्दिता को देखा, तो उनकी काष्ठ छापा वाली साड़ियों की ओर बहुत आकर्षित हुईं। उषा को शुरू में 'कनिष्क' की साड़ियों को लेकर धारणा थी कि इनकी साड़ियाँ

बेहद महँगी होती हैं। पर नन्दिता व दिलीप से जब उनका परिचय गाढ़ा हुआ, तो वे एक दिन उनकी साड़ियाँ देखने गईं। 'कनिष्क' की साड़ियों और उसकी क़ीमतों को देख उषा को लगा कि उनकी धारणा ग़लत थी। 'कनिष्क' में हर स्तर के ग्राहकों के लिए अभिजात रुचि की साड़ियाँ थीं। इस तरह 'कनिष्क' की साड़ियों की वे मुरीद हो गईं। एक बार जब उषा 'कोलकाता-कोलकाता' वीडियो बना रही थीं, तो अचानक जाने उन्हें क्या सूझी कि उन्होंने दिलीप व नन्दिता से अनुरोध किया कि क्या वे इस वीडियो के एक गाने 'अहा! तुमि कोतो सुन्दरी कोलकाता' की सभी पंक्तियों को डाल काष्ठ छापा से कुछ साड़ियाँ तैयार कर सकते हैं? उषा को इस दम्पती की कला के बारे में पूरी जानकारी थी कि ये कभी स्क्रीन प्रिंटिंग का सहारा नहीं लेते। इनकी समस्त साड़ियों के डिज़ाइन की छपाई लकड़ी से निर्मित ब्लॉक से होती है। इस तरह नन्दिता व दिलीप ने 'अहा तुमि कोतो सुन्दरी कोलकाता' के पूरे गाने का ब्लॉक तैयार करवाया। वह साड़ी जब तैयार हुई, तो कलकत्ता में उसकी धूम मच गई। दिलीप व नन्दिता से अनुरोध कर उषा ने अपनी म्यूज़िशियन टीम के लिए उसी गाने के संग शर्ट के लिए भी कपड़ों की छपाई करवाई। सभी म्यूज़िशियन के लिए उषा ने उसी कपड़े की शर्ट तैयार करवाईं! उस वीडियो ने ग़ज़ब की लोकप्रियता हासिल की। फिर तो यह सिलसिला चल निकला। उषा ने बाद के दिनों में दिलीप व नन्दिता से अनुरोध कर 'जो कुछ भी हो जाए, हम ये कहेंगे! हम एक थे...हम एक हैं...हम एक रहेंगे' गाने को भी साड़ी पर प्रिंट कराया। फिर हिन्दी व मराठी में 'बॉम्बे मेरी है' गाना और मलयालम का एक गाना 'ऐंदे केरलम् ऐश्र सुन्दरम्' का भी साड़ी पर प्रिंट तैयार करवाया। इस तरह और भी कई भाषाओं के गानों के संग उषा ने दिलीप व नन्दिता से साड़ियाँ बनवाईं। उषा का ज़िक्र कहीं भी छिड़ने पर दिलीप व नन्दिता विभोर होकर कहते हैं, "वे अजस्त्र ऊर्जा की असम्भव स्रोत हैं। हमारी दोस्ती के चालीस साल हो गए। वे दोस्तों की हमदम हैं और अपने श्रोताओं की क्लोरोफ़िल। कैसा भी मुरझाया इनसान उनसे मिलकर हरा-भरा हो जाएगा।"

उषा की पुरानी दोस्ती की छोटी-सी प्यारी फ़ेहरिस्त में उनकी एक 'बेबी फ्रेंड' अनीता सुकुल भी हैं। अनीता व उनके पति संजीब सुकुल बीते पाँच दशकों से उनके पारिवारिक मित्र हैं। उषा जब अनीता को लाड़ से 'बेबी अनीता' पुकारती हैं, तो अनीता चिढ़ने का मधुर स्वांग करती हैं। इनकी मैत्री अनवरत प्यार की उष्मा से परिपूर्ण है। अनीता मूलत: गुजरात के कच्छ की हैं। पर उनके पितामह क़ारोबार के सिलसिले में कलकत्ता आए, तो यहीं के होकर रह गए। अनीता के पिता धरम सिंह

सुरैया ने कलकत्ता के अपने पुश्तैनी कारोबार को आगे बढ़ाया। अनीता को याद है कि तब उनकी उम्र मात्र 12 साल की थी। कलकत्ता के 'कला मन्दिर' में एक बार वे इन्दिरा और उषा का एक शो देखने अपने पिता के संग गई थीं। वह ढाई घंटे का सांगीतिक-शो था। पर किशोरवय की अनीता को पूरा शो देखने के बाद यह निष्कर्ष निकालने में कोई उलझन नहीं हुई कि शो में भले इन्दिरा केन्द्रबिन्दु थीं लेकिन जहाँ तक शो में रंग ज़माने की बात थी, तो वह उषा थीं, जिनकी आवाज़ की तासीर सिर चढ़कर बोल रही थी।

उस दिन के बाद से अनीता पर उषा के गानों का ऐसा भूत सवार हुआ कि वे शामों को उषा को सुनने अकेले 'ट्रिंकास' जाने का दुस्साहस करने लगीं। पार्क स्ट्रीट के बिलकुल पास रसेल स्ट्रीट में अनीता का घर था। अनीता ने अपने घरेलू ड्राइवर को हिदायत-सी दी थी कि भले उनके पिता से वह ओवरटाइम के पैसे ले लिया करे पर उसे बिलानागा 'ट्रिंकास' के शो में ले जाए और ले आया करे। धरम सिंह सुरैया अपनी बेटी की इस मीठी सनक पर हँसते थे। 'ट्रिंकास' के अपने शो में हर शाम बिलकुल सामने की मेज़ पर पूरी मुस्तैदी से मौजूद 12 साल की बेबी अनीता को देख उषा को भी उस पर बड़ा दुलार आता था। और शो के बाद जिस गर्मजोशी व सम्मोहन के संग उषा से अनीता मिलतीं, वह उषा को बड़ा अनूप लगता। इस तरह अपने से तक़रीबन दस साल बड़ी उषा से अनीता की दोस्ती हो गई। 22 साल की उषा और 12 साल की अनीता की यह दोस्ती सबको बहुत प्यारी लगती। दोनों की दोस्ती का आलम यह था कि अपने पिता से अनुमति लेकर अपने जन्मदिन पर जब अनीता कलकत्ता के 'लाइट हाउस' सिनेमा हॉल में स्कूली मित्रों के संग फ़िल्म 'यादों की बारात' देखने गईं, तो साथ में उषा भी आमंत्रित थीं। अनीता याद करती हैं कि उन दिनों जब उषा को थोड़ा भी अवकाश मिलता, तो दोनों संग-संग कोई फ़िल्म देखने जाती ही जाती थीं। दक्षिण कलकत्ता स्थित 'बासुश्री सिनेमा हॉल' में जाने कितनी बार दोनों फ़िल्में देखने गईं।

जानी से विवाह के बाद जब उषा स्थायी रूप से कलकत्ता में रहने लगीं, तो बेबी अनीता का उनके घर भी आना-जाना होने लगा। 'क्वींस मैंसन' जिसमें उषा सपरिवार रहती थीं, छुट्टी के दिन अनीता वहाँ सुबह से पहुँच जातीं और देर शाम डिनर कर अपने घर लौटतीं। हालाँकि, जानी के धीर-गम्भीर व्यक्तित्व से अनीता को डर लगता था इसलिए डिनर के दौरान बग़ैर ज़बान चलाये वे खाती-पीतीं। पर इतने वर्षों की पारिवारिक मैत्री में अनीता उषा के परिवार में सबसे कुछ इस क़दर

घुल-मिल गई हैं कि अब कभी-कभी वे जानी भाईसाहब पर भी दहाड़ मार लेती हैं। वे मुसककर कहती हैं, "अब मैं भी बेबी नहीं रही। अब मैं भी जानीभाई साहब के पास आवाज़ कर लेती हूँ।" अनीता कहती हैं कि यात्राओं के लिए सामान सहेजना, यात्रा सतर्कतापूर्वक करना, विशेष अवसरों पर रसोई सँभाल लेने सरीखी जीवन की ज़रूरी बातें उन्होंने अपनी 'बिग-फ्रेंड' उषा से सीखी हैं। वहीं उषा भी मानती हैं कि ज़्यादातर अपने अहम फ़ैसले वे बेबी अनीता की राय से ही लेती हैं।

रीना व अनीता की भाँति ही उषा की हमदम हैं उनके स्कूली ज़माने की दोस्त रोशन ईरानी। अर्से से रोशन पूना में बसी हुई हैं। उषा व रोशन बम्बई के 'कॉन्वेंट ऑव जीसस ऐंड मेरी' में एक साथ पढ़ती थीं। रोशन के पिता की एक बड़ी-सी चिप्स कम्पनी थी—'गोल्डेन वेफ़र्स'। रोशन का परिवार आर्थिक रूप से बहुत समृद्ध था। रोशन के घर के वैभवपूर्ण रहन सहन को देखकर उषा को पहली बार समझ में आया कि अमीर लोग कैसे रहते हैं। पर रोशन में कहीं से भी अमीरी का दर्प छू नहीं गया था। उषा व रोशन रोज़ अपने-अपने टिफ़िन से आपस में आदान-प्रदान करतीं। उषा जब कभी रोशन के घर जातीं, तो रोशन की माँ उन्हें बहुत प्यार करतीं। रोशन का छोटा भाई बोम्मन ईरानी ख़रगोश-सा ख़ूबसूरत बच्चा था। आगे जाकर वह थिएटर में सक्रिय हुआ और फ़िल्मों में भी उसने अच्छा नाम कमाया। बोम्मन जब बड़े हुए, तो उषा उन्हें हमेशा कहती थीं कि उन्हें हिन्दी थिएटर व हिन्दी सिनेमा में ध्यान देना चाहिए।

बचपन में रोशन भी उषा के यहाँ आती-जाती थीं। उषा के बड़े भाई शामू का मानना था कि रोशन दो कारणों से उषा से मिलने आती हैं। एक तो उनके भाई बाबू को लेकर वे आकर्षित रहती हैं और दूसरे 'रसम' पीने की ललक उन्हें यहाँ खींच लाती है। अपनी दोस्त रोशन को लेकर भाई शामू के इस मीठे मज़ाक पर उषा बेहद चिढ़तीं। उनकी दोस्त को लेकर कोई हास्य करे, यह उन्हें पसन्द नहीं था। रोशन ने होसी ईरानी से शादी की। होसी का अपना निजी व्यवसाय है। रोशन को दो बेटियाँ ही हैं इसलिए अपनी बेटी अंजली के किसी मसले पर उषा हमेशा दो बेटियों की अनुभवी माँ रोशन से ही मशविरा करती रही हैं। यों भी रोशन हर अहम पारिवारिक मसलों में उनकी हमराज़ रही हैं। पर एक बात को लेकर रोशन से उषा को बराबर खीज भड़कती रही है कि जब कभी उन्होंने जानी से अपने किसी झगड़े की बात रोशन को बताई, तो रोशन उल्टे उन्हीं पर चढ़ बैठतीं, "तुम्हारी ग़लती है उषा। तुम छोटी-सी बात को भी तूल दे देती हो।"

उषा की अनमोल दोस्ती की सूची में बीते कुछ वर्षों से तीन दम्पती—अरुंधती पाल चौधरी (दुलार नाम तुतुलिया) व उनके पति अपु पाल चौधरी तथा कलकत्ता में अर्से से रह रहे तमिलनाडु के तंजावुर के मूल निवासी शीला जानकी राम और उनके पति अशोक जानकीराम भी जुड़े हैं। इस टीम के तीसरे साथी हैं—सुप्रिया चट्टोपाध्याय (उषा की लाडली कोयलिया) व उनके पति अरूप चट्टोपाध्याय। तुतुलिया के पति अपु पेट्रोल पम्प चलाते हैं। शीला के पति शिपिंग व्यवसाय में हैं। ख़ुद शीला गली के अनाथ बच्चों की पढ़ाई के लिए 'अर्ष विद्यानिधि' नामक एक संस्था कलकत्ता में चलाती हैं। सुप्रिया यानी कोयलिया के पति सिरामिक्स के विशेषज्ञ हैं।

उषा से अपनी पहली मुलाक़ात को याद करते हुए शीला कहती हैं, "यों तो दीदी के गाने सुनते हुए हम बड़े हुए। पर एक बार 'पोंगल' उत्सव के अवसर पर कलकत्ता के 'स्टाडेल रेस्टोरेंट' में उनसे जो मुलाक़ात हुई, वह अन्ततः एक समय हमारी दोस्ती में बदल गई। बाद के दिनों में 'कलकत्ता क्रिकेट ऐंड फ़ुटबॉल क्लब' में मॉर्निंग वॉक़ के दौरान हमारी बराबर देखादेखी होती थी। एक-दूसरे का अभिवादन कर हम निकल जाते थे। पर एक दिन उन्होंने कहा, "आज मेरे घर पूजा है। आप सब आएँगे, तो हमें अच्छा लगेगा।" उनके यहाँ मैं पूजा में गई। जिस विधान से वे पूजा करती हैं, उसे देख मैं मुग्ध रह गई। मुझे अच्छा लगा कि अपने निजी जीवन में वे अपनी तमिल संस्कृति को अद्‌भुत निबाहती हैं।" उषा की दोस्त तुतुलिया भावुक होकर कहती हैं, "आरे भाई, ये मदर टेरेसा हैं हमारी।" तुतुलिया के पति अपु पाल चौधरी मुसककर कहते हैं, "मैं अल्कोहलिक हूँ और उषादी वर्कोहलिक हैं।"

बहरहाल, अब यह रोज़ का क़िस्सा है कि मॉर्निंग वॉक में ये सभी दोस्त मिलते हैं। फिर बालीगंज के एक नुक्कड़ पर मौजूद 'आज़ाद हिन्द चाय ढाबा' पर चाय की चुस्कियों के संग राजनीति, फ़ैशन और व्यंजन से लेकर अनन्त विषयों पर इनकी बातें होती हैं। उषा कहती हैं, "हर सुबह के बाद मैं अगली सुबह की प्रतीक्षा शुरू कर देती हूँ।" उषा की ऐसी ही कोहेनूर मित्रों में हैं लेडीज़ पार्लर 'हाइलाइट्स' की सुकन्या और उनकी दो अनन्य सहयोगी झुमकु और बोउदी। उषा जब बाल में माँगटीका लगवाने 'हाइलाइट्स' पहुँचती हैं, तो सुकन्या, झुमकु और बोउदी का उल्लास तो अपनी जगह...'हाइलाइट्स' की अन्य सहयोगी लड़कियाँ-पिंकी, पूजा, शुक्ला और जया भी ख़ुशी से झूम जाती हैं। इन सबके जन्मदिन को उषा याद रखती हैं और केक समेत 'हाइलाइट्स' में पहुँच बेहद गर्मजोशी से उस दिन को उत्सवित करती हैं। वे हर पल उत्सव के बहाने ढूँढ़ती हैं। और यही वजह है

कि न सिर्फ़ अपने परिजनों-स्वजनों और मित्रों के लिए बल्कि अपने विशाल श्रोता समूह के लिए भी उषा एक अनन्त उत्सव हैं।

उम्बुका

दिल्ली के पृथ्वीराज रोड में ख़ान मार्केट के पास एक पुराना ईसाई क़ब्रिस्तान है। इसी में रानी की क़ब्र है। संगमरमर के झक्क सफ़ेद पत्थर से सुसज्जित इस क़ब्र पर एक छोटा-सा समाधि लेख है :

इन एवर लविंग मेमोरी
ऑव आउअर रानी मोल
बॉर्न 14 फरवरी, 1953
डाइड 6 जुलाई, 1963
द लाइट ऑव यॉर लाइफ़ विल एवर शाइन इन आउअर्स!।
मम्मी डैडी
जानीबा, अनीबा ऐंड छोटी!
इंजर्टेड बाइ हर पेअरेंट्स
ब्रिगेडियर ऐंड मिसेज़ सी.सी. उथुप।

तीखी गर्मी की उजाड़ दोपहरियों में ख़ुश्क दरख़्तों के बीच एक गहरी ख़ामोशी के संग खोया रहता है यह क़ब्रिस्तान। बस बारिश के दिनों में हरियाली में भीग रहे पेड़ों के बीच एक अनजान चुप ख़ुशी बेशक होती है यहाँ। पर दिल्ली के कड़े शीतकाल में मरी हुई परियों के टूटे श्वेत पंख समाधि-लेखों की इबारतों में छुपे-से दिखते हैं।

ख़ान मार्केट वाले इस क़ब्रिस्तान में महज़ दस साल की उम्र में दफ़्न हुई रानी मोल क्या परी थी?

"हाँ, वह परी थी। मेरी नन्ही परी!" कहती हैं उषा। बड़े लाड़ और अनुराग से। मलयालम में 'मोल' एक छोटी-सी लड़की को कहा जाता है। रानी मोल एक प्यारी-सी छोटी लड़की थी। जानी चाको उथुप की छोटी बहन, जिसने मात्र दस साल की उम्र में दुनिया को अलविदा कहा था। दिल्ली में इलाज के बाद जब रानी गुज़री थी और ख़ान मार्केट के पास के इस क़ब्रिस्तान में उसे दफ़नाया गया था, तब उथुप

परिवार में उषा का कोई अता-पता नहीं था। रानी के निधन के सात-आठ साल बाद उषा का आगमन उथुप परिवार में हुआ था। ज़ाहिर है कि उषा ने रानी को कभी देखा नहीं था। बस देखी थी, तो रानी की कई प्यारी तसवीरें। उन्हें जानी से ही पता चला था कि रानी दिल्ली के इस ईसाई क़ब्रिस्तान में दफ़्न की गई थी। लिहाज़ा, जानी से विवाह के बाद पहली बार जब उषा दिल्ली गईं, तो अपनी सबसे छोटी ननद रानी मोल से मिलने वे इस क़ब्रिस्तान में आईं। वे रानी के लिए वहाँ सुर्ख़ लाल गुलाबों का एक गुलदस्ता लेकर गई थीं। उन्हें रानी की क़ब्र पर पहुँचकर लगा, जैसे एक छोटी-सी प्यारी लड़की ख़ुश हो दौड़ती-उछलती आकर उनसे लिपट गई है। वह दिन और आज का दिन। बीते चार दशकों में उषा जब भी अपने किसी कार्यक्रम में दिल्ली गई हैं, रानी मोल की क़ब्र पर फूल चढ़ाये बग़ैर नहीं लौटी हैं। उन्हें वहम है कि जब कभी वे दिल्ली आती हैं, रानी उनका इन्तज़ार शुरू कर देती है। एक-दो बार ही ऐसा हुआ जब अति व्यस्तता के कारण वे दिल्ली जाकर रानी से बिना मिले आ गईं और तब पता नहीं क्यों उन्हें लगा कि रानी बहुत उदास हो गई है। इसलिए रानी के इन्तज़ार का प्यार फिर उन्होंने कभी नहीं छोड़ा। हर बार दिल्ली जाने पर उषा इस क़ब्रिस्तान के केयर टेकर को बख़्शीश देकर अनुरोध कर आती हैं कि रानी की क़ब्र पर कभी धूल की परत न जमें। उषा के पास उस केयर टेकर का फ़ोन नम्बर भी है। वे बीच-बीच में भी उससे हाल-चाल ले लेती हैं। उथुप परिवार की वह एकमात्र सदस्य हैं, जो रानी की क़ब्र पर इतनी दफ़ा जाती हैं। 14 फरवरी व 6 जुलाई यानी रानी की जन्म तिथि व पुण्य तिथि पर वे ख़ासतौर से फूल भिजवाती ही हैं।

यही उषा हैं! वे ऐसे रिश्तों को भी निभाती हैं, जिनसे वे कभी मिली भी नहीं और मिलेंगी भी नहीं। अपनी ससुराल व मायके पक्ष का छोटे से छोटा उत्सव हो, उषा लाख व्यस्तताओं के बीच समय निकाल ही लेती हैं। उनके श्वसुर ब्रिगेडियर सी.सी. उथुप तो अब संसार में नहीं हैं लेकिन नब्बे पार अपनी सास थंगम्मा के जन्मदिन पर वे केरल स्थित जानी के कोट्टयम वाले घर जाना नहीं भूलती हैं। थंगम्मा को भी पता होता है कि उनके जन्मदिन पर उषा सात समन्दर पार से भी कोट्टयम आकर दम लेंगी। उन शुरुआती दिनों को याद कर अपनी सास के संग उषा मजे लेती हैं कि किस तरह कमर कसकर थंगम्मा ने एक ग़ैर ईसाई परिवार की उषा से अपने बेटे जानी के विवाह का विरोध किया था। एक पारम्परिक तमिल ब्राह्मण परिवार की उषा ईसाई परिवार में आकर किस सहजता से पैबस्त हो गईं, आज थंगम्मा भी इस पर अनुराग से अचरज करती हैं।

उषा बचपन से शाकाहारी हैं। उनका परिवार एक पारम्परिक तमिल ब्राह्मण परिवार रहा है, जहाँ की रसोई में किसी प्रकार का निरामिष भोजन वर्जित है। पर ईसाई परम्परा की अपनी ससुराल में उषा ने बड़े प्यार से उन सबकी ख़ुशी के लिए तमाम क़िस्म का निरामिष आहार पकाना सीखा। शुरू-शुरू में जब अपने पति व बच्चों के लिए वे मांस-मछली बनाती थीं और घर में जब कोई इसकी सराहना नहीं करता था, तो बेशक उनका दिल उदास होता था। पर एक दिन एक दोस्त ने उनकी उदासी भाँप ली और कहा, "उषा! जब तुम अपना शो करती हो, तो अपने गानों के ज़रिये लोगों को प्यार देती हो। अपनी रसोई के ज़रिये भी घर के लोगों को प्यार दो। याद रखो यू आर अ गिवर...।"

अभी भी जब परिवार के सभी लोग जुटते हैं, तो उषा सबके लिए पायसम तैयार करती हैं। उनके परिजनों के बीच उनके हाथ के 'चिमूज़ आंटी चिकन करी' की फ़रमाइश स्थायी है। रसोई में जब वे धीमी आँच पर चिकेन के टुकड़ों, प्याज, लहसुन, अदरख, लालमिर्च और हलदी की संगत कराती हैं, तो घर के सदस्यों की बेसब्री बढ़ जाती है। उषा के नाती-नातिन रियाद व आयशा तो ख़ास तौर से अपनी 'उम्बुका' के हाथों का बनाया पायसम व चिकेन पसन्द करते हैं। आयशा व रियाद उषा को 'उम्बुका' कहते हैं। दोनों बच्चों में उम्बुका की जान बसती है।

जब उषा के बेटे-बेटी अंजली व सनी स्कूल जाते थे, तो घर में आया होने के बावज़ूद बच्चों का टिफ़िन उषा ख़ुद ही तैयार करती थीं और जानी के लिए भी टिफ़िन वही बनाकर देती थीं, जब वे दफ़्तर के लिए निकल रहे होते थे। रसोई से लगाव उषा को मद्रास पाट्टीमाँ और अपनी अम्मा को देख-देखकर हुआ। किस तरह तल्लीन होकर ये रसोई तैयार करती थीं। दक्षिण भारतीय परिवारों में क्योंकि पनीर और राजमा का चलन नहीं है, इसलिए उषा उनसे परिचित नहीं थीं। पर कलकत्ता आने के बाद उन्होंने पनीर व राजमा के व्यंजन बनाने सीखे। राजमा के संग उषा का पहला दिन बड़ा मुश्किल भरा रहा क्योंकि उन्हें नहीं पता था कि राजमा बनाने के लिए उसे एक रात पहले पानी में भिगोना पड़ता है। जब डेढ़-दो घंटे तक राजमा नहीं सीझा, तो 'ट्रिंकास' के कुक से परेशान होकर उन्होंने फ़ोन पर पूछा कि राजमा कैसे बनता है। उषा मानती हैं कि रसोई संसार की सर्वोच्च कला है।

उषा को याद है कि अप्पा चाहे कितनी भी शानदार पार्टी से लौटते थे फिर भी वे अम्मा से कहते थे, "मिन! तुम्हारे बनाए खाने वाली बात नहीं थी।"

रस से 'रसोई' शब्द की उत्पत्ति कैसे है, इस मर्म को उषा ने अपने परिवार में सीखा। परिवार का प्रेम कितनी बड़ी शक्ति है, यह दीक्षा उषा ने अपने घर में पाई। परिवार को उन्होंने हमेशा सिर आँखों पर रखा है। शुरुआती दौर में साक्षात्कारों के दौरान जब पत्रकार उनसे पूछते थे कि परिवार और प्रोफ़ेशन में वे सन्तुलन कैसे रख पाती हैं, तो उषा छूटते हुए जवाब देती थीं, "आइ डोंट अलाउ वन टू इंटरफ़ेअर, विद द अदर। आइ कीप बोथ इन टू वाटर टाइट कम्पार्टमेंट। आई डोंट अलाउ फ़्लो वन इन टू अनदर।" उषा आज कहती हैं कि दरअसल अर्से तक वे झूठ बोलती रहीं, क्योंकि सार्वजनिक जीवन में संलग्न एक स्त्री के लिए परिवार और प्रोफ़ेशन को अलग-अलग रख पाना असम्भव नहीं, तो आसान भी नहीं है। वे याद करती हैं कि शो से लौटने पर वे घर के कई काम अटका हुआ पाती थीं। जानी से भी कई बार उनकी झड़प हो जाती थी। और जानी भी एक ही थे। भारी ज़िद्दी। उषा बिहँसते हुए याद करती हैं कि घर के ज़रूरी कामों को लेकर जानी से हुई झड़पा-झड़पी के बाद जब वे रूठकर घर के कैम्पस में लगे बेंच पर जा बैठती थीं, तब उन्हें उम्मीद होती थी कि शायद जानी उन्हें मनाने आएँ। पर देर तक जब कोई मनाने नहीं आता, तो वे चुपचाप अन्दर जाकर घर के काम-काज में लग जातीं। तब जानी बस उन पर एक नज़र डाल कुछ पढ़ने में मसरूफ़ हो जाते। उषा ने आख़िरकार तय किया कि अपने साक्षात्कारों में अब तक परिवार और प्रोफ़ेशन को लेकर जो झूठ वे बोलती आई हैं, उसे वाक़ई सच कर देंगी।

अपने घर के सदस्यों के बीच ख़ुद से कभी वे म्यूज़िक को लेकर बात नहीं करतीं। उनकी आदत है कि जब किसी नये गाने को उन्हें गाना होता है, तो उस गाने को अपने कमरे में बैठ वे दसेक बार नोटबुक पर लिख उसे दिल में उतारती हैं। जज़्ब करती हैं। उन्हें घर में कोई ट्यून सुनना होता है, तो अपने कमरे का दरवाज़ा भेड़ कर बहुत मन्द ध्वनि में उसे सुनती हैं। धुन व संगीत को वे प्रार्थना की भाँति सन्नाटे में सुनती हैं, जिसमें किसी की घुसपैठ सम्भव नहीं। जानी टेलीविज़न पर अगर क्रिकेट, टेनिस या फ़ुटबॉल मैच देख रहे होते हैं, तो उषा दूसरे कमरे में बैठकर अपना काम करती हैं। इस तरह परिवार और प्रोफ़ेशन की भिड़ंत अब लगभग नहीं के बराबर होती है। आप अपनी निजी दुनिया को अपने हिसाब से बदल नहीं सकते, यह ठीक से समझ लेने के बाद कोई परेशानी नहीं रह जाती—इस निष्कर्ष ने उन्हें बड़ा सुकून दिया। उषा मानती हैं कि उनके पति व बच्चों ने उन्हें सहयोग नहीं किया होता, तो वे इतना काम नहीं कर पातीं। स्टेज-शो उनके संगीत का केन्द्रबिन्दु है और

स्वाभाविक रूप से हर माह पन्द्रह दिनों से अधिक उनका यात्राओं में गुज़रता है। कलकत्ता में होने पर कोई दिन ऐसा नहीं होता कि वे किसी कार्यक्रम या शो में व्यस्त न हों। संग-संग 'स्टुडियो वाइब्रेशंस' का काम भी। उषा मानती हैं कि वे परिवार को दिये जानेवाले समय में से ही कटौती कर यह सब कुछ कर पाती हैं। इसलिए वे इस बात के लिए हमेशा मुस्तैद रहती हैं कि परिवार के हर सदस्य (यह दायरा बहन-भाइयों से लेकर उनकी सास व ननद तक फैला है) के सुख-दुख व किसी भी ज़रूरत में, कैसे भी आँधी-तूफ़ान के बावज़ूद, उनके लिए मौजूद रहें। उनके परिजनों को भी इस बात का भरोसा रहता है कि उषा अपनी व्यस्ततम दिनचर्या के कारण भले नियमित समय नहीं दे पाएँ लेकिन उनके लिए हर ज़रूरी वक़्त में वे सबसे पहले पहुँचने वाली पारिवारिक सदस्य होंगी। 4 अप्रैल, 2018 को जब लम्बे समय तक कैंसर से जूझने के बाद उषा की बड़ी बहन डॉ. उमा पोचा बम्बई में गुज़र गईं, तो अपने सभी कार्यक्रम रद्द कर उषा बम्बई पहुँचीं। पर जो सबसे महत्त्वपूर्ण है कि उमादी की बीमारी के दिनों में ऐसा कोई महीना नहीं था, जब उषा उनसे मिलने बम्बई न गई हों। उमादी की वार्षिकी भी वे उसी हार्दिकता व श्रद्धा से मनाती हैं।

उषा की सच्ची प्रतिलिपि हैं उनकी बेटी अंजली। अपनी अम्मा की भाँति ही परिवार प्रेमी और ज़बर्दस्त दोस्तनवाज़। वे अपने पति जॉन कुरियन के संग स्थायी रूप से कोचीन में रहती हैं। केरल के 'मलयालम मनोरमा' के रेडियो स्टेशन 'रेडियो मैंगो' की वे बेहद पसन्द की जानेवाली 'रेडियो जॉकी' हैं। रेडियो पर अंजली उथुप कुरियन की आवाज़ सुनकर कोई धोखा खा जाएगा कि क्या ये उषा तो नहीं? वही आवाज़, वही अन्दाज़ और वही गर्मजोशी। वैसी ही अलमस्ती, वैसी ही ख़ुशमिज़ाजी! और इसलिए अंजली का प्रिय वाक्य है, "लेट गो, लेट गॉड।" ऐसे मौक़ों पर जब उषा बहुत व्यस्त होती हैं और अगर अंजली कलकत्ता में होती हैं, तो उषा अपना मोबाइल अंजली को थमा देती हैं। दिलचस्प यह है कि अंजली फिर उषा उथुप हो जाती हैं। वे मोबाइल पर सबसे बात करती हैं और बात करनेवाले को यक़ीन हो जाता है कि उषा उथुप से बात हो रही है।

अंजली का नामकरण उनकी नानी मिनि सामी ने किया था। मिनि ने उषा से कहा था, "यह ईश्वर की अंजली है। मुस्कान और माधुर्य से भरपूर।" पढ़ाई-लिखाई व पढ़ाई से इतर की गतिविधियों में भी अंजली हमेशा बढ़-चढ़कर रहीं। कलकत्ता के 'ला' मार्टिनियर स्कूल' से स्कूली पढ़ाई पूरी कर 'लॉरेटो कॉन्वेंट' और 'सेंट ज़ेवियर्स कॉलेज' से उन्होंने अंग्रेज़ी साहित्य की पढ़ाई की।

यात्रा व संगीत प्रेमी अंजली का पहला प्यार अपनी अम्मा की तरह बेशक संगीत रहा है। मिनि सामी जब कभी कलकत्ता आतीं, तो पातीं कि अंजली गाने से ही उठती हैं, गाना बजाकर पढ़ती हैं और गाना सुनते-सुनते सोती हैं। मिनि सामी हैरान होती थीं कि इतना ज़ोर-ज़ोर से गाना सुनते हुए कोई कैसे पढ़ाई में ध्यान लगा सकता है। पर अंजली तो अंजली हैं। दोस्तनवाज़ी में भी अंजली वैसी ही रही हैं। झारखंड (तब के अविभाजित बिहार) स्थित एंग्लो-इंडियन ग्राम मैकुलस्कीगंज में कलकत्ता के अमित घोष जा बसे थे। जर्मनी प्रवास के दौरान अमित घोष ने एक जर्मन लड़की इलोना से प्रेम विवाह किया था। अमित-इलोना को एक बेटी हुई रेबेका। वह अंजली के संग-संग 'ला' मार्टिनियर स्कूल' में पढ़ती थी। मैकलुस्कीगंज में स्थायी रूप से रहने के कारण अमित व इलोना ने रेबेका को 'ला' मार्टिनियर स्कूल' के हॉस्टल में डाल दिया था। रेबेका का मन एक पल भी हॉस्टल में नहीं लगता था। वह लगातार चुप-चुप रोती थी। अपनी दोस्त रेबेका का रोना अंजली को बहुत दुखी करता था। सो एक दिन बड़े लाड़ से उसने अपनी अम्मा से पूछा, "अम्मा! क्या मैं अपनी एक दोस्त को अपने साथ घर में रख सकती हूँ?" उषा ने भी बिना देरी किए हामी भर दी लेकिन कहा कि रेबका के माता-पिता से तो इसकी अनुमति लेनी होगी। अमित-इलोना जब कलकत्ता आए और रेबेका ने उन्हें अंजली के प्रस्ताव के बारे में ख़ुश होकर बताया, तो अमित-इलोना को यह बहुत अच्छा लगा। फिर तो रेबेका जब तक कलकत्ता में रहीं, उषा के घर उनकी बेटी की तरह रहीं। रेबेका अब अपने पति के संग अमेरिका में बसी हुई हैं। पर अभी भी अंजली व रेबेका नियमित स्नेह-सम्पर्क में हैं। कुछ समय पहले जब रेबेका के पिता अमित घोष चल बसे, तो रेबेका उनकी अन्त्येष्टि के लिए अमेरिका से कलकत्ता आईं और रेबेका की इस उदास घड़ी में अंजली कोचीन से कलकत्ता आईं। वे रेबेका के साथ तब तक रहीं, जब तक उनके पिता से जुड़ी समस्त धार्मिक प्रक्रिया पूरी न हो गई।

कलकत्ता प्रवास के इन दिनों में रेबेका ने स्कूली समय के उन सभी दुलार से छितराये प्रसंगों को याद किया कि कैसे अम्मा से ज़िद ठानकर अंजली अपनी स्कूली दोस्तों के लिए दो-दो दर्जन डोसा बनवाकर ले जाती थीं। आज भी अंजली वही हैं। बिलकुल बदली नहीं हैं। इसलिए जब वे किसी पार्टी में पहुँचती हैं, तो अपनी अम्मा की तरह ही रौनक़ बरसाती हैं। अंजली कहती हैं, "अम्मा मेरे जीवन की आदर्श हैं। वे कई मायने में हुनरमन्द हैं। अद्भुत परिश्रमी हैं। भयंकर उदार हैं। उनकी हिम्मत का जवाब नहीं।" अंजली अभिभूत हो कहती हैं, "चाहे सिलाई हो,

कुकिंग या पेंटिंग—अम्मा का सानी नहीं। बचपन से लेकर कॉलेज तक जब मैं कभी नये सूट के लिए कहती, तो अम्मा मुझे साथ लेकर मेरी पसन्द के कपड़े ख़रीदतीं और रात भर में मेरे लिए एक नफ़ीस सूट ख़ुद से सिलाई कर तैयार कर देतीं। मेरे बच्चों का जब बपतिस्मा हुआ, तो उस विशेष अवसर के लिए अम्मा ने ही उनके वास्ते कपड़े सिये और ख़ुद उन पर क्या बारीक़ और ख़ूबसूरत एम्ब्रॉयडरी की।" अंजली याद करती हैं कि क्रिसमस के अवसर पर जब 'रिटर्न-गिफ़्ट' देना होता था, तो अम्मा गरियाहाट से जूट के बैग ख़रीद कर रात भर बैठ उस पर पेंटिंग करतीं। बैग पर कलात्मक अन्दाज़ में अलग-अलग सबका नाम लिखतीं। वह एक ऐसा नायाब उपहार हो जाता, जो कोई बाज़ार में पैसे देकर नहीं ख़रीद सकता था। अपनी अम्मा की पाक-कला की भी अंजली मुरीद हैं। बक़ौल अंजली उनकी अम्मा 16 प्रकार के व्यंजन बनाती हैं। और हर व्यंजन अपने आप में अनूप। अंजली हँसते हुए कहती हैं कि उनकी अम्मा को गिनती नहीं आती। हम एक कपड़े के लिए कहते हैं, तो वे एक दर्जन ले आएँगी। एक केक के लिए कहने पर वे दस केक पेश कर देती हैं। अंजली कहती हैं कि उनकी अम्मा सभी तरह के त्योहार—मसलन दुर्गापूजा और क्रिसमस से लेकर ईद तक घर में मनाती हैं। दोस्तों और सहयोगियों के लिए अपने को तक़लीफ़ पहुँचाकर भी वे मुस्तैद हो जाती हैं। अंजली मुसककर कहती हैं, "इसलिए मैं अम्मा से कहती हूँ कि तुम 'डोर-मैट' हो।" अँधेरे से डरनेवाली, लिफ़्ट में अकेले चढ़ने से घबरानेवाली उनकी अम्मा दुस्साहसी भी उतनी ही हैं। बक़ौल अंजली, "हम और सनी तब स्कूल में पढ़ते थे। एक दिन हमें घर का फ़र्श अचानक गर्म होता महसूस हुआ। फ़र्श की गर्मी बढ़ती ही जा रही थी। हमने दौड़कर अम्मा को बताया। अम्मा एक पुलिस अफ़सर की बेटी हैं। बग़ैर एक पल रुके वे ठीक नीचेवाले फ़्लैट के दरवाज़े पर गईं। फ़्लैट बन्द था। फ़्लैट वाले सपरिवार बाहर गए थे। अन्दर आग लगी हुई थी। फ़ायर ब्रिगेड वाले तब तक पहुँच गए। दरवाज़ा तोड़कर वे लोग अन्दर घुसे। उनके साथ अम्मा भी अन्दर घुस गईं। आग बुझाने में अन्त तक उन्होंने फ़ायर ब्रिगेड वालों का सहयोग किया।"

अंजली के पति जॉन बड़े धीर-गम्भीर स्वभाव के हैं। वहीं अंजली बिन्दास-अलमस्त! दोनों का दाम्पत्य सन्तुलन 'एक-दूजे के लिए' जैसा है। अंजली व जॉन के मिलन की रचना भी ईश्वर ने अद्भुत रची। दरअसल, जानी उथुप की स्कूली पढ़ाई ऊटी में हुई थी। उसी के पास है—कुन्नूर। बचपन से जानी नीलगिरि स्थित कुन्नूर की प्राकृतिक आभा-शोभा पर फ़िदा रहे। अंजली के जन्म के तत्काल बाद जब जानी की

चाय कम्पनी ने तीन महीने के लिए जानी का तबादला कुन्नूर किया था, तो वे बेहद ख़ुश हुए थे। आज भी जानी का 'कुन्नूर-प्रेम' बदस्तूर क़ायम है। जानी जब पचास साल के होने को हुए, तो अपना जन्मदिन 4 सितम्बर को उन्होंने कुन्नूर में ही मनाना तय किया। यह एक मधुर संयोग था कि इस अवसर पर जॉन भी आमंत्रित थे। जॉन भी जानी के मूल ग्राम कोट्टयम के ही हैं। कोट्टयम में जॉन का जहाँ घर है, उसका नाम है—अकरा। बहरहाल, जानी उथुप के जन्मदिन के अवसर पर अंजली व जॉन कुरियन की मुलाक़ात पहली नज़र का प्यार साबित हुई। आख़िरकार, वर्ष 1996 में दोनों ने कोचीन में शादी की। कोचीन में जॉन पहले आर.पी. गोयनका की 'हैरिसंस ऐंड मलयालम टी कम्पनी' में कार्यरत थे। बाद में जॉन ने नौकरी छोड़ अपना काम शुरू किया। अपनी सास के बारे में जॉन कहते हैं, "वे सास से ज़्यादा मेरी मित्र हैं।"

अंजली व जॉन की एक बेटी आयशा और एक बेटा है—रियाद। आयशा का जन्म 11 मार्च, 2000 को और रियाद का जन्म 14 फरवरी, 2004 को हुआ। अपनी नातिन व नाती के लिए उषा को असीम प्यार है। पूना के 'सिम्बॉयसिस' में पढ़ाई कर रही आयशा अपनी नानी व माँ की तरह संगीत के लिए जान छिड़कती है। वर्ष 2014 में जब उषा, अंजली व आयशा ने कोचीन में आयोजित 'इंक' के एक कार्यक्रम में एक साथ अपनी प्रस्तुति दी, तो तीन पीढ़ी का यह एक संग गाना अविस्मरणीय बन गया। अपनी नानी और माँ से आयशा की आवाज़ अलग है। संगीत के प्रति आयशा अपनी नानी की तरह हमेशा से गम्भीर है। परिवार में सबको अन्दाज़ा है कि अपनी नानी के 'स्टुडियो वाइब्रेशंस' की विरासत आयशा ही सँभालेगी। आयशा का छोटा भाई रियाद अपनी बहन से थोड़ा भिन्न व अलमस्त है। कोचीन में स्कूली पढ़ाई कर रहा रियाद अपने पाठ्यक्रम के दबाव की वजह से तबीयत से किशोरावस्था की अलमस्ती का आनन्द नहीं उठा पाता। हाँ, जब कभी उसकी प्यारी उम्बुका उसके पास कोचीन पहुँचती हैं, तो बेशक उसकी बाँछें खिल जाती हैं। कलकत्ता जाना भी रियाद के लिए किसी उत्सव की तरह होता है—क्योंकि संसार भर का लाड़-दुलार और हर नाज़ उसके लिए आँचल में समेट उसकी बाक़लम ख़ास उम्बुका उठाने को मुस्तैद रहती हैं। रियाद अपनी उम्बुका के लिए 'मास्टर वेलेंटिनो' है, क्योंकि उसका जन्मदिन ऐन 'वेलेंटाइन-डे' यानी 14 फरवरी को है। सो उम्बुका के इस 'वेलेंटाइन ब्वाय' के लिए उसकी उम्बुका 'वेलेंटाइन गर्ल' हैं।

रियाद को अपनी उम्बुका की प्यारी भावुक आँखों का पूरा इल्म है। इसलिए जब कभी उषा के संग रियाद कहीं बाहर सार्वजनिक जगह मसलन बाज़ार-रेस्तराँ-सिनेमा

हॉल आदि में होता है, तो लगातार इस बात के लिये सचेत रहता है कि उसकी उम्बुका से किसी की आँखें न मिले। उसे पता है कि आँखें मिलते ही तसवीरों व ऑटोग्राफ़ के लिए लोग उम्बुका को घेरने लगेंगे। रियाद को यह सब झमेला क़तई पसन्द नहीं। क्या वह अपनी नानी के संग आज़ादी से कहीं घूम भी नहीं सकता? वह किसी के संग पलभर के लिए भी अपनी उम्बुका को बाँटना पसन्द नहीं करता। ऐसे में वह आँखें फ़र्श पर गड़ाये उषा से लगातार फुसफुसाते हुए जारी रहता है..."ओह प्लीज़...! आइज़ डाउन उम्बुका...आइज़ डाउन...।" रियाद की आज्ञाकारी उम्बुका तत्काल उसका आदेश मानते हुए आँखें नीची कर लेती हैं। फिर भी उन पर नज़र पड़ने के बाद लोग भला कहाँ से रुकनेवाले। रियाद की मासूम बेचारगी तब देखते बनती है। उषा भी बीच-बीच में कुछ वैसी ही बेचारगी के संग कनखियों से रियाद को देखती हैं। उनसे ऑटोग्राफ़ लेने या उनके संग तसवीरें कराने को उत्सुक उनके प्रशंसक अपनी मुरादें पूरी करके दम लेते हैं।

"दादी और नानी बनना ईश्वर की रहमत है", कहती हैं उषा। यह अनुपम सुख सभी स्त्रियों को उठाना चाहिए। अंजली जब माँ बननेवाली थीं, तो उषा यह कल्पना करके ख़ुश हुई जा रही थीं कि अंजली के बच्चे को गोद में लेकर वे कैसे घुमाएँगी। वर्षों पहले अपने एक पाँव में हुए आंशिक पक्षाघात का हलका असर आज तक झेल रही उषा याद करती हैं कि आयशा का जब जन्म हुआ था, तो प्रसन्नता की लहरों में खोकर कई महीनों तक उन्हें याद ही नहीं आया कि उनके पाँव में कोई तक़लीफ़ भी है।

थकान और तक़लीफ़ यों भी उषा के शब्दकोष में नहीं है। वे चाहे कितनी भी थककर चूर हों और कोई उनसे पूछे कि क्या वे थक गई हैं, तो उनका त्वरित उत्तर होता है, 'नॉट इगज़ैक्टलि।' सनी को अपनी अम्मा का यह जज़्बा विस्मित करता है। बक़ौल सनी, "अम्मा के मुख से उनकी लम्बी विदेश यात्राओं के बावज़ूद कभी 'जेट लैग' शब्द मैंने नहीं सुना है। एक बार वे सुबह छह बजे अमेरिका से कलकत्ता पहुँचीं। उसी शाम उनका शो दुर्गापुर में था। एयरपोर्ट पर ही उन्होंने अपने कपड़े घर से मँगवा लिये थे। वे एयरपोर्ट से सीधे दुर्गापुर गईं और वहाँ शो करके आधी रात को घर पहुँचीं।" मितभाषी सनी को अपनी अम्मा पर ज़ाहिर है कि बहुत गर्व है। वर्ष 1997 में चुनिन्दा दिग्गजों को 'लाइफ़ टाइम अचीवमेंट अवार्ड' से नवाज़ा गया था। यह आयोजन दिल्ली के 'राजीव गांधी इनडोर स्टेडियम' में अविस्मरणीय अन्दाज़ में हुआ था। इस मौक़े पर रॉक स्टार बॉन जोवी और पीटर एंड्रे सरीखी युवा

अन्तरराष्ट्रीय हस्तियाँ मौजूद थीं। सनी को याद है कि उनकी अम्मा ने सम्मानित होने के बाद कहा कि वे श्रोताओं से उनके बीच जाकर मिलेंगी। सनी को आशंका थी कि इन अन्तरराष्ट्रीय रॉक सितारों के बीच श्रोताओं का विशाल समूह पता नहीं उनकी अम्मा को कितना क्या तवज़्ज़ो देगा। पर सनी की ख़ुशी का ठिकाना न रहा जब उन्होंने अपनी अम्मा के लिए विराट श्रोता समूह का उत्साह व सम्मान सबसे बढ़-चढ़कर देखा। उस शाम उषा ने जब अपने प्रिय गानों में से एक 'फ़ीवर' गाना शुरू किया, तो लोगों की मूसलाधार तालियों से पूरा स्टेडियम देर तक गूँजता रहा।

अन्तर्मुखी सनी दिल ही दिल में अपनी अम्मा के लिए जान छिड़कते हैं, क्योंकि अम्मा उनके सभी नाज़ को सिर-आँखों पर रखती हैं। सनी को भरोसा रहता है कि बग़ैर सूचना के अगर उनके दस दोस्त घर आ जाएँ, तो अम्मा उन सबको बिना खिलाये नहीं जाने देंगी। सनी कहते हैं, "अम्मा मन की बहुत कोमल हैं। पर वे हिमालय को हिला सकती हैं।" अम्मा हर पल सनी के जीवन की अनिवार्यता हैं।

उषा को अफ़सोस है कि उनके बेटे सनी ने विवाह नहीं किया। अपनी बड़ी बहन अंजली से मात्र एक साल छोटे सनी कलकत्ता की 'मेगोर्स टी कम्पनी' में कार्यरत हैं। सनी के अकेलेपन के बारे में सोचकर ही उषा का दिल डूबने लगता है। उल्लास की नाव का पाल तब विकलता से काँपता है। उषा सोचती हैं, जीवन के महासागर में चलती उनकी नौका के मस्तूल से बंधा पाल है—सनी। इस पाल की मौन विह्वलता को वे मन ही मन लगातार साधती रहती हैं। बालीगंज के अपने फ़्लैट के कमरे के सन्नाटे में उनकी आँखें यह सब सोचकर तरल होने लगती हैं कि उनके बाद क्या होगा सनी का? कौन ख़याल रखेगा सनी का? अचानक रियाद का चेहरा सामने आ जाता है। जब कभी भूले से भी उनके मुख पर कोई मायूस बात आती है, तो परेशान हो रियाद उनके गले में दुलार से बाँहें डालकर कहता है, "चेंज यॉर डायलॉग उम्बुका...। प्लीज़ चेंज यॉर डायलॉग।"

अदृश्य लोक

'स्ट्रेंज लाइफ़ ऑव इवान ओसोकिन' एक ऐसी क़िताब है, जो उषा के दिल के बेहद क़रीब है। रूसी लेखक पी.डी. ऑस्पेंस्की का यह उपन्यास रूसी

भाषा में सन् 1915 में प्रकाशित हुआ था। सन् 1947 में इसका अंग्रेज़ी अनुवाद आया। अब तक न जाने अपने कितने प्रियजनों को उषा ने ख़ुद से ख़रीद कर यह उपन्यास पढ़ने को दिया होगा। मास्को में जन्मे प्योत्र दिमाइनोविच ऑस्पेंस्की यानी उपन्यासकार ऑस्पेंस्की एक गणितज्ञ के संग-संग लेखक भी थे। प्रसिद्ध रहस्यवादी गुर्जिएफ़ के पट्ट शिष्य ऑस्पेंस्की के इस उपन्यास का मुख्य पात्र इवान ओसोकिन अपने जीवन के अनवरत असफल संघर्षों के बाद अपनी ग़लतियों को फिर से सुधारने की इच्छा रखता है। पर जब उसे अपने अतीत को फिर से जीने का अवसर दिया जाता है, तो दोबारा वह उन्हीं ग़लतियों को करता चला जाता है, जिन्हें सुधारने की वह प्रबल कामना किया करता था। इवान ओसोकिन नामक यह पात्र दरअसल नीत्शे के शाश्वत पुनरावृत्ति के सिद्धान्त का जीवन्त प्रतीक है।

उषा अक्सर सोचती हैं कि क्या इवान ओसोकिन की तरह उनका भी जीवन है? क्या वे भी इवान ओसोकिन की भाँति शाश्वत-अनन्त पुनरावृत्ति की शिकार हैं? मन में एक विचित्र-सी सिहरन होती है। यह एक ग़ैबी बात है। वे याद करती हैं कि बचपन से एक अदृश्य लोक को अपने भीतर घटित होता हुआ वे महसूस करती आई हैं। पुनरावृत्ति! पुनरावृत्ति!! उषा ने अम्मा को भी बचपन में कई बार परेशान होकर बताया था कि उन्हें बारम्बार ऐसा क्यों लगता है कि जो बातें अभी हुई हैं, वे उनके संग बहुत पहले भी बीत चुकी हैं। और ऐसा आज तक जारी है। क्या अपने बीते जनम को वे फिर से हूबहू दोहरा रही हैं? उन्हें लगता है, अपने अन्तर्मन की इस विचित्र उलझन को शायद ही कभी वे सुलझा सकेंगी।

जीवन का विस्मित करनेवाला उल्का चक्र!! वर्ष 2015 का वह वर्ष! इस वर्ष के आरम्भ में कोचीन में आयोजित 'डॉक्टर्स कॉन्फ्रेंस' में उषा को बतौर मुख्य अतिथि आमंत्रित किया गया था। इस कार्यक्रम में शरीक़ होकर लौटने के कुछ माह बाद की बात है। वह जून, 2015 का आख़िरी सप्ताह था। एक दोपहर कलकत्ता के उनके पते पर एक कोरियर आया! पैकेट खोलने पर उषा को कोचीन के एक प्रसिद्ध चिकित्सक डॉ. फ़िलिप जी. थॉमस की लिखी एक किताब मिली। किताब के अन्दर शुरू के पृष्ठ पर डॉ. थॉमस ने भेंट स्वरूप लिखा था—'टू उषा उथुप, अंजली ऐंड आयशा...विद कंप्लीमेंट्स ऐंड मेनी थैंक्स फ़ॉर द वंडरफुल म्यूज़िक ओवर द इयर्स ऐंड कंटीन्यूइंग स्टिल।' किताब को पलटने के बाद उषा ने याद करने की कोशिश की कि क्या वे डॉ. थॉमस से कोचीन के 'डॉक्टर्स कॉन्फ्रेंस' में मिली थीं? पर उन्हें कुछ याद नहीं आया। शायद कोचीन में रह रहीं अंजली

उनसे परिचित हों। इसलिए तो डॉ. थॉमस ने अंजली और उसकी बिटिया आयशा का नाम भी भेंट में लिखा है। उषा ने उत्सुकतावश उसी समय अंजली को कोचीन फ़ोन किया। अंजली ने इस बात की तस्दीक़ की कि वह डॉ. थॉमस को जानती हैं। अंजली ने यह भी बताया कि डॉ. थॉमस किडनी व लिवर के नामी विशेषज्ञ हैं। उषा ने अंजली से कहा कि डॉ. साहब से मिलकर किताब के लिए बहुत आभार कहना।

जुलाई, 2015 में कलकत्ता स्थित सनी के दफ़्तर के सभी लोगों का सालाना मेडिकल चेकअप हुआ। उषा को याद है कि शाम को स्टुडियो से लौटने के बाद वे अपने कमरे में टी.वी. पर ख़बरें देख रही थीं कि दफ़्तर से लौटे सनी सीधे उनके कमरे में आए। उनके चेहरे पर बेचैनी गहराई हुई थी। उन्होंने बैठते हुए कहा, "अम्मा! देअर इज़ अ बैड न्यूज़ फ़ॉर यू।"

"क्या बैड न्यूज़?" उषा की आवाज़ काँप-सी गई।

"डॉक्टर ने कहा है कि मेरी किडनी फ़ेल कर चुकी है। मेरा क्रेटनिन 8.60 तक पहुँच गया है अम्मा! डॉक्टर ने कहा है कि वे जल्दी ही डायलिसिस शुरू करेंगे।" सनी की आवाज़ डूब रही थी।

उषा को अपना मस्तिष्क तेज़ी से सुन्न होता लगा। उन्हें समझते देर नहीं लगी कि दुखों की काली आँधी उनके घर में दाख़िल हो चुकी है। भला क्या उम्र है सनी की...! महज़ 42 साल! उनका मन बुरी तरह हताश हुआ जा रहा था। क्या होगा अब? उन्होंने उसी बदहवासी में कलकत्ता के अपने पारिवारिक चिकित्सक डॉ. सुबीर दत्त को फ़ोन किया। डॉ. दत्त ने अगले दिन का समय दिया। अगले दिन डॉ. दत्त ने भी इस बात की पुष्टि की कि सनी की किडनी वाक़ई फेल कर चुकी है। इस पुष्टि के बाद जानी, अंजली, जॉन—पूरा परिवार स्तब्ध था। आख़िरकार सनी ने कहा कि आगे की सारी चिकित्सा वह कोचीन में कराएँगे। बग़ैर विलम्ब किए सनी के संग उषा जुलाई के दूसरे हफ़्ते में कोचीन गईं। वहाँ मौजूद अंजली ने अस्पताल में डॉक्टर से समय आदि तय कर लिया था। कोचीन पहुँचते ही सनी का डायलिसिस शुरू हो गया। अपने बेटे के लिए उषा कुछ भी करने को विकल थीं। डायलिसिस के दौरान जब सनी की स्थिति थोड़ी स्थिर हुई, तो उषा तिरुपति बालाजी गईं। सनी के आयु-आरोग्य की मन्नत के संग उन्होंने कमर तक को छूनेवाले अपने लम्बे सुन्दर बाल कटवा लिये। मल्लिगैपू के नन्हे श्वेत-सुगन्धित फूलों की माला से सजनेवाले उनके बाल अब नहीं थे। आमतौर से शो की समाप्ति के बाद अनुरोध कर विशाल दर्शक समूह में से कोई न कोई मल्लिगैपू की माला उनसे

मांग ही बैठता था। वे सहर्ष देती भी रही थीं। पर अब मल्लिगैपू की माला के लिए उषा की लम्बी वेणी नहीं थी। प्रार्थना व अनुनय के संग वह तिरुपति बालाजी को अर्पित हो चुका था। अपनी अम्मा के कटे बाल देख सनी की आँखें भर आई थीं।

कोचीन में सनी का डायलिसिस चलते कुछ महीने बीत गए। वर्ष 2015 बीत गया। अब किडनी प्रत्यारोपण के अलावा और कोई रास्ता नहीं था। वर्ष 2016 में आख़िरकार कोचीन में ही सनी का किडनी प्रत्यारोपण हुआ। और यह प्रत्यारोपण करनेवाले और कोई नहीं डॉ. फ़िलिप जी. थॉमस थे। प्रत्यारोपण के दिन उषा को बार-बार महीनों पहले की वह दोपहरी कौंध रही थी जब डॉ. थॉमस का उपन्यास 'ट्रांसप्लांट स्टोरी' उन्हें कलकत्ता के पते पर कुरियर से मिला था। अदृश्य लोक ने उस संकेत को सच कर दिया था। क्या इस सबकी कुछ और पुनरावृत्ति होगी? नहीं...नहीं...हे ईश्वर! अब ऐसा कुछ न हो। उन्होंने मन ही मन अदृश्य लोक से अनुनय किया। पर अनुनय करते हुए उन्हें बार-बार लगा जैसे उनके बाजू में मौजूद इवान ओसोकिन लगातार सिर धुन रहा है। फूट-फूटकर रो रहा है इवान ओसोकिन। शायद पुनरावृत्ति से बचाये जाने की उसकी प्रार्थना फिर से अनसुनी हो रही थी।

किडनी प्रत्यारोपण के बाद सनी को चिकन पॉक्स (चेचक) हो गया। एक सुबह अंजली रोते हुए अस्पताल के उनके कमरे से निकलीं, "चेचक के दाने ट्रांसप्लांट के टाँके पर भी निकल आए हैं और टाँके लगभग खुल गए हैं अम्मा।" उषा को लगा जैसे अनन्त पाताल में वे धँसी जा रही हैं। हे अदृश्य लोक! अब यह क्या? चिकित्सकों ने किसी तरह स्थिति सँभाली। इलाज के इस लम्बे सिलसिले के बीच-बीच में उषा अपनी तमाम सुबक दबाकर शो भी करती रहीं; क्योंकि किडनी-प्रत्यारोपण का ख़र्च उठाना आसान न था। एक लम्बे समय के बाद सनी के संग उषा वापस कलकत्ता आईं। लगा कि अब सब कुछ पटरी पर आ जाएगा। पर ठीक एक साल बाद सनी की मुश्किलें फिर बढ़ने लगीं।

चिकित्सकों ने गहन जाँच-पड़ताल की और निष्कर्ष पर पहुँचे कि सनी को प्रत्यारोपित की गई किडनी उनके शरीर ने ख़ारिज कर दी है। इससे अधिक मर्मांतक सूचना उषा के लिए और क्या हो सकती थी। चिकित्सकों ने कहा, "अब दूसरी बार किडनी प्रत्यारोपण का कोई मतलब न होगा। आगे का समय सनी को डायलिसिस पर ही व्यतीत करना होगा।" यह जानकारी उषा के उजड़े-उदास मन पर अन्तिम कील थी। सनी की बड़ी बहन अंजली ने इस दुख के प्रतिकार में देश के किडनी मरीज़ों की मदद के लिए 'सनी फ़ाउंडेशन' के नाम से काम शुरू किया। किडनी

के मरीज़ों की बेहतरी के लिए जो भी बन पड़े। उषा सोचती हैं, अदृश्यलोक पता नहीं क्या चाहता है? पूरी तरह सुन्न एक उदास घर और उसमें पता नहीं कहाँ से गूँजता शुद्ध विकल पागल संगीत। सब कुछ रहस्यमय! अनगिनत अजनबी भ्रम। सनी के सामने वे क़तई अपनी उदासी ज़ाहिर नहीं होने देने की कोशिश करती हैं। उन्हें याद है, बचपन में पाँव से लेकर पेट या सिर दुखने पर अम्मा हमेशा एक ही नुस्ख़ा बताती थीं, "जाओ! मुँह धो लो, ठीक हो जाओगी।"

मन में उमड़ता दुखों का ज्वार! विकल प्राण के बीच घुमड़ती सूनी धरती की गन्ध! चोरी से बार-बार भीगती हैं उषा की आँखें। सब ठीक हो जाएगा—अम्मा को याद करते हुए शो में जाने के पहले वे रह-रहकर चेहरा धोती हैं। रोशनी से नहाते मंच पर चरमोल्लास की घोषणा के संग वे धीरे-धीरे आती हुई दिखती हैं, 'आउअर ग्रेट ऐंड द ग्रेटेस्ट पद्मश्री उषा उथुप।' फिर अनवरत करतल ध्वनि की गूँज। तालियों की मूसलाधार बारिश! और फिर माइक को अपने आँचल की कोर से लपेट वे अपनी सदाबहार सुपरिचित गहन मुस्कान के संग हमेशा की तरह पूछती हैं, "सो रेडी टू रॉक?" फिर श्रोताओं के समुद्र में एक मधुर कोलाहल।

अगले ही पल उषा मानो ईश्वर के मंत्रात्मक साज-घर में पहुँच जाती हैं—'आइ बिलीव इन म्यूज़िक...आइ बिलीव इन लव...।' पूरा वातावरण तरंगित हो उठता है। हर शो वह इसी पंक्ति से शुरू करती हैं। यही जीवन-मंत्र है उषा का। मंत्र-जो मन को त्राण दे। संगीत और प्रेम ही उनके मन को त्राण देता है। बड़े लय से वे अपने दुख को पीसती है। कुछ इस सिफ़त से कि किसी को इसका इल्म ही नहीं होता। एक विकल मन किस तरह कला की हिम्मत से उल्लास तरंगित करता है, यह उषा बख़ूबी जानती हैं। मंच पर सारे म्यूज़िशयन उनके अगले गाने को लेकर मुख़ातिब होते हैं और तब ख़ुद के लिए एक गीत का सुर वे छेड़ती हैं :

समबडी टोल्ड मी,
ही सेड द वेव्स
ऑव दिस वास्ट् ऐंड ग्रेट सी
विल वन डे टेक मी
होल्डिंग मी बाइ माइ हैंड
टू अ लवली बीच
विद् शाइनिंग सैंड
हिड्न इन द रेंज़ ऑव द सन

उल्लास की नाव

हिड्न इन द लाइट ऑव द सन
नोबडी नोज़ हाउ आइ इगजिस्ट्
ऑर हाउ आइ हैव इवन सरवाइव्ड
सम टाइम्स आइ गेट अप
इन द मिड्ल ऑव द नाइट
आइ हिअर वॉइसेस
सिंगिंग टुगेदर सो ब्राइट
माइ गॉड!
ही नोज़ मी वेल बाइ नाउ
आइ ऐम स्टैंडिंग राइट
ऐट हिज़ डोर स्टेप...
ड्रीमिंग द सेम ड्रीम एवरिडे...
टेक माइ सोल
अलॉन्ग विद यू
ऐज़ यू वुड डू अ फ्रेंड टू अ प्लेस
व्हेअर द सन
वीव्स् अ कोलाज़
वोवेन विद कलर्स ऑव लव...

सुर की नदी में उषा के उल्लास की नाव कुछ यों चलती चली जा रही है। रहस्यमय-अज्ञात कोहरे में मन के जय की नन्ही पताका लहराती हुई। नाव का पाल अहर्निश काँपता है। विचित्र है!! आकाश ही आकाश में विलीन होता दिखता है। और पृथ्वी ही पृथ्वी में विसर्जित। यक्ष प्रश्न है—अदृश्य लोक क्या चाहता है?उषा के उल्लास में दुनिया के दुखों का शयन है। अश्रु कण है। फिर भी कल्लोल!! पार्थिव जगत में आनन्द का कल्लोल! हे अदृश्य लोक! हे पुनरावृत्तियों के देवता! नमन! नमन!! नमन!!!

✪✪✪

परिशिष्ट-परिक्रमा

गाने, फ़िल्में, ज़िंगल और क्या नहीं

उषा उथुप ने देश-दुनिया की जितनी भाषाओं में गाने गाये हैं वह विरल है। उन्होंने हिन्दी, बँगला, मराठी, राजस्थानी, उड़िया, असमी, पंजाबी, भोजपुरी, गुजराती, मलयालम, तमिल, तेलुगु, कन्नड़, कोंकणी, डोगरी, खासी और अंग्रेजी में तो गाने गाये ही, संग-संग फ्रेंच, स्वाहेली, जर्मन, इतालवी, स्पेनी, श्रीलंकाई, नेपाली, दक्षिण अफ्रीकाई भाषा-जुल व रूसी भाषाओं में बेशुमार गाने गाये। यह है उनके एलबमों की एक संक्षित सूची :

एलबम

1. **उषा उथुप इन डिवोशनल मूड** (गथानी रेकाड्र्स-1987)
2. **जय काली, जय कलकत्तावाली** (टी. सीरिज-1989; बांग्ला)
   - इलिश माछेर पातुरी
   - जय काली, जय काली
   - ए बी सी डी पोड़ते पारी
   - मिस्जिदेते आछे भोगोबन
   - आज शोनो बोली
   - टैक्सी-टैक्सी
   - शुधु सातपाके
   - जोदि पृथ्वीता होतो
   - चोखे छिलो स्वप्नो
   - इराक-इरान नोइ
3. **अहा! तुमि कोतो सुन्दरी कोलकोता** (हिन्दुस्तान रिकाड्र्स-1990; बांग्ला)
   - अहा तुमि कोतो सुन्दरी कोलकाता
   - मोने ठीक आछे तो
   - बेश छिलाम
   - इ चाँदनी राते
   - जौवन ते नेशा लेगेछे
   - आइ लव यू
   - अष्टघाटरे नोष्टो वाशी

- प्रेम रोये धोरेदे आमी
- बुक भोरे जोदि हाशा जेतो
- चिनलोना केउ चिनलोना

4. **गारो मॉडर्न सांग्स** (मोदिल रिकाड्र्स-1991)
5. **उषा लोहोरी** (डी.जी. रिकाड्र्स-1991; बांग्ला) गीतकार : निर्मल दासगुप्ता, संगीत : सुब्रत दास
    - नाच-नाच
    - आमि आबार ऐसेछि
    - खोनीकेरे ओ गो साथी
    - केनो एइ खून झोरानो
    - कतो जाए दिन बाकी
    - हठात आशा हावार मोतो
    - तुमि ऐशे जोखोन दाड़ाले
    - की दारुण झोड़ो हवा
6. **दीदी** (गथानी रिकाड्र्स का बांग्ला एलबम)
    - दीदी
    - मुखेइ टोरे टक्का
    - ओ गुनोधर मंत्री मोशाइ
    - सूर्जो तोमाके प्रोणाम
    - ओ माँ गंगा
    - पृथ्वीर तीन भाग जोल
    - एइ शुधु प्रार्थना
    - तीन शौ बोछोर परे
7. **हैप्पी-हैप्पी न्यू इयर** (गथानी रिकाड्र्स-1994; बांग्ला)
    - हैप्पी-हैप्पी न्यू इयर
    - घूमटा सौराले
    - बोड़ो लोकेर खयाल
    - वयसटा आमार भाई
    - चमचा रे चमचा रे
    - आज कतो दिन माके देखिनी
    - हकुना मटाटा
    - बोंधु शोबाइ होइ ना
8. **भालो थेको तोम्रा शोबाइ** (गथानी रिकाड्र्स-1994; बांग्ला)
    - आय स्वप्नो साजाइ

- जानी ना अचेना
- मोने कोतो की लिखे जाइ
- कोथाइ हारानो जाए
- नील स्वप्नेरे इशाराई
- ऐशो आओ एकबार
- ऐशे छे खुशीर प्लावोन

9. **जैकपॉट** (सागरिका रिकाड्र्स-1994)
   - आजकेर दिन बोशे थाकबे
   - एइ खाने ताड़ाताड़ी
   - सृतिर एलबम
   - बिदेशी मल्लार
   - चिरो नोबीन कोलकाता
   - जा किछु आछे
   - इ मानीना मानीना
   - ऐक पोलोके
10. **हिन्दी टैगोर सांग्स** (गथानी रिकाड्र्स-1996)
11. **मेगा मिक्स** (टी. सीरिज़-1997, हिन्दी गाने)
12. **कोलकाता-कोलकाता** (सुपर कैसेट इंडस्ट्रीज़-1997; बांग्ला)
   - कोलकाता
   - आमि श्री श्री
   - आमि कोलकातार रोशोगुल्ला
   - ऐक दिन दल बेंधे
   - होयतो तोमार जोन्नो
   - शोनो कोनो ऐक दिन
   - के जाने कौ घंटा
   - की नामे डेके
   - जीबोने की पाबना
   - आकाश एतो मेघला
13. **चाँद बोदोनी** (पॉलिग्राम इंडिया-1999; बांग्ला)
   - बड़ो लोकेर बीटि लो
   - गेहिले की आसिबेन
   - थाकिले दोबाखाना
   - बाँकुरार माटिके
   - भालो कोइरा

- सोहाग चाँद बोदोनी
- ओ राजा रे तुइ
- इलिशमाछ रे
- संझे फोटे
- अल्ला मेघ दे

14. **तुमि जे गर्बो आमादेरे** (एच.एम.वी.-2001; बांग्ला)
    - आमार घर-बारीर नाम
    - आमि शिल्पी
    - जनोगोन
    - एइ दुनिया सच्चा
    - श्याम बीना
    - आगे जान ले
    - बड़ो बिपाके
    - एकटाइ देश आमादेरे
    - ओलीगोली-ओलीगोली
    - काल की हबे
    - ओ मामोनी
    - तुमि जे गर्बो आमादेर
15. **नज़रूल-गीति** (गथानी रिकाड्र्स-2003)
16. **तेरा मेरा प्यार जवान** (कंकर्ड रिकाड्र्स-2003) संगीत : आर.डी. बर्मन
17. **कोलकाता** (कंकर्ड रिकाड्र्स-2003) संगीत : आर.डी. बर्मन
18. **दिनगुली मोर-टैगोर सांग्स** (गथानी रिकाड्र्स-2003)
19. **इष्टिशानेर रेलगाड़ीटा** (यूनिवर्सल रिकाड्र्स-2005)
20. **लन्दन-पेरिस-अमेरिका** (एरियन कैसेट्स-2008; बांग्ला)
    - लन्दन-पेरिस-अमेरिका
    - आधार पेरिये
    - घटोना जोदि किछु ना घटे
    - एइ दुनियाय बेकार आमि
    - सुन्दरी गो
    - गोभीर निशीथे
    - एकटु-एकटु कोरे
    - प्रथम देखते

हिन्दी सिनेमा के गाने

1. जोगन प्रीतम की (फ़िल्म—देवी, वर्ष-1970)
2. हरे रामा, हरे कृष्णा (फ़िल्म—हरे रामा, हरे कृष्णा, वर्ष-1971)
3. एक-दो, चा-चा (फ़िल्म—शालीमार, वर्ष-1978)
4. शान से...(फ़िल्म—शान, वर्ष-1980)
5. दोस्तों से प्यार किया, दुश्मनों से (फ़िल्म—शान, वर्ष-1980)
6. हरि ओम हरि (फ़िल्म—प्यारा दुश्मन, वर्ष-1980)
7. तू मुझे जान से भी प्यारा है (फ़िल्म—वारदात, वर्ष-1981)
8. रम्भा हो-रम्भा हो (फ़िल्म—अरमान, वर्ष-1981)
9. कोई यहाँ अहा नाचे-नाचे (फ़िल्म—डिस्को डांसर, वर्ष-1982)
10. नाकाबन्दी (फ़िल्म—नाकाबन्दी, वर्ष-1990)
11. उरी...उरी बाबा (फ़िल्म—दुश्मन देवता, वर्ष-1991)
12. दाउद (फ़िल्म—दाउद, वर्ष-1997)
13. राजा की कहानी (फ़िल्म—गॉडमदर, वर्ष-1999)
14. वन्दे मातरम (फ़िल्म—कभी खुशी-कभी ग़म, वर्ष-2001)
15. दिन है ना ये रात (फ़िल्म—भूत, वर्ष-2003)
16. कभी पा लिया, तो कभी खो दिया (फ़िल्म—जॉगर्स पार्क, वर्ष-2003)
17. तेरी मेरी-मेरी क्रिसमस (फ़िल्म—बोऊ बैरेक्स फ़ॉरएवर, वर्ष-2007)
18. विकेट बचा (फ़िल्म—हैट्रिक, वर्ष-2007)
19. डार्लिंग (फ़िल्म—7 खून माफ़, वर्ष-2011)
20. है ये माया (फ़िल्म—डॉन-2, वर्ष-2011)
21. ये रात मोनालिसा (फ़िल्म—काफ़िरों की नमाज़, वर्ष-2012)
22. आमि सोत्ती बोलची (फ़िल्म—कहानी, वर्ष-2012)
23. रम्बा में सम्बा (फ़िल्म—शीरीं फ़रहाद की तो निकल पड़ी, वर्ष-2012)
24. होइ किव (फ़िल्म—रॉक ऑन-2, वर्ष-2016)

तमिल-तेलुगु सिनेमा के गाने

1. लव इज़ ब्यूटिफ़ुल (तमिल फ़िल्म—मेलनाट्टु मरूमंगल, वर्ष-1975)
2. वेगम-वेगम, पोगुम-पोगुम (तमिल फ़िल्म—अंजली, वर्ष-1991)
3. कीचराल्लु (तेलुगु फ़िल्म—कीचुराल्लु, वर्ष-1991)
4. रेस गुर्रम (तेलुगु फ़िल्म—रेस गुर्रम, वर्ष-2014)
5. डर्टी पिक्चर (तेलुगु फ़िल्म—ठिक्का, वर्ष-2016)

अंग्रेज़ी गानों के एलबम

1. सेलिब्रेट क्रिसमस विद उषा

- फ़ेलिज़ नविडाड

- ह्वेन अ चाइल्ड इज़ बॉर्न
- ह्वाइट क्रिसमस
- ज्वाय टू द वर्ल्ड
- ब्लू क्रिसमस
- क्रिसमस पोल्का
- सिल्वर बेल्स
- ओह कम! ऑल ये फ़ेथफ़ुल
- जिंगल बेल्स
- द फ़र्स्ट नोएल
- मेरीज़ ब्वाय चाइल्ड
- साइलेंट नाइट

2. मेरीज़ ब्वाय चाइल्ड

- लांग टाइम अगो
- ह्वेन अ चाइल्ड इज़ बॉर्न
- ह्वाइट क्रिसमस
- ज्वाय टू द वर्ल्ड
- ब्लू क्रिसमस
- ओल्ड क्रिसमस कार्ड
- ओह! क्रिसमस ट्री!
- क्रिसमस
- ओह कम! ऑल ये फेथफ़ुल
- फ़ेलिज़ नविडाड
- सिल्वर बेल्स
- मेरीज़ ब्वॉय चाइल्ड (लॉन्ग टाइम अगो)
  1. द फ़र्स्ट नोएल
  2. ओल्ड लैन्ग साइन
  3. जिंगल बेल्स
  4. साइलेंट नाइट
  5. हार्क द हेराल्ड एंजेल्स सिंग
  6. सिंग अलांग विद उषा
  7. सिंग-ए-लांग विद उषा

3. इन द मूड

- लबाम्बा
- लेमन ट्री
- आइलैंड इन द सन

- शेम ऐंड स्कैंडल
- चा...चा मेड्ली
- ओ मारी...मारी
- ऑटम लीव्स
- कैंडी ला मिसी
- एफ्रो मेडले
- येलो बर्ड मेडले

4. **डाउन मेमोरी लेन**
    - जम्बलाया
    - ब्यूटिफ़ुल संडे
    - रेन
    - लव स्टोरी
    - होटल कैलिफ़ोर्निया
    - बाइ...बाइ...ब्राउन आइज़
    - सनी
    - ह्वेन यू स्माइल
    - किलिंग मी सॉफ़्टली
    - आइ बिलीव़ इन म्यूज़िक
    - कम डाउन जीसस
    - यू हैव गॉट अ फ्रेंड
    - वी विल मीट अगेन

5. **गारलैंड ऑव ज़ेम्स**
    - आइ हैव कम टू यू (बांग्ला में : बड़ो आशा कोरे)
    - फ़ॉर यू लाइफ़ हैज़ जस्ट बिगन (बांग्ला में : तोमार होलो शुरू)
    - ये बैंक्स ऐंड ब्रेस (बांग्ला में : फुले-फुले, ढोले-ढोले)
    - ओह माइ लॉर्ड, माइ वियरिनेस (बांग्ला में : क्लान्ति आमार)
    - ड्रिंक टू मी ओनली (बांग्ला में : कतोबारो भेबेछिनु)
    - इफ़ देअर इज़ नो वन रेस्पांडिंग (जदि तोर डाक शुने केउना)
    - ओल्ड लैंग साइन (बांग्ला में : पुरानो शेइ दिनेर कथा)
    - आइ ऐम नॉट वर्दी (बांग्ला में : ए मोणिहार आमाय)

वे गाने, जो अक्सर शो में गाये गए

1. आइ विल सरवाइव
2. बिग स्पेंडर
3. माइ हार्ट् बिलांग्स टू डैडी

4. मदर टेरेसा
5. विंड मिल्स ऑव यॉर माइंड
6. ट्वाइलाइट जोन
7. नाइट मूव्स
8. यू ओनली लिव ट्वाइस
9. स्कॉच ऐंड सोडा
10. वन नोट सम्बा
11. कार्निवल सॉङ्ग
12. डायमंड्स आर फ़ॉर एवर
13. सर्टेन स्माइल
14. गॉड मेड
15. अ हार्ड डेज़ नाइट
16. मलाइका
17. वी विल मीट अगेन
18. रॉक यॉर बेबी
19. ब्रॉडवे
20. सीज़न्स इन द सन
21. स्टैंड बाइ मी
22. कम टुगेदर
23. कांट बाइ मी लव
24. ब्रिज ओवर ट्रबल्ड वाटर्स
25. कुंग फ़ू फाइटिंग
26. रॉक यू बेबी
27. गोइंग आउट ऑव माइ हेड
28. आइ विल बी यॉर ऑडियेंस
29. सिंग अ सॉङ्ग
30. स्पिनिंग ह्वील
31. द वे वुमन लव्स
32. द वे वी वेअर्
33. फ़ील लाइक मेकिंग लव
34. रास्पुतिन
35. मामामिया
36. ब्राउन गर्ल
37. बैब्लोन
38. शैडो ऑव यॉर स्माइल
39. लव मी और लीव मी

40. टेस्ट ऑव हनी
41. यू ओनली लिव ट्वाइस
42. आनन्दो-आनन्दो
43. इफ़
44. टीयर्स इन हेवेन
45. वीवा स्पानिया
46. स्वे

मलयालम फ़िल्मों के गाने

1. लव इज़ जस्ट अराउंड (फ़िल्म : चट्टक्कारी)
2. आइ ऐम इन लव (फ़िल्म : कन्याकुमारी)
3. पीताम्बरा...ओ कृष्णा (फ़िल्म : शिवतांडवम्)
4. ह्वेअर देअर इज़ (फ़िल्म : रेंडु पेनकुट्टीगल)
5. ओह माइ डार्लिंग (फ़िल्म : ओरू सुमंगलियुदे कथा)
6. चलो-चलो (फ़िल्म : जनम)
7. नजानि रात्रिये (फ़िल्म : दैवतिंडे विगर्तिगल)
8. ननथ्यार विलाक्कुम (फ़िल्म : दैवतिंडे विगर्तिगल)
9. जिनचिक-चिकचा (फ़िल्म : कलमसेरियिल कल्याण योगम्)
10. एल्लारूम चोल्लानम (फ़िल्म : एजुनिलप्पंथल)
11. सिद्धार्थ (फ़िल्म : सिद्धार्थ)
12. मनस्सिलोरे (फ़िल्म : रैपिड ऐक्शन फ़ोर्स)
13. मेलम गुट्टि (फ़िल्म : रैपिड ऐक्शन फ़ोर्स)
14. वावे (फ़िल्म : पोथेन वावा)
15. एल्लोलम ए एंडिगल्लु (फ़िल्म : आइडियल कपल)
16. विधियुन्नु कोधियुन्नु (फ़िल्म : बॉम्बे मार्च 12)
17. एम्बुराने (फ़िल्म : लुसिफ़र)
18. एल. एंथेम (फ़िल्म : लुसिफ़र)

वीडियो एलबम

1. ऐला
2. कोलकाता-कोलकाता
3. सुनामी (बांग्ला, हिन्दी व तमिल में)
4. ड्रिंक टू मी
5. दूरदर्शन-पॉप टाइम
6. आइ बिलीव इन म्यूज़िक
7. थोड़ा-थोड़ा

8. ह्वाइट विंग्ड
9. विंडमिल्स ऑव माइंड
10. जम्बलाया
11. बॉम्बे मेरी है
12. केअर ऑव कोलकाता
13. दीदी
14. हबीबी
15. रातनामे
16. प्राक्तन
17. पोश्तो
18. रान्ना-वान्ना
19. शूज़ इन अ साड़ी
20. बछोर-बछोर मरते अशुर
21. स्काइफ़ॉल
22. आलोते-आलोते
23. वर्ल्ड कप गोली क्रिकेट
24. वन डे

कुछ और भाषाओं के कई गाने

1. एरा बिनी तु (फ़िजी गाना)
2. पंखीरा (गुजराती)
3. धगलालागली (मराठी)
4. लिली मर्लिन (ज़र्मन)
5. ट्यूलिप्स फ्रॉम अमस्टरडम (अंग्रेज़ी)
6. टिकाज़ाला (रूसी गाना)
7. कैंडी लामीसी
8. कोन्नोनी
9. लॉङ्गा वच्चा (पंजाबी)
10. काली तेरी (पंजाबी)
11. अंजन की सिति (मारवाड़ी)
12. ऊँची अटरिया (भोजपुरी)
13. टुक देखी मुर गा (असमी)
14. काली पग्गा (डोगरी)

कार्टूनिस्ट की नज़र में उषा उथुप

छुटकी उषा

भाई त्यागराज (बाबू) के साथ

बाएँ से—भाई बाबू, बहन उमा (बीच में), सबसे दाएँ उषा।

उषा उथुप—वे बम्बई के दिन

उषा के नाना-नानी हाल्लास्य के. नादन और धर्माम्बल

स्कूली मित्र रोशन के साथ

के मामा बाएँ से—बलराम नादन, शिवमणि नादन, बालकृष्ण नादन और कृपाकर नादन

नाना हाल्लास्य के नादन की दूसरी पत्नी चीन्नी

अम्मा और मासी निर्मला (पापू माँ)

अप्पा-अम्मा

पठान अंकल-पठान आंटी और उनका परिवार

सम्पूर्ण सामी परिवार

बेटे सनी का बचपन

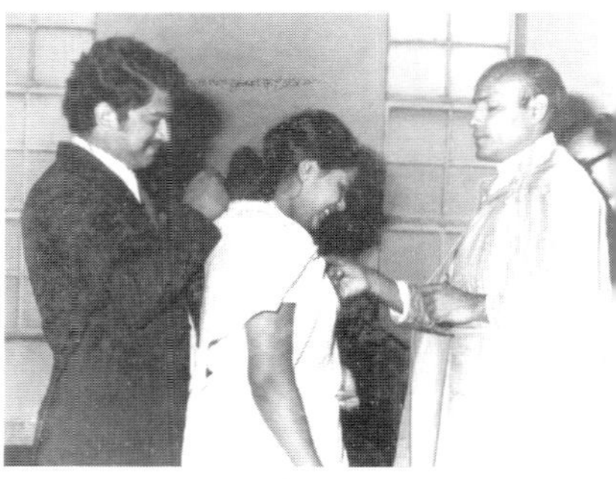

जानी और उषा का विवाह

अभिनेत्री उषा

डाकू सिंह के साथ

सबसे बड़ी बहन इंदिरा के साथ

छोटी बहन माया के साथ उषा

ज़मीला आपा के संग उषा उथुप

सास थंगम्मा के साथ उषा

बहन डॉ. उमा पोचा

बाएँ से दाएँ—दामाद जॉन, नातिन आयशा, नाती रियाद और बेटी अंजली

मद्रास में 'शांति'—उषा की ननिहाल

बंबई के लवलने में स्थित सरकारी बँगला

'स्टूडियो वाइब्रेशंस' में सरस्वती पूजा

उथुप परिवार : जानी उथुप, उषा, अंजली, सनी, आयशा और

भाई श्याम सुन्दर और उनकी पत्नी पद्म

दिल्ली में रानी की मज़ार पर

'स्टूडियो वाइब्रेशंस' के सहकर्मी

भिनेत्री उषा—प्रसिद्ध अभिनेता सौमित्र चटर्जी के संग एक फ़िल्म के दृश्य में।

शशि कपूर के साथ

सिंगर मिरियम मकेबा के संग

डॉ. थॉमस की किताब : अदृश्य लोक का संकेत

येसुदास के साथ उषा

छोटी और चिक्कू के साथ उषा

पंडित जवाहरलाल नेहरू के संग अप्पा

राजीव गांधी के साथ उषा

सेना के एक कार्यक्रम में श्वसुर ब्रिगेडियर सी.सी. उथुप (सबसे दाएँ)

रोम के पोप से आशीर्वाद

वी. जी. जोग और अमज़द अली के संग

राष्ट्रपति रामनाथ कोविंद के साथ